D1699963

Eigentum B-R

Ludwig-Maximilians-Universität München
Prof. Dr. M.-A. Bäuml-Roßnagl
Department für Pädagogik u. Rehabilitaion
Institut Schul- und Unterrichtsforschung
Leopoldstrasse 13 - D-80802 München

Sandro Thomas Bliemetsrieder

**Kinderarmut
und krisenhafter Grundschulalltag**

Sozioanalytische Fallrekonstruktionen
als Orientierungshilfe
für die Grundschulpädagogik
und Soziale Arbeit/Sozialpädagogik

Herbert Utz Verlag · München

Schriften zur Interdisziplinären Bildungsdidaktik

Herausgegeben von

Prof. Dr. Maria-Anna Bäuml-Roßnagl
Ludwig-Maximilians-Universität München

Band 13

Diese Arbeit wurde von der Fakultät für Psychologie und Pädagogik
der Ludwig-Maximilians-Universität München als Dissertation angenommen.

„Dieses Softcover wurde auf FSC-zertifiziertem Papier gedruckt. FSC (Forest Stewardship Council) ist eine nichtstaatliche, gemeinnützige Organisation, die sich für eine ökologische und sozialverantwortliche Nutzung der Wälder unserer Erde einsetzt."

Zugl.: Diss., München, Univ., 2007

Umschlagabbildung: Wolfgang Bliemetsrieder, Melancholie einer Stadt, 2006, Privatbesitz

Bibliografische Information der Deutschen
Nationalbibliothek: Die Deutsche Nationalbibliothek
verzeichnet diese Publikation in der Deutschen
Nationalbibliografie; detaillierte bibliografische Daten
sind im Internet über http://dnb.d-nb.de abrufbar.

Dieses Werk ist urheberrechtlich geschützt.
Die dadurch begründeten Rechte, insbesondere die
der Übersetzung, des Nachdrucks, der Entnahme von
Abbildungen, der Wiedergabe auf fotomechanischem
oder ähnlichem Wege und der Speicherung in Daten-
verarbeitungsanlagen bleiben – auch bei nur auszugs-
weiser Verwendung – vorbehalten.

Copyright © Herbert Utz Verlag GmbH · 2007

ISBN 978-3-8316-0714-3

Printed in Germany

Herbert Utz Verlag GmbH, München
089-277791-00 · www.utz.de

Kurzfassung

Die vorliegende Fallstudie rekonstruiert die Alltagsphänomene der Kinderarmut in der Grundschule, und zwar gegen die tendenzielle Verdrängung, Tabuisierung und Sprachlosigkeit innerhalb der Schul- und Heil- bzw. Sonderpädagogik. Dazu werden zunächst aus bekannten subsumtionslogischen Studien Erscheinungs- und Wahrnehmungsformen von Kinderarmut in der Grundschule seitens der Lehrkräfte sowie mangelnde Bildungschancen aufgrund einer sozialen Auslese aufgezeigt und aus diesem Material eine erste Fallstrukturhypothese für diese Fallstudie rekonstruiert, die im weiteren Verlauf der Arbeit einer Falsifikation unterzogen wird.

Diese Forschungsarbeit geht davon aus, dass die Soziale Arbeit / Sozialpädagogik aufgrund ihres Selbstverständnisses und Handlungsauftrages jene Disziplin ist, die die Grundschule, aufgrund ihres Lebensweltbezuges, in den Fragen der Kinderarmut unterstützen kann, subjektorientierte Handlungsansätze zu erschließen.

Im weiteren Verlauf werden in dieser Fallstudie soziologische und pädagogische bezugswissenschaftliche Konzepte der Kinderarmut aufgezeigt und kritisch diskutiert, um anschließend in einer Reduktion von Komplexität zu einem eigenen vierdimensionalen, und im weiteren Verlauf fünfdimensionalen, definitorischen Konzept von Kinderarmut zu gelangen, das die oft einseitig geführten (professions-) politischen Debatten erweitert.

Damit über die Tragweite der Kinderarmut in Deutschland, über den jeweils disziplinären Rahmen hinaus, eine Integration von bezugswissenschaftlichem Denken möglich wird, werden im weiteren Verlauf dieser Fallstudie der quantitative sowie qualitative Forschungsstand erörtert und die Bedeutung der Befunde einer Infantilisierung der Armut für die Grundschulpädagogik und Soziale Arbeit / Sozialpädagogik kritisch ausgewertet und erläutert.

Anhand einer aktuellen Diskussion über Vernetzung von Schule und Kinder- und Jugendhilfe wird zum einen das historische Nebeneinander dieser Disziplinen verdeutlicht, zum anderen wird mangelnder wechselseitiger Kenntnisstand sowie professionspolitische Ängste und Vorurteile, die sich kontraproduktiv für eine echte Vernetzung erweisen, rekonstruiert.

Die Grundschule wird hierbei als ein zu wenig genütztes Interventionsfenster in den Fragen einer steigenden Kinderarmut identifiziert, was nicht zuletzt auf einen Mangel an lebensweltorientierter Sozialarbeitsforschung zurückzuführen ist.

Kurzfassung

Aus dieser Haltung heraus wurde eine Forschungsfrage generiert, die danach fragt, wie sich die Soziale Arbeit / Sozialpädagogik im Kontext einer steigenden Kinderarmut in der Grundschule um möglichst günstige Ausgangslagen bemühen kann, damit Bildungsprozesse bei allen Kindern gleichermaßen initiiert werden können. Die präzise Forschungsfrage wird zunächst auf seine Bedeutungsstrukturen untersucht und anschließend erneut prägnant formuliert.

Um diese Forschungsfrage beantworten zu können, war es notwendig, mittels Ausdrucksgestalten auf Grundlage von kontrastiven Experten-/Expertinneninterviews mit Grundschulpädagogen/-pädagoginnen die Lebenspraxis im Umgang mit Kindern aus deprivierten Lebensbedingungen zu rekonstruieren. Die Interviews wurden mittels der sozioanalytischen Methodologie der Objektiven Hermeneutik, die in dieser Arbeit als eine mögliche Methode der Sozialarbeitsforschung vorgestellt wird, in einer Auswertungsgruppe auf ihre objektiven Bedeutungsstrukturen hin untersucht, um so über verschiedene Lesarten Krisen und Routinen zu identifizieren und zu einer Fallstruktur zu gelangen.

Sozialarbeitsforschung verlangt immer nach einer sich kritisch-theoretisch einmischenden Handlungs- und Lösungsorientierung, so dass aus der gewonnenen Fallstruktur elf Handlungsempfehlungen für die Grundschulpädagogik und die Soziale Arbeit / Sozialpädagogik regelgeleitet erarbeitet wurden. Diese erweitern sich sinnlogisch von den positiven Grundhaltungen der Fachkräfte über rekonstruktionslogische Diagnoseverfahren bis hin zu institutionalisierten Angeboten und Vernetzungsmöglichkeiten der Grundschule, welche immer eine Autonomisierung der kindlichen Lebenspraxis in Armut als pädagogisches Ziel definiert. Im Vordergrund dieser Handlungsempfehlungen steht immer der Versuch, im vernetzten Denken von Grundschulpädagogik und Sozialpädagogik, Zusammenhänge zu stiften, um somit Synergieeffekte für den Umgang mit Kindern aus Armutssituationen zu entfalten und eine Professionalisierungs- und Habitusentwicklung aller Beteiligten anzustoßen. Die Handlungsempfehlungen sind lediglich als Orientierungshilfen zu werten, um den kategorialen Fehler einer Deautonomisierung der jeweils anderen Disziplin auszuschließen.

Die gewonnene Fallstruktur wird anschließend inhaltlich, die generierten Handlungsempfehlungen handlungsethisch und die Objektive Hermeneutik forschungsmethodisch und kritisch diskutiert. Hierbei werden die gewonnenen Handlungsempfehlungen mit dem Bildungskonzept von Maria-Anna Bäuml-Roßnagl verglichen und metatheoretisch diskutiert.

Inhaltsverzeichnis

Kurzfassung 1

Inhaltsverzeichnis 3

Vorwort 15

1   Rekonstruktion aktueller Studien über Kinderarmut in der Grundschule und erste „Fallstrukturhypothese" 19

1.1 Alltagsphänomene: Kinderarmut in der Grundschule 19

1.1.1 Sprachlosigkeit in der Pädagogik 19

1.1.2 Erscheinungs- und Wahrnehmungsformen von Kinderarmut in der Grundschule 19

1.1.3 Soziale Ausgrenzung und Stigmatisierung der betroffenen Familien und Kinder durch die Lehrkräfte 22

1.2 „Exklusion und mangelnde Teilhabe": Kinderarmut und Bildungschancen in der Grundschule 22

1.2.1 Diskriminierung im Bildungswesen 22

1.2.2 „Sozialer Filter" und Bildungschancen in der Grundschule im Zusammenhang mit Kinderarmut 23

1.2.3 Bildungschancen in der Grundschule am Beispiel von Kindern mit Migrationshintergrund 26

1.3 (Heraus-) Forderungen und Reaktionen der Grundschule im Umgang mit Kinderarmut 27

1.3.1 Reaktionen der Grundschule auf eine veränderte Kindheit 27

1.3.2 Forderung des Abbaus sozialer Benachteiligung in Kindergarten und Grundschule 27

1.3.3 Herausforderungen und Ansatzpunkte für den Umgang mit Kinderarmut für die Grundschule 28

1.4 (Kinder-) Armut als Handlungsauftrag aus dem Selbstverständnis der Sozialen Arbeit / Sozialpädagogik 30

1.4.1 Forderung eines „dualen Armutsbegriffs" durch die Soziale Arbeit 30

1.4.2 Herausforderung des Phänomens Kinderarmut für die Kinder- und Jugendhilfe 31

1.5 Zusammenfassende und rekonstruktive Problematisierung und Stellungnahme zu den Forschungsergebnissen als Ausgangslage dieser Forschungsarbeit: erste „Fallstrukturhypothese" 32

2 Soziologische und pädagogische bezugswissenschaftliche Definitionen, Konzepte und Dimensionen der Kinderarmut 35

- 2.1 Komplexitätsaufbau durch Definitionen 35
- 2.2 Ansätze, Theorien und Fragen der Armutsforschung in der Problemsoziologie 35
- 2.3 Armut als Theorie ohne Gegenstand in der Problemsoziologie . 36
- 2.4 Konzept der Lebenslagen, Lebensbedingungen, subjektive Lebensqualität und Lebensbereiche 38
- 2.5 Armut und Deprivation als Problemtypen im frühen Grundschulalter 41
- 2.6 Soziale Teilhabe aus Sicht der Sozialen Arbeit 42
- 2.7 Armut und Exklusion 43
- 2.8 Konzept der Lebenswelt aus Sicht der Sozialen Arbeit 44
- 2.9 Alltag in der Wissenssoziologie 45
- 2.10 Armut aus Sicht der Kinder 46
- 2.11 Armut als behindernder Faktor der kindlichen Entwicklung – unter ökologischen Gesichtspunkten 48
- 2.12 Zusammenfassende Stellungnahme, Komplexitätsreduktion und Skizzierung des Begriffs Kinderarmut in dieser Arbeit ... 49
- 2.13 Erste Erkenntnis: Kinderarmut als Konzept mit vier Dimensionen 52

3 Qualitativer und quantitativer Forschungsstand einer „Infantilisierung der Armut" in Deutschland 54

- 3.1 Integration von bezugswissenschaftlichem Denken 54
- 3.2 Quantitativer Forschungsstand als Ausgangslage der „Objektiven Lebenslagen" von Kindern in Armut 55
- 3.2.1 Blick von Außen: Kinderarmut in Deutschland aus einem Forschungsbericht der UNICEF 55
- 3.2.1.1 Messung der relativen Armut 55
- 3.2.1.2 Entwicklung in Westdeutschland 56
- 3.2.1.3 Zahlen aus Ostdeutschland 56
- 3.2.1.4 Gesamtdeutsche Armutsquoten 56
- 3.2.1.5 Zuwanderung 56
- 3.2.1.6 Alleinerziehende 57
- 3.2.2 Blick von Innen: Forschungsprojekte und Rechenschaftsberichte der deutschen Politik 57

3.2.2.1 Zweiter Armuts- und Reichtumsbericht der Bundesregierung..................57
3.2.2.2 Zahlen des statistischen Bundesamtes zur Entwicklung der Sozialhilfebedürftigkeit von Kindern........................59
3.2.3 Steigende Mietkosten..................60
3.2.4 Erste Annahmen zu den Auswirkungen der neuen Sozialgesetzgebung (Hartz IV) auf die Kinderarmut..................60
3.2.5 Kritische Erläuterung zu den empirischen Befunden..................63
3.3 Qualitativer Forschungsstand..................65
3.3.1 „Objektive Lebenslagen": Soziale Notlagen von Familien und Kindern..................65
3.3.2 Einflussfaktoren in Verarmungsprozessen von Familien..........66
3.3.3 Psychosoziale Folgen von Armut und Vernachlässigung: Kinderarmut als erschwerender und behindernder Faktor in der kindlichen Entwicklung durch soziale Notlagen der Familien als „einbindende Kulturen"..................66

4 Grundschule als „Interventionsfenster" für Kinder aus Armutssituationen durch eine Vernetzung mit der Kinder- und Jugendhilfe..................69

4.1 Allgemein: „Rechtliche und institutionelle Rahmenbedingungen" als 5. Dimension im Verständnis von Kinderarmut in der Grundschule..................69
4.2 Kinder- und Jugendhilfe und Schule..................70
4.3 Rechtliche Grundlagen der Vernetzung..................71
4.3.1 Das SGB VIII (Kinder- und Jugendhilfegesetz)..................71
4.3.2 Das Bayerische Erziehungs- und Unterrichtsgesetz (BayEUG).72
4.4 Herausforderungen für die Schule..................73
4.4.1 Herausforderungen aus Sicht des Bayerischen Staatsministeriums für Arbeit und Sozialordnung..................73
4.4.2 Herausforderungen aus Sicht des Elften Kinder- und Jugendberichts..................73
4.5 Kooperationsformen von Kinder- und Jugendhilfe und Schule ..74
4.5.1 Überblick der Leistungen der Kinder- und Jugendhilfe..................74
4.5.2 Zusammenarbeit von Jugendarbeit mit den Schulen..................75
4.5.2.1 Rechtliche Grundlage der Jugendarbeit..................75
4.5.2.2 Gegenseitiger Respekt als Grundlage von Kooperation..................75
4.5.3 Jugendsozialarbeit in den Schulen..................76
4.5.3.1 Rechtliche Grundlage der Jugendsozialarbeit..................76
4.5.3.2 Der Begriff der Schulsozialarbeit..................76

4.5.3.3 Modellförderprogramm der Schulsozialarbeit in Bayern 77
4.5.3.4 Rahmen der Jugendsozialarbeit in den Schulen 77
4.5.3.5 Zielgruppe der Maßnahme 77
4.5.4 Kooperation der Schulen mit dem Hilfesystem „Hilfen zur Erziehung" 78
4.5.4.1 Unterstützung bei der Erziehung 78
4.5.4.2 Gesetzliche Grundlage der „Hilfen zur Erziehung" 78
4.5.4.3 Mitwirkung im Hilfeplanverfahren 79
4.5.4.4 Erfolg bei schneller, gemeinsamer Einleitung der Hilfe 79
4.5.5 Arbeitskreise und Helferteams 80
4.5.6 Wechselseitiger Kenntnisstand 80
4.5.7 Fazit aus Sicht des Elften Kinder- und Jugendberichtes 81

5 Mangel an Forschung aus Sicht einer Sozialarbeitsforschung bezüglich der Lebenswelt von (Grundschul-) Kindern aus Armutssituationen 82

5.1 Bisherige Lösungsansätze aus der Lebenspraxis der Sozialen Arbeit / Sozialpädagogik als Experiment zwischen Versuch und Irrtum 82
5.2 Lebenspraxis der Sozialpädagogik in der Grundschule 83
5.2.1 Additiv-kooperatives Modell: 84
5.2.2 Integratives Modell 84
5.2.3 Sozialpädagogische Schule 84
5.3 Armutsforschung in der Sozialen Arbeit – Kritik an der reinen soziologischen Forschung 85
5.4 Kritische Auseinandersetzung der „Lebenswelt" als Begrifflichkeit der Sozialen Arbeit / Sozialpädagogik 85
5.5 Armut aus der Haltung einer hermeneutischen Kindheitsforschung 86
5.6 Zusammenfassende Haltung: Kinderarmut in der Grundschule als Grundlage einer lebensweltorientierten Sozialarbeitsforschung 87

6 Ziel und Fragestellung der Fallstudie: „Schaffung von günstigen Ausgangsbedingungen in der Grundschule für Kinder aus Armutssituationen" 90

6.1 Ziel der Fallstudie 90
6.2 Fragestellung 90
6.2.1 Fragestellung zum „vernetzten Denken" von Grundschule und Sozialer Arbeit / Sozialpädagogik 90

6.2.2 Ausgrenzung einer unreflektierten Haltung der Sozialen
  Arbeit / Sozialpädagogik 91
6.3 Definitionen zur Fragestellung 92
6.3.1 Kontextwissen, Sinn und Bedeutungsstrukturen der
  Fragestellung 92
6.3.1.1 Lebensweltorientierte Soziale Arbeit 92
6.3.1.2 Ressourcenblick der Lebensweltorientierten Sozialen
  Arbeit 96
6.3.1.3 Sozialpädagogik 97
6.3.1.4 Trennung von Sozialer Arbeit und Sozialpädagogik als
  Spannungsfeld in der Professionalisierungsdebatte 97
6.3.1.5 Unterstützen 98
6.3.1.6 Soziale und kulturelle Bedrängungen abwehren 99
6.3.1.7 Subjektive Entwicklungsprozesse ermöglichen 100
6.3.1.8 Affektiv fördernde Bedingungen mit beitragen 101
6.3.1.9 Initiierung von Lernen 102
6.3.1.10 Bildung in gemeinsamer Verantwortung 104
6.3.1.11 „Vernetztes Denken" 105
6.3.1.12 Menschenwürdige Bildungskultur 106
6.3.1.13 Bildungsbegriff aus Sicht der Sozialen Arbeit /
  Sozialpädagogik 107
6.3.1.14 Sichern 108
6.3.2 Von der präzisen zur prägnanten Fragestellung 108

**7 Forschungsdesign und Forschungsmethoden der
  sozioanalytischen Forschungsstrategie 111**
7.1 Offene, leitfadenorientierte, explorative Experten-/
  Expertinneninterviews mit Grundschulpädagogen/
  -pädagoginnen 111
7.2 Transkription 112
7.3 Typisierung des „maximalen Kontrastes" 112
7.4 Sammlung von Aussagen durch Kinder mittels
  Sekundärmaterialien 114
7.5 Rekonstruktion mittels der „Objektiven Hermeneutik" 115
7.5.1 Methodenmix 115
7.5.1.1 Zum Konzept der Objektiven Hermeneutik nach Ulrich
  Oevermann 116
7.5.1.2 Theoretischer Bezug 116

7.5.1.3 Latente Sinnstrukturen und objektive
    Bedeutungsstrukturen 117
7.5.1.4 Die Lesbarkeit von Sinnstrukturen 118
7.5.1.5 Ausdrucksgestalt, Text und Protokoll 118
7.5.1.6 Objektivität 118
7.5.1.7 Krise statt Routine 119
7.5.1.8 Fallrekonstruktion 120
7.5.1.9 Kunstlehre 121
7.5.1.10 Autonomie von Lebenspraxis 121
7.5.1.11 Grundprinzipien und Interpretationsregeln der Objektiven
    Hermeneutik 121
7.5.1.12 Kontextfreiheit 122
7.5.1.13 Wörtlichkeit 122
7.5.1.14 Sequentialität 122
7.5.1.15 Permanente Falsifikationen 123
7.5.1.16 Gedankenexperimentelle Explikation 123
7.5.1.17 Extensivität 123
7.5.1.18 Sparsamkeit 123
7.6   Exkurs 1: Die Rekonstruktionslogik in den Systemtheorien 124
7.7   Auswertungsgruppe 125
7.8   Fallstrukturen 125

**8   Darstellung der Analyse des Fallmaterials der
    Phänomene einer Kinderarmut in der Grundschule 126**
8.1   Darstellung der „zentralen Fallstrukturhypothesen":
    Allgemeine Schwierigkeiten bezüglich des Kontext- und
    Institutionswissens in der Grundschule 126
8.1.1 Phänomene der Kinderarmut in der Grundschule 127
8.1.2 Armutsdefinitionen und –begrifflichkeiten in der Grundschule . 128
8.1.2.1 Erste Rekonstruktion des Begriffs Kinderarmut 128
8.1.2.2 Kinderarmut aus Sicht der Grundschulpädagogen/
    -pädagoginnen 130
8.1.2.3 Exkurs 1: Kritische Reflexion nichtadäquater Haltungen
    auf soziale und ökonomische Schwierigkeiten der
    Grundschüler/-innen und deren Eltern 131
8.1.2.3.1   Bagatellisieren 132
8.1.2.3.2   Diagnostizieren 132
8.1.2.3.3   Interpretieren 132
8.1.2.3.4   Moralisieren 132

8.1.2.3.5 Intellektualisieren 133
8.1.2.3.6 Examinieren 133
8.1.2.3.7 Dirigieren 133
8.1.2.3.8 Sich identifizieren 133
8.1.3 Sozialraum und Grundschule: Der Blick auf den „Brennpunkt" 134
8.1.3.1 Gedankenexperiment: Der Brennpunkt in der optischen Physik 135
8.1.4 Reaktionen der Lehrkräfte in der Grundschule 137
8.1.5 Das Dilemma der Schweigepflicht oder die Angst, die Armut der Kinder aufzudecken 138
8.1.6 Hilflosigkeit und Ängste der Lehrkräfte 139
8.1.7 Hilfeleistung in der Grundschule 140
8.1.8 Kontakt zum Elternhaus der betroffenen Kinder: Ansätze der Elternarbeit 143
8.1.9 Besonderheiten der Fallstruktur im Kontext der Förderzentren / Förderschulen 146
8.1.9.1 Gedankenexperiment: Einweisung und Paternalismus als Folge asymmetrischer Beziehungen 147
8.2 Kinderarmut „mit den Augen der Kinder" – rekonstruiert an einem Beispieltext 149
8.2.1 Grundhaltung eines philosophischen Nachdenkens 149
8.2.2 Erzählungen aufgrund eigenem Erfahrungs- und Kontextwissen der Kinder 157
8.3 Möglichkeiten des Religionsunterrichtes in den Fragen von Armut und Reichtum der Grundschule 159
8.3.1 Die Bibel als günstiger Rahmen, Ungerechtigkeiten und Armut zu verstehen, als alltagsorientierter Beitrag für die Lebensbewältigung 159
8.3.2 Die Frage nach dem Menschen im Religionsunterricht 162
8.4 Synthese zweier konkurrierender Lesarten: Ein Plädoyer, die aktuellen ökonomischen Rahmenbedingungen mit zu berücksichtigen 163
8.4.1 Konkurrierende Lesarten 163
8.4.2 Fallstruktur der Diskussion 164

9 Handlungsempfehlungen als Orientierungshilfe für die Grundschulpädagogik und Soziale Arbeit / Sozialpädagogik in den Fragen der Kinderarmut in der Grundschule 166

9.1 Erste Handlungsempfehlung: ein gemeinsamer sozial-ökologischer Erziehungsbegriff von Grundschulpädagogik und Sozialer Arbeit / Sozialpädagogik – gegen den „Fachjargon" und für ein „vernetztes Denken" von Anfang an .. 167

9.2 Zweite Handlungsempfehlung: Schülerzentrierte Haltung gegen eine Stigmatisierung der von Armut betroffenen sozialen Systeme und zur Förderung affektiv günstiger Ausgangssituationen 172

9.2.1 Personenzentrierter Ansatz 173

9.2.2 Humanistisches Menschenbild 173

9.2.3 Zu den Begriffen „Personenzentrierte Gesprächsführung und Gesprächstherapie" 174

9.2.4 Zugrundeliegende Lebensauffassung 174

9.2.5 Rogers Persönlichkeitsmodell 175

9.2.6 Grundlegende Hypothese 175

9.2.7 Zwischenmenschliche Beziehung 176

9.2.8 Drei Variablen oder Bedingungen der Personenzentrierten Gesprächsführung 176

9.2.8.1 Grundlagen 176

9.2.8.2 Kongruenz 177

9.2.8.3 Akzeptanz 177

9.2.8.4 Empathie 178

9.2.9 Zusammenwirken der Bedingungen 179

9.2.10 Die Wahrnehmungswelt des Schülers/der Schülerin 180

9.2.11 Anwendung in der Schule 180

9.3 Dritte Handlungsempfehlung: Fremdheitshaltung als günstige, gemeinsame Ausgangslage eines Verstehensprozesses der Lebensbedingungen von Kindern aus belasteten Situationen . 181

9.4 Vierte Handlungsempfehlung: Erzählen lassen als Brücke zwischen Leben und Lernen als sozialpädagogische „sanfte Intervention" der Grundschule und Möglichkeit für subjektive Entwicklungsprozesse 183

9.5 Fünfte Handlungsempfehlung: Rekonstruktionslogische Diagnosen in der „Sprache des Falles" statt subsumtionslogische Vorannahmen – Verstehen von sozialen und kulturellen Bedrängungen 185

9.5.1 Exemplarische Beispielsequenzen 185

9.5.1.1 Beispielsequenz 1: 185

9.5.1.2 Beispielsequenz 2: 185

9.5.1.3 Gedankenexperimentielle Explikation: 186

9.5.2 Interdisziplinäre Diagnostik in der „Sprache des Falles"..........188
9.5.3 Notwendigkeit diagnostischer Arbeit in der Kinder- und
Jugendhilfe 190
9.5.4 Umstrittene Begrifflichkeit der Diagnostik 190
9.5.5 Prinzipien sozialpädagogischer Diagnostik 191
9.5.5.1 Partizipative Orientierung 191
9.5.5.2 Sozialökologische Orientierung 191
9.5.5.3 Mehrperspektivische Orientierung 191
9.5.6 Methodische Eckpfeiler sozialpädagogischen Fallverstehens. 192
9.5.6.1 Zugang zu den Betroffenen 192
9.5.6.2 Diagnose und Intersubjektivität 192
9.5.6.3 Diagnose und Lebensweltbezug 192
9.5.7 Gemeinsames rekonstruktives Verstehen von
Grundschulpädagogik und Sozialer Arbeit / Sozialpädagogik.. 193
9.5.8 Aushandeln und Diagnostik 194
9.6 Sechste Handlungsempfehlung: Diagnostik der Kinderarmut
in der Grundschule als differenzierter Blick vor oder hinter
den „Brennpunkt" zum Verstehen von sozialen und
kulturellen Bedrängungen der Kinder 195
9.6.1 Der Blick hinter den Fokus als „sekundärpräventiver Blick" 195
9.6.2 Der „bikonkave Blick" als „primärpräventiver Blick" 196
9.7 Siebte Handlungsempfehlung: Kontextwissen als Bildungsaufgabe – Lehren und Lernen, soziale und kulturelle
Bedrängungen zu verstehen und durch affektiv günstige
Ausgangslagen subjektive Entwicklungsprozesse zu
ermöglichen 198
9.7.1 Lehrer/-innenbildung mit Angeboten zu mehr Kontextwissen
über Kinder in Armut und Interventionsmöglichkeiten der
Kinder- und Jugendhilfe 199
9.7.2 Vermittlung im Unterricht von kindgerechtem Kontextwissen
über Unterversorgung und Deprivation: *„Verständnis lehren"*.. 200
9.7.2.1 Ethik des Verstehens 201
9.7.2.2 Empathiefähigkeit 201
9.7.2.2.1 Emotion 202
9.7.2.2.2 Emotionales Bewusstsein 202
9.7.2.3 Ehrfurcht vor dem Fremden: Aspekte eines prozesshaften
Erziehungsbegriffes 204
9.8 Achte Handlungsempfehlung: Lebensweltorientierte Grundschule als Antwort sozialer und kultureller Bedrängungen im
Alltag der Kinder 205

9.8.1 Grundschule als „einbindende Kultur" für alle Schüler/-innen .. 205
9.8.2 Soziale Begegnungszentren als günstigere Alternative zur
Ganztagsschule und/oder Schulsozialarbeit mit einem
interdisziplinären Ansatz und als Ausgangspunkt einer
„neuen Schulkultur"... 207
9.8.3 Hilfeetat als „Niederschwellige Fürsorgeleistung" im
Bedarfsfall, im Spannungsfeld zwischen gerechtem
Austausch und Autonomie 211
9.9 Neunte Handlungsempfehlung: „Vernetztes Denken" von
Grundschulpädagogik und Sozialer Arbeit / Sozialpädagogik.. 214
9.9.1 Definition eines „Vernetzten Denkens" in dieser
Forschungsarbeit 214
9.9.2 Von der Vernetzung zur Rekonstruktion „lokaler, sozialer
Netzwerke" in der Grundschule 215
9.10 Zehnte Handlungsempfehlung: Ressourcen nützen –
Vernetzungspartner/-innen ernst nehmen 218
9.10.1 Der Ressourcenbegriff in der Logik dieser Fallstudie 218
9.10.2 Kinder- und Jugendhilfe als systematischer Vernetzungspartner in den Fragen der Kinderarmut für die Grundschule.. 218
9.10.2.1 Thesenpapiere von Experten/Expertinnen der Kinder-
und Jugendhilfe 218
9.10.2.2 Handlungsempfehlungen aus Sicht der Kinder- und
Jugendhilfe zur interdisziplinären Zusammenarbeit 219
9.10.3 Zuverlässige Partner/-innen akzeptieren: Am Beispiel der
Kirchen 224
9.10.3.1 Diakonie und Vermittlung von Werten in einer christlichen
Alltagspädagogik 224
9.10.3.2 Kirche als Sprachrohr für Benachteiligte 227

10 Diskussion der sozioanalytischen Fallstudie 231

10.1 Ergebnissichernder Diskurs: Fokus auf dem Kontextwissen
und dem Institutionswissen 231
10.2 Handlungsethischer Diskurs 234
10.2.1 Grundschulpädagogik als erzieherisches Routinehandeln,
Soziale Arbeit / Sozialpädagogik als stellvertretendes
Krisenlösen 234
10.2.2 Elfte Handlungsempfehlung: Einmischungsauftrag der
Sozialen Arbeit 238
10.2.3 Forschung mit einem lebensweltorientierten
Bezugsrahmen 240
10.2.4 Sozialarbeitsforschung als theoriegeleitetes Handeln 240

Inhaltsverzeichnis

10.3 Diskurs der gewonnenen Handlungsempfehlungen mit dem Bildungskonzept nach Maria-Anna Bäuml-Roßnagl 241

10.3.1 Zur Frage der Bildung und Bildungschancen für die Soziale Arbeit / Sozialpädagogik 241

10.3.2 Bildung in gemeinsamer Verantwortung von Grundschulpädagogik und Sozialer Arbeit / Sozialpädagogik 242

10.4 Forschungsmethodischer Diskurs: Methodologie der Objektiven Hermeneutik als Grundlage dieser Fallstudie im Rahmen einer Sozialarbeitsforschung 249

10.4.1 Abgrenzung zur traditionellen Hermeneutik 249

10.4.2 Grundschulpädagogen/-pädagoginnen als Experten/ Expertinnen und Botschafter/-innen der Krise 249

10.4.3 Maximal kontrastive Fälle 251

10.4.4 Sequentialität und algorithmische Erzeugungsregeln 252

10.4.5 Interdisziplinarität als Einheit von Strukturreproduktion 252

10.4.6 Von der Abduktion zur Verallgemeinerung der Experten-/ Expertinneninterviews 253

10.4.7 Objektivierbarkeit aufgrund der Authentizität des Materials ... 254

10.4.7.1 Der „sozialarbeiterische Blick" der Auswertungsgruppe als Konstruktion der Wirklichkeit im Spannungsfeld des Anspruchs einer Objektivität 255

10.4.7.1.1 Gedankenexperimente: Denken und Vernunft 255

10.4.7.1.2 Objektive Erkenntnis und/oder Konstruktionen leibhaftiger-personaler Forscherpersonen aus der Sozialen Arbeit / Sozialpädagogik 256

10.4.8 Verfahrenskritik: Methodenmix aus Experten-/Expertinneninterviews mit einer rekonstruktiven Auswertung 259

10.5 Alternative Forschungshaltung in der Sozialen Arbeit: Schwierigkeiten der Luhmann'schen Systemtheorie zur Erforschung der Kinderarmut in der Grundschule 260

11 Epilog: Soziale Arbeit als Menschenrechtsprofession und / oder die Rückgewinnung der Sozialpädagogik in den Fragen der Kinderarmut in der Grundschule 264

Abbildungsverzeichnis 268

Tabellenverzeichnis 269

Abkürzungsverzeichnis 270

Glossar 273

Literaturverzeichnis 276

Stichwortverzeichnis 293

Vorwort

Eine Dissertation stellt immer eine eigene Habitus- und Bedeutungsbildung in Aussicht, die mit einem Initiationsritual endet. Ich habe mit dieser Fallstudie versucht, dies zu nützen.

Der Habitus bildet sich auch aufgrund vieler attraktiver Kommunikatoren / Kommunikatorinnen, die mit ihren Stimmen und/oder ihren Ausdrucksgestalten im Laufe der Dissertation Bildungsanstrengungen auszulösen im Stande sind. Bildung kann in diesem Sinne auch als Krisenlösen der forscherischen Neugier verstanden werden.

Ich möchte mich in diesem Zusammenhang bei jenen Personen bedanken, die mir im stellvertretenden Krisenverstehen und stellvertretenden Krisenlösen Orientierung angeboten haben und so ihren Beitrag an dieser Fallstudie geleistet haben.

Zunächst möchte ich mich bei meiner Doktormutter Frau Prof. Dr. Maria-Anna Bäuml-Roßnagl bedanken, die mich nach meiner Ausbildung zum Diplom-Sozialpädagogen noch weit in die Welt interdisziplinärer Forschung und des Verstehens geführt hat. Ihre stetige Suche nach der Sinnhaftigkeit, mit allen Sinnen, der menschlichen Entwicklung und unserem erzieherischen Tun, auf der Grundlage neuer Lebenswerte für eine menschenwürdige Bildungskultur, war sie es, die mich tief angeregt und begeistert hat. Frau Prof. Dr. Maria-Anna Bäuml-Roßnagl lehrte mich, im „vernetzten Denken" professionspolitische und disziplintheoretische Grenzen zu durchdringen und stets psychologisches, philosophisches, theologisches und sozialwissenschaftliches Kontextwissen heranzuziehen, um die schul- und sozialpädagogische Forschung sinnhaft damit auszustatten. Sie gab mir die forschungslogische Freiheit, mit der Methodologie der Objektiven Hermeneutik, der ich sehr verbunden bin, zu arbeiten, zeigte mir aber immer wieder konstruktiv Grenzen auf und stand mir mit vielen Anregungen und Hilfestellungen zu Seite.

Gedankt sei auch Herrn Prof. Dr. Konrad Bundschuh, der mir in einem Vorgespräch konkrete diagnostische Kriterien aus Sicht der Heilpädagogik mit auf den Weg gegeben sowie die Möglichkeit des Zeitgutachtens für die Dissertation in Aussicht gestellt hat.

Die Methodologie der Objektiven Hermeneutik kommt idealtypischer Weise nicht ohne eine Auswertungsgruppe aus. So gilt mein Dank Christine Mayr, Martin Pfliger und Manfred Kugler, die sich zusammen mit mir in akribischer Art und Weise den Ausdrucksgestalten der Interviews angenommen haben, um in vielen abendfüllenden Sitzungen die aus dem Material erschließbaren Lesarten zu generieren. Mein ehemaliger Kommilitone Manfred Kugler war es vor allem, der sich in vielen weiteren Analysesitzungen auch mit seiner wertvollen Praxiserfahrung im Bereich der Erziehungshilfe als großartiger Hermeneutiker die Fallstrukturen entscheidend mitgeprägt hat.

Ebenso gilt mein Dank Manfred Jöbgen, Dr. Stefan Heckel und Elke Schimkus des Instituts für Pädagogische Diagnostik, für die Möglichkeit, die Fallstruktur noch weiter zu falsifizieren. Das Institut für Pädagogische Diagnostik hat sich aufgrund jahrelanger Analysen von biographischen Interviews und gutachtlichen Stellungnahmen in der Kinder- und Jugendhilfe etabliert.

Mein Dank gilt auch Prof. Dr. Michael Winkler, dessen Vortrag am Alumnitag der Katholischen Stiftungsfachhochschule München diese Fallstudie entscheidend geprägt hat. Prof. Dr. Michael Winkler stellte mir nach einem E-Mail-Kontakt sein weitgehend unveröffentlichtes Manuskript zur Verfügung.

Entscheidend für meine forschungslogische Grundhaltung war die Vorstellung der Objektiven Hermeneutik bereits in meiner Ausbildung zum Diplom-Sozialpädagogen durch Frau Prof. Dr. Hildegard Stumpf. Sie ermöglichte mir, im weiteren Dissertationsverlauf, auch im Rahmen eines Lehrauftrages an der Katholischen Stiftungsfachhochschule München, die Methodologie der Objektiven Hermeneutik und erste Forschungsergebnisse vorzustellen und bereicherte mich immer wieder durch interessante Fachdiskussionen im Anschluss an die Lehrveranstaltungen. Ebenso danke ich Prof. Dr. Bernhard Lemaire für die Aufmunterung, ein Promotionsstudium zu wagen. Mein Dank gilt auch Frau Prof. Dr. Sabine Pankhofer und Herrn Prof. Dr. Weber für die Begutachtung des Exposés bezüglich einer Bewerbung für ein Stipendium.

Weitere Sicherheiten in der Anwendung der Objektiven Hermeneutik gab mir ein Sommerkurs bei Prof. Dr. Ulrich Oevermann an seinem Lehrstuhl in der Johann Wolfgang Goethe-Universität Frankfurt am Main. Er konnte aufgrund seiner über 30-jährigen Forschungs- und Anwendungstätigkeit seiner Methodologie das gesamte Seminar begeistern und die Vorzüge des Verfahrens verdeutlichen.

Bedanken möchte ich mich auch bei Herrn Dr. Hans S. Fiedler, der in einem langen Vorgespräch zu meinem Dissertationsvorhaben wertvolle Einwände und Ratschläge anbot. Dr. Hans S. Fiedler ist stets ein forschender Sozialpädagoge geblieben, dessen konstruktivem Innovationsgeist ich mich nur schwer entziehen konnte.

Herzlich gedankt sei auch jenen Grundschul- und Sozialpädagogen/ -pädagoginnen aus Bayern, Baden Württemberg, Berlin und Halle, die couragiert und offen sich in einer für die Schulen oft krisenhaften Zeit als Experten/Expertinnen für die Interviews zu einem oft mit Hilflosigkeit besetzten Thema der Kinderarmut in der Schule geäußert haben und einer Analyse ihrer Ausdrucksgestalten mittels der Objektiven Hermeneutik zugestimmt haben. Der Wunsch, sich zu äußern, zeigt, dass die Courage dieser Lehrkräfte deutlich größer ist als die Resignation und Tabuisierung, die ihre Wurzeln in einem oft krisenhaften Grundschulalltag haben.

Gleiches gilt für die vielen Praktiker/-innen aus der Praxis der Kinder- und Jugendhilfe und der Stadtteilarbeit, die mit ihren Thesen dieser Fallstudie entscheidende Impulse gegeben haben.

Ich weiß, dass in der Forschungslandschaft immer wieder Fälle des „Abschreibens" kritisiert werden. Ich habe die vielen direkten Zitate jener Autoren/Autorinnen bewusst gewählt, die meinen professionellen Habitus entscheidend mitgeprägt haben. Ich mache dies aus Respekt vor den Werken, aber auch mit der Intention, in einem hermeneutischen Verstehensprozess Kontexte nicht zugunsten dieser Fallstudie zu verschleiern. Zu nennen sind hier unter anderem Frau Prof. Dr. Maria-Anna Bäuml-Roßnagl, Herr Prof. Dr. Ulrich Oevermann, Herr Prof. Dr. Hans Thiersch, Herr Prof. Dr. Michael Winkler, Herr Prof. Dr. Klaus Kraimer und Herr Dr. Hans S. Fiedler sowie viele weitere Autoren/Autorinnen.

Gedankt sei auch Christine Mayr für die wertvolle und zeitintensive Lektorentätigkeit und Rolf Zollner für die gestalterische Unterstützung bei den Grafiken.

Dank gilt auch meinen Eltern, besonders meinem Vater, der nicht nur das Titelbild in seiner großen künstlerischen Begabung anfertigte, sondern der mir auch vertrauensvoll und finanziell Rückhalt während der Promotionszeit entgegenbrachte.

Besonderer Dank gebührt meiner Freundin Rita Schrabeck, die mir in der intensiven Dissertationszeit, emotionalen und fachlichen Rückhalt spendete. Ohne ihre ausdauernde, wertschätzende und lebensfrohe Art, in den vielen grenznahen, zweifelsvollen Situationen, wäre diese Dissertation eine wesentliche größere Kraftanstrengung für mich gewesen, als sie es ohnehin schon war.

Bedanken möchte ich mich auch bei Herrn Stefan Hagn des Vereins für Jugend- und Familienhilfen e.V. München, der mich in einer für die freien Träger der Jugendhilfe oft ökonomisch angespannten Situation für ein Jahr freigestellt hat, damit ich diese Dissertation anfertigen kann.

„*Schulische Bildungsprozesse haben die Realsituationen der alltäglichen Lebenswelten ernstzunehmen und mitzugestalten, wenn Bildung einen lebensfördernden Wert haben soll.*"

Maria-Anna Bäuml-Roßnagl, 2005

1 Rekonstruktion aktueller Studien über Kinderarmut in der Grundschule und erste „Fallstrukturhypothese"

1.1 Alltagsphänomene: Kinderarmut in der Grundschule

1.1.1 Sprachlosigkeit in der Pädagogik

Das Thema Armut ist in unserer Gesellschaft und ihren verschiedenen Institutionen von starken Tabus geprägt. Hanna Kiper stellt in diesem Zusammenhang zusammenfassend in einem Aufsatz fest, dass Pädagogen/Pädagoginnen Jahrhunderte lang zu den Fragen von Kinderarmut Stellung bezogen haben, während aktuell eine *„Sprachlosigkeit"*[1] festzustellen sei. *„Mühsam wird die Realität armer Kinder in unserer Risikogesellschaft*[2] *festgestellt und darum gerungen, nicht mehr nur"* wegzuschauen *„und zu schweigen, sondern Stellung zu beziehen."*[3] Eine ähnliche Diskussion wird auch in der Heil- bzw. Sonderpädagogik geführt[4]. Armut wird hierbei als eine in der Heilpädagogik verdrängte Begrifflichkeit gesehen, als Folge eines gestörten Verhältnisses der Politik und Pädagogik zu unterversorgten Lebenslagen. Diese Feststellung gilt auch, wie Forschungsergebnisse von Sabine Toppe[5] zeigen, besonders für die Grundschulpädagogik. Die Ergebnisse ihrer Forschungsarbeit werden im folgenden Punkt 1.1.2 dargestellt.

Diese Arbeit soll der Tabuisierung von Kinderarmut in der Institution Grundschule entgegenwirken und den Fragen von Kinderarmut und Bildungschancen in der Grund-/Förderschule im Primärbereich einen gerechten Platz in einer menschenwürdigen Bildungskultur[6] einräumen.

1.1.2 Erscheinungs- und Wahrnehmungsformen von Kinderarmut in der Grundschule

Sabine Toppe fordert im Umgang mit den Betrachtungsweisen von Kinderarmut in der Grundschule, innerhalb ihrer Forschungsergebnisse einen *„differenzierten Blick"*[7] zu wahren. So seien heute arme Kinder beispielsweise nicht zwangsläufig an einer mangelhaften Kleidung erkennbar, sondern der Kauf von Markenkleidung oder entsprechend

---

[1] Kiper, Hanna: Kinderarmut und Pädagogik, 2001, S. 12.
[2] Die Begrifflichkeit der Risikogesellschaft nach Ulrich Beck vernachlässigt meines Erachtens auch die Chancen einer pluralen, globalen und individuellen Gesellschaft. (Vgl. hierzu: Beck, Urlich: Risikogesellschaft. Auf dem Weg in eine andere Moderne.)
[3] Kiper, Hanna: Kinderarmut und Pädagogik, 2001, S. 12.
[4] Vgl.: Weiß, Hans: Armut – ein Risikofaktor für kindliche Entwicklung, 2000, S. 209.
[5] Vgl.: Toppe, Sabine: Kinderarmut in Deutschland, 2001, S. 16f.
[6] Die Begrifflichkeit der „menschenwürdigen Bildungskultur" wird in dieser Arbeit noch definiert.
[7] Toppe, Sabine: Kinderarmut in Deutschland, 2001, S. 17.

anderen Statusgütern stelle sogar eine Möglichkeit dar, Kindern „*die Auswirkungen der Armut*", ausgehend von den Eltern, „*weitgehend zu ersparen*"[8]. Dieses, in der Bundesrepublik Deutschland als „relative Armut"[9] diskutiertes Phänomen, wird meist nicht als offensichtlicher Mangel erkennbar, was aber die Brisanz für die Betroffenen in keiner Weise mindert.

In der qualitativen Befragung von Lehrkräften im Rahmen der Untersuchung von Sabine Toppe[10] an ausgewählten Grundschulen der Stadt Oldenburg mit leitfadengestützten, halbstandardisierten Experten-/ Expertinneninterviews[11] zeigten sich sehr differenzierte Aussagen der Lehrkräfte über die Wahrnehmung der Phänomene der Kinderarmut in ihrem professionellen Alltag. Zum einen zeigte sich, dass das Thema Armut und Kinderarmut in der Grundschuldidaktik weitgehend tabuisiert ist. Das Thema Armut wurde lediglich im Zusammenhang mit weltweiter materieller Armut in den Klassen thematisiert. Es zeigten sich kaum Ansätze, die Situation in der Lebenswelt der Kinder im Unterricht zu behandeln.[12] Das Thema Kinderarmut wurde im Kollegium ebenfalls sehr selten thematisiert: „*Anlässe waren hier Klagen über Schwierigkeiten, Geld für eine Klassenfahrt zusammen zu bekommen, oder wenn Kinder allzu sorglos mit anvertrauten Schulmaterialien, wie Bücher und Hefte umgingen, und es Probleme gab, von den Familien Ersatz zu bekommen.*"[13] Zum anderen differieren die Aussagen über die Wahrnehmung von Kinderarmut nicht nur von Schule zu Schule sehr, sondern zum Teil auch innerhalb eines Kollegiums:

In den „Brennpunktschulen" scheinen die Lehrkräfte mit zunehmend sichtbarer Kinderarmut konfrontiert zu werden, und die Kinderarmut sowie entsprechende Auffälligkeiten der Kinder bestimmen zunehmend den Schulalltag. Die Kinder kommen demnach oft ohne Frühstück, mit zerschlissener Bekleidung und mangelnder Körperpflege zur Schule. Das Geld zum Pausenkauf, Mittagstisch und für Klassenfahrten konnte in einigen Fällen nicht aufgebracht werden. Schulmaterialien sind hier oft nicht oder nur teilweise vorhanden bzw. in einem schlechten Zustand. Der Gesundheitszustand zeigte sich wohl durch schlechte Zähne und/oder Unter- bzw. Übergewicht. Weiter brachten die Lehrkräfte Wahrnehmungsstörungen, Sprachstörungen, Spracharmut und Koordinationsschwierigkeiten der Kinder mit ihrem Aufwachsen in Armut in Verbindung. Die

---

[8] Toppe, Sabine: Kinderarmut in Deutschland, 2001, S. 17.
[9] „Relative Armut" meint hier eine gesellschaftliche und soziale Benachteiligung von Kindern in Relation zum Durchschnitt der Bevölkerung. Auf diese Armutsdefinitionen wird im Kapitel 2 dieser Arbeit noch genauer Bezug genommen.
[10] Vgl.: Toppe, Sabine: Kinderarmut in der Grundschule, S. 2.
[11] Vgl.: Meuser, Michael/ Nagel, Ulrike: Das Experteninterview, 2005, S. 71ff.
[12] Vgl.: Toppe, Sabine: Kinderarmut in der Grundschule, S. 3.
[13] Ebd., S 3.

Unfähigkeit, Vertrauen aufzubauen, Distanzlosigkeit und die Sehnsucht nach körperlicher und emotionaler Zuwendung wurden nach dieser Studie von den Lehrkräften unter „seelischer Verkümmerung" subsumiert. Weiter wurden Konzentrationsschwächen, Kommunikationsschwächen, Lese- und Rechtschreibschwächen und abweichendes Verhalten, wie erhöhte Gewalt- und Aggressionsbereitschaft, verstärkt durch die Lehrkräfte beobachtet.[14] Fast alle Lehrkräfte sehen die Ursachen für diese Phänomene bei *„einer mangelnden Fürsorge der Eltern bzw. der Mütter, weniger gesellschaftliche oder familiäre Bedingungen von kindlicher Armut"*[15].

Ein weiterer Punkt zeigte sich im immer geringeren Besuch von Kindergarten und Vorschule seitens der betroffenen Kinder. Hier müsse die Schule in zunehmendem Maße elementare Kenntnisse und Grundfertigkeiten wie das richtige Bedienen von Arbeitsmitteln, Hilfestellung beim Kleidungs- oder Schuhwechsel und optisches sowie akustisches Wahrnehmen übernehmen, und die Wissensvermittlung müsse hier immer häufiger in den Hintergrund treten, damit diese Kinder Erfahrungen, die in einem defizitären Elternhaus gesehen werden, nachholen könnten.[16]

Andere Armutsphänomene zeigten sich in den Grundschulen mit Schülern/ Schülerinnen aus eher mittelschichtsorientiertem Sozialraum. Hier sprachen die Lehrkräfte von eher sozialen und emotionalen Defiziten, wie *„Bewegungs-, Phantasie- und Kontaktarmut, neben sprachlicher oder sozialer Armut der Schulkinder"*[17], die den Unterricht erschweren. Ökonomische Armutsphänomene werden hierbei nur sehr wenige angeführt.

Die Verantwortung für diese Entwicklung wurde den Familienverhältnissen, oft mit einer berufstätigen Mutter, dem Fernseh- und Computerkonsum, den Einschränkungen der Bewegungsmöglichkeiten der Kinder und der Überhäufung der Kinder mit Terminen im Alltag zugeschrieben.[18]

Auf die Frage hin, welche negativen Verhaltensformen Armut mit sich bringen könnte, zeigte sich vordergründig eine erhöhte Gewaltbereitschaft und Aggressivität bei Jungen, während der von Sabine Toppe beobachtete Rückzug einiger Mädchen von den Lehrkräften wohl nicht wahrgenommen wurde.[19]

---

[14] Vgl.: Toppe, Sabine: Kinderarmut in der Grundschule, S. 3.
[15] Ebd., S. 3.
[16] Vgl.: Ebd., S. 3.
[17] Vgl.: Ebd., S. 3.
[18] Vgl.: Ebd., S. 3.
[19] Vgl.: Ebd., S. 3.

1.1.3 Soziale Ausgrenzung und Stigmatisierung der betroffenen Familien und Kinder durch die Lehrkräfte

Einige Lehrkräfte reagierten bei der Befragung mit sozialer Ausgrenzung und Stigmatisierung. Häufige Nennungen waren so genannte „Randgruppen", wie Arbeitslose, Aussiedlerfamilien sowie Asylbewerber und Alleinerziehende. *„In den Blick fielen z. B. Werturteile über das Unvermögen allein erziehender Mütter, denen Desinteresse am Kind unterstellt wurde, wenn das Kind nicht die erforderliche Ausstattung in die Schule mitbrachte."*[20] Sabine Toppe stellt in diesem Zusammenhang die Frage, ob Lehrkräfte, die meist aus der Mittelschicht stammen, für die Lebenswelt armer und unterversorgter Kinder genügend sensibilisiert sind und entsprechend gesellschaftliche Zusammenhänge in den Blick nehmen können, ohne voreilig auf subjektives Versagen und Vernachlässigungen seitens der Eltern der betroffenen Kinder zu schließen?[21]

Diese „Skandalisierung" der Kinderarmut, verbunden mit subtilen Schuldzuschreibungen, birgt einerseits die Gefahr, dass sich die betroffenen Kinder selbst für den Skandal halten, andererseits sich beispielsweise Eltern, die nicht mehr am Erwerbsleben teilhaben können, schuldig fühlen könnten. *„Es käme aber darauf an, ihnen mit Respekt zu begegnen und ihnen ihre Würde zu lassen. Von Armut muß deshalb nicht geschwiegen werden."*[22]

Dass die Grundschule verstärkt mit Phänomenen von Kinderarmut konfrontiert wird, zeigt die angeführte Studie deutlich. Nun stellt sich die Frage, ob Kinderarmut bereits in der Grundschule in einem Zusammenhang mit den Bildungschancen gesehen werden kann.

1.2 „Exklusion und mangelnde Teilhabe": Kinderarmut und Bildungschancen in der Grundschule

1.2.1 Diskriminierung im Bildungswesen

Gerhard Beisenherz beispielsweise sieht deutliche Einschränkungen für arme Kinder und Kinder mit behindernden Faktoren in den direkten Bildungsausgaben. Es geht insbesondere um:

- ständig steigende Aufwendungen für die Schulmaterialien in der Grundschule,
- Hänseln nicht betroffener Kinder wegen altmodischer Kleidung und Accessoires,

---

[20] Toppe, Sabine: Kinderarmut in der Grundschule, S. 3.
[21] Vgl.: Ebd., S. 4.
[22] Weiß, Hans: Armut – ein Risikofaktor für kindliche Entwicklung, 2000, S. 211.

- Fehlen bei Schulausflügen,
- mangelnde Ernährung (fehlendes Frühstück, fehlende Möglichkeit, Pausennahrung zu kaufen).[23]

„Ob oder inwieweit durch diese fehlende Möglichkeiten eine bildungsrelevante Exklusion schon in der Grundschule einsetzen kann, muß freilich gegenwärtig als ungeklärt betrachtet werden."[24]

In Einzelstudien wurden in Deutschland Auswirkungen von Kinderarmut auf Bildungsverläufe untersucht, ohne jedoch klare Aussagen über Entwicklungsbenachteiligungen der Kinder machen zu können. Als sicher gilt jedoch, aufgrund einer Untersuchung von Andreas Lange/Wolfgang Lauterbach, *„daß der Schulübertritt nach der Grundschule durch Phasen von Einkommensarmut oder prekärer Einkommen vor und während der Übertrittsentscheidung vor allem bei Mädchen negativ verläuft",*[25] und diese Mädchen signifikant häufiger in die Hauptschule übertreten.

Felix Büchel u. a. kommen zum Ergebnis, dass es vor allem Haushalte mit einem Einkommen knapp über der Armutsgrenze, mit nur einem männlichen Einkommensbezieher in niedrig qualifizierter Arbeit, sind, die kaum eine Chance haben, das Gymnasium zu erreichen. Bei Beate Hock u. a. können ebenfalls Hinweise auf die Benachteiligung von Armut betroffener Kinder bereits im Einstieg der Bildungsbiographie identifiziert werden:

So stellen diese Autoren/Autorinnen fest, *„daß z. B. beim Vorliegen von Verhaltensauffälligkeiten im Sprach-, Spiel- oder Arbeitsverhalten von Kindergartenkindern diejenigen aus nicht armen Hauhalten eine deutlich größere Wahrscheinlichkeit haben, in die Regelschule zu gehen, als die aus armen Haushalten."*[26]

1.2.2 „Sozialer Filter" und Bildungschancen in der Grundschule im Zusammenhang mit Kinderarmut

Die Bundeszentrale für politische Bildung[27] sieht die Ursachen mangelnder Bildungschancen für arme Kinder in einem „sozialen Filter", einhergehend mit einer fortdauernden, scharfen, sozialen Auslese im Bildungssystem in der Selektion nach Leistung. Dies enthält zum einen, dass Unterschiede in den Sozialisationsmilieus immer auch mit Leistungsunterschieden einhergehen, und zum anderen, dass die Auslese im Bildungssystem nicht nur Selektion nach Leistung ist, sondern dass hier auch leistungsunabhängige soziale Faktoren eine Rolle spielen.

---

[23] Vgl.: Beisenherz, Gerhard H,.: Kinderarmut in der Wohlfahrtsgesellschaft, 2002, S. 81f.
[24] Ebd., S. 82.
[25] Ebd., S. 82.
[26] Ebd., S. 82.
[27] Vgl.: Geißler, Rainer: Bundeszentrale für politische Bildung, S.1.

„Neuere Untersuchungen zeigen, dass das komplexe Ursachengeflecht des sozialen Filters – das Zusammenspiel von schichttypischen Auslesemechanismen in den Schulen – auch heute noch wirksam ist."[28] Diese sozialisatorischen Effekte werden, laut der Hamburger Studie von 1996[29], von der leistungsunabhängigen sozialen Auslese noch verstärkt. Leistungsstarke Kinder aus einem unteren sozialen Milieu sind demnach in unserem Bildungssystem weniger erfolgreich als leistungs-mittelmäßige Kinder aus anderen sozialen Milieus. Eine entscheidende Weiche in der Bildungsbiographie wird bereits beim Übergang der Grundschule in das viergliedrige System der Sekundarstufe gestellt, da Kinder aus einem unteren sozialen Milieu mit guten Leistungen erheblich seltener eine Empfehlung für Gymnasien als andere Kinder derselben Leistungsstärke erhalten und sozial schwache Eltern von diesen Empfehlungen auch noch seltener Gebrauch machen.

Zu den wichtigsten Befunden der PISA-Studie gehört nach Meinung des Forums Bildungspolitik der Zusammenhang zwischen sozialer Herkunft und Bildungschancen. Dies gilt insbesondere für Deutschland.

„Die bisher vorgelegten Analysen belegen einen straffen Zusammenhang zwischen Sozialschichtzugehörigkeit und erworbenen Kompetenzen. (…) Die Entwicklung des Zusammenhangs von sozialer Herkunft und Leistung scheint ein kumulativer Prozess zu sein, der lange vor der Grundschule beginnt und an den Nahtstellen des Bildungssystems verstärkt wird. Soweit die Schulreformen der Sekundarstufe I unterschiedliche Entwicklungsmilieus darstellen, tragen sie zu einer engeren Kooperation von sozialer Herkunft und Kompetenzerwerb bei."[30]

Klaus-Jürgen Tillmann formulierte dies in einem Interview folgendermaßen:

„Offiziell existiert diese Struktur der sozialen Auslese nicht. Offiziell heißt es, dass jeder die gleichen Bildungschancen haben soll. Aber unterschwellig laufen gewaltige Prozesse der sozialen Selektion, die sich offiziell als Prozess der Leistungsauslese tarnen."[31]

Konrad Bundschuh beschreibt Kinder, die Lernprozesse nur unter *„erschwerten Bedingungen"* vollziehen können. Der Aspekt der *„erschwerten Bedingungen"* kann aber *„erst in einer dialektischen Betrachtungsweise zwischen individueller Lernausgangslage einerseits und gesellschaftlichen Realitäten andererseits*[32]*"* verstanden werden.

---

[28] Geißler, Rainer: Bundeszentrale für politische Bildung, S. 1.
[29] Vgl.: Lehmann, Rainer, H. u. a.: Aspekte der Lernausgangslage, 1997.
[30] Deutsches PISA-Konsortium (Hrsg.): PISA 2000, Entnommen aus: AntiDiskriminierungsBüro (ABD) Köln: Herkunft prägt Bildungschancen, 2002, S. 10.
[31] Tillmann, Klaus-Jürgen: Die doppelte Benachteiligung. E & W-Gespräch, 2002, S. 6-10.
[32] Bundschuh, Konrad: Lernen unter erschwerten Bedingungen, 2002, S. 36.

1 Rekonstruktion aktueller Studien über Kinderarmut in der Grundschule und erste „Fallstrukturhypothese"

Das PISA-Konsortium beschreibt die sozialen Bedingungen von Schulleistungen mit folgender Grafik:

Familiärer und Sozialer Hintergrund

Sozioökonomische Lage
- Berufstätigkeit der Eltern
- Bildungsabschlüsse der Eltern
- Wohnungsausstattung: ökonomisches und kulturelles Kapital

Sprache/ Migration
- Geburtsland Eltern
- Geburtsland Schüler/-in
- Sprache der Familie
- Muttersprache Schüler/-in
- Schulbesuchszeiten In-/ Ausland

Familienstruktur
- Mitglieder des Haushalts
- Zahl der Geschwister

Erziehungsklima und häusliche Unterstützung
- restriktives Familienleben
- akzeptiertes Familienklima
- Eltern-Kind-Aktivitäten
- Lernunterstützung, Leseförderung
- Medienausstattung

Abbildung 1: Soziale Bedingungen von Schulleistungen[33]

Fast alle Grundschulkinder fühlen sich subjektiv in der Familie und Schule wohl, aber die Schere zwischen Arm und Reich wird immer größer. Kinder aus der am stärksten belasteten Gruppe, *„der armen und multipel deprivierten Kinder"*[34], weichen davon auffallend häufig ab. Außerdem werden diese Kinder oft verspätet und nicht regulär eingeschult. Sprachschwierigkeiten sind dafür, aufgrund unzureichender familiärer Förderung, die Hauptgründe. *„Besonders auffallend ist, dass sie weniger Freunde in der Schule haben und dort stärker von den anderen Kindern ausgegrenzt werden."*[35]

---

[33] Vgl.: Deutsches PISA-Konsortium, Baumert, Jürgen u. a.: Soziale Bedingungen von Schulleistungen, S. 27.

[34] Vgl. 2.5.

[35] Holz, Gerda/ Skoluda, Susanne: Armut im frühen Grundschulalter, S. 3.

1.2.3 Bildungschancen in der Grundschule am Beispiel von Kindern mit Migrationshintergrund

Kinder mit Migrationshintergrund werden von allen Untersuchungen als besonders gefährdete Gruppierung hinsichtlich ihrer Bildungschancen identifiziert. Lehrer/-innen stehen hier bereits in der Grundschule vor besonderen Herausforderungen:

„Wenn beispielsweise die Lehrerin vor ihrer Grundschulklasse steht, hat sie im Grunde, obwohl ihr das gar nicht so scheint, zwei ganz verschiedene Sorten von Schüler vor sich: die einen üben das Grundrecht aus, indem sie da sitzen; das sind die deutschen Kinder. Die anderen – das werden in sieben Jahren wegen des neuen Staatsangehörigkeitsrechts vielleicht etwas weniger sein – sind nur auf Grund der Großzügigkeit der Behörden da. Sie üben also kein Grundrecht aus, indem sie da sitzen, das gilt auch für alle Zweige der Ausbildung und beruflichen Tätigkeit (…) Ausländer dürfen in Deutschland vom Grundgesetz her alles – außer hier sein, hier arbeiten und sich hier ausbilden lassen".[36]

Die Europäische Union hat in den letzten Jahren verschiedene Richtlinien gegen die Diskriminierung verabschiedet:[37]

- Diskriminierung aus Gründen der „Rasse" oder der ethnischen Herkunft
- Diskriminierung aus Gründen der Religion, der Weltanschauung, der Behinderung, des Alters und der sexuellen Orientierung in Bezug auf Beschäftigung und Beruf.

Gemäß diesen Richtlinien darf einer Person aus Gründen der ethnischen Herkunft nicht das Recht beispielsweise auf soziale Sicherung oder dem Besuch einer bestimmten Schule abgesprochen werden. Ethnische Herkunft prägt den Zugang zur Bildung. Die PISA-Studie bestätigt, dass auch nach mehr als einem halben Jahrhundert der Migration Kinder und Jugendliche aus zugewanderten Familien durch das hohe soziale Selektionskriterium des deutschen Schulsystems bildungsbenachteiligt sind. Der frühe Zeitpunkt der Auslese bereits in der Grundschule führt zu erheblichen Leistungsunterschieden von Schüler/-innen mit und ohne Migrationshintergrund.

Diese veränderte Kindheit, die nicht nur Kinder mit Migrationshintergrund erleben, stellt die Grundschule vor neue Herausforderungen.

---

[36] Ausschnitt aus einem Interview mit dem Kölner Fachanwalt für Familien- und Ausländerrecht Hanswerner Odendahl von 2001. Entnommen aus: AntiDiskriminierungsBüro (ABD) Köln: Herkunft prägt Bildungschancen, 2002, S. 8.
[37] Vgl.: AntiDiskriminierungsBüro (ADB) Köln: Herkunft prägt Bildungschancen, 2002, S. 8.

1.3 (Heraus-) Forderungen und Reaktionen der Grundschule im Umgang mit Kinderarmut

1.3.1 Reaktionen der Grundschule auf eine veränderte Kindheit

Der Stellenwert der Grundschule als sozialer Lebensraum hat auch auf Grund sozioökonomischer Schwierigkeiten und weiterer vielschichtiger gesellschaftlicher Veränderungen in den vergangenen Jahrzehnten zugenommen. Schulzeit darf nicht nur Unterrichtszeit sein, der weitgehend durch den Lernstoff und durch Steuerungsmaßnahmen der Lehrer/-innen sozial geregelt ist, sondern es müssen auch vermehrt Zeiten zur Verfügung stehen, in denen die Schüler/-innen „ungeregelt" ihre eigenen Formen und Strategien des Miteinander-Auskommens klären müssen.

„Für Schüler aus problembelasteten Elternhäusern ist die Schule oftmals der einzige Lebensraum, in dem sie die gesellschaftlich notwendige Sozialkompetenz erwerben können."[38] *„Viele Grundschulen haben durch veränderte Organisationsformen, insbesondere aber durch geöffnete Formen des Unterrichts die gesellschaftlichen Herausforderungen angenommen, ohne dass dadurch die Unterrichtsqualität oder das Lernniveau der Kinder vernachlässigt wurden. Dies könnte ein Grund für die Tatsache sein, dass die Grundschule von den Kindern und ihren Eltern in der Regel geschätzt und deutlich positiver beurteilt wird als alle anderen Schulformen."*[39]

Und dennoch bedarf es meines Erachtens weitere Diskussionen um einen weiteren Abbau sozialer Benachteiligungen in der Grundschule.

1.3.2 Forderung des Abbaus sozialer Benachteiligung in Kindergarten und Grundschule

Das Forum Bildungspolitik in Bayern sieht die wichtigste Konsequenz aus der PISA-Studie in der Notwendigkeit einer verstärkten Förderung von Kindern im elementaren und primären Bildungsbereich wie der Grundschule. Die moderne Hirnforschung der Lernprozesse stellt den systematischen Aufbau synaptischer Verbindungen der Nervenzellen durch eine frühzeitige Förderung dar. Diese sensiblen Perioden bei den Kindern müssen im Kindergarten und der Grundschule sinnvoll genützt werden.

So fordert das Forum Bildungspolitik in Bayern für diesen Elementarbereich unter anderem folgende Punkte:

- personelle und zeitliche Ressourcen zur Hilfestellung im erforderlichen Umfang,

---

[38] Petillon, Hannes: Soziales Lernen in der Grundschule, 1993, S. 8.
[39] Fölling-Albers, Maria: Soziales Lernen in der Grundschule, S. 1.

- einen Erziehungs- und Bildungsplan für Kindertagesstätten,
- Eltern in ihrer Erziehungsarbeit durch Vernetzung mit der Grundschule und außerschulischen Erziehungsinstitutionen zu stützen. *„Hierfür sind entsprechende Stundenkontingente für sozialpädagogische Fachkräfte zur Verfügung zu stellen"*[40],
- eine interdisziplinäre Frühförderung mit sonderpädagogischen Hilfen in Kooperation mit Familien und Kindertagesstätten.

Als Forderung formuliert das Forum Bildungspolitik in Bayern für den Primärbereich den Auf- bzw. Ausbau der Schulsozialarbeit für alle Schularten, auch zur Möglichkeit prozessdiagnostischer Begleitung und Förderung. Schulsozialarbeit in der Grundschule ist noch weitgehend unüblich.

1.3.3 Herausforderungen und Ansatzpunkte für den Umgang mit Kinderarmut für die Grundschule

Jochen Hering und Peter Lehmann fragen in einem Artikel[41] nach neuen Aufgaben der Grundschule angesichts einer steigenden Kinderarmut. Sie sehen neben den „objektiven Begleiterscheinungen" von Kinderarmut *„ein ganzes Bündel von sozioökonomischen und psychosozialen Einschränkungen, die sich im Extremfall durch Muster struktureller Verwahrlosung zu einem beschädigten Leben verdichten können"*[42].

Die Phänomene der Kinderarmut, die die beiden Autoren skizzieren, bestätigen weitgehend die Erkenntnisse von Sabine Toppe. Doch in der untersuchten Schulklasse mit 23 Schülern/Schülerinnen (neun davon leben in Familien, die Sozialhilfe beziehen) ist die materielle Armut und Unterversorgung wohl offensichtlicher als in anderen Stichproben und nicht verdeckt. Aufgrund der materiellen Unterversorgung in der Klasse durch fehlendes Frühstück und Pausennahrung, unzureichende Bekleidung und beispielsweise bescheidene Geschenke und psychosoziale Folgeereignisse sehen die Autoren/Autorinnen die Grundschulen mit neuen Aufgaben konfrontiert, die hier kurz zusammengefasst dargestellt werden:[43]

- In Fragen der Ernährung hat die Schule nach Meinung der Autoren/Autorinnen die Aufgabe, auf die regelmäßige Ernährung der Kinder zu achten, nach Unterstützungsmöglichkeiten zu suchen und gemeinsame Mahlzeiten auch als Gemeinschaftserlebnis anzubieten.[44]

---

[40] Fölling-Albers, Maria: Soziales Lernen in der Grundschule, S 2.

[41] Vgl.: Hering, Jochen/ Lehmann, Peter: Armut: Herausforderung für die Grundschule, 2001, S. 23.

[42] Otto, Ulrich/Bolay, Eberhard, 1997, zit. n. Hering, Jochen/ Lehmann, Peter: Armut: Herausforderung für die Grundschule, 2001, S. 23.

[43] Vgl.: Hering, Jochen/ Lehmann, Peter: Armut: Herausforderungen für die Grundschule, 2001, S. 23f.

[44] Vgl.: Ebd., S. 24.

- In Fragen des Raummangels der Kinder aus unterversorgten Haushalten muss die Schule Rückzugsmöglichkeiten und Möglichkeiten einer Privatsphäre anbieten.[45]
- Die Schule ist auch aufgerufen, in Zusammenarbeit mit anderen Institutionen Hilfestellungen zur Förderung der Konzentration und bei schwierigen Aufgabestellungen zu geben.[46]
- Viele Kinder erleben häusliche Gewalt. Hier hat die Schule *„die Aufgabe, für einen gewaltfreien Rahmen zu sorgen und Kindern Verhaltensalternativen im Umgang mit Konflikten zu eröffnen."*[47]
- In den Fragen der alltäglichen Belastungen der Kinder aus der Erwachsenenwelt muss die Schule in der Lage sein, schülerzentrierte Gespräche und entlastende Aktivitäten anzubieten.[48]

Sabine Toppe kommt in ihrer Studie zu ähnlichen Interventionsvorschlägen. Sie betont die Schule als familialen Kontext und Lebensraum und eine als wesentliche soziale Ressource der Kinder. Die Not der Kinder könne zwar in der Grundschule nicht beseitigt werden, doch die Verantwortung dürfe in einer individualisierten Welt nicht vollständig den Eltern zugesprochen werden.

Die Autorin fordert die Aufnahme und Thematisierung der Problemlage Kinderarmut in das universitäre Curriculum der Lehrer/innenausbildung, um spätere Tabuisierung und Abwehr vorzubeugen und um soziale Basiskompetenzen zu erreichen. *„Grundschule sollte hier neben erzieherischen und sozialisatorischen auch kompensatorische Möglichkeiten in den Blick nehmen, um armen Kindern Unterstützung zu bieten."*[49]

Die Interventionsempfehlung von Sabine Toppe geht über eine Einzelfallhilfe hinaus, hin zur Knüpfung von Netzwerken in den jeweiligen Sozialräumen und einer unterstützenden *„Arbeit von Sozialarbeiterinnen und –arbeitern, Schulpsychologinnen und –psychologen und Beratungslehrerinnen und –lehrern innerhalb des Schulsystems oder auch von angegliederten Stadtteilgruppen"*[50]. Diese niederschwelligen Hilfen sollten nach ihren Empfehlungen direkt an den Schulen angeboten werden, um die Kinder, aber auch die Eltern, erreichen zu können.

Diese Auflistung enthält Interventionsvorschläge, die ihre Wurzeln in der Sozialen Arbeit (Befriedigung von Grundbedürfnissen; Vernetzung mit entsprechenden Fachdiensten) und vor allem in der Sozialpädagogik

---

[45] Vgl.: Hering, Jochen/ Lehmann, Peter: Armut: Herausforderungen für die Grundschule, 2001, S. 24.
[46] Vgl.: Ebd., S. 24.
[47] Ebd., S. 24.
[48] Vgl.: Ebd., S. 24.
[49] Toppe, Sabine: Kinderarmut in Deutschland, 2001, S. 17.
[50] Ebd., S. 17.

(Schaffung von affektiv fördernden Strukturen und Beratungsgesprächen) haben. Die Soziale Arbeit und die Sozialpädagogik müssen sich aufgrund ihres Selbstverständnisses und ihres Handlungsauftrages mit den Fragen der Kinderarmut auseinandersetzen.

1.4 (Kinder-) Armut als Handlungsauftrag aus dem Selbstverständnis der Sozialen Arbeit / Sozialpädagogik

1.4.1 Forderung eines „dualen Armutsbegriffs" durch die Soziale Arbeit

Margherita Zander fordert *„einen explizit formulierten Armutsbegriff"*[51] seitens der Sozialen Arbeit / Sozialpädagogik auch oder gerade aufgrund ihrer historischen Rollenentwicklung. Bei der Erarbeitung eines entsprechenden Verständnisses von Armut kann die soziologische Forschung entsprechendes bezugswissenschaftliches Kontextwissen liefern. Doch diese statischen Erscheinungsformen von Armut, innerhalb des soziologischen Denkens mit ihrem Lebenslagenansatz, dürfen von der Sozialen Arbeit nicht unreflektiert übernommen werden. Die Armut muss durch *„prozesshafte Ausformung im individuellen Lebenslauf"*[52] mit einer *„Subjekt- und Handlungsperspektive"*[53] als zeitliche Dimension[54] die sozialpolitischen Merkmale mit in ihre Typologie aufnehmen.

Ein Armutskonzept der Sozialen Arbeit hat demzufolge einen dualen Blickwinkel:[55]

- es muss durch die Lebenslagenorientierung Aussagen über *„sozialpolitische Handlungsperspektiven"*[56] formulieren und *„sozial-staatlich strukturierte Integrationsbereiche (wie Bildung, Arbeitsmarkt, soziale Risikoabsicherung, Wohnen, Gesundheit*[57]*"*, soziale und kulturelle Teilhabe) berücksichtigen und gleichzeitig
- durch den Lebensweltbezug der Sozialen Arbeit *„subjektorientierte Handlungsansätze erschließen helfen"*[58].

Eine neue Herausforderung für die Soziale Arbeit stellt sich aufgrund einer zunehmend neuen Armutsgefährdung aufgrund der Kürzungen der Sozialleistungen und des Phänomens der Massenarbeitslosigkeit.[59]

---

[51] Zander, Margherita: (Kinder-) Armut als Handlungsauftrag für die Soziale Arbeit, 2000, S. 288.
[52] Ebd., S. 289.
[53] Ebd., S. 289.
[54] Vgl.: Ebd., S. 289.
[55] Vgl.: Ebd., S. 290.
[56] Ebd., S. 290.
[57] Ebd., S. 290.
[58] Ebd., S. 290.
[59] Vgl.: Ebd., S. 29

1.4.2 Herausforderung des Phänomens Kinderarmut für die Kinder- und Jugendhilfe

Die Kinder- und Jugendhilfe ist aufgrund ihrer historischen Ausgangslage mit den Armutsphänomenen ihrer Zielgruppe verbunden und erlebt, seit Beginn der 90er Jahre das Phänomen einer *„neuen Kinderarmut"*[60] aufgrund der aktuellen Kontexte, Lebensbezüge und Deutungen, z. B. in den unterschiedlichen Armutsberichterstattungen der Sozialverbände. Kinderarmut wurde dadurch wieder zu *„einer Herausforderung der sozialpädagogischen und –arbeiterischen Praxis"*[61].

Doch aufgrund der Ursache von Kinderarmut als Erwachsenenarmut darf diese nicht isoliert betrachtet werden, sondern muss immer auch im Kontext seiner familiären und sozialräumlichen ökologischen Tragweite gesehen werden. *„Will die Soziale Arbeit ein handlungsorientiertes Armutsverständnis entwickeln, so muss sie die strukturelle gesellschaftliche Sicht auf die Armut mit der subjektbezogenen Handlungsperspektive zu verbinden suchen."*[62]

Die kindlichen Entwicklungs-, Entfaltungs- und Lernmöglichkeiten sind durch Kinderarmut beeinträchtigt[63] und haben auch Auswirkungen auf ihre sozialen Kontakte, Bildungschancen und (sozio-) kulturelle Teilhabe.[64]

Die Soziale Arbeit / Sozialpädagogik muss sich in der Interventionsplanung nach den Zugängen, nach den Interventionsmöglichkeiten und den Zielsetzungen ihres Handelns fragen.[65] Gute Zugangsmöglichkeiten bieten die Familien in der Einzelfallhilfe (z. B. in der Sozialpädagogischen Familienhilfe und in der Ambulanten Erziehungshilfe), in den Kindertagesstätten und im Sozialraum durch niederschwellige Angebote (z. B. Nachbarschaftstreff), aber auch die Schule als Lebensraum und Lebensort der Kinder. Die Zugangsmöglichkeiten der Grundschule als „Interventionsfenster" sind in der Sozialen Arbeit / Sozialpädagogik begrenzt, da es hier keine flächendeckende Schulsozialarbeit gibt.

Es gilt zusammenfassend zu fragen, *„ob Soziale Arbeit mit dem ihr zur Verfügung stehenden Handlungsinstrumentarium in der Lage ist, gemeinsam mit den Betroffenen armutsprägende Lebenslagen zu überwinden, oder ob sie lediglich einen Beitrag dazu leistet, dass ein Leben in Armut erträglicher wird, ob sie Armut folglich nur verwaltet"*[66], und ob es ihr gelingt,

---

[60] Zander, Margherita: (Kinder-) Armut als Handlungsauftrag für die Soziale Arbeit, 2000, S. 301.

[61] Ebd., S. 302.

[62] Ebd., S. 304.

[63] Vgl.: Bundesministerium für Familie, Senioren, Frauen und Jugend: Zehnter Kinder- und Jugendbericht, 1998, S. 89ff.

[64] Vgl.: Zander, Margherita: (Kinder-) Armut als Handlungsauftrag für die Soziale Arbeit, 2000, S. 304.

[65] Vgl.: Ebd., S. 305.

[66] Ebd., S. 306.

"Unterstützungsangebote so zu gestalten, dass sie weder diskriminierend noch stigmatisierend wirken." Eine sozialintegrative Perspektive verhindert auch das Drängen der Sozialen Arbeit in eine *"fürsorgliche Randposition"*[67].

1.5 Zusammenfassende und rekonstruktive Problematisierung und Stellungnahme zu den Forschungsergebnissen als Ausgangslage dieser Forschungsarbeit: erste „Fallstrukturhypothese"

Zunächst möchte ich das eingangs gewählte Zitat rekonstruieren: *"Mühsam wird die Realität armer Kinder in unserer Risikogesellschaft festgestellt und darum gerungen, nicht mehr nur"* wegzuschauen *"und zu schweigen, sondern Stellung zu beziehen."*[68] Daraus kann folgende *"erste Fallstrukturhypothese"*[69] generiert werden, die im Forschungsteil dieser Arbeit nach dem Prinzip der *"permanenten Falsifikation*[70]*"* weiter rekonstruiert wird.

Diese Feststellung Hanna Kipers der „Sprachlosigkeit" kann wie folgt rekonstruiert werden: *"Mühsam"* deutet darauf hin, dass es einer Anstrengung bedarf, die Situation armer Kinder im gesellschaftlichen Kontext zu identifizieren. Hier zeigt sich die Versteckheit und schwere Zugänglichkeit von Kinderarmut, die aber von offensichtlichen gesellschaftlichen Armutsrisiken geprägt ist. Es muss zwischen den wegschauenden/ schweigenden Akteuren, und jenen, die diese Tabus brechen wollen, unterschieden werden, was als Hinweis auf mindestens zwei Gruppierungen im Umgang mit dem Phänomen von Kinderarmut rekonstruiert werden kann. *"Ringen"* deutet wohl darauf hin, dass es wohl wie im Kampfsport eine wechselnde Position, im Sinne eines Oben und Unten, *"zwischen Bagatellisierung und Dramatisierung"*[71], in dieser Auseinandersetzung gibt.

Hier schließt sich auch die Forderung Sabine Toppes nach einem *"differenzierten Blick"*[72] an, in Fragen der Kinderarmut nicht voreingenommen zu subsumieren, sondern eine offene Rekonstruktion der Phänomene von Kinderarmut scheint notwendig, um differenziert zu Bezugs- oder Kontextwissen zu gelangen.

---

[67] Zander, Margherita: (Kinder-) Armut als Handlungsauftrag für die Soziale Arbeit, 2000, S. 306.
[68] Vgl.: Kiper, Hanna: Kinderarmut und Pädagogik, 2001, S. 12.
[69] Die Begrifflichkeiten der Objektiven Hermeneutik werden noch gesondert definiert.
[70] Die Begrifflichkeiten der Objektiven Hermeneutik werden noch gesondert definiert.
[71] Weiß, Hans: Armut – ein Risikofaktor für kindliche Entwicklung, 2000, S. 211.
[72] Vgl.: Toppe, Sabine: Kinderarmut in Deutschland, 2001.

Die stark differenten Aussagen der Lehrkräfte, auch im eigenen Kollegium, in Bezug auf ihre Wahrnehmungen können auch als Hinweis rekonstruiert werden, dass unterschiedliches Kontextwissen aufgrund des eigenen Erlebens und der beruflichen und privaten Sozialisation der Lehrkräfte vorhanden ist. Auf ungenügendes Kontextwissen seitens der Grundschullehrkräfte deutet auch die Abschiebung der Verantwortung und der Ursache von Kinderarmut auf die Eltern bzw. Erziehungsberechtigten hin. *„Mangelnde Fürsorge"* kann als ein Vorurteil einer nicht ausreichenden elterlichen Zuwendung, im Sinne einer bewussten oder unbewussten defizitären Sorge um ihre Kinder, rekonstruiert werden.

„Bewegungs-, Phantasie-, und Kontaktarmut neben sprachlicher oder sozialer Armut" bildet eine Normalitätsfolie auf die Schüler/-innen ab, die den Lehrkräften aufgrund eigener biographischer und sozialisatorischer Lernprozesse anhaften. Auch hier kann eine Forderung nach mehr Kontextwissen unterstellt werden, damit diese normativen Kategorien von glücklichem Kindsein aufgebrochen werden können. Hier bedarf es einer stellvertretenden Deutung in einer professionellen Rekonstruktion der kindlichen Lebenswelt im Grundschulalter, ohne das Kind dabei zu *„blamieren"*[73].

Gleiches gilt für die Herstellung eines Zusammenhangs zwischen Armut und Gewaltbereitschaft seitens der Lehrkräfte und des Übersehens der Isolierung und des Rückzugs einiger Mädchen. Hier schließt sich der Kreis zu Hanna Kipers Diagnose des Wegschauens und Übersehens aufgrund eigener subsumtionslogischer Vorannahmen zugunsten der Ausbildung blinder Flecken.

Der stark stigmatisierende Blick auf so genannte Randgruppenerscheinungen zeigt die Schwierigkeiten der Lehrkräfte im Umgang mit Kinderarmut noch einmal deutlich auf. Hier werden gesellschaftliche und stark alltagsgeprägte Vorannahmen unreflektiert übernommen und nicht mit neuen Erfahrungen und Wissen falsifiziert.

Aufgrund der Darstellungen unterschiedlicher Wissenschaftler/-innen und Praktiker/-innen sowie Interessensverbänden und Ministerien kann der Zusammenhang von Kinderarmut und mangelnder Bildungschancen in der Institution Grundschule als Phänomen im Bereich des Allgemeinen angenommen werden. Die praxiskritischen Beispiele wurden aufgrund des kritisch theoretischen Konzeptes dieser Arbeit gewählt.

Die Kinder- und Jugendhilfe muss in der Ausbildung eines dualen Armutsbegriffes Kontextwissen über die Lebenslagen unterversorgter Kinder mit ihrem Institutionswissen vernetzen. Dies bedeutet auch eine methodologische Verknüpfung der Subsumtion von objektiven Lebenslagen und

---

[73] Weiß, Hans: Armut – ein Risikofaktor für kindliche Entwicklung, 2000, S. 210.

sozial- und bildungspolitischen Vorgaben und der Rekonstruktion der Kinderarmut.

Die wissenschaftliche Untersuchung von Sabine Toppe ist in dieser Arbeit ein gutes Instrument, die eigenen Ergebnisse zu falsifizieren, da sie in der Exploration eine ähnliche Vorgehensweise wie das in dieser Arbeit vorgestellte Verfahren aufweist. Wird die Untersuchung von Sabine Toppe mit den Untersuchungen von Jochen Hering und Peter Lehmann falsifiziert, zeigen sich signifikante Übereinstimmungen, so dass davon ausgegangen werden kann, auf die beschriebenen kategorisierten Phänomene von Kinderarmut in der Grundschule in einer entsprechenden Forschungsarbeit zu stoßen. Lediglich bei der subsumtionslogischen Auswertung zeigt sich die Schwierigkeit, die stark unterschiedlichen Haltungen der Lehrkräfte gegenüber den Phänomenen der Kinderarmut in einen logischen Gesamtzusammenhang zu stellen. Diese Subsumtionslogik liefert kein allgemeingültiges neues Wissen bei einer hohen Differenz der untersuchten Lehrkräfte. Die Interventions-vorschläge werden ebenfalls sehr schnell in bekannte Handlungstheorien und Rahmenbedingungen der Sozialen Arbeit subsumiert, so dass auch hier kein neues Wissen generiert wird, sondern diffuse und allgemeine sozialpolitische und bildungspolitische Forderungen, die nicht neu sind, entstehen. Hier zeigt sich auch die Gefahr, dass Verantwortung in den Fragen der Kinderarmut in der Grundschule unreflektiert auf die Soziale Arbeit übertragen werden könnte. Deshalb möchte ich mit dieser Untersuchung der Frage nachgehen, ob es eine bestimmte qualitative „Fallstruktur" gibt, die für den Umgang mit Kinderarmut seitens der Grundschule allgemeingültige Aussagen besitzt.

Dazu bedarf es meines Erachtens eine abduktive und rekonstruktionslogische Auswertung der Interviews im Sinne der „Objektiven Hermeneutik" von Ulrich Oevermann. Diese Rekonstruktion birgt die Chance einer Theoriebildung, da die objektiven Bedeutungsstrukturen und der intendierte Sinn der Haltungen der Institution Grundschule erkannt werden kann und allgemeine Sinnaussagen, trotz hoher Differenz der Interviewpartner/-innen, möglich werden. Um in einer wissenschaftlichen Art und Weise zu den Fragen von Kinderarmut Stellung zu beziehen, stützt sich diese Arbeit forschungslogisch auf die Haltung der kritischen Theorie. Die kritische Theorie, die sich in gesellschaftliche und (sozial-) politische Phänomene einmischt, hat immer auch die Funktion, wissenschaftlich untermauert Tabus zu brechen. Deshalb sehe ich auch die Notwendigkeit, in den Fragen der Bildungschancen Artikel aus der „Lebenspraxis" zu zitieren, die praxisrelevant geringere Bildungschancen von armen Kindern wissenschaftlich untermauert postulieren, so dass davon ausgegangen werden kann, dass es diesen Zusammenhang gibt.

2 Soziologische und pädagogische bezugswissenschaftliche Definitionen, Konzepte und Dimensionen der Kinderarmut

2.1 Komplexitätsaufbau durch Definitionen

Komplexität im Luhmann'schen Sinne bedeutet „*Vielschichtigkeit*"[74]. So gibt es auch in den Theorieansätzen der Armutsforschung viele Möglichkeiten des Verstehens und Erlebens, die aber immer aktualisiert werden können. *„Aber gerade wegen der „Überfülle des Möglichen" ist der Mensch auf Orientierungshilfen, auf Ordnung und Sinngebung angewiesen – auf Mechanismen, die ihm die Realität vorstrukturieren helfen."*[75] In diesem Kapitel wird sich der Begrifflichkeit der Armut aus verschiedenen forschungslogischen Sichtweisen angenähert, um Komplexität in diesem Themenfeld aufzubauen, damit der Grundschulpädagogik und der Sozialen Arbeit / Sozialpädagogik Kontextwissen über Kinderarmut in Deutschland angeboten werden kann.

2.2 Ansätze, Theorien und Fragen der Armutsforschung in der Problemsoziologie

Der Begriff „Armut" stammt ursprünglich aus der Alltagssprache. In dieser stand der Begriff schon immer im Zusammenhang mit einer ökonomischen Situation, als ein Gegensatz zu Reichtumssituationen und wurde erst sekundär in die Wissenschaftssprache übernommen.[76] Eine andere Bedeutung des Wortes „arm" meinte ursprünglich *„vereinsamt, bemitleidenswert, unglücklich"*[77]. In der Forschung verschwand im Laufe der Zeit der Begriff der „materiellen Armut" fast völlig und wurde auch aufgrund der sozialpolitischen Denkweise durch den Begriff der Sozialhilfebedürftigkeit ersetzt, auch da man davon ausging, dass „primäre Armut" in Deutschland vollkommen verschwunden sei. *„Das, was bisher als Armut bezeichnet wurde, galt als gesellschaftlich und politisch überwunden; das Wort „Armut" wurde aber trotzdem weiter verwendet, mit neuem Inhalt."*[78] Der Begriff der „neuen Armut" wurde von der SPD in ihrer Oppositionsarbeit während der CDU-Regierungszeit in den 80er Jahren generiert, der vor allem im Kontext einer fortschreitenden Arbeitslosigkeit zu sehen war. Von Seiten der CDU wurde dies jedoch stets als *„verleumderische Propaganda"*[79] zurückgewiesen. Diese Diskussion verlor jedoch in den 90er Jahren, aufgrund der

---

[74] Korte, Hermann: Einführung in die Geschichte der Soziologie, 1992, S. 23.
[75] Ebd., S. 23.
[76] Vgl.: Sidler, Nikolaus: Problemsoziologie, 1991, S. 68.
[77] Ebd., S. 44.
[78] Ebd., S. 69.
[79] Ebd., S. 72.

wahrgenommenen Folgelasten der Deutschen Einheit, wieder an Brisanz und wurde nun zu einer Forschungsaufgabe der Verbände der Freien Wohlfahrtspflege.

Doch am 27. Januar 2000 kam es zu einem Auftrag des Bundestages, den Ersten Armuts- und Reichtumsbericht der Bundesregierung zu veröffentlichen. Dieser Bericht versucht, umfassend die soziale Lage in Deutschland bis 1998 in all ihren Facetten zu erfassen. Dem Ersten Armuts- und Reichtumsbericht der Bundesregierung liegt ein differenzierteres Armutsverständnis im Sinne des Lebenslagenansatzes zu Grunde, den auch die Europäische Union verwendet:

> *„Personen, Familien und Gruppen gelten dann als arm, wenn sie über so geringe materielle, kulturelle und soziale Mittel verfügen, dass sie von der allgemein üblichen Lebensweise ausgeschlossen sind."*[80]

Auf der Grundlage dieses Armutsverständnisses wird eine Reihe von Gesichtspunkten, wie:

- relative Einkommensarmut,
- kritische familiäre Lebensereignisse,
- soziale Brennpunkte in Großstädten,
- Obdachlosigkeit oder Überschuldung

betrachtet.

Die Armuts- und Reichtumsberichte der Bundesregierung werden, so die Beschlusslage, jeweils zur Mitte einer Wahlperiode vorgelegt. So wurde 2003 der Zweite Armuts- und Reichtumsbericht der Bundesregierung veröffentlicht, mit einer neuen Datenlage bis 2002/2003.[81]

2.3 Armut als Theorie ohne Gegenstand in der Problemsoziologie

Eine Übersicht über die gängige Armutsliteratur zeigt, so argumentiert Nikolaus Sidler, dass unter dem Begriff der „Armut" schlagwortartig unterschiedliche Themenfelder subsumiert werden, so dass es keinen einheitlichen Gegenstand in der soziologischen Armutsdiskussion gibt. Er zitiert in diesem Zusammenhang Walter Krämer, der hier schon fast von „krimineller Energie" spricht: Demzufolge ist *„Armut (...) einer der dehnbarsten, am wenigsten verstandenen und am häufigsten missbrauchten Begriffe der gesamten deutschen Sprache."*[82] In folgender

---

[80] Bundesregierung: Lebenslagen in Deutschland: Der Erste Armuts- und Reichtumsbericht der Bundesregierung, 2001.
[81] Vgl.: Bundesregierung: Lebenslagen in Deutschland: Der Zweite Armuts- und Reichtumsbericht der Bundesregierung, 2005.
[82] Krämer, Walter: zit. n. Sidler, Nikolaus: Problemsoziologie, 1999, S. 75.

2 Soziologische und pädagogische bezugswissenschaftliche Definitionen, Konzepte und Dimensionen der Kinderarmut

Tabelle veranschaulicht Nikolaus Sidler die „*verschiedenen Spielarten angeblicher Armut*"[83]:

Sozialhilfearmut	Lage von Menschen, die ein Recht auf Hilfe zum Lebensunterhalt haben
Bekämpfte Armut	Lage von Menschen, die ihr Recht auf Sozialhilfe realisieren
Verdeckte Armut	Lage von Menschen, die ihr Recht auf Sozialhilfe nicht realisieren
Sozialhilfeempfängerarmut	Lage von Menschen, die Sozialhilfe erhalten und sonst nichts
Primäre Armut	Lage von Menschen, deren physisches Existenzminimum nicht gesichert ist
Sekundäre Armut	Lage von Menschen, die unzufrieden sind aus dem Vergleich mit anderen, besser gestellten Leuten
Tertiäre Armut	Lage von Menschen, die psychosoziale Defizite aufweisen
Absolute Armut	Lage von Menschen, deren Grundbedürfnisse nicht gesichert ist
Relative Armut	Lage von Menschen, die erheblich weniger Ressourcen zur Verfügung haben als die anderen
Subjektive Armut	Lage von Menschen, die sich als unterversorgt bzw. benachteiligt erleben
Deprivationsarmut	Lage von Menschen, die von dem allgemein akzeptierten Lebensstandards ausgeschlossen sind
Restitutive Armut	Lage von Menschen, deren Restressourcen so gering sind, daß sie zu einem übermäßig großen Teil durch Fixkosten gebunden sind
Spielraumarmut	Lage von Menschen, deren Restressourcen so gering sind, daß sie in den relativen Dimensionen des Lebens keine Spiel- und Handlungsräume haben
Materielle Armut	Lage von Menschen, die in materieller Hinsicht nicht bedarfsgerecht oder vergleichsweise ausreichend ausgestattet sind
Ressourcenarmut	Lage von Menschen, deren Ressourcen vergleichsweise oder absolut gesehen zu gering sind
Einkommensarmut	Lage von Menschen, deren Einkommen vergleichsweise oder absolut gesehen zu gering ist
Multidimensionale Armut	Lage von Menschen, die in materieller und immaterieller Hinsicht nicht bedarfsgerecht oder vergleichsweise ausreichend ausgestattet sind
Lebenslagenarmut	Lage von Menschen in multidimensionaler Armut, die mit dem sogenannten Lebenslagenkonzept abgebildet wird

Tabelle 1: Formen von „Armuten" in der Problemsoziologie[84]

---

[83] Sidler, Nikolaus: Problemsoziologie, 1999, S. 75.
[84] Vgl.: Ebd., S. 75f.

Da sich im Ersten Armuts- und Reichtumsbericht der Bundesregierung der Lebenslagenansatz durchgesetzt hat, möchte ich im Folgenden das Konzept der Lebenslagen weiter beleuchten.

2.4 Konzept der Lebenslagen, Lebensbedingungen, subjektive Lebensqualität und Lebensbereiche

Eine Lebenslage wird als *"Zusammenspiel von äußeren (objektiven) Bedingungen zur Verwirklichung ideeller und materieller Lebensziele, der subjektiven Wahrnehmung und Bewertung dieser Bedingungen und den daraus resultierenden persönlichen Empfindungen und Handlungsspielräumen"*[85] definiert. Eine Konstellation dieser günstigen Lebensbedingungen, *"die mit einem positiven subjektiven Wohlbefinden und vergleichsweise hoher Zufriedenheit verbunden ist"*[86], kann auch als wünschenswerte Lebensqualität betrachtet werden. Diese wünschenswerte subjektive Lebensqualität kann demnach als eine wichtige Dimension zur Erfassung sozialer Ungleichheit gesehen werden, da bei *"objektiv gleichen Lebensbedingungen aufgrund der subjektiven Faktoren durchaus eine unterschiedliche Lebenslage gegeben sein kann"*[87]. Ungleichheit lässt sich folglich nicht über Bildungsstand, Einkommen und Sozialprestige hinreichend beschreiben, sondern bedarf immer auch der Einbeziehung subjektiver Deutungsmuster der Betroffenen.

In der soziologischen Forschung der objektiven Faktoren in Deutschland hat sich zumeist der Begriff der Lebenslage durchgesetzt. *"Während einkommensbasierte Armutsmaße verfügbare (finanzielle) Ressourcen untersuchen, die ein bestimmtes Versorgungsniveau ermöglichen, wird mit dem Lebenslagenkonzept nach der tatsächlichen Versorgungslage als Spielraum der Interessen- und Bedürfnisbefriedigung in verschiedenen Lebensbereichen gefragt. Solche Lebensbereiche sind z. B. Arbeit"* (die Berufsqualifikation, das verfügbare Einkommen, das Vermögen, die Qualität der Erwerbsarbeit, die Sicherheit des Arbeitsplatzes), *"Wohnung"* (die Wohnbedingungen, die soziale und kulturelle Infrastruktur für z. B. Spiel, Erholung, Sport, Unterhaltung und Lernen), *"Bildung, Gesundheit"* (das Versorgungs- und Vorsorgeniveau, außergewöhnliche Belastungen durch Krankheit, Behinderung, Pflege sowie Krisen innerhalb der Familie) *"und die Teilhabe am gesellschaftlichen und kulturellen Leben".*[88] Diese Begrifflichkeiten sind nicht immer scharf voneinander zu trennen. Die Trennung dieser Lebensbereiche ist immer auch eine Konstruktion von

---

[85] Wörterbuch: Lebenslage, S. 1 ff. Digitale Bibliothek Band 65: dtv-Wörterbuch Pädagogik, 2004, S. 1348 (vgl. WB Päd., S. 343 ff.).

[86] Ebd., S. 1348 (vgl. WB Päd., S. 343 ff.).

[87] Ebd., S. 1348 (vgl. WB Päd., S. 343 ff.).

[88] Döring, Diether/Hanesch, Walter/Huster, Ernst-Ulrich, 1990 zit. n. Albrecht, Günter/Groenemeyer, Axel/Stallberg, Friedrich, W. (Hrsg.): Handbuch Soziale Probleme, 1999.

Wirklichkeit und eine Komplexitätsreduktion. Eine Unterversorgung in einem oder mehreren dieser Lebensbereiche wird als *„deprivierte Lebenslage"*[89] bzw. als multiple deprivierte Lebenslage[90] bezeichnet.

Eine Übersicht über die verschiedenen Lebensbereiche bietet beispielsweise das Manual der Psychosozialen Ressourcenorientierten Diagnostik (PREDI) des Instituts für Therapieforschung (IFT) in München. PREDI basiert auf Grundlage des Lebenslagenkonzeptes nach Wolf Rainer Wendt. Es versucht, die objektive Lebenslage einer Person oder eines Systems zu erfassen. Unter der Lebenslage ist die mehrdimensional erfassbare, gegenwärtige Disposition und Situation eines Menschen zu verstehen. Die Erfassung erfolgt in der Situation, die zur Lage des Menschen gehört.

„Die Lebenslage eines Menschen als Ergebnis eines zirkulären Prozesses läßt sich nach Wendt mit den vier Dimensionen Lebensgeschichte, Perspektiven, Innenwelt und Umwelt beschreiben. (...) Das Konzept der Lebenslage erfüllt für Wendt seinen Zweck darin und hilft, die aktuellen Verwirklichungen des Menschen ziemlich weitgehend und vielseitig „aufzudröseln", damit diese Menschen beim Weiterweben ihres eigenen Lebens mit den Fäden wieder besser zurechtkommen." [91]

---

[89] Aus: Albrecht, Günter/Groenemeyer, Axel/Stallberg, Friedrich, W. (Hrsg.): Handbuch Soziale Probleme, 1999.

[90] Die multipel deprivierte Lebenslage wird im nächsten Kapitel definiert.

[91] Vgl. Wendt, Wolf Rainer: Ökosozial denken und handeln, 1998, S. 35.

	Deskription	Problem	Ressourcen	Veränderungs-motivation
Lebensbereiche	Beurteilungsperspektiven			
Alltagssituation				
Wohnsituation				
Finanzielle Situation				
Rechtliche Situation				
Arbeitssituation				
Körperliche Situation				
Psychische Situation				
Beziehungssituation				
Partnerschaft				
Familien				
Weitere soziale Netze				
Soziokulturelle Situation				

Abbildung 2: Lebensbereiche und Beurteilungsperspektiven der Psychosozialen Ressourcenorientierten Diagnostik (PREDI)[92]

Für Kinder resultiert ihr subjektives Empfinden von Lebensqualität primär aus *„dem Familienklima, der Schulsituation und den sozialen Kontakten zu Gleichaltrigen"*[93]. Die beschriebenen objektiven Faktoren der Lebenslage haben direkt wenig Bedeutung für die Kinder, doch längerfristig wirkt sich die Lebenslage der Eltern vor allem aber auf die Sozialisation der Kindern aus und damit auch auf ihre Erziehungs- und Schulerfolge.[94] *„Vereinfacht kann man sagen:»eingeschränkte Lebenslage = geringe Erfolgschancen in Schule und Ausbildung und umgekehrt«.*"[95]

---

[92] Entnommen aus: Küfner, Heinrich/ Vogt, Michaela/ Indlekofer, Wolfgang: PREDI, Psychosoziale ressourcenorientierte Diagnostik, 2000, S. 7. Vgl. Hierzu auch: Küfner, Heinrich/Coenen, Michaela/Indlekofer, Wolfgang: PREDI, Psychosoziale ressourcenorientierte Diagnostik. Ein problem- und lösungsorientierter Ansatz, Version 3.0, 2006. Dieses Manual lernte ich durch Herrn Prof. Schild an der KSFH kennen.

[93] Albrecht, Günter/Groenemeyer, Axel/Stallberg, Friedrich, W. (Hrsg.): Handbuch Soziale Probleme, 1999.

[94] Vgl.: Wörterbuch: Lebenslage, S. 2 ff.Digitale Bibliothek Band 65: dtv-Wörterbuch Pädagogik, 2004, S. 1349 (vgl. WB Päd., S. 343 ff.).

[95] Ebd., S. 1349 (vgl. WB Päd., S. 343 ff.).

2.5 Armut und Deprivation als Problemtypen im frühen Grundschulalter

Bei einer qualitativen Erhebung zur „Armut im Vorschulalter" der AWO aus dem Jahre 1999 konnten drei Kontrastgruppen von Kindern identifiziert werden. Diese werden wie folgt beschrieben:

- *„Arm, im Wohlergehen":* Arme Kinder, die trotz familiärer Armut keine offensichtlichen, nachweisbaren Benachteiligungen bzw. Beeinträchtigungen aufweisen, weder im materiellen noch im immateriellen Bereich,
- *„Arm, multipel depriviert":* Arme Kinder, die massive Auffälligkeiten bzw. Beeinträchtigungen in verschiedenen Bereichen aufweisen,
- *„Nicht-arm, multipel depriviert":* Nicht-arme Kinder, die massive Auffälligkeiten bzw. Beeinträchtigungen in verschiedenen Bereichen aufweisen.[96]

Die Wirkung von Armut auf die Kinder zeigt sich vor allem dann, wenn die Armutssituation länger andauert. *„Arme und multipel deprivierte Kinder"* haben im Vergleich zu *„nicht-armen und multipel deprivierten"* Kindern schwierigere Entwicklungsbedingungen. Diese Kinder sind in allen Lebensdimensionen in höherem Maße eingeschränkt.

Deprivation (lat. deprimere: herabdrücken, niederdrücken; engl. deprivation) meint:

- *„Entzug von oder Mangel an Liebe und Zuwendung. Der Begriff wird heute meist anstelle des Begriffs Hospitalismus verwendet".*[97]
- *„Mangel an oder Entzug von anregungs- und abwechslungsreichen Umweltreizen. In beiden Begriffsverwendungen hängen die krank machenden und entwicklungshemmenden Symptome von der Art und Dauer der Deprivation ab".*[98]

In dieser Studie wurden für die „problematischen Lebenslagen" vier zentrale Lebensbereiche als „Lebensdimensionen" neu definiert, in denen die größten Defizite gesehen werden können:

- Sozialer Bereich (Kontakte, Kontaktmöglichkeiten und soziales Verhalten),
- Kultureller Bereich (Einschätzung der schulischen Situation, Basiskompetenzen),

---

[96] Vgl.: Holz, Gerda/Skoluda, Susanne: Armut im frühen Grundschulalter, S. 5.
[97] Wörterbuch: Deprivation, S. 1 ff.Digitale Bibliothek Band 65: dtv-Wörterbuch Pädagogik, 2004, S. 534 (vgl. WB Päd., S. 134 ff.).
[98] Ebd., S. 534 (vgl. WB Päd., S. 134 ff.).

- Gesundheitlicher Bereich,
- Materieller Bereich (Grundversorgung).[99]

Kinder bekommen häufig ein verändertes Bewusstsein, eine innere Haltung zu der äußeren Situation als Bewältigungshandeln in der Armutsspirale. In der Studie werden folgende Gruppen mit ihren Coping-Strategien unterschieden:

- Kinder, die sich mit der Situation abgefunden haben und sich über die Armutssituation definieren,
- Kinder, die in der Situation resignieren und ein geringes Selbstbild aufweisen,
- Kinder, die ihre Situation aus Scham umdeuten und sich von anderen Betroffenen gedanklich abgrenzen.[100]

Armut kann demnach auch als ein Mangel an Teilhabe in den vier „Lebensdimensionen" gedeutet werden. Die Soziale Arbeit spricht hierbei von einem „Mangel an sozialer Teilhabe".

2.6 Soziale Teilhabe aus Sicht der Sozialen Arbeit

Der Begriff „soziale Teilhabe" schließt alle Bereiche der folgenden drei Definitionen mit ein:

Eine erste Definition bietet das Institut für Sozialarbeit und Sozialpädagogik. In dieser beschreibt die soziale Teilhabe eine Teilhabe an allen gesellschaftlichen Subsystemen, die die Chance zum Zugang zu Bildung, Ausbildung und Arbeit, als auch zu Politik ermöglichen.[101]

Silvia Staub-Bernasconi ergänzt diese Differenzierung mit der *„Teilhabe von Individuen an den gesundheitsbezogenen, medizinischen, psychischen, sozialen und kulturellen Ressourcen oder Errungenschaften einer Gesellschaft."*[102]. Dies beinhaltet die Teilhabe an sozialer Sicherheit, wie z.B. verschiedene (Sozial-)Versicherungen, am aktiven Wohnungsmarkt sowie die Teilhabe am sozialen und kulturellen Leben bzw. am sozialen Netz, das soziale Beziehungen und Mitgliedschaften voraussetzt.[103]

Die Chance, sozial teil zu haben, determiniert sich nach der zur Verfügung stehenden Ausstattung eines Menschen und deren Einsatz, d.h. die Teilhabe an den Subsystemen setzt eine bestimmte Ausstattung voraus

---

[99] Vgl.: Holz, Gerda/Skoluda, Susanne: Armut im frühen Grundschulalter, S. 9f.
[100] Vgl.: Ebd. S. 16.
[101] Vgl. Institut für Sozialarbeit und Sozialpädagogik.
[102] Staub-Bernasconi, Silvia: Systemtheorie, 1995, S.15.
[103] Vgl. Staub-Bernasconi, Silvia: Soziale Probleme, 1998.

und ist damit zusätzlich mit eigenen Entscheidungsprozessen und sozialer Verantwortung sich selbst, als auch anderen gegenüber verbunden.[104] Eine ausführliche Definition der Teilhabe bietet auch die ICF. In dieser bedeutet sozial teilhaben zu können, die Partizipation an den Bereichen elementares Lernen, allgemeine Aufgaben und Anforderungen, Kommunikation, Mobilität, Selbstversorgung, häuslichem Leben, interpersonellen Interaktionen und Beziehungen, bedeutenden Lebensbereichen, als auch am Gemeinschafts-, sozialen und staatsbürgerlichen Leben.

Messbar wird darin die Fähigkeit, sozial teilhaben zu können, anhand der Leistung und der Leistungsfähigkeit. Dabei wird unter dem Beurteilungsmerkmal für Leistung nicht nur das verstanden, *„was ein Mensch in seiner üblichen Umwelt tut"*[105], in der er lebt, sondern auch innerhalb des sozialen Kontextes das *„Einbezogensein in eine Lebenssituation"*[106] oder die *„gelebte Erfahrung"*[107]. Die Leistungsfähigkeit bzw. Kapazität *„beschreibt die Fähigkeit eines Menschen, eine Aufgabe oder eine Handlung durchzuführen"*[108]. Dieses Konstrukt zielt auf das Erreichen des jeweiligen höchstmöglichen Niveaus der Funktionsfähigkeit ab, das ein Mensch in einer bestimmten Situation zu einem bestimmten Zeitpunkt erreichen kann.[109] Ein Mangel an sozialer Teilhabe in gesellschaftlichen Subsystemen führt zur Exklusion.

2.7 Armut und Exklusion

Exklusion (aus gleichbed. lat. exclusio) meint *„Ausschließung*[110]*"*. Armut ist über das in Kraft treten eines Hilfesystems hinaus ein spezifisches Risiko geworden, da dieses Hilfesystem mit Exklusion reagiert, denn der *„Verlauf des Hilfeprozesses"* hat, *„quasi als spätneuzeitliches oder gar postmodernes Gottesurteil, darüber zu entscheiden (…), ob die Armut das Inklusionsverhältnis in Frage stellt oder ob dieses erhalten bleibt"*[111]. Zu dieser kritischen Haltung gelangt Gerhard Beisenherz aufgrund der Selektionsprozesse, die er im Hilfesystem rekonstruiert, *„als eine Grenze zwischen Inklusion und Exklusion*[112]*"*, die beispielsweise in der zeitlichen Befristung von Hilfeleistungen erfahrbar werden. Armut, so fährt er an anderer Stelle fort, führe heute auch unter Bedingungen der (minimalen)

---

[104] Vgl.: Staub-Bernasconi, Silvia: Soziale Probleme, 1998
[105] Deutsches Institut für medizinische Dokumentation und Information, 2002, S.18.
[106] Ebd., S. 18.
[107] Ebd., S. 18.
[108] Ebd., S. 18.
[109] Vgl.: Ebd., S. 18.
[110] Drosdowski, Günther/Scholze-Stubenrecht, Werner/Wermke, Matthias: Duden - Das große Fremdwörterbuch, 2003, S. 249.
[111] Beisenherz, Gerhard, H.: Kinderarmut in der Wohlfahrtsgesellschaft, 2002, S. 237.
[112] Ebd., S. 226.

physischen Existenzsicherung zur Exklusion, gerade weil sich die Hilfe auf das physisch Notwendige beschränke. Die passive Exklusion, etwa durch den Ausschluss aus den sozialen Kommunikationssystemen, führe häufig zu der subjektiven Erfahrung eines aktiven Ausgeschlossenseins.[113] *„Armut ist"* demnach *„diejenige Existenzlage, die ein hohes Exklusionsrisiko schafft, das sich durch die Karriere im System der Hilfe realisieren kann. D. h. auch in Bezug auf Kinder, daß sich durch die Interaktion der armen Kinder und/oder ihrer Eltern(teile) mit dem System der Hilfe entscheidet, ob sie noch inkludiert bleiben oder evtl. zu den Ausgegrenzten, den Exkludierten gehören werden oder schon gehören."*[114]

Doch Soziale Arbeit möchte nicht nur objektive Lebensbedingungen beschreiben, sondern auch den Alltag von Menschen mit Exklusionsrisiken stellvertretend deuten.

2.8 Konzept der Lebenswelt aus Sicht der Sozialen Arbeit

Für Hans Thiersch ist die Lebenswelt ein *„beschreibendes, phänomenologisch-ethnomethodologisch orientiertes Konzept"*[115], in dem der Mensch nicht nur individuell, sondern in der Erfahrung seiner schon immer bestehenden Wirklichkeit wahrgenommen wird, und zwar mit den Erfahrungen des *„geschlossenen oder offenen Raums, der strukturierten oder chaotischen, der perspektivlosen oder attraktiven Zeit, der selbstverständlichen oder randständigen, der stützenden, herausfordernden oder belasteten bzw. belastenden Beziehungen"*[116]. In diesem Konzept versuchen die Adressaten/Adressatinnen, in pragmatischen Anstrengungen durch entlastende Routinen und Typisierungen ihren Alltag durch *„Anstrengungen der Selbstdarstellung und Selbstinszenierung, (...) Kompensation, Überanpassung oder des Stigmamanagements"*[117] zu bewältigen. Formen dieser Anstrengungen zeigen sich auch in diesem Konzept in den defizitären Verhaltensmustern, sozusagen als nicht gelungene Arrangements.

Der zweite Aspekt Hans Thierschs der Lebenswelt ist die *„erfahrene Wirklichkeit*[118]*"*, die sich in unterschiedliche Lebensräume und Lebensfelder gliedert. Diese Lebensfelder, ähnlich der oben beschriebenen Lebensbereiche, sind die sozialen Bezüge der Menschen, beispielsweise die Familie, die Arbeit, die Schule oder auch die Öffentlichkeit, mit gegenseitigen Kumulationen, aber auch Blockaden aufgrund Verletzungen

---

[113] Vgl.: Beisenherz, Gerhard, H.: Kinderarmut in der Wohlfahrtsgesellschaft, 2002, S. 232.
[114] Ebd., S. 238f.
[115] Grunwald, Klaus/Thiersch, Hans: Praxis Lebensweltorientierter Sozialer Arbeit, 2004, S. 20.
[116] Ebd., S. 20.
[117] Ebd., S. 20.
[118] Ebd., S. 20.

und Traumatisierungen. *"Das Konzept Lebenswelt ist engagiert in der Rekonstruktion der konkreten lebensweltlichen Verhältnisse in unterschiedlichen Lebensfeldern, der Spannungen und Konflikte zwischen den Lebensfeldern und schließlich sensibel für Bewältigungsaufgaben und Vermittlung zwischen den Lebensfeldern und die im Lebenslauf erworbenen lebensweltlichen Ressourcen."*[119]

Diese notwendige Rekonstruktion der Lebenswelt ist *"normativ kritisch"*[120], denn die Lebenswelt erleben Menschen als *"Widerspruch der selbstverständlichen Entlastungen"* und *"der bonierten Pragmatik"*[121] in einer Dialektik des gelingenden Alltags und dem *"Verfehlten in der Lebenswelt"*[122]. Dabei müssen immer auch die gegebenen Zustände, des Elends, der Tabuisierungen und Unterdrückungen rekonstruiert und benannt werden.

Zu guter Letzt sieht Hans Thiersch das Konzept Lebenswelt als *"ein historisch und sozial konkretes Konzept"*[123]. Die allgemeinen Muster zur Lebensbewältigung sieht er geformt und bestimmt sowohl von sozial ungleichen Gesellschaftsstrukturen und auf der anderen Seite von Offenheiten, also in dem Spannungsfeld von *"Gegebenem und Möglichem"*[124], als auch von *"Gesellschaftsstrukturen und Bewältigungsmustern"*[125] mit einhergehender Exklusion, Rollenerwartung, Brüchigkeit in den Biographien und Eigensinnigkeit.

In diesem Konzept der Lebenswelt erkennt man die Nähe Hans Thierschs zur Wissenssoziologie, vor allem zur Phänomenologischen Soziologie von Alfred Schütz und Peter Berger/ Thomas Luckmann; die Begriffe der Lebenswelt und des Alltags werden von ihm synonym verwendet.

2.9 Alltag in der Wissenssoziologie

Alfred Schütz verwendet den Begriff *"Welt des Alltags"*[126] und versucht in seiner Analyse der *"alltäglichen Sinndeutungs- und Sinnsetzungsprozesse"*[127], in Anlehnung an Husserls *"Strukturen der Lebenswelt"*, jene Welt zu rekonstruieren, in der wir *"in natürlicher Einstellung Natur, Kultur und Gesellschaft erfahren, zu ihren Gegenständen Stellung nehmen, von*

---

[119] Grunwald, Klaus/Thiersch, Hans: Praxis Lebensweltorientierter Sozialer Arbeit, 2004, S. 20f.
[120] Ebd., S. 21.
[121] Ebd., S. 21.
[122] Ebd., S. 21.
[123] Ebd., S. 21.
[124] Ebd., S. 21.
[125] Ebd., S. 21.
[126] Preglau, Max: Phänomenologische Soziologie: Alfred Schütz, 1992, S. 72.
[127] Ebd., S. 72.

ihnen beeinflußt werden und auf sie wirken.[128]*"* Diese Welt des Alltags ist für Schütz *„intersubjektive Kulturwelt"*, da wir in menschlichen, sozialen Gefügen leben, in der wir gemeinsam etwas erarbeiten und uns verstehen können.

Sozialität in diesen sozialen Gefügen wird in dieser Vorstellung der Alltagswelt als das *„Kommunizieren, Kooperieren"* und *„Auf-einander-angewiesen-Sein"* oder auch als das *„Sich-dabei-gegenseitig-Behindern"* bei der *„Bewältigung der Lebensprobleme (...) als gemeinsame intersubjektive Welt der Kommunikation und des sozialen Handelns*[129]*"* bezeichnet.

Zum Verstehensprozess des Alltags gehört neben der stellvertretenden Deutung auch der Selbstbeschreibungsprozess der Adressaten/ Adressatinnen.

2.10 Armut aus Sicht der Kinder

Ein großer Teil der Studien bezieht sich auf Familien mit zwei Elternteilen, in denen Kinder meist nur indirekt als Teil dieser Familien thematisiert werden, mit Datenmaterial, das meist nicht direkt von Kindern erhoben wurde, *„da man den Kindern nicht zutraute, ihre eigene Sicht darstellen zu können*[130]*".* Eva Gläser untersucht in einem Artikel den Zusammenhang von Kindern und der Arbeitslosigkeit ihrer Eltern. Dabei subsumiert sie ein Interview eines Kindes, das mit einer allein erziehenden Mutter zu den am stärksten von Armutssituationen ausgesetzten Gruppen gehört, unter vier zentralen Kategorien von Auswirkungen einer Arbeitslosigkeit auf Kinder von Christa Neuberger:[131]

- *„Veränderungen in der Haushaltsfunktion (materielle Einschränkungen, Wohnen, Gesundheit);*
- *Veränderungen in den sozialen Bezügen (Bedeutung des sozialen Netzwerks, Stigmatisierungsprozesse und Folgen des Familismus);*
- *Veränderungen innerhalb des Systems Familie (Rollenflexibilisierung seitens der Eltern und Gewichtung der Kinderrolle);*
- *Beeinträchtigungen der Sozialisationsfunktion der Familie (Erziehungsverhalten in Armuts- und Arbeitslosenfamilien).*"[132]

So endet der Artikel mit der Forderung, dass sich Grundschule mit einer gesellschaftlich verankerten strukturellen Arbeitslosigkeit beschäftigen

---

[128] Preglau, Max: Phänomenologische Soziologie: Alfred Schütz, 1992, S. 72.

[129] Ebd., S. 81.

[130] Gläser, Eva: Arbeitslosigkeit – ein Problem auch für Kinder?, 2001, S. 21.

[131] Vgl.: Neuberger, Christa, zit. n. Gläser, Eva: Arbeitslosigkeit – ein Problem auch für Kinder?, 2001, S. 22.

[132] Ebd., S. 22.

muss, damit unreflektierte Haltungen gegenüber den Betroffenen nicht an den Lebenswelten der Kinder vorbeigeht.[133]

Jochen Hering und Peter Lehmann sehen in den Antworten von Kindern zu Phänomenen der Armut nach Peter Berger und Thomas Luckmann *„eine Konstruktion ihrer Alltagswirklichkeit"*[134], *„zum anderen werden objektive Lebensbedingungen, Begleiterscheinungen von finanzieller Armut sichtbar, mit denen die Grundschule bzw. die in ihr Arbeitenden sich (...) auseinandersetzen müssen."*[135] In Gesprächen in einem Stuhlkreis mit den Kindern wurden allgemeine Vorstellungen von Armut seitens der Kinder in ihren lebensweltlichen Hintergründen immer konkreter und mit zunehmend biographischen Motiven versehen.[136] Die Ergebnisse der Autoren/ Autorinnen können verkürzt folgendermaßen dargestellt werden:

- Armut zeigt sich in unregelmäßiger Ernährung.
- Die betroffenen Kinder haben keine eigenen Räume oder Rückzugsmöglichkeiten, z. B. in konzentrationsfördernde Arbeitsräume.
- Der Alltag der betroffenen Kinder ist oft geprägt von körperlicher Gewalt und Problemen der Erwachsenenwelt (z. B. Überschuldung).
- Die seelischen, körperlichen und sozialen Notlagen dieser Kinder werden zu wenig beachtet; es stehen diesen Kindern kaum geeignete Gesprächspartner/-innen zu Verfügung.[137]

Sabine Toppe beschreibt nach einer Erhebung der Sichtweise der Kinder über Armut mittels Gruppeninterviews, dass Kinder aller Schichten ein hohes Vertrauen in die Familie, sowohl in der Erfüllung materieller Wünsche, als auch emotionaler Zuwendung, legen. *„Kinderarmut wurde von den Kindern selbst weniger materiell erfasst, sondern mehr in Verbindung gebracht mit emotionaler, seelischer Armut, verbunden damit, keine Eltern oder keine Freunde zu haben."*[138]

Tatsächlich behindern jedoch diese Auswirkungen von Armut Kinder in ihrer Entwicklung und Selbstentfaltung.

---

[133] Vgl.: Gläser, Eva: Arbeitslosigkeit – ein Problem auch für Kinder?, 2001, S. 22.
[134] Berger, Peter, L. /Luckmann, Thomas, 1980, zit. n. Hering, Jochen/ Lehmann, Peter: Armut: Herausforderung für die Grundschule, 2001, S. 23.
[135] Hering, Jochen/ Lehmann, Peter: Armut: Herausforderung für die Grundschule, 2001, S. 23.
[136] Vgl.: Hering, Jochen/ Lehmann, Peter: Armut: Herausforderung für die Grundschule, 2001, S. 24.
[137] Vgl.: Ebd., S. 24f.
[138] Toppe, Sabine: Kinderarmut in der Grundschule, S. 3.

2.11 Armut als behindernder Faktor der kindlichen Entwicklung – unter ökologischen Gesichtspunkten

Der beschleunigende Wandel in Gesellschaft, Wissenschaft und Wirtschaft, im Übergang von der Industriegesellschaft in eine Informationsgesellschaft, steigende Arbeitslosigkeit und zunehmender Abbau des Sozialstaates, haben tendenziell Einfluss auf die Menschen und gefährden besonders benachteiligte Kinder in all ihren Lebensbereichen, wodurch z. B. eine besondere Herausforderung für die Sonderpädagogik entsteht. Behindernde und erschwerende Bedingungen für Kinder sind zunächst in der Entwicklungspsychologie in *„Anlage, Umwelt (Milieu, Interaktionsprozesse) und Selbstentfaltungskräfte der Persönlichkeit"*[139] zu finden. Behindernde oder erschwerende Bedingungen können demnach von *„den Umwelteinflüssen und –verhältnissen ausgehen, wie z. B. bereits von der Mutter-Kindbeziehung im intrauterinen Stadium, über negative Erfahrungen in der frühen Kindheit, bis zum anregungsarmen Milieu und ungünstigen schulischen Bedingungen."*[140] Dies sind wohl alles mögliche Konsequenzen eines Aufwachsens in einem armen Milieu, die sich extrem negativ auf die Lern- und Sozialentwicklung von Kindern auswirken kann. Im sonderpädagogischen Bereich zeigen sich gerade hier *„offensichtlich problematische Umfeldeinflüsse, wie Heim- und Krankenhausaufenthalte, ungünstiges Milieu, hospitalisierende und deprivierende Erziehungseinflüsse, Misshandlung und Missbrauch von Kindern"*[141].

Ebenfalls einen ökosozialen Denkansatz beschreibt Robert Kegan in seiner *„Konstruktions-und-Entwicklungstheorie"*[142]. Ähnlich wie die Denkweise Erik Eriksons der *„psychosozialen Entwicklung"*[143] sieht Robert Kegan den Bereich des „Psychosozialen" als Teil des Individuums und als Teil des Sozialen. Er spricht in diesem Zusammenhang von *„einbindenden Kulturen"* als *„haltende Umgebung"*[144]. *„Die Situation des Gehaltenwerdens ist"* für ihn *„kein Charakteristikum des empfindlichen Zustandes des Kleinkindes, sondern des Zustandes des Eingebundenseins, der für die gesamte Entwicklung kennzeichnend ist"*[145]. Somit erweitert er die Forschungsarbeiten von Jean Piaget, und gibt der Entwicklungspsychologie eine ökologische Dimension.

Dieses *„Stützsystem*[146]*"* für Kinder kann aus einzelnen Menschen oder komplexen Organisationen (wie die Schule)[147] bestehen. Robert Kegan

---

[139] Bundschuh, Konrad: Lernen unter erschwerten Bedingungen, 2002, S. 36.
[140] Ebd., S. 37.
[141] Ebd., S. 37.
[142] Kegan, Robert: Die Entwicklungsstufen des Selbst, 1994, S. 337.
[143] Ebd., S. 333.
[144] Ebd., S. 333.
[145] Ebd., S. 333.
[146] Ebd., S. 334.

fragt an jedem Punkt der Lebensentwicklung des Menschen, ob *„die einbindende Kultur (...) ihre Funktion der Bestätigung, des Widerspruchs und der Fortdauer"*[148] erfüllt. Er unterscheidet zwischen der mütterlichen Kultur, elterlichen Kultur, rollenanerkennenden Kultur, Kultur der Wechselseitigkeit, Kultur der Selbstgestaltung und Kultur der Intimität[149], *„wobei jede Kultur die vorangehende, zumindest potentiell, einschließt"* und *„jedes Mal, wenn eine bestimmte einbindende Kultur einen einzelnen Menschen „sicher hält", sichert sie die Integrität der größeren Gemeinschaft, von der er ein Teil ist."* [150] Kinder, die in sozial schwachen Milieus aufwachsen, erleben ihre einbindende Kultur oft als widersprüchlich und inkonsistent.

Hier sieht man aber auch die großen Aufgaben, die sich einbindende Kulturen der „Schule" und „Kinder- und Jugendhilfe" stellen müssen, damit Kinder die Entwicklung ihres „Selbstes"[151], trotz schwieriger sozialer Umstände, umsetzen können.

2.12 Zusammenfassende Stellungnahme, Komplexitätsreduktion und Skizzierung des Begriffs Kinderarmut in dieser Arbeit

Niklas Luhmann sieht, wie eingangs beschrieben, die Komplexität als die Haupteigenschaft moderner Gesellschaften und die Reduktion dieser Komplexität als Hauptaufgabe moderner Gesellschaften. Demnach besteht ein Zwang zur Selektion, zur Auswahl von Möglichkeiten[152], um zu geeigneten Definitionsversuchen zu gelangen. Für Ulrich Oevermann sind Modelle, die bei diesem Vorgang entstehen, schlüssige Miniaturen.

Die in diesem Kapitel angeführten begrifflichen Unsicherheiten deuten es bereits an: *„Jede Armutsdefinition, Hypothesen über Ursachen und der von der Konzeption abhängigen Umfrage der armen Bevölkerung sind ein Politikum."*[153] Es handelt sich um Vokabeln eines politischen und professionspolitischen Sprachspiels durch:

- Sichtweisen einer bestimmten Lage von Menschen,
- negative Bewertung,
- Hilfe und Unterstützung als Handlungsaufforderung,

---

[147] Vgl.: Kegan, Robert: Die Entwicklungsstufen des Selbst, 1994, S. 334.

[148] Ebd., S. 334.

[149] Vgl.: Ebd., S. 334ff.

[150] Ebd., S. 338.

[151] Dieser Terminus geht auf Robert Kegan zurück, der davon ausgeht, dass sich das Selbst über „natürliche Krisen" vom „einverleibenden über das souveräne und dem zwischenmenschlichen hin zu einem „institutionellen Selbst" entwickelt. Vgl. hierzu: Kegan, Robert: Die Entwicklungsstufen des Selbst, 1994.

[152] Vgl.: Korte, Hermann: Einführung in die Geschichte der Soziologie, 1992, S. 24.

[153] Sidler, Nikolaus: Problemsoziologie, 1999, S. 77f.

und keiner sozialwissenschaftlichen Aussage, *"was Armut „objektiv" und „real" sei*[154]*".* Sinnvoll erscheint mir weder ein reines Subsumieren der Lebenslagen der Betroffenen in vorhandene Definitionen aus der Problemsoziologie noch ein reines Rekonstruieren des Alltags der Adressaten/Adressatinnen.[155]

Gerhard Beizenherz versucht bereits eine Neudefinition von Kinderarmut, indem er schreibt: die Kinder *„nehmen (...) nicht teil am kulturell bedeutsamen, materiellen und kommunikativen Transfer in der Gesellschaft. Trotz physischen Überlebens kumulieren Deprivationen in den diversen Lebenslagen, die sozial und kulturell und nicht ausschließlich physisch definiert sind."*[156]

Gerda Holz skizziert in der Armutsstudie der AWO-ISS folgende Grundannahmen zur Definition von Kinderarmut:

- Eine *„Armutsdefinition für Kinder und Jugendliche ist mehrdimensional. (...) Die Dimensionen müssen geeignet sein, etwas über die Entwicklungs- und Teilhabechancen der betroffenen Kinder auszusagen."*
- *„Die Definition muß vom Kinde ausgehen. (...) Die speziellen Lebenssituationen (...) und die dazugehörigen Entwicklungsaufgaben sowie die subjektiven Wahrnehmungen sind zu integrieren."*
- *„Gleichzeitig muß der familiäre Zusammenhang (...) berücksichtigt werden (...)"* Die Lebenssituation der Kinder *„ist in den meisten Bereichen direkt von der Lebenslage der Eltern abhängig."*[157]

So möchte ich zunächst noch einmal auf den dualen Blickwinkel[158] des Armutskonzeptes der Sozialen Arbeit nach Margherita Zander[159] verweisen:

- Die Soziale Arbeit muss durch die Lebenslagenorientierung Aussagen über *„sozialpolitische Handlungsperspektiven"*[160] formulieren und *„sozialstaatlich strukturierte Integrationsbereiche (wie Bildung, Arbeitsmarkt, soziale Risikoabsicherung, Wohnen, Gesundheit*[161]*",* soziale und kulturelle Teilhabe) berücksichtigen und gleichzeitig

---

[154] Sidler, Nikolaus: Problemsoziologie, 1999, S. 78.
[155] Eine Rekonstruktion des Begriffes Kinderarmut wird im Darstellungsteil der Fallstudie noch aufgezeigt.
[156] Beizenherz, Gerhard, H.: Kinderarmut in der Wohlfahrtsgesellschaft, 2002, S. 137.
[157] Holz, Gerda: In: Hock, Beate/Holz, Gerda/Wüstendorfer, Werner: Armutsstudie der AWO-ISS, 1977 bis 2000, S. 28.
[158] Vgl.: Zander, Margherita: (Kinder-) Armut als Handlungsauftrag für die Soziale Arbeit, 2000, S. 290.
[159] Vgl. Kapitel 1.4.1
[160] Zander, Margherita: (Kinder-) Armut als Handlungsauftrag für die Soziale Arbeit, 2000, S. 290.
[161] Ebd., S. 290.

- durch den Lebensweltbezug der Sozialen Arbeit „*subjektorientierte Handlungsansätze erschließen helfen*"[162].

Peter Tschümperlin entwickelte 1992 das so genannte „Pentagon der Armut als systemisch-interaktionistisches Modell der Armut:

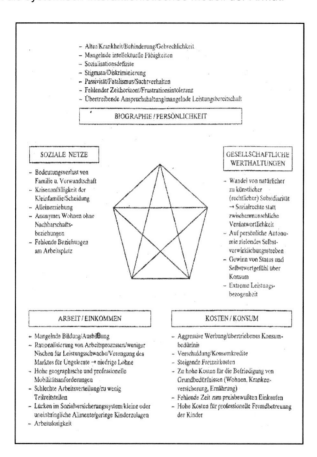

Abbildung 3: Systemisch-interaktionistisches Modell „Pentagon der Armut" von Peter Tschümperlin[163]

---

[162] Zander, Margherita: (Kinder-) Armut als Handlungsauftrag für die Soziale Arbeit, 2000, S. 290.
[163] Abbildung entnommen aus: Iben, Gerd: Armut und Wohnungsnot in der Bundesrepublik Deutschland, 1992, S. 22.

Dieses Modell stellt meines Erachtens einen gelungenen mehrdimensionalen Ansatz „objektiver Lebenslagen" von Armut in Deutschland dar, geht aber weitgehend von einer Erwachsenenarmut aus. Das Phänomen der Kinderarmut muss meines Erachtens um weitere Dimensionen erweitert werden, auch deshalb, um den Anspruch einer „modernen Kindheitsforschung"[164] gerecht zu werden.

2.13 Erste Erkenntnis: Kinderarmut als Konzept mit vier Dimensionen

Dieses Konzept stellt für die Deskription von deprivierten Kindern zunächst eine schlüssige Ausgangslage dar, doch es gilt meines Erachtens, diese zwei Dimensionen noch um zwei weitere Dimensionen zu ergänzen. Dies wird in folgender Grafik ersichtlich:

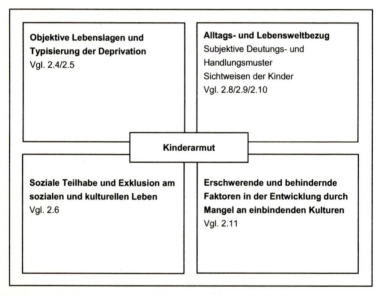

Abbildung 4: Vier Dimensionen von Kinderarmut[165]

Jedes der vier Dimensionen von Kinderarmut isoliert gedacht, birgt meines Erachtens die Gefahr einer Reduzierung der Definition von Kinderarmut auf politische und professionspolitische Interessen. Erst durch eine Beachtung der vier beschriebenen Dimensionen ist die Deskription von Kinderarmut unter multiprofessionellem Blickwinkel, ohne politische und professionspolitische Instrumentalisierung der Begrifflichkeit, möglich. Dies ist ein

---

[164] Vgl.: 5.5.
[165] Eigene Abbildung.

erster Hinweis auf die Notwendigkeit von interdisziplinärer Vernetzung in Form eines „vernetzten Denkens".

> Kinderarmut, im Kontext dieser Arbeit, ist demnach eine Verknüpfung von objektiven eingeschränkten Lebenslagen mit einer tatsächlichen Versorgungslage in verschiedenen Lebensbereichen, einhergehend mit einem subjektiven Empfinden von Lebensqualität. Diese eingeschränkten Lebenslagen können eine Deprivation von Kindern und einen Mangel an sozialer und kultureller Teilhabe durch Exklusion aus einbindenden Kulturen zur Folge haben und können somit einen behindernden Faktor in der kindlichen Entwicklung darstellen. Dies wird in der erfahrenen Wirklichkeit der Lebenswelt, also im Alltag der Kinder, unterschiedlich erlebt und kann von ihnen und Experten/Expertinnen gedeutet werden.

Diese Definition hat lediglich deskriptiven Charakter, sie möchte keine Kausalzusammenhänge herstellen, d. h. Wenn-Dann-Operationen ermöglichen. Sie beinhaltet sowohl Denkweisen aus der Wissenssoziologie als auch aus der Systemtheorie, nimmt aber nicht die Idee von der Autopoesis der Systeme als ihre erkenntnistheoretische Grundlage, sondern versucht lediglich, die ökologische Tragweite von Kinderarmut zu beschreiben. Die Schwierigkeiten, die ich mit dem systemtheoretischen Denken im Kontext dieser Forschungsarbeit sehe, führe ich im Diskussionsteil dieser Arbeit an.

Zusätzlich zu dieser Definition bedarf es einer Rekonstruktion der Coping-Strategien und Ressourcen von Kindern in prekären Lebenssituationen. Hierbei geht es um die Frage, wie es Kindern gelingt, krisenhafte Lebensereignisse in einen routinisierten Alltag überzuführen und wie die Institutionen Familie, (Grund-) Schule und Kinder- und Jugendhilfe dabei unterstützend wirken können. Den Ressourcenbegriff im Kontext dieser Arbeit werde ich mit Hilfe einer Oevermann´schen Terminologie ebenfalls im Diskussionsteil definieren.

Die vier Dimensionen der Kinderarmut können für alle Lebensbereiche angewandt werden. In dieser Forschungsarbeit wird der Lebensbereich Grundschule aufgezeigt: Die „Alltagsphänomene" der Kinderarmut in den Grundschulen habe ich unter Punkt 1.1 in dieser Arbeit aufgezeigt, die damit verbundenen Risiken einer „Exklusion und mangelnde Teilhabe" skizziert der Punkt 1.2. Nun ist es meines Erachtens notwendig, im Sinne des Armutsbegriffes dieser Forschungsarbeit, quantitative und qualitative „objektive Lebenslagen" durch bezugswissenschaftliches Kontextwissen darzulegen, sowie aufzuzeigen, wie Kinderarmut als „erschwerender und behindernder Faktor in der kindlichen Entwicklung durch die sozialen Notlagen der betroffenen Familien als im Kegan`schen Sinne „einbindenden Kulturen" wirkt.

3 Qualitativer und quantitativer Forschungsstand einer „Infantilisierung der Armut" in Deutschland

3.1 Integration von bezugswissenschaftlichem Denken

Die Integration der Sozialwissenschaften als Bezugswissenschaft mit einem Ruf nach Interdisziplinarität lohnt *„sich für Angehörige jeder Disziplin, regelmäßig über die Zäune zu blicken"* und nach neuen Erkenntnissen Ausschau zu halten, *„zumal wenn deren Relevanz grundlegend zu sein scheint und den jeweiligen disziplinierenden Rahmen zu überschreiten beansprucht."*[166]

Der Gegenstand der Sozialen Arbeit ist nach Wilhelm Klüsche *„die Bearbeitung gesellschaftlicher und professionell als relevant angesehener Problemlagen."*[167] Diese stark verkürzte Definition von Sozialer Arbeit zeigt aber auf, dass ein Verstehen notwendig ist, wie gesellschaftliche und politische Erhebungen die Kinderarmut in Deutschland empirisch belegen.

Lothar Böhnisch beispielsweise versteht Sozialpädagogik in ihrer historisch-gesellschaftlichen Entwicklung *„als gesellschaftliche Reaktion auf die Bewältigungstatsache in der Folge sozialer Desintegration*[168]*".* Um komplexe gesellschaftliche Schwierigkeiten, wie die steigende Kinderarmut in Deutschland, empirisch verstehen zu können, braucht die Soziale Arbeit ein Denken in vernetzten Zusammenhängen, denn auch Hans Thiersch verlangt eine Einmischung der Sozialen Arbeit in *„individuelle Erziehungsplanungen"* genauso wie in *„politischen Strukturprogrammen"*[169]. Weiter führt Hans Thiersch aus: *„Analysen zur Lebenswelt in den Programmen der Sozialen Arbeit brauchen Forschungen"*[170], die bestimmte politische, ökonomische Rahmenbedingungen berücksichtigen. Ohne diese Rahmenbedingungen würden jene Arbeiten nur vordergründig bleiben.

Auf die lebensweltorientierte Sozialarbeitsforschung werde ich in einem späteren Kapitel noch zu sprechen kommen.

Und nicht zuletzt muss im Kontext dieser Forschungsarbeit ein Verstehen der „objektiven Lebenslagen" von Kindern in Armut als Baustein der unter 2.12 angestrebten Definition von Kinderarmut angestrengt werden, denn keine rekonstruktionslogische Forschungsarbeit kommt ohne das Hinzuziehen von externem Kontextwissen aus.

---

[166] Eberle, Thomas, S.: Sinnkonstitution in Alltag und Wissenschaft, 1994, S.I (Vorwort).
[167] Klüsche, Wilhelm: Ein Stück weitergedacht... , 1999, S. 45.
[168] Böhnisch, Lothar: Sozialpädagogische Sozialforschung, 1998, S. 97.
[169] Thiersch, Hans: Lebensweltorientierte Soziale Arbeit, 2000, S. 35.
[170] Thiersch, Hans: Lebensweltorientierte Soziale Arbeit und Forschung, 1998, S. 87.

Das Kontextwissen der Sozialen Arbeit / Sozialpädagogik verdeutlicht folgende einfache Grafik, die im Verlauf dieser Arbeit Stück für Stück erweitert wird:

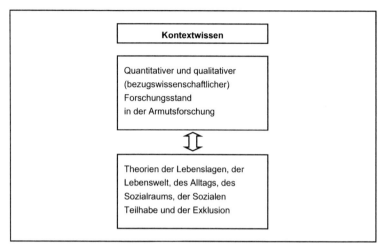

Abbildung 5: Kontextwissen in der Sozialen Arbeit / Sozialpädagogik[171]

3.2 Quantitativer Forschungsstand als Ausgangslage der „Objektiven Lebenslagen" von Kindern in Armut

3.2.1 Blick von Außen: Kinderarmut in Deutschland aus einem Forschungsbericht der UNICEF[172]

3.2.1.1 Messung der relativen Armut

Die UNICEF stellt in ihrer internationalen Vergleichsstudie Child Poverty in Rich Countries 2005 die Entwicklung von Kindern in Deutschland, die mit weniger als 50 Prozent des Netto-Medianeinkommens leben müssen, dar. Diesen Grenzwert ermittelte die OECD pro Person und Jahr auf derzeit 8.700 Euro. 24 OECD Staaten wurden evaluiert: Deutschland liegt in dieser Studie mit etwa 10 Prozent relativer Armutsrate im Mittelfeld zwischen Dänemark/Finnland mit einer relativen Armutsquote unter 3 Prozent und den USA mit einer Quote über 20 Prozent. Nach dieser Untersuchung sind

---

[171] Eigene Abbildung.
[172] Abschnitt übersetzt nach: UNICEF, Innocenti Research Centre, Report Card No. 6: Child Poverty in Rich Countries, 2005, S. 5-10.

in den 24 OECD-Staaten insgesamt mehr als 45 Millionen Kinder von relativer Armut betroffen.[173]

3.2.1.2 Entwicklung in Westdeutschland

In Westdeutschland stand der UNICEF die längste und beständigste Datenserie zur Verfügung. 1989 waren 4.5% der Kinder betroffen. *„Seit 1990 ist die Kinderarmut mit 2,7% Prozent deutlicher gestiegen, als in den meisten anderen OECD-Staaten, in Westdeutschland hat sie sich von 4,5 (1989) auf 9,8 Prozent mehr als verdoppelt."*[174] 2001 lag die Rate von Kinder in relativer Armut in Westdeutschland bereits bei 10,5%. Dies entspricht ca. 1,2 Millionen westdeutsche Kinder, die in relativer Armut lebten.

3.2.1.3 Zahlen aus Ostdeutschland

In Ostdeutschland verzeichnet die Rate von Kindern in relativer Armut mit etwa 12,6 Prozent etwa 3 Prozent über der Rate in Westdeutschland.

3.2.1.4 Gesamtdeutsche Armutsquoten

In Gesamtdeutschland, so belegt es die UNICEF-Studie, lag in den frühen 90er Jahren die Kinderarmutsrate bei weniger als 8%, während sie im Jahr 2000 auf über 10 Prozent anstieg, 2001 machte sie bereits 10,2 Prozent aus, was 1,4 Millionen Kindern entspricht.

Die Raten von Kindern in Armut stiegen in Deutschland innerhalb des letzten Jahrzehnts mehr als die Armutsrate der Gesamtbevölkerung: Zwischen 1991 und 1993 waren die Raten der Kinderarmut und die Raten der gesamten Armut der Bevölkerung noch gleich und es gab auch keine signifikanten Unterschiede zu den kinderlosen Haushalten von Erwachsenen. Seit 1994 ist das nicht mehr der Fall: 2001 lag das Risiko, dass ein deutsches Kind in Familien mit einem niedrigen Einkommen aufwuchs, bei 10 Prozent, während dieses Risiko von Erwachsenen ohne Kinder im eigenen Haushalt bei 8,8% lag. Kinder haben demnach ein größeres Armutsrisiko als Erwachsene.

In der Studie wird zusammengefasst, dass Kinder in Deutschland eine höhere, steigende Risikogruppe für niedriges Einkommen darstellen, als alle anderen Mitglieder der deutschen Gesellschaft.

3.2.1.5 Zuwanderung

Die Raten von Kindern in relativer Armut differieren stark durch den Status der Staatsangehörigkeit. Die steigende Tendenz der relativen Kinderarmut in Westdeutschland in den 90er Jahren sieht die UNICEF in Zusammen-

---

[173] Vgl.: Stegemann, Thorsten: Arme Kinder in reichen Ländern, 2005, S. 1.
[174] Ebd., S. 1.

hang mit der steigenden Zuwanderung, vor allem aus Osteuropa. So zeigte sich bei deutschen Kindern in Westdeutschland kein offensichtlicher Trend einer steigenden relativen Kinderarmut: 1991 waren es 7,6 Prozent und zehn Jahre später, 2001, lag die Zahl bei 8,1 Prozent. Bei Kindern mit Migrationshintergrund verdreifacht sich jedoch die Wahrscheinlichkeit einer relativen Armut: hier stieg die Zahl innerhalb desselben Zeitraums von 5 auf 15 Prozent.

3.2.1.6 Alleinerziehende

Ein noch größerer Kontrast wurde seitens der UNICEF bei den Kindern in den Haushalten von Alleinerziehenden festgestellt: Hier leben vier von zehn Kindern (38 Prozent) in relativer Armut. Bei Kindern, die mit beiden Elternteilen in einem Haushalt leben, ist es nur ein Kind von 100 Haushalten.

Die Armutsrate von Kindern in Haushalten von Alleinerziehenden stieg jedoch seit 1990 nicht signifikant an. Im Vergleich dazu beträgt die relative Armut bei Singles ohne Kinder 17%.

Kinder in Haushalten mit beiden Elternteilen erhöhen nach dieser Studie nicht die Gefahr von relativer Armut. Die unterschiedlichen Armutsraten zwischen den Paaren mit mehr als zwei Kindern und mit denen mit weniger oder gar keinen Kindern sei unbedeutend.

3.2.2 Blick von Innen: Forschungsprojekte und Rechenschaftsberichte der deutschen Politik

3.2.2.1 Zweiter Armuts- und Reichtumsbericht der Bundesregierung

Eine im Tenor etwas freundlichere Ausdrucksgestalt stellt der Zweite Armuts- und Reichtumsbericht der Bundesregierung dar. Die Reformmaßnahmen der Agenda 2010 sind in diesem Bericht noch nicht enthalten, da diese erst im Laufe des Jahres 2004 in Kraft getreten sind. Der Bericht beruft sich auf den Lebenslagenansatz und definiert eine zwischen den EU-Mitgliedstaaten vereinbarte „Armutsrisikoquote" als Anteil von Personen in Haushalten, deren „bedarfsgewichtetes Nettoäquivalenzeinkommen" weniger als 60% des Mittelwertes (Median) aller Personen beträgt. In Deutschland wurde dafür eine Armutsrisikogrenze von 938 Euro pro Monat errechnet.[175]

Nach dieser Studie habe das Armutsrisiko von 1998 bis 2003 von 12,1 Prozent auf 13,5 Prozent, aufgrund der wirtschaftlichen Stagnation im Jahr 2001, leicht zugenommen. Etwa 7 Prozent dieses Personenkreises manifestierte sich die relative Einkommensarmut zu so genannten „Armuts-

---

[175] Vgl.: Bundesregierung: Lebenslagen in Deutschland, der Zweite Armuts- und Reichtumsbericht der Bundesregierung, 2005, S. XV.

karrieren", von denen auch noch nachfolgende Generationen betroffen sein können. Der Rest schaffe aufgrund erneuten Erwerbseinkommens den Ausstieg aus der relativen Armut nach ein bis zwei Jahren.[176]

"Viele private Haushalte in Deutschland verfügen über hohe Vermögen. Diese sind in der Vergangenheit stetig gewachsen und haben 2003 (...) eine Summe von 5 Billionen Euro erreicht. Das entspricht im Durchschnitt aller Haushalte 133.000 Euro. Von 1998 bis 2003 stieg das Nettovermögen nominal um rund 17%".[177]

Doch die Privatvermögen in Deutschland sind äußerst ungleichmäßig verteilt: so verfügen die unteren 50 Prozent der Haushalte über nur 4 Prozent des gesamten Nettovermögens, die 10 Prozent der Haushalte mit dem größten Vermögen verfügen über knapp 47 Prozent des gesamten Nettovermögens. Das bedeutet im oberen Bereich eine Steigerung um 2 Prozent.[178]

Die Überschuldung von privaten Haushalten nahm zwischen 1999 und 2002 um 13 Prozent zu und betrifft 3,13 Millionen Privathaushalte. Auch hier wird als Hauptfaktor die steigende Arbeitslosigkeit und dauerhaftes Niedrigeinkommen sowie Scheitern der Familien durch Trennung und Scheidung gesehen.[179]

Kinder stellen als Sozialhilfebezieher die mit Abstand größte Gruppe dar. Sie weisen eine Sozialhilfequote von 7,2 Prozent auf, das sind rund 1,1 Millionen Kinder. Die Sozialhilfequote der Gesamtbevölkerung beträgt im Vergleich dazu 3,4 Prozent. Mehr als die Hälfte dieser betroffenen Kinder wächst in Haushalten von Alleinerziehenden auf, von denen 26,3 Prozent auf Sozialhilfe angewiesen sind.[180]

"Im Vergleich zu 1998 ist die Armutsrisikoquote von Familien zwar von 12,6 % auf 13,9 % gestiegen. Sie stieg damit aber etwas geringer als bei den Haushalten ohne Kinder (von 11,6 % auf 13,1%), hat sich aber dem Gesamtdurchschnitt leicht angenähert. Die relative Einkommensarmut in Paarhaushalten mit Kindern ist also langsamer gestiegen als in der Gesamtbevölkerung. Für die allein Erziehenden ist das Armutsrisiko (35,4%) gegenüber 1998 nicht angestiegen."[181]

---

[176] Vgl.: Bundesregierung: Lebenslagen in Deutschland, der Zweite Armuts- und Reichtumsbericht der Bundesregierung, 2005, S. XXIIf.
[177] Ebd., S. XXV.
[178] Ebd., S. XXV.
[179] Vgl.: Ebd., S. XXVII.
[180] Vgl.: Ebd., S. XXVIII.
[181] Ebd., S. XXXII.

3.2.2.2 Zahlen des statistischen Bundesamtes zur Entwicklung der Sozialhilfebedürftigkeit von Kindern

Auch nach Angaben des statistischen Bundesamtes[182] nimmt die Armut von Kindern in Deutschland immer weiter zu. Evaluiert wurden hierfür wiederum Kinder, die in einem Haushalt mit weniger als 50% des durchschnittlichen Haushaltseinkommens leben. Demnach ist das Risiko von Kindern unter 18 Jahren mit 12 % in den alten Bundesländern fast doppelt so hoch wie für Erwachsene (7%). Kinder sind überproportional von der Sozialhilfebedürftigkeit betroffen. Laut des Statistischen Bundesamtes waren 2002 insgesamt 3,3 % der Bevölkerung Sozialhilfeempfänger/-innen, so lag diese Quote bei den unter 18-Jährigen mit 6,7 % mehr als doppelt so hoch, wobei dieser Wert in der Gruppe der unter 3-jährigen mit 10,4 % am höchsten ausfiel. Der Anteil der sozialhilfebeziehenden Kinder hat sich seit Anfang der 90er Jahre, im Vergleich zu den Empfängern/ Empfängerinnen insgesamt, überdurchschnittlich erhöht: Stieg der Anteil der Sozialhilfeempfänger/-innen insgesamt von 1991 auf 2002 um 0,8 Prozentpunkte auf 3,3%, so war bei den Minderjährigen im selben Zeitraum sogar ein Zuwachs von 1,9 Prozentpunkten auf 6,7% zu verzeichnen.

Zum Jahresende 2002 waren knapp über eine Million Kinder unter 18 Jahren von Sozialhilfe betroffen; das sind 37% aller Empfänger/-innen.

Mehr als die Hälfte dieser Kinder (5% bzw. 558 000) lebten in Haushalten von allein erziehenden Frauen: Unter Alleinerziehenden, mit zwei oder mehreren Kindern, beträgt die Armutsquote 64%.

29% (bzw. 292 000 Kinder) leben in einem „klassischen" Haushaltstyp mit beiden Eltern. Das Sozialhilferisiko konzentriert sich insbesondere auf jüngere Kinder und Kinder von Alleinerziehenden: Kinder bis 7 Jahre sind fast doppelt so häufig von Sozialhilfe betroffen wie die 15- bis 18jährigen: Unter den kinderreichen Paaren liegt die Armutsquote bei 40%.

Kinderarmut ist aber kein Problem mehr, das nur wenige Sozialhilfeempfänger/-innen betrifft: Armut ist auch ein großes Phänomen Erwerbstätiger in Deutschland. Nach einer unveröffentlichten Untersuchung des Statistischen Bundesamtes ist die Kinderarmut besonders in Ostdeutschland innerhalb von 12 Monaten dramatisch gestiegen. 2002 betrug sie bereits 25 % bei Kindern unter 10 Jahren. 2003 waren es bereits über 33%, was bedeutet, dass jedes dritte Kind im Osten in Verhältnissen lebt, die nach EU-Definitionen als „arm" zu bezeichnen sind.[183]

---

[182] Deutsches Kinderhilfswerk e. V. (Hg.): Kinderreport Deutschland 2004.

[183] Vgl.: Mitteldeutscher Rundfunk: Kinderarmut in Deutschland, Auszüge aus einer Sendung vom 05.10.2004.

3.2.3 Steigende Mietkosten

Gerhard Beisenherz sieht die steigenden Kosten für Mietwohnungen als einen wesentlichen Mechanismus der relativen Verarmung seit Mitte der 80er Jahre: *„Der ständig steigende Anteil der Mietkosen am Haushaltsbudget bei Mietern bringt gerade auch Familien mit Kindern in die Nähe der Armutsschwelle."*[184] Er verdeutlicht dies am Gini-Koeffizient nach Walter Hanesch, *„mit dem das Ausmaß der Abweichung von der Gleichverteilung der Einkommen gemessen wird".* [185] Der Gini-Koeffizient wäre 0, wenn alle Einkommen zwischen dem niedrigsten und dem höchsten gleich oft vorkommen und 1, wenn einer alleine das Gesamteinkommen hat.[186] Der Gini-Koeffizient zeigt zwischen 1985 und 1998 von 0.264 auf 0.257 eher eine Abnahme in der Ungleichheit der Einkommensverteilung, hingegen bei Berücksichtigung der Kosten für die Miete zeigt der Gini-Koeffizient eine Steigerung von 0.282 auf 0.294.

3.2.4 Erste Annahmen zu den Auswirkungen der neuen Sozialgesetzgebung (Hartz IV) auf die Kinderarmut

Thomas Olk geht davon aus, dass sich die Zahl der Kinder, die ab 2005 staatliche Unterstützungsleistungen beziehen, um 1,5 Millionen erhöhen könnte. Das würde bedeuten, dass etwa jedes zehnte Kind (9,7%) in Deutschland davon betroffen wäre.[187]

Der Münchner Stadtrat beispielsweise bekam auf eine Stadtratsanfrage zweier Stadträte der Fraktion Bündnis 90/Die Grünen vom 13. Dezember 2005 folgende Antwort des Münchner Sozialreferates: [188] - Ich erlaube mir im Rahmen dieser Arbeit, auch wenn in diesem Umfang unüblich, die 3. Frage in großen Auszügen zu zitieren, da hier die vermutete Problematik besonders deutlich wird - :

Frage:

„Gibt es Belege dafür, dass die Einführung von Hartz 4 die Armut bei Kindern und Jugendlichen negativ beeinflusst hat?"

Antwort:

„(…) Nach Ermittlungen des Paritätischen Wohlfahrtsverbandes und anderer Wohlfahrtsorganisationen ist die pauschale Regelleistung von 345 Euro um 19% zu niedrig und stellt nicht mehr das „soziokulturelle

---

[184] Beisenherz, Gerhard, H.: Kinderarmut in der Wohlfahrtsgesellschaft, 2002, S. 27.
[185] Ebd., S. 27.
[186] Vgl.: Hanesch, Walter/ Krause, Peter/ Bäcker, Gerhard: Armut und Ungleichheit in Deutschland, 2000.
[187] Vgl.: Olk, Thomas: Kinder in Armut, 2004, S. 27.
[188] Entnommen aus: Presse- und Informationsamt der Landeshauptstadt München (Hrsg.): Landeshauptstadt München: Rathaus Umschau, 2005, S. 6-9.

Existenzminimum" sicher. Zur Begründung heißt es: „Die Ursachen liegen in gravierenden methodischen Schwächen der empirischen Herleitung des Niveaus einer ganzen Reihe offensichtlich rein finanzpolitisch motivierter willkürlicher Setzungen im Umgang mit den Statistiken. Der Mindestbedarf – von Nahrungsmitteln über Kleider, medizinische Produkte bis hin Telekommunikation oder minimaler gesellschaftlicher Teilhabe – ist mit 345 Euro im Monat für einen Erwachsenen und 207 Euro für Kinder bis 14 Jahren auf keinen Fall mehr gedeckt." Das heißt, LeistungsbezieherInnen sind vom gesellschaftlichen Ausschluss bedroht, eine gesellschaftliche Teilhabe ist deutlich schwieriger."

„Diese Einschätzung wird auch von Expertinnen und Experten der sozialen Arbeit vor Ort bestätigt. So lässt sich in der Jugendhilfe ein Rückgang bei kostenpflichtigen Veranstaltungen wie Hausaufgabenbetreuung, Mittagstisch, Ausflügen und Fahrten beobachten. Selbst die Angebote der ambulanten Jugendhilfe werden zum Teil nicht mehr genützt, da Fahrtkosten anfallen."

„Ursachen hierfür sind u.a. die durchschnittliche Absenkung der Regelleistung im SGB II und SGB XII auch für Bedarfsgemeinschaften mit Kindern. Einmalige Bedarfe, z. B. laufender Bekleidungsbedarf, Schulbedarf, Kinderfahrrad, Fahrradhelm und Kindersitz für das Fahrrad, Nachhilfeunterricht, Aufwendungen für besondere Anlässe (Kommunion, Konfirmation), werden nicht mehr als einmalige Leistungen finanziert. (…) Der Paritätische Wohlfahrtsverband hat z. B. bei einem Testkauf „Einschulung" nachgewiesen, dass rund 180 Euro dafür benötigt werden, die seit 2005 aus der Pauschale von 207 Euro für Kinder unter 14 Jahre bestritten werden müssen."

„Bedenkt man die hohen Lebensunterhaltungskosten in München, so sind Münchner Familien mit Kindern doppelt betroffen. Insbesondere deshalb, da seit 2005 der in München praktizierte Weg, ein an die örtlichen Verhältnisse angepasster Sozialhilferegelsatz, ausgeschlossen ist. So erhielt eine Familie mit zwei Kindern, 7 und 12 Jahre alt, vor Einführung des SGB II ca. 80 Euro mehr als heute (2004: ca. 1420 Euro; 2005: ca. 1340 Euro, jewwils einschließlich Miete und Kindergeld)."

Auch der Paritätische Wohlfahrtsverband kommt in der vom Münchner Sozialreferat zitierten Studie „zu wenig für zu viele" in einer ersten Bilanz zu erschreckenden Erkenntnissen. Da es noch keine amtlichen Statistiken gibt, überbrückt er die Lücken mit Modellrechungen: So werden Kinder unter 15 Jahren als Verlierer der Reform gesehen. *„Waren zu Jahresende 2004 laut offizieller Sozialhilfestatistik noch 965.000 Kinder in der Sozialhilfe, so sind es heute über 1,5 Millionen, die auf Sozialhilfe, Sozialgeld nach dem SGB II oder Kinderzuschläge auf Sozialhilfeniveau* *angewiesen sind.*"[189] Unter Berücksichtigung der Dunkelziffer wären dies sogar 1,7 Millionen Kinder, was 14,2%, also jedes siebte Kind in Deutschland, entspräche.

In Westdeutschland beträgt laut dieser Studie die Kinderarmutsquote 12,4%, in Ostdeutschland jedoch 23,7%, so dass in den neuen Ländern jedes vierte Kind als einkommensarm gilt. In dieser Betrachtung werden nicht nur Unterschiede zwischen den einzelnen Bundesländern, sondern auch zwischen den Städten innerhalb einzelner Bundesländer sichtbar: *„Auf Länderebene reicht der Sozialgeldbezug bei Kinder unter 15 Jahren von 29,9 Prozent in Berlin bis zu 6,6 Prozent in Bayern*[190]*"*, doch auch hier weisen einige Regionen wie Hof, Schweinfurt oder Nürnberg Quoten von bis zu 20 Prozent auf. Die höchsten Quoten mit bis zu 35% zeigen sich in ostdeutschen Städten, wie Görlitz, Halle oder Schwerin.

Zusammenfassend wird festgestellt, dass die Einkommensarmut bei Kindern fast über Nacht, mit Eintreten von Hartz IV, eine *„historisch neue Dimension und eine neue Qualität erreicht*[191]*"* hat.

„Es ist heute überhaupt noch nicht abzusehen, was es für ein Gemeinwesen bedeutet, wenn ein Drittel seiner Kinder auf einem Einkommensniveau leben müssen, das es faktisch von ganz alltäglichen, normalen gesellschaftlichen Vollzügen ausschließt, auf einem Einkommensniveau, das keinen Musikunterricht, keinen Sportverein, keinen Zoobesuch, keinen Computerkurs und nicht einmal Nachhilfeunterricht zulässt, wenn dieser nötig sein sollte."[192]

---

[189] Schneider, Ulrich: Begleitwort des Paritätischer Wohlfahrtsverband: „Zu wenig für zu viele", S. 3.
[190] Ebd., S. 3.
[191] Ebd., S. 4.
[192] Ebd., S. 4.

3.2.5 Kritische Erläuterung zu den empirischen Befunden

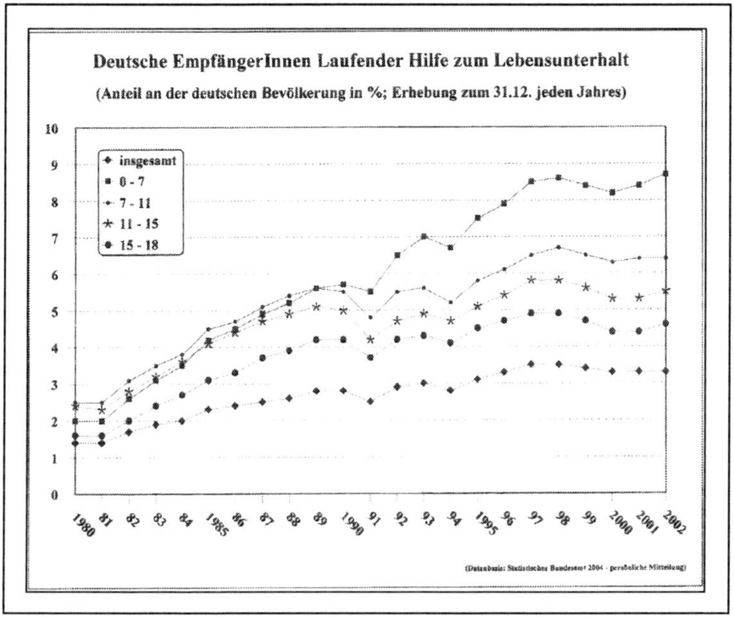

Deutsche EmpfängerInnen Laufender Hilfe zum Lebensunterhalt
(Anteil an der deutschen Bevölkerung in %; Erhebung zum 31.12. jeden Jahres)

Legende: insgesamt, 0-7, 7-11, 11-15, 15-18

(Datenbasis: Statistisches Bundesamt 2004 - persönliche Mitteilung)

Abbildung 6: Deutsche Empfänger/-innen laufender Hilfe zum Lebensunterhalt[193]

Die unterschiedlichen Studien der relativen Armut von Kindern in Deutschland fußen auf unterschiedliche Annahmen einer 60-Prozent-Schwelle oder der 50-Prozent-Schwelle des Pro-Kopf-Einkommens (Nettoäquivalenzeinkommens). Thomas Olk schreibt in diesem Zusammenhang, dass es „*hinsichtlich der Frage, was unter Armut verstanden werden soll, (...) es (auch) in der Bundesrepublik keinen Konsens*"[194] gibt. Geeignet scheint mir, dass man in der Forschung von dem durchschnittlichen Netto-Medianhaushaltseinkommen ausgeht, da dieser aufgrund der ungerechten Verteilung der Einkommen, bei der Verteilung des Netto-Vermögens kann man zumindest von hohen Zinseinkünften bzw. Mieteinnahmen ausgehen, weniger störanfällig für „Ausreißer" ist. Als gemeinsames Ergebnis aller Studien, dies belegt noch einmal deutlich die Abbildung 6, kann aber von einer zunehmenden Armutsbelastung der nachwachsenden Generation, als

---

[193] Statistisches Bundesamt 2004 – persönliche Mitteilung. Entnommen aus: Merten, Roland: Aufwachsen in Armut, 2005, S. 150.
[194] Olk, Thomas: Kinder in Armut, 2004, S. 25.

eine „Infantilisierung der Armut"[195] gesprochen werden. Weiter werden die in der quantitativen Forschung als mit erhöhtem Armutsrisiko typisierten Kinder von Alleinerziehenden und Kinder mit Zuwanderungs- bzw. Migrationshintergrund qualitativ bestätigt. Kinderarmut ist demnach kein Zufall, sondern auch Ergebnis einer Lebenslage. Fraglich erscheinen mir die Zahlen der relationalen Steigerung der Kinderarmut. Hier wäre die Steigerung in absoluten Zahlen interessant, da die Kinderzahlen absolut ebenfalls in den letzten Jahren abnehmen und sich erhöhte Kinderzahlen in einem sozial schwächeren Milieu feststellen lassen, so dass Kinderarmut immer auch als Folge einer Eltern- bzw. Familienarmut gesehen werden muss.

> Für die Grundschule lässt sich aus der Abbildung 6 erkennen, *„dass die Armutsbelastung um so höher ist, je jünger die Kinder sind, d. h. es werden immer mehr Kinder in eine prekäre Lebenssituation hinein geboren"*[196].

Mit großer Sorge blicke ich auf die zitierte Stellungnahme des Münchner Sozialreferates bezüglich der Entwicklung der Kinderarmut nach der Einführung der Harz IV-Reform. Wenn diese Annahmen sich bestätigen, dann wird Deutschland nach den gängigen Armutsdefinitionen einen sprunghaften Anstieg der Kinderarmut erfahren.

Aufgrund der starken regionalen Unterschiede von Kinderarmut wäre es meines Erachtens geboten, die Föderalismusreform sozial- und bildungspolitisch erneut zu diskutieren.

Ulrich Oevermann geht davon aus, dass die Unterscheidung von quantitativen und qualitativen Methoden nur schwer haltbar ist, da *„an jeder quantifizierenden Forschungsmethode „qualitative" oder „interpretative" Momente notgedrungen beteiligt sein"* müssen, denn sonst könnten die *„Merkmals- oder Eigenschaftsdimensionen der quantifizierenden Operationalisierung von Begriffen*[197]*"* nicht bestimmt werden. Dies zeigt sich deutlich, wenn der Lebenslagenansatz, die laufende Hilfen zum Lebensunterhalt oder das durchschnittliche Nettoäquivalenzeinkommen als Grundlage zur Erhebung von Kinderarmut genommen werden. Diese Grundlagen bedürfen einer qualitativen Begründung.

---

[195] Beisenherz, Gerhard, H.: Kinderarmut in der Wohlfahrtsgesellschaft, 2002, S. 31.

[196] Merten, Roland: Aufwachsen in Armut, 2005, S. 150.

[197] Oevermann, Ulrich: Klinische Soziologie auf der Basis der Methodologie der objektiven Hermeneutik, S. 17.

3.3 Qualitativer Forschungsstand

3.3.1 „Objektive Lebenslagen": Soziale Notlagen von Familien und Kindern

Die Kinderarmut, das beschreibt der Erste Armuts- und Reichtumsbericht der Bundesregierung, steht meist erst am Ende einer von den Eltern nicht kompensierbaren Unterversorgung in ihren Lebenslagen, da Eltern in der Regel ihre eigenen Interessen zurückstecken und sich auf die Bedürfnisse der Kinder konzentrieren. Einkommensarmut scheint für den größeren Teil der betroffenen Familien ein vorübergehender Zustand, für einen kleineren Teil der Betroffenen eine dauerhafte Lebenslage zu sein.

„Entwicklungs-, Sozialisations- und Lernprozesse können nur erfolgreich verlaufen, wenn Kinder und Jugendliche in das Leben ihrer Familie und ihrer sozialen Umwelt einbezogen sind. Insbesondere in Familien mit vielschichtigen Problemlagen, etwa bei Vorliegen von Sucht oder Überschuldung, kann Armut (...) zu schlimmen Mangellagen bei Kindern führen. Kinder erleben in dieser Lebenslage nicht nur ihre Unterversorgung, sondern auch die Ohnmacht der Eltern, die Probleme zu meistern, was auch die Kinder entmutigt und in ihrer Entwicklung schwächt. Es besteht die Gefahr, dass die Beschädigung des Selbstwertgefühls und der eigenen Identität dauerhaft wirkt."[198]

Ein weiteres Armutsrisiko, vor allem für betroffene Frauen und Kinder, besteht in der Gewalt im sozialen Nahbereich. Schätzungen gehen davon aus, dass es in jeder dritten Partnerschaft zu Formen von körperlichen oder emotionalen Gewalttätigkeiten kommt.[199]

Armut von Kindern bedeutet Einschränkung ihrer Erfahrungs-, Entwicklungs- und Lernmöglichkeiten. Kinder werden im Armuts- und Reichtumsbericht bei folgenden Kriterien als arm bezeichnet:[200]

- Unterschreitung der erforderlichen Mittel für ein einfaches, tägliches Leben,
- Mangel an unterstützenden Netzwerken für eine soziale Integration,
- Mangel an notwendigen Sozialbeziehungen für die Entwicklung von Sozialkompetenz,
- Fehlende Bildungsmöglichkeiten für die intellektuelle und kulturelle Entwicklung,
- Gesundheitliche Beeinträchtigung im sozialen Umfeld,

---

[198] Bundesregierung: Lebenslagen in Deutschland, der Erste Armuts- und Reichtumsbericht der Bundesregierung, 2001, S. 114.
[199] Vgl.: Ebd., S. 114.
[200] Vgl.: Ebd., S. 116.

- Vernachlässigung der Kinder in den Familien,
- Ausgesetztsein von Gewalt,
- Leben auf der Straße.

3.3.2 Einflussfaktoren in Verarmungsprozessen von Familien

Arbeitslosigkeit und Niedrigeinkommen, aber auch besondere Lebensereignisse, wie z.B. Trennung und Scheidung oder die Phase der Familienbildung, sieht der Erste Armuts- und Reichtumsbericht der Bundesregierung, vor allem in Kombination, als Bedingungen, die Verarmungsprozesse in den Familien auslösen bzw. verstärken können. Dazu zählen auch Bildungs- und Kompetenzdefizite und fehlende Ressourcen, sich ökonomisch an veränderte Lebensbedingungen, z.B. auf den Kapitalmärkten, anpassen zu können.[201]

Als krisenhafte Lebenslagen werden in dem Bericht unter anderem aufgezeigt:

- Alleinerziehendenstatus,
- hohe Kinderzahl,
- ausländische Herkunft,
- Abhängigkeit von sozialer Unterstützung,
- Trennung und Scheidung,
- Phase der Familiengründung.

3.3.3 Psychosoziale Folgen von Armut und Vernachlässigung: Kinderarmut als erschwerender und behindernder Faktor in der kindlichen Entwicklung durch soziale Notlagen der Familien als „einbindende Kulturen"

Diese kritischen Lebenslagen bleiben nicht ohne Folgen für die betroffenen Familien, sie führen zur Benachteiligung aller Familienmitglieder und beeinträchtigen die Sozialbeziehungen der Familie durch ein *„Abgeschnittensein von Kultur- und Bildungsangeboten sowie"* durch die *„damit verbundenen sozialen Kontaktmöglichkeiten*[202]*".* Diese Störungen des äußeren Sozialgefüges, so Helgard Andrä, könne auch zu veränderten Beziehungen innerhalb der Familie führen, denn die daraus resultierende Unzufriedenheit und gescheiterten Lösungsversuche bedingen innerfamiliären Stressabbau durch Streitigkeiten. Die Befindlichkeiten der Kinder in diesen Familien sind stark geprägt durch die Haltungen der Eltern zu

---

[201] Vgl.: Bundesregierung: Lebenslagen in Deutschland, der Erste Armuts- und Reichtumsbericht der Bundesregierung, 2001, S. 109.

[202] Andrä, Helgard: Begleiterscheinungen und psychosoziale Folgen von Kinderarmut, 2000, S. 276.

ihren Kindern, der Lösungsfähigkeit, dem Erziehungsstil und dem persönlichen Bildungsgrad ihrer Eltern. In einer Untersuchung in Brandenburg zeigte Helgard Andrä, dass Eltern resignieren, wenn sie ihre eigenen Probleme und Niederlagen der Ausgrenzung, des Geldmangels und der sozialen Exklusion nicht kompensieren können. Folgen dieser Stresssituationen zeigen sich beispielsweise in Beeinträchtigungen des Gesundheitszustandes, auch durch Alkohol- und Drogenproblematiken, oder durch Trennungsproblematiken sowie einer massiven Überschuldung.

"Damit gehen Probleme der Vernachlässigung der Kinder einher; den Eltern fehlt die Kraft, für einen geregelten Tagesablauf ihrer Kinder zu sorgen, ihnen Halt, Zuversicht und Zuwendung zu geben und so das dringend notwendige Gefühl der Geborgenheit zu vermitteln. Manche Eltern sind nicht in der Lage, die ihnen zur Verfügung stehende Zeit sinnvoll mit den Kindern zu nützen und ihnen Alternativen für Hobbys, die an materielle Aufwendungen gebunden sind, anzubieten."[203]

Aufgrund der ungenügenden Kompensation der finanziellen, erzieherischen und fürsorglichen Defizite der Eltern zeigte sich allgemein ein Autoritätsverlust der Eltern gegenüber den Kindern in den betroffenen Familien, mit der Folge, dass sich

"Erwachsene gehen lassen, aggressiv reagieren, angefangen von verbaler Aggressivität bis hin zu Misshandlungen der Kinder, oder aber Lethargie und völlig passive Verhaltensweise"[204].

Diese Beispiele wirken sich negativ auf die emotionale, soziale und kognitive Entwicklung der Kinder aus und gefährden den Sozialisations-Prozess aufgrund ungünstiger affektiver Ausgangsbedingungen.

Der Armutsforscher Thomas Olk zeigt in seinen Studien zu den Lebenslagen armer Kinder, dass die Entfaltungs- und Entwicklungsbedingungen durch Armut in mehrfacher Weise beeinträchtigt werden. Gefährdungen und Beeinträchtigungen der Kinder ergeben sich demnach dann, wenn zur Einkommensarmut weitere kumulative Belastungssituationen, wie Krankheit, Wohnumfeld, Langzeitarbeitslosigkeit, Überschuldung, soziale Isolation, hinzukommen.

Dies kann für Kinder bedeuten:

- Organische Schäden bereits vor der Geburt durch das Risikoverhalten der Mütter,
- Vernachlässigter und/oder gewaltorientierter Umgang der Eltern mit den Kindern,

---

[203] Andrä, Helgard: Begleiterscheinungen und psychosoziale Folgen von Kinderarmut, 2000, S. 276f.
[204] Ebd., S. 277.

- Aktivitäten sind aufgrund schlechter Wohnbedingungen, sozialer Isolation, fehlender Zugänge zu Angeboten von Vereinen und Infrastruktureinrichtungen auf das engere Wohnumfeld oder die Straße beschränkt,
- Geringeres Wohlbefinden und geringere Entwicklung des Selbstvertrauens durch weniger soziale Kontakte,
- Stärkere Betroffenheit von psychosozialen Belastungs- und Erschöpfungssyndromen, wie Schlafstörungen, Nervosität, Konzentrationsprobleme, Magenschmerzen, sowie Gefühle der Hilflosigkeit.[205]

Für die Grundschule bedeutet dies, wie der Münchener Armutsbericht 2000 beispielsweise zeigt, dass Schulanfänger aus den sog. *„Armutsvierteln"* bei den Münchener Schuleingangsuntersuchungen mehr Sprachprobleme, wie Laut-, Satzbildungs- und Sprechrhythmusstörungen, (12,7% zu 8,4%), mehr Adipositas (6,3% zu 4,4%), häufiger Erkrankungen der Atmungsorgane, wie z. B. Asthma oder allergische Rhinitis (5,1% zu 3,4%), als Kinder aus nicht-armen Gebieten aufweisen.[206]

Dies zeigt, dass die Grundschule mit den psychosozialen Begleiterscheinungen der Kinderarmut überfordert sein muss und deshalb auf geeignete Vernetzungspartner/-innen angewiesen ist.

---

[205] Vgl.: Deutsches Kinderhilfswerk e. V. (Hg.): Kinderreport Deutschland 2004.
[206] Vgl.: Romaus Rolf u. a.: Münchener Armutsbericht 2000, 2002.

4 Grundschule als „Interventionsfenster" für Kinder aus Armutssituationen durch eine Vernetzung mit der Kinder- und Jugendhilfe

4.1 Allgemein: „Rechtliche und institutionelle Rahmenbedingungen" als 5. Dimension im Verständnis von Kinderarmut in der Grundschule

Hans Thiersch verlangt, um Tiefe von wissenschaftlichen Arbeiten im Bereich der Analysen der Lebenswelt von Adressaten/Adressatinnen der Sozialen Arbeit / Sozialpädagogik erreichen zu können, auch die *„rechtlichen und institutionellen Rahmenbedingungen"* [207] zu berücksichtigen, die als 5. Dimension [208] im Verstehen von Kinderarmut betrachtet werden können.

Zusätzlich stellte ich im Rahmen eines Referates im Fachbereich Schulpädagogik ein mangelndes Kontextwissen seitens der Studenten/ Studentinnen in Fragen zu den Angeboten und Rahmenbedingungen der Kinder- und Jugendhilfe und den Möglichkeiten und Notwendigkeiten der Vernetzung von Kinder- und Jugendhilfe und Schule fest. Aus diesem Grund halte ich folgendes Kapitel der aktuellen Diskussionen zu dieser Thematik eine wichtige Grundlage zur Erweiterung von Kontextwissen der Lehramtstudiengänge und zum Verständnis dieser Forschungsarbeit, da ich bereits im Kapitel 1.4 aufgezeigt habe, dass Kinderarmut originäre Aufgabe im Selbst- und Handlungsverständnis der Sozialen Arbeit ist.

Die Diskussion einer Kooperation von Schule und Jugendhilfe wird seit vielen Jahren gefordert und bekommt in den Fragen einer steigenden Kinderarmut und mangelnden Bildungschancen erneut Brisanz. Doch es zeigen sich in der Praxis große Schwierigkeiten aufgrund eines gegenseitigen Misstrauens und einer geringen Wertschätzung. *„Nicht nur die Schule hat Not, ihren Bildungsauftrag zu erfüllen. Auch die Jugendhilfe gerät angesichts verschärfter sozialer Konfliktlagen bei gleichzeitig knappen Kassen zunehmend unter Druck, in ausreichendem Maße Hilfe zur Lebensbewältigung gewähren zu können."* [209] Beide Seiten, Jugendhilfe und Schule, müssen sich öffnen und aufeinander zu bewegen. Die Kooperation von Jugendhilfe und Schule beschränkt sich nicht auf einige ausgewählte Arbeitsfelder. Da die Schule eine wichtige Rolle im Leben der Kinder und Jugendlichen spielt, sind beide Seiten aufgefordert, ihre Kooperationsmöglichkeiten und -notwendigkeiten zu klären. Auch wenn die strukturellen und fachlichen Schwierigkeiten noch nicht gelöst sind, haben sich in den letzten Jahren in der Praxis eine Vielzahl an Projekten und Kooperations-

---

[207] Hans Thiersch: Lebensweltorientierte Soziale Arbeit und Forschung, 1998, S. 87.
[208] Vgl.: 2.13.
[209] Vgl.: Sozialmagazin: Vernetzung Jugendhilfe und Schule, 5-2003, S. 4.

formen entwickelt. Die Notwendigkeit dieser Kooperation soll in diesem Kapitel an den Handlungsfeldern Jugendarbeit, Jugendsozialarbeit an den Schulen und Hilfen zur Erziehung aufgezeigt werden.

Dieses Kapitel spiegelt den aktuellen Stand einer breiten Diskussion wider, die erneut durch den Elften Kinder- und Jugendbericht aufgegriffen wurde, und dient vor allem als externes Kontextwissen für die Schulpädagogik, die meines Erachtens in den Fragen der Kinder- und Jugendhilfe Wissenslücken aufzeigt.

4.2 Kinder- und Jugendhilfe und Schule[210]

Es besteht zwar ein öffentlicher Konsens über die Notwendigkeit der Zusammenarbeit von Schule und Kinder- und Jugendhilfe, doch diese wird vorwiegend von der Kinder- und Jugendhilfe eingefordert. Diese Kooperation wurde historisch vor allem durch zwei Aufgaben und Erfahrungen geprägt, und zwar:

- Schulbezogene Angebote der Kinder- und Jugendhilfe als Maßnahme, die sich an einzelne Schüler/-innen richtete, und zwar bei Schwierigkeiten bezüglich der Einschulung, schulischen Leistungsdefiziten, Verhaltensauffälligkeiten, beim Übergang von Schule zum Beruf oder für die Bewältigung des Alltags in Schule und Freizeit (z. B. durch Erlebnispädagogik).
- Sozialpädagogische Aufgaben der Schule, die die individuellen und sozialen Lebensverhältnisse der Schüler/-innen in den Blick nahm, weil in ihnen wesentliche Zusammenhänge für Verhalten und Leistung gesehen wurden. In „sozialen Brennpunktgebieten" kam es deshalb zur Installation der Schulsozialarbeit.

„Kennzeichnend für diese Maßnahme der Schule war, dass es sich um schulische Entwicklungen und Programme handelte, die die Kinder- und Jugendhilfe allenfalls beteiligte. Diese Entwicklung mündete letztendlich in die Institutionalisierung der schulpsychologischen Dienste und in die bildungspolitische Forderung nach einer Öffnung der Schule, die heute in allen Schulgesetzen vorkommt und zwar als Aufgabe aller Schularten."[211]

Diese Entwicklung führte zu einer Vielzahl von Organisations-, Status- und Hierarchieproblemen, die zwischen Schule und Kinder- und Jugendhilfe ausgetragen wurden. Doch auf lokaler Ebene gab es bereits eine große Anzahl unterschiedlicher konkreter Projekte.

---

[210] Vgl.: Bundesministerium für Familie, Senioren, Frauen und Jugend: Elfter Kinder- und Jugendbericht, 2002, S. 161.
[211] Ebd., S. 162.

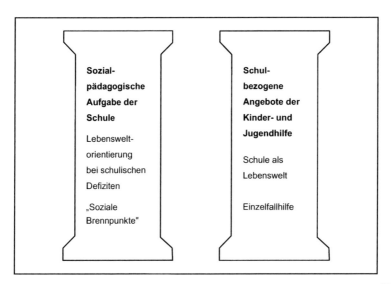

Abbildung 7: Historisches Nebeneinander von Schule und Kinder- und Jugendhilfe[212]

Klaus Kaimer sieht diese breit angelegten Säulen *„des öffentlichen und privaten Fürsorge- und Bildungswesen, die die Schule und die sozialen Dienste der Kinder- und Jugendhilfe heute repräsentieren."*[213] Da diese Institutionen kulturell gewachsen sind, *„folgen sie in ihrer >Logik< der Geschichte institutioneller Trennung und Ausdifferenzierung mit je eigenen Handlungsrationalitäten*[214]*"*. Weiter rekonstruiert er: *„Die tiefe Krise, die daraus resultiert, ist weit davon entfernt, in eine neue, gesellschaftlich gestützte und professionell ausgeformte Routine überführt zu werden"*[215], aus einem Mangel an kulturellen Erkenntnissen, die in der Globalisierung ihre Ursachen haben.

4.3 Rechtliche Grundlagen der Vernetzung

4.3.1 Das SGB VIII (Kinder- und Jugendhilfegesetz)

Die Forderung der Vernetzung von Kinder- und Jugendhilfe und Schule hatte bereits 1990 Einzug in das SGB VIII gefunden. Die Jugendhilfe hat laut § 1 SGB VIII unter anderem die Aufgabe, junge Menschen in ihrer individuellen und sozialen Entwicklung zu fördern und dazu beizutragen,

---

[212] Eigene Abbildung.
[213] Kraimer, Klaus: Schule und Jugendhilfe, S. 1.
[214] Ebd., S. 1.
[215] Ebd., S. 1.

Benachteiligungen zu vermeiden oder abzubauen und positive Lebensbedingungen für junge Menschen und ihren Familien sowie eine kinder- und familienfreundliche Umwelt zu erhalten oder zu schaffen. Somit ist die schulische Integration ein wichtiges Hilfeplanziel.

Weiter verpflichtet das Kinder- und Jugendhilfegesetz die Kinder- und Jugendhilfe und Schule im §81 SGB VIII zur gegenseitigen Zusammenarbeit.

„§ 81 Zusammenarbeit mit anderen Stellen und öffentlichen Einrichtungen. Die Träger der öffentlichen Jugendhilfe haben mit anderen Stellen und öffentlichen Einrichtungen, deren Tätigkeit sich auf die Lebenssituationen junger Menschen und Familien auswirkt, insbesondere mit Schulen und Stellen der Schulverwaltung (...), im Rahmen ihrer Aufgaben und Bedürfnisse zusammenzuarbeiten."[216]

Das SGB VIII unterscheidet in den „Leistungen" der Kinder- und Jugendhilfe im Wesentlichen zwischen „Jugendarbeit", „Jugendsozialarbeit" und „Hilfe zur Erziehung".

4.3.2 Das Bayerische Erziehungs- und Unterrichtsgesetz (BayEUG)

Auch Schulgesetze und schulbezogene Rechts- und Verwaltungsvorschriften mehrerer Länder, z.B. in Bayern, Brandenburg, Hamburg, Mecklenburg-Vorpommern, Niedersachsen, Nordrhein-Westfalen, Sachsen-Anhalt und Schleswig-Holstein fordern die Zusammenarbeit von Schule und Kinder- und Jugendhilfe.[217] Für den Bereich Schule bildet der Art. 31 BayEUG die gesetzliche Grundlage für Kooperation mit der Kinder- und Jugendhilfe:

„Art. 31: Die Schulen arbeiten in Erfüllung ihrer Aufgaben mit den Jugendämtern und den Trägern der freien Jugendhilfe sowie anderen Trägern und Einrichtungen der außerschulischen Erziehung und Bildung zusammen. Sie sollen das zuständige Jugendamt unterrichten, wenn Tatsachen bekannt werden, die darauf schließen lassen, dass das Wohl einer Schülerin oder eines Schülers ernsthaft gefährdet oder beeinträchtigt ist und deshalb Maßnahmen der Jugendhilfe notwendig sind."[218]

Hierbei wird nur die „Feuerwehrfunktion" des Jugendamtes angesprochen. Die Vernetzung mit der präventiven Jugendarbeit und Jugendsozialarbeit bleibt weitgehend unberührt. Weiter zeigt sich hier die ungeklärte Frage, wann das Wohl eines jungen Menschen ernsthaft gefährdet ist. Hier wäre

---

[216] Vgl.: Jugendrecht, Sonderausgabe unter redaktioneller Verantwortung des Verlages C.H. Beck, München 1999.

[217] Vgl.: Bundesministerium für Familie, Senioren, Frauen und Jugend: Elfter Kinder- und Jugendbericht, 2002, S. 161.

[218] Vgl.: Bayerisches Gesetz über das Erziehungs- und Unterrichtswesen (BayEUG), Art 31.

die Einführung von Standards, beispielsweise durch Früherkennungsprogramme, angezeigt.

4.4 Herausforderungen für die Schule

Heute stehen Kinder- und Jugendhilfe und Schule vor Herausforderungen, die sie nur durch eine gemeinsame Organisation des Lernens und Lebens im öffentlichen Raum bewältigen können.

4.4.1 Herausforderungen aus Sicht des Bayerischen Staatsministeriums für Arbeit und Sozialordnung

Das Bayerische Staatsministerium für Arbeit und Sozialordnung sieht konkrete Herausforderungen für die Schulen bei:

- extrem abweichendem und oppositionellem Verhalten von Kindern und Jugendlichen,
- der zunehmenden Schulverweigerung (Absentismus),
- der gestiegenen Gewaltbereitschaft,
- dem besorgniserregenden Anstieg der Kinder- und Jugendkriminalität.

„Die Staatsregierung hält die Intensivierung der Zusammenarbeit von Jugendhilfe und Schule für einen richtungsweisenden Weg zur Vorbeugung und Vermeidung solcher Problemlagen. Schulbezogene Angebote der Jugendhilfe sollen die schulische Erziehungsarbeit begleiten oder ergänzen. Sie sollen jedoch nicht in den Verantwortungsbereich der Schule eingreifen, insbesondere den Lehrkräften ihre erzieherische Verantwortung nicht abnehmen." [219]

4.4.2 Herausforderungen aus Sicht des Elften Kinder- und Jugendberichts [220]

Der Elfte Kinder- und Jugendbericht sieht ergänzend noch folgende Herausforderungen:

- die von der Schule wahrgenommenen Sozialisationsdefizite der Familie,
- erhöhte Leistungsanforderungen der Schule und an die Schule,

---

[219] Vgl.: Bayerischer Jugendring: Kinder- und Jugendprogramm der Bayerischen Staatsregierung von 1998.
[220] Vgl.: Bundesministerium für Familie, Senioren, Frauen und Jugend: Elfter Kinder- und Jugendbericht, 2002, S. 162.

- erhöhter Wettbewerbsdruck bei schwachen Schüler/-innen angesichts drohender Arbeitslosigkeit und bei starken Schüler/-innen angesichts großer Marktchancen,
- Faszination der neuen Medien und die Möglichkeiten der Informationstechnologie, die von den Schulen nur unzureichend aufgegriffen, von vielen Schüler/-innen jedoch begierig genutzt werden,
- Belastung des Klimas an vielen Schulen durch Gewalt, Fremdenfeindlichkeit, Rechtsradikalismus, Kriminalität und Drogenhandel/ Drogenkonsum,
- Psychische Störungen im Kindes- und Jugendalter,
- zur Gewährung des § 35a SGB VIII (Eingliederungshilfe für seelisch behinderte Kinder und Jugendliche) ist das Vorliegen oder die Gefahr einer „psychischen Grundstörung" Voraussetzung. Diese leitet sich nach dem ICD 10[221] ab und bedarf einer ärztlichen Diagnostik. Hierbei handelt es sich meist um:
  - Störungen des Gesundheitsverhaltens (z. B. Suchtmittelkonsum, Anorexie, Bulimie),
  - Störungen der psychischen Gesundheit (z. B. Depressionen),
  - Emotionale Störungen und Störungen der Intelligenz (z. B. ADHS).

4.5 Kooperationsformen von Kinder- und Jugendhilfe und Schule

4.5.1 Überblick der Leistungen der Kinder- und Jugendhilfe

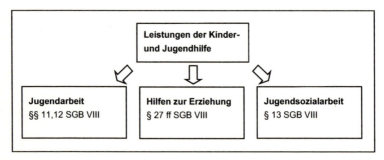

Abbildung 8: Leistungen der Kinder- und Jugendhilfe[222]

---

[221] Vgl. hierzu: Weltgesundheitsorganisation: Internationale Klassifikation psychischer Störungen. ICD 10 Kapitel V (F).
[222] Eigene Abbildung.

4.5.2 Zusammenarbeit von Jugendarbeit mit den Schulen

4.5.2.1 Rechtliche Grundlage der Jugendarbeit

Da die Jugendarbeit im Bereich der Jugendhilfe ein Arbeitsfeld ganz eigener Prägung darstellt, ist es notwendig, auf diesen Bereich der §§ 11 und 12 SGB VIII im Hinblick auf die Frage der Zusammenarbeit von Schule und Jugendhilfe ein besonderes Augenmerk zu richten.

"§ 11 Jugendarbeit. (1) Jungen Menschen sind die zur Förderung ihrer Entwicklung erforderlichen Angebote der Jugendarbeit zur Verfügung zu stellen. Sie sollen an den Interessen junger Menschen anknüpfen und von ihnen mitbestimmt und mitgestaltet werden, sie zur Selbstbestimmung befähigen und zu gesellschaftlicher Mitverantwortung und zu sozialem Engagement anregen und hinführen." [223]

Angeboten wird die Jugendarbeit, in Form von „offener", „niederschwelliger" und „verbandlicher" Jugendarbeit, von Gruppen, Initiativen und Verbänden, von anderen Trägern der Jugendarbeit und den Trägern der öffentlichen Jugendhilfe. Durch Jugendverbände und ihre Zusammenschlüsse werden Anliegen und Interessen der Jugendlichen zum Ausdruck gebracht und vertreten. Das SGB VIII nennt folgende Schwerpunkte der Jugendarbeit:

- außerschulische Jugendbildung mit allgemeiner, politischer, sozialer, gesundheitlicher, kultureller, naturkundlicher und technischer Bildung,
- Jugendarbeit in Sport, Spiel und Geselligkeit,
- arbeitswelt-, schul- und familienbezogene Jugendarbeit,
- internationale Jugendarbeit,
- Kinder- und Jugenderholung,
- Jugendberatung[224].

Als nichtformeller Lernort bietet die Jugendarbeit Jugendlichen vielerlei Möglichkeiten der Aneignung von Raum und Kompetenzen und Übung in „mitverantwortlicher Selbstbestimmung"[225].

4.5.2.2 Gegenseitiger Respekt als Grundlage von Kooperation

„Der Landesvorstand des Bayerischen Jugendrings befürwortet den Ausbau und die Vertiefung einer breiten, vertrauensvollen Zusammenarbeit zwischen Schule und Jugendarbeit. Dies soll auf der Basis geschehen,

---

[223] Vgl.: Jugendrecht, Sonderausgabe unter redaktioneller Verantwortung des Verlages C.H. Beck, München, 1999.
[224] Jugendrecht, Sonderausgabe unter redaktioneller Verantwortung des Verlages C.H. Beck, München, 1999, S. 20.
[225] Vgl.: Ebd., § 11 SGBVIII.

dass die gemeinsamen wie unterschiedlichen Aufgaben deutlich werden und bleiben und dass beide Partner das eigenverantwortliche Handeln des jeweils anderen respektieren."[226]

Schule und Jugendarbeit müssen die jeweils anderen Konzepte und Aufgaben kennen lernen, ohne ihren gesetzlich und historisch verankerten originären Auftrag aus den Augen zu verlieren.

4.5.3 Jugendsozialarbeit in den Schulen[227]

4.5.3.1 Rechtliche Grundlage der Jugendsozialarbeit

Der § 13 SGB VIII beschreibt die konkrete gesetzliche Grundlage für die Modellprojekte der Jugendsozialarbeit in Schulen. Jugendsozialarbeit, als Aufgabe der Jugendhilfe, stellt Sozialisationshilfen für besondere Zielgruppen dar. Die Jugendsozialarbeit, die zwischen Jugendarbeit und individueller Erziehungshilfe angesiedelt ist, will somit „benachteiligten" jungen Menschen sozialpädagogische Hilfestellung im Rahmen der schulischen und beruflichen Ausbildung, der beruflichen Tätigkeit, sowie zur sozialen Integration geben.

4.5.3.2 Der Begriff der Schulsozialarbeit

In den 70er Jahren wurde der Begriff der Schulsozialarbeit zur Beschreibung der Kooperation von Schule und Kinder- und Jugendhilfe geprägt.

In einer Studie im Jahr 2000 des Deutschen Jugendinstituts gaben bundesweit ca. 75% der Jugendämter an, dass sie Angebote von freien oder öffentlichen Trägern zur Schulsozialarbeit anbieten.[228]

„Heute gibt es sowohl die Forderungen, Schulsozialarbeit flächendeckend einzuführen, weil dies familien- und jugendpolitisch erforderlich ist, als auch die gegenteilige Forderung, Schulsozialarbeit zurückzudrängen, weil dies bildungspolitisch unerwünscht ist."[229]

Dieses Zitat zeigt, dass sich der Begriff der Schulsozialarbeit, angesichts der Entwicklung der Kooperation von Schule und Kinder- und Jugendhilfe, als zu eng und unklar erwiesen hat.[230]

---

[226] Bayerischer Jugendring: Position – BJR-Stellungnahme, 1995, S. 1.

[227] Abschnitt nach: Lerch-Wolfrum, Gabriela, Bayerisches Staatsministerium für Arbeit und Sozialordnung, Familien, Frauen und Gesundheit, 2001.

[228] Vgl.: Bundesministerium für Familie, Senioren, Frauen und Jugend: Elfter Kinder- und Jugendbericht, 2002, S. 161.

[229] Ebd., S. 161.

[230] Ebd., S. 161.

4.5.3.3 Modellförderprogramm der Schulsozialarbeit in Bayern

Innerhalb dieses Modellförderprogramms werden die Personalkosten für eine vollzeitbeschäftigte, hauptamtliche, sozialpädagogische Fachkraft an einer so genannten „Brennpunktschule" durch das Sozialministerium bezuschusst. Die Schulsozialarbeiter/-innen, die ihren Arbeitsplatz in der Schule haben, sind bei einem öffentlichen oder freien Träger der Kinder- und Jugendhilfe angestellt. Diesem obliegt die Dienst- und Fachaufsicht. Das Personalauswahlverfahren wird unter Beteiligung der Schule durchgeführt. Projektbeiräte, bestehend aus Vertretern/Vertreterinnen der Gesamtfinanzierung, dem Jugendamt, der Schule und des Anstellungsträgers, treffen sich regelmäßig zur Projektentwicklung und Planung. Hierin besteht für den/die Schulsozialarbeiter/-in über abgeschlossene und laufende Projekte und Tätigkeiten Informationspflicht.

4.5.3.4 Rahmen der Jugendsozialarbeit in den Schulen

Im Rahmen der Jugendsozialarbeit erfolgt die konkrete Arbeit in den Schulen:

- in der Einzelberatung und sozialpädagogischer Hilfestellung von Schülern/Schülerinnen, Abklärung des Hilfebedarfs,
- im Rahmen der sozialen Gruppenarbeit,
- in der Elternarbeit,
- in der Beratung der Lehrkräfte,
- in der Zusammenarbeit mit der Schulleitung und schulischen Diensten,
- in der Vernetzung mit anderen relevanten Stellen
- und in der Entwicklung präventiver Konzepte.

4.5.3.5 Zielgruppe der Maßnahme

Diese Maßnahme richtet sich an junge Menschen, die in hohem Maße auf Unterstützung angewiesen sind, insbesondere an:

- junge Menschen, die durch abweichendes Verhalten und Schulverweigerungstendenzen auffallen,
- junge Menschen, die Konflikte mit Mitschülern/Mitschülerinnen haben, gemobbt, bedroht oder ausgegrenzt werden,
- junge Menschen aus Migrantenfamilien,

- junge Menschen aus sozialen Brennpunkten mit Gefährdungslagen in ihrer Sozialisation,
- junge Menschen, die wegen ihrer individuellen und/oder sozialen Schwierigkeiten keine Ausbildungs- oder Arbeitsstelle finden.

4.5.4 Kooperation der Schulen mit dem Hilfesystem „Hilfen zur Erziehung"[231]

4.5.4.1 Unterstützung bei der Erziehung

Problematische Verhaltensweisen von Kindern und Jugendlichen sind oftmals als Symptom für einen sich abzeichnenden krisenhaften Lebenslauf und für die Notwendigkeit, Eltern bei ihren Bemühungen in der Erziehung zu unterstützen, zu verstehen. In diesem Zusammenhang können Kinder und Jugendliche im Rahmen eines Informationssystems zwischen Kinder- und Jugendhilfe und Schule besser und rechtzeitiger unterstützt und vor Ausgrenzung geschützt werden. Schulische Förderangebote und erzieherische Hilfen setzen manchmal jedoch verspätet oder zeitlich versetzt ein.

4.5.4.2 Gesetzliche Grundlage der „Hilfen zur Erziehung"

Das differenzierte Hilfesystem der „Hilfen zur Erziehung", gemäß § 27 ff SGB VIII, kann bei verbessertem Informationsaustausch zwischen Kinder- und Jugendhilfe und Schule wirkungsvoller entwickelt und bereitgestellt werden.

„§ 27 Hilfe zur Erziehung. (1) Ein Personensorgeberechtigter hat bei der Erziehung eines Kindes oder eines Jugendlichen Anspruch auf Hilfe (...), wenn eine dem Wohl des Kindes oder des Jugendlichen entsprechende Erziehung nicht gewährleistet ist und die Hilfe für seine Entwicklung geeignet und notwendig ist.

(2) Art und Umfang der Hilfe richtet sich nach dem erzieherischen Bedarf."[232]

Hilfen zur Erziehung umfassen Leistungen der:

- Erziehungsberatungsstellen (§ 28),
- sozialen Gruppenarbeit (§ 29),
- Einsatz von Erziehungsbeiständen und Betreuungshelfern (§ 30),
- Sozialpädagogischen Familienhilfe (§ 31),

---

[231] Absatz nach: Niedersächsische Landesregierung: Eckpunkte für ein Programm der Niedersächsischen Landesregierung zur Vermeidung von unentschuldigter Abwesenheit vom Unterricht, 2002.
[232] Vgl.: Jugendrecht, Sonderausgabe unter redaktioneller Verantwortung des Verlages C.H. Beck.

- Erziehung in einer Tagesgruppe (§ 32),
- Vollzeitpflege (§ 33),
- Heimerziehung, sonstige betreute Wohnform (§ 34)
- intensive sozialpädagogische Einzelbetreuung (§ 35).

4.5.4.3 Mitwirkung im Hilfeplanverfahren

"§ 36 Mitwirkung, Hilfeplan. (1) Der Personensorgeberechtigte und das Kind oder der Jugendliche sind vor der Entscheidung über die Inanspruchnahme einer Hilfe (...) von Art und Umfang der Hilfe zu beraten und auf mögliche Folgen für die Entwicklung des Kindes oder des Jugendlichen hinzuweisen.

(2) Die Entscheidung über die im Einzelfall angezeigter Hilfeart soll, wenn Hilfe voraussichtlich für längere Zeit zu leisten ist, im Zusammenwirken mehrerer Fachkräfte getroffen werden. Als Grundlage für die Ausgestaltung der Hilfe sollen sie zusammen mit dem Personensorgeberechtigten und dem Kind oder dem Jugendlichen einen Hilfeplan aufstellen, der Feststellung über den Bedarf, die zu gewährende Art der Hilfe sowie die notwendigen Leistungen enthält; sie sollen regelmäßig prüfen, ob die gewählte Hilfeart weiterhin geeignet und notwendig ist. Werden bei der Durchführung der Hilfe andere Personen, Dienste oder Einrichtungen tätig, so sind sie oder deren Mitarbeiter an der Aufstellung des Hilfeplans und seiner Überprüfung zu beteiligen."[233]

Lehrkräfte sind als wichtige Sozialisationsinstanz im Leben eines jungen Menschen nicht nur zur Bedarfsfeststellung gegenüber dem Jugendamt aufgerufen, sie sollen sich auch als Experten/Expertinnen im Hilfeplanverfahren beteiligen. Hierbei zeigt sich jedoch die weitgehend ungeklärte Frage, wie Lehrkräfte die „Gefährdung des Kindeswohls" erkennen und begründen können.

4.5.4.4 Erfolg bei schneller, gemeinsamer Einleitung der Hilfe

Angebote der Kinder- und Jugendhilfe können im Einverständnis mit den jungen Menschen oder den Erziehungsberechtigten besser Wirkung zeigen, wenn sie rechtzeitig installiert und mit den Schulen abgestimmt durchgeführt werden. Für die dazu erforderlichen Helferteams[234] müssten meines Erachtens Lehrkräfte vom Unterricht freigestellt werden. Zusätzlich trägt eine regelmäßige Präsenz von Erziehungsberatungsangeboten in Schulen dazu bei, abgestimmte Maßnahmen von Schule und Kinder- und

---

[233] Vgl.: Jugendrecht, Sonderausgabe unter redaktioneller Verantwortung des Verlages C.H. Beck.
[234] Vgl.: 4.5.5.

Jugendhilfe, gemeinsam mit den Erziehungsberechtigten, einzuleiten und zu ermöglichen.

4.5.5 Arbeitskreise und Helferteams

Das historisch gewachsene Nebeneinander von Kinder- und Jugendhilfe und Schule muss durch ein systematisches Miteinander mit dauerhaften Kooperationen und Strukturen ersetzt werden. Instrumente dazu sind z. B. eine vernetzte Kinder- und Jugendhilfe- und Schulentwicklungsplanung sowie gemeinsame Sitzungen von Jugendhilfe und Schulausschüssen, besonders, wenn es um den Ausbau von geschlossenen oder offenen Ganztagsschulen geht.[235]

In Niedersachsen haben sich so genannte „Helferteams für die Schule" etabliert. Ein Helferteam kann aus Beratungs- und/oder Vertrauenslehrkräften, Mitarbeiter/-innen der Kinder- und Jugendhilfe und der Schulpsychologie, Schulärzten/-ärztinnen und sonstigem Fachpersonal bestehen. Das Helferteam stellt sich in den Schulen vor, um Schüler/-innen den Zugang zu den jeweiligen Einrichtungen der Kinder- und Jugendhilfe zu erleichtern.[236]

4.5.6 Wechselseitiger Kenntnisstand

Der Elfte Kinder- und Jugendbericht skizziert die Forderung an die Kinder- und Jugendhilfe und Schule, dass die Soziale Arbeit / Sozialpädagogik den eigenen Bildungsbegriff reflektiert, schärft und offensiv vertritt. Zugleich ist aber die Schule aufgefordert, den eigenen Bildungsbegriff mit Blick auf eine Lebensweltorientierung für Kinder zu erweitern.[237] Dies bedeutet, dass sich Studierende für Lehramt sowohl mit der Lebensweltorientierung[238] als auch mit dem SGB VIII und der Hilfeplanentwicklung in der Kinder- und Jugendhilfe auseinandersetzen. Auch die Ergebnisse der Kinder- und Jugendhilfeforschung müssen vermehrt in die Lehrer/innenbildung und Weiterbildung einfließen. Umgekehrt müssen die Ergebnisse der schulpädagogischen Forschung im Studium der Sozialen Arbeit berücksichtigt werden, da derzeit der wechselseitige Kenntnisstand über die Lern- und Erziehungsbedingungen unzureichend ist.

---

[235] Vgl.: Landschaftsverband Rheinland:
www.lvr.de/FachDez/Jugend/Publikationen/Jugensozialarbeit/pisa.pdf.

[236] Vgl.: Niedersächsisches Landesregierung: Eckpunkte, 2002.

[237] Vgl.: Landschaftsverband Rheinland:
www.lvr.de/FachDez/Jugend/Publikationen/Jugensozialarbeit/pisa.pdf.

[238] Vgl.: Thiersch, Hans: Lebensweltorientierte Soziale Arbeit, 2000.

Wichtig sind auch Fortbildungen über die Zusammenarbeit von Schule und Kinder- und Jugendhilfe und die Bildung von sozialen Netzwerken als Basis für eine gelungene Kooperation. [239]

4.5.7 Fazit aus Sicht des Elften Kinder- und Jugendberichtes[240]

Die Kommission des Elften Kinder- und Jugendberichtes kommt zu dem Ergebnis, dass weder durch eine „Sozialpädagogisierung" der Schule noch durch eine „Verschulung" der Kinder- und Jugendhilfe gelungene Kooperation möglich ist, *„sondern nur durch die Besinnung darauf, dass (...) die Bildung der Kinder und Jugendlichen eine gemeinsame Aufgabe von Familie, Schule und Kinder- und Jugendhilfe ist, dass Schule und Kinder- und Jugendhilfe aber auch ihre je eigenen Aufgaben besitzen, so dass sich die folgende idealtypische Unterscheidung ergibt, die jedoch in der Praxis vielfach durchbrochen wird:"*[241]

- Schulsozialarbeit soll ausschließlich durch die Schule erfüllt werden, um ihrem eigenen Auftrag besser nachkommen zu können. Dies ist demnach keine Aufgabe der Kinder- und Jugendhilfe, doch die Schulen können bei der Erfüllung ihrer Aufgaben Erfahrungen der Kinder- und Jugendhilfe mit einbeziehen und mit ihr kooperieren.

- Kinder- und Jugendhilfe sieht ihre Aufgabe in der individuellen Bearbeitung sozialer Probleme von Kindern und Jugendlichen, die in ihren Lebenswelten verankert sind, auch, wenn sich diese in die Schule auswirken. Dies macht eine Kontaktaufnahme mit der Schule sinnvoll.

- Wenn Schüler/-innen Schulschwierigkeiten aufweisen, die deutlich sozial bedingte Ursachen in der Herkunftsfamilie haben, sind Schule und Kinder- und Jugendhilfe zur Kooperation angehalten.

---

[239] Bundesministerium für Familie, Senioren, Frauen und Jugend: Elfter Kinder- und Jugendbericht, 2002, S. 162.
[240] Ebd., S. 162.
[241] Ebd., S. 162.

5 Mangel an Forschung aus Sicht einer Sozialarbeitsforschung bezüglich der Lebenswelt von (Grundschul-) Kindern aus Armutssituationen

5.1 Bisherige Lösungsansätze aus der Lebenspraxis der Sozialen Arbeit / Sozialpädagogik als Experiment zwischen Versuch und Irrtum

Das vorherige Kapitel darf nicht über den Entwicklungsstand der Kooperationen zwischen der Schule und der Kinder- und Jugendhilfe hinwegtäuschen. Die bisherige Diskussion ist stark pragmatisch, ökonomisch und gesetzeskonform geprägt. Hier zeigen sich kaum Ansätze einer echten Kooperation, die über eine formelle Zusammenarbeit zwischen den beiden Institutionen hinausgeht. Individuelle und inhaltliche Lösungen für eine steigende Kinderarmut werden in dieser stark kontrovers geführten Diskussion ebenfalls nicht aufgezeigt, genauso wenig wie die unterschiedlichen Schularten berücksichtigt werden. So stellen sich die Fragen nach einer Schulsozialarbeit häufig erst im Bereich der Hauptschule, bei so genannten Brennpunktschulen. Deshalb stellt sich mir folgende Frage:

> Stellt denn nicht gerade die Grundschule ein viel versprechendes „Interventionsfenster"[242], im Versuch geeignete Interventionsmöglichkeiten in den Fragen einer steigenden Kinderarmut zu bieten, dar?

Die Schulsozialarbeit ist aus Sicht der Kinder- und Jugendhilfe bei Weitem nicht so hinreichend geklärt, wie der Elfte Kinder- und Jugendbericht dies verlangt. So schreibt Michael Winkler in einem Aufsatz: „*Sozialpädagogik und Jugendhilfe müssen endlich auch und ganz besonders in ihrer anwaltschaftlichen Funktion für die Kinder und Jugendlichen erkennbar bleiben, sie dürfen nicht der verlängerte Arm eines Bildungssystems werden, das von nicht wenig als geradezu pervers erlebt wird.*"[243]

Weiter schreibt Michael Winkler:

„*Die Hilfen zur Erziehung müssen sich hier allerdings fragen lassen, ob sie in genügendem Maße die Nähe zur Schule suchen, mit dieser und den Eltern Kooperationen einzugehen, um die zertifizierbaren Leistungen zu erreichen*"[244]. Hier bestehen beträchtliche Forschungslücken.

Die Jugendarbeit versucht darzustellen, dass sie ebenfalls Bildung anbietet, und zwar mit Hilfe non-formaler und informeller Bildungsbegriffe. Michael Winkler stellt dazu energisch fest: „*Dabei wirkt schon diese Behauptung ein*

---

[242] Tillmann, Klaus-Jürgen: Die doppelte Benachteiligung. E & W-Gespräch, 2002, S. 6-10.

[243] Winkler, Michael: Sozialpädagogik und Bildung – kritische Einwände gegen ein beliebtes Thema, 2005, S. 20.

[244] Ebd., S. 18.

wenig kontraproduktiv, hält sie doch fest, dass die Jugendlichen sich eben nonformal und informell bilden" – so könnte man unterstellen, *„dass man eigentlich (...) der Jugendarbeit gar nicht bedürfe, weil die Kinder und Jugendlichen dies selbst schon regeln. Nüchtern gesagt hat also die Sozialpädagogik sich schon mit dieser Wortmeldung ein wenig selbst demontiert."*[245]

Diese ungeklärten Haltungen der Kinder- und Jugendhilfe sind erste Hinweise im Kontext dieser Arbeit, um es mit den Worten von Thomas Rauschenbach zu formulieren, dass es sich die Politik und Fachöffentlichkeit scheinbar noch folgenlos leisten kann, *„in einem gigantischen Live-Experiment Soziale Arbeit gewissermaßen mit Hilfe bestenfalls selbstevaluierter Versuchs-Irrtums-Verfahren zu praktizieren – ohne diesen Prozeß durch Forschung abzusichern, zu überprüfen, zu korrigieren und weiterzuentwickeln."*[246] Die Folgekosten dieser gängigen sozialen Lebenspraxis im Umgang der Sozialen Arbeit und der Grundschule mit Kindern in Armut muss ebenfalls von der öffentlichen Hand getragen werden, und so verwundert es, dass kaum Geld in die Erforschung und Entwicklung professioneller Handlungsmaximen investiert wird.[247]

Wenn die Soziale Arbeit / Sozialpädagogik sich zu einer eigenen Disziplin heranreifen möchte, so Thomas Rauschenbach, geht dies nur über eine Professionalisierung ihres Angebotes. Der Weg zu dieser Professionalisierung des eigenen Handelns der Sozialen Arbeit / Sozialpädagogik führt sie zwangsläufig zu eigenen Forschungsaufgaben. Doch *„von einer eigenen sozialpädagogischen Forschungskultur, von einem abgrenzbaren Profil und einem erkennbaren inneren Zusammenhang, kann allenfalls in Ansätzen gesprochen werden."*[248]

Sozialpädagogische Forschung wird erst durch eigenständige und spezifische Fragestellungen, durch ihren besonderen Gegenstand, durch entsprechende Methoden und ihrem *„sozialpädagogischen Blick"*[249] zu einer eigenen Forschungsdisziplin.

5.2 Lebenspraxis der Sozialpädagogik in der Grundschule

Die Kooperation von Grundschule und Sozialpädagogik lassen sich nach Reinhard Fatke und Renate Valtin in drei Modelle typisieren:[250]

---

[245] Winkler, Michael: Sozialpädagogik und Bildung – kritische Einwände gegen ein beliebtes Thema, 2005, S. 3.

[246] Rauschenbach, Thomas/Thole, Werner: Sozialpädagogik – ein Fach ohne Forschungskultur, 1998, S. 27.

[247] Vgl.: Ebd., S. 27.

[248] Ebd., S. 9.

[249] Ebd., S. 13.

[250] Fatke, Reinhard/Valtin, Renate (Hrsg.): Sozialpädagogik in der Grundschule, 1997, S. 8.

5.2.1 Additiv-kooperatives Modell:

Mit spezifischen Einrichtungen der Kinder- und Jugendhilfe kooperiert die Grundschule als Erziehungs- und Bildungseinrichtung mit der Gefahr des in Abbildung 7 beschriebenen strukturellen Nebeneinanders. Die Schule behält hierbei ihre institutionelle Struktur (Curriculum, Lehrpersonal usw.), ohne sich der Lebenswelt der Schüler/-innen anzunähern. Die kooperierende Jugendhilfe wird auf die Funktion eingeschränkt, die Schule *„gleichsam individuell erträglich zu machen"*[251].

5.2.2 Integratives Modell

Sozialarbeiter/-innen gehören in diesem Modell zum Schulpersonal, mit fest umschriebenen Beratungs- und Unterstützungsaufgaben und versuchen, einen Kontakt zwischen dem Elternhaus und der Schule sowie zu weitererführenden Beratungseinrichtungen und Behörden herzustellen. Dieses Modell bleibt nicht ohne Auswirkungen auf das Selbstverständnis der Lehrkräfte und verlangt einen erheblichen Koordinationsaufwand.[252]

5.2.3 Sozialpädagogische Schule

In diesem Modell öffnet sich die Schule ganzheitlich der Lebenswelt der Kinder und deren Familien mit Hilfe von Lehrkräften mit besonderer sozialpädagogischer Kompetenz. *„Dazu bedürfen die Lehrpersonen einer besonderen Aufgeschlossenheit und spezifischer Kompetenzen im Erkennen und Bearbeiten von Problemen, die nicht nur mit Lernen, Leistung und Disziplin im Unterricht zu tun haben, sondern auch die Psycho- und Soziodynamik in der Gruppe (…) betreffen."*[253]

An dieser Stelle habe ich die vielen *„Handlungsfelder und Modelle"*[254] der Schulsozialarbeit/Schulpädagogik als Beispiele, die sich in der Lebenspraxis der Grundschule und der Sozialen Arbeit etabliert haben und in den Beiträgen von Reinhart Fatke und Renate Valtin als Herausgeber beschrieben werden, positiv zur Kenntnis genommen. Die Überschrift des reinen „Versuch und Irrtums" wurde nicht speziell aus diesen Modellen generiert, sondern aufgrund dieser Modelle stellt sich in dieser Arbeit vielmehr die Frage, ob es eine gemeinsame allgemeine Haltung der Sozialen Arbeit / Sozialpädagogik und der Grundschulpädagogik als Antwort auf die Kinderarmut geben muss und ob diese mit Hilfe einer Sozialarbeitsforschung generiert werden kann.

---

[251] Fatke, Reinhard/Valtin, Renate (Hrsg.): Sozialpädagogik in der Grundschule, 1997, S. 11.
[252] Vgl.: Ebd., S. 11.
[253] Ebd., S. 11.
[254] Vgl.: Ebd., S. 104-309.

5.3 Armutsforschung in der Sozialen Arbeit – Kritik an der reinen soziologischen Forschung

Da der überwiegende Teil der Adressaten/Adressatinnen der Sozialen Arbeit / Sozialpädagogik Bevölkerungsgruppen entstammen, die von Armut bedroht oder betroffen sind, muss die sozialpädagogische Forschung diese grundlegenden Phänomene zu ihrem Gegenstand machen. Bisher hat die Soziale Arbeit / Sozialpädagogik diese Ergebnisse der soziologischen bzw. sozialpolitischen Erkenntnisgewinnung überlassen.[255] *„Interdisziplinarität, die ja häufig von sozialpädagogischer Seite her zur Sprache gebracht wird, bedeutet also hier offenbar nur, derartige Forschungsresultate"* als bezugswissenschaftliches Kontextwissen *„zur Kenntnis, nicht aber eine eigene sozialpädagogische Armutsforschung systematisch in Angriff zu nehmen."*[256] Doch die Soziale Arbeit / Sozialpädagogik hätte beispielsweise in der Erforschung der Phänomene der Kinderarmut ein eigenes dominantes Thema. So sieht Hans Thiersch im methodischen *„Arbeiten und Handeln in der Sozialarbeit (...) den Zusammenhang politischer, materieller, instrumenteller und sozialer Nöte und Aufgaben"*[257] und fordert eine Lebensweltorientierte Sozialarbeitsforschung.

5.4 Kritische Auseinandersetzung der „Lebenswelt" als Begrifflichkeit der Sozialen Arbeit / Sozialpädagogik

Die Schwierigkeiten einer Sozialarbeitsforschung sieht man unter anderem im Begriff der Lebenswelt. Dieser Begriff, nach der Habermas'schen erkenntniskritischen Sichtweise gedacht, meint zum einen *„die primären Gewissheiten, mit deren Hilfe das Subjekt sich überhaupt in „seiner" Welt zurechtfindet"*[258], zum anderen einfach verkürzt den sozialräumlichen Sachverhalt (z. B. die Lebenswelt von Kindern in Armutssituationen). In beiden Begriffsdeutungen findet sich keine exklusive Besonderheit der Sozialen Arbeit / Sozialpädagogik, denn im ersten Fall ist der Forschungsansatz, der gefordert wird, nicht für spezifisch die Soziale Arbeit / Sozialpädagogik, während im zweiten Fall diese Begrifflichkeit in anderen Disziplinen ebenso Verwendung findet.[259] Darum ist es meines Erachtens notwendig, dass die Soziale Arbeit in ihren Forschungsinteressen ihre Begrifflichkeiten klar für sich definiert und nach ihren historischen Wurzeln fragt. Dazu bedarf es einer rekonstruktiven Haltung und ein Hinzuziehen

---

[255] Vgl.: Mollenhauer, Klaus: „Sozialpädagogische" Forschung. Eine thematisch-theoretische Skizze, 1998, S. 37.

[256] Ebd., S. 38.

[257] Thiersch, Hans: Die Erfahrung der Wirklichkeit, 1986, S. 45.

[258] Mollenhauer, Klaus: „Sozialpädagogische" Forschung. Eine thematisch-theoretische Skizze, 1998, S. 31.

[259] Vgl.: Ebd., S. 31.

von entsprechendem Kontextwissen in der Begrifflichkeit der „Lebenswelt" die phänomenologische Haltung von Alfred Schütz.

5.5 Armut aus der Haltung einer hermeneutischen Kindheitsforschung

Die Idee, Kinderarmut aus der Haltung einer hermeneutischen Kindheitsforschung heraus zu betrachten, entstand in den Hauptseminaren von Frau Prof. Dr. Bäuml-Roßnagl und nicht zuletzt durch eine Bemerkung eines Experten aus der Kinder- und Jugendhilfe, der sich wie folgt äußerte: *„In meinen Augen ist die Kinderarmut eine Kluft der Generationen, weil wir, die Alten, über die Kinder reden und nicht mit ihnen. Wir trauen ihnen nichts zu und meinen soziogenetische Veränderungen verhindern zu können."*[260]

Dieser *„marginalisierten Wirklichkeit"*[261] der Kinder wurde in der sozialwissenschaftlichen Forschung oft in ihrer Eigenständigkeit zu wenig Beachtung geschenkt. So sollen Kinder *„nicht länger als „Werdende", sondern als „Seiende" verstanden werden, die „für sich selbst sprechen"*[262] und so sozialpolitisch partizipiert werden und dadurch eine Stimme bekommen.[263]

Um dieser Gefahr einer *„soziologischen Fremdwahrnehmung"* von Kindern in Armutssituationen seitens erwachsener Forscher entgegenzuwirken, nämlich die Vorstellung der Kinder als *„Defizitwesen",* die für sozial- und gesellschaftspolitische Zwecke missbraucht werden könnten[264], empfiehlt es sich, *„den Eigensinn des kindlichen Alltagslebens"* mit Methoden, *„die es ermöglichen, die Welt mit den Augen der Kinder wahrzunehmen*[265]*",* zu integrieren. Es geht hierbei um Verfahren, die *„Kinder zu Wort kommen lassen und die Kindheit als einen symbolischen und sozialstrukturellen Kontext des Kinderlebens zu analysieren"*[266], und zwar mit einer ethnographischen Grundhaltung des Forschers/ der Forscherin.

Für Thomas Olk bedeutet eine Analyse der Situation und der Befindlichkeiten von Kindern in Armut, *„Kinderarmut als ein eigenständiges soziales Phänomen zu begreifen und die soziale Lage sowie die Befindlichkeiten von Kindern in Armut aus deren eigenen Perspektive zu beschreiben und*

---

[260] Aus einem E-Mail-Kontakt mit einem Experten der Kinder- und Jugendhilfe.
[261] Honig, Michael-Sebastian: Forschung „vom Kinde aus"?, 1999, S. 33.
[262] Qvortrup, Jens, 1994 und Wilk, Liselotte, 1994, zit. n. Honig, Michael-Sebastian: Forschung „vom Kinde aus"?, 1999, S. 33.
[263] Vgl.: Honig, Michael-Sebastian: Forschung „vom Kinde aus"?, 1999, S. 33.
[264] Vgl.: Bäuml-Roßnagl, Maria-Anna: Kindheitsforschung und pädagogische Lebenshermeneutik mit christlichem Blick, S. 2.
[265] Ebd., S. 2.
[266] Vgl.: Honig, Michael-Sebastian, 1999, zit. n. Bäuml-Roßnagl, Maria-Anna: Kindheitsforschung und pädagogische Lebenshermeneutik mit christlichem Blick , S. 4.

zu analysieren", und nicht Kinder als *„abhängige Angehörige von einkommensarmen und sozial benachteiligten Haushalten zu betrachten*[267]*".*

So könnte der Begriff der Kinderarmut, auch als *„Sorge zwischen den Generationen im Lebenslauf"*[268] verstanden werden. Nicht nur die soziologische Forschung als Spiegel der Erwachsenenwelt prägt die Lebenswelt der Kinder, sondern *„was Kinder in ihrem gesamten Alltag erleben und hören, prägt die eigene Lebenshermeneutik ganz entscheidend mit."*[269] Diese Haltung ist ganz im Sinne einer Lebensweltorientierten Sozialarbeitsforschung, verstanden als Rekonstruktion subjektiver Deutungsprozesse der betroffenen Kinder.

Doch Rosemarie Ulbrand beschreibt eine Unterrichtseinheit zur Armut als *„kein einfaches Thema"*. Die Kinder hätten nicht besonders gerne mitgearbeitet oder konnten die Thematik nur sehr schwer aushalten.[270] *„Kinder fühlen sich diesem Thema leicht ausgeliefert und bekommen Angst. Manche hatten sich bei ihren Eltern versichert, dass sie nicht in Armut geraten würden."*[271] Deshalb fordert Rosemarie Ulbrand, dass unbedingt eine Unterrichtseinheit folgen müsste, bei der Lösungen und Hilfsangebote beschrieben werden müssen.[272]

Sabine Toppe beschreibt in eingangs zitierter Studie, dass sich Gruppeninterviews mit Kindern nur als begrenzt aussagekräftig erwiesen hätten, da die Mädchen in den Gesprächen äußerst zurückhaltend waren und die Jungen häufig auffällig reagiert hätten. Sie fordert eine *„Weiterentwicklung der Kinderbefragung in Form von Einzelinterviews, verbunden mit einem längeren Aufenthalt an den Schulen, um so einen intensiveren Kontakt zu den Kindern zu bekommen*[273]*".*

5.6 Zusammenfassende Haltung: Kinderarmut in der Grundschule als Grundlage einer lebensweltorientierten Sozialarbeitsforschung

Hans Thiersch spricht sich für eine intensivere Forschung innerhalb der Sozialen Arbeit als Beitrag einer Professionalisierungsdebatte aus, damit sie *„gegenüber den zur Zeit so dominanten administrations- und betriebswirtschaftlich bestimmten Effektivitätsfragen (...) nicht unter ihrem Selbstanspruch, soziale Gerechtigkeit in unserer Gesellschaft zu befördern,*

---

[267] Olk, Thomas: Kinder in Armut, 2004, S. 23.

[268] Vgl.: Zinnecker, Jürgen, 1997, zit. n. Bäuml-Roßnagl, Maria-Anna: Kindheitsforschung und pädagogische Lebenshermeneutik mit christlichem Blick, S. 5.

[269] Vgl.: Bäuml-Roßnagl, Maria-Anna: Kindheitsforschung und pädagogische Lebenshermeneutik mit christlichem Blick, S. 7.

[270] Vgl.: Ulbrand, Rosemarie: Armut gibt es bei uns nicht. In: Grundschule Heft 1, Januar 2001, S. 27.

[271] Ebd., S. 27.

[272] Vgl.: Ebd., S. 27.

[273] Toppe, Sabine: Kinderarmut in der Grundschule.

zurückbleiben will"[274]. Lebensweltorientierte Forschung ist als subjektorientierte Forschung nach Ansicht Hans Thierschs immer auch *„Strukturforschung zu Ungleichheiten, zur Fragmentierung von Lebensverhältnissen, zur Vergesellschaftung"*[275], z. B. in der Forschung zu Bewältigungsmustern von Kinderarmut in der Grundschule im Kontext bildungspolitischer und sozialpolitischer Ressourcen. Weiter führt Hans Thiersch aus: *„Analysen zur Lebenswelt in den Programmen der Sozialen Arbeit brauchen Forschungen, zu den sie bestimmenden politischen, ökonomischen, rechtlichen und institutionellen Rahmenbedingungen; ohne diese bleiben Arbeiten (…) nur vorder-gründig."*[276]

> Die lebensweltorientierte Forschung ist als Deutungsmuster im Alltag nicht in detaillierten Hypothesen konkretisierbar und sollte sich in einem abduktiven Suchprozess allmählich an ihren Gegenstand, bezogen auf einen theoretischen Rahmen, annähern. Die Gefahr ist, dass die Forschungen eher diffus bleiben. Dieser prinzipiellen Komplexität kann aber mit einer spezifischen Fragestellung entgegengewirkt werden. [277]

Methodisch verlangt die lebensweltorientierte Forschung nach den breiten Möglichkeiten der qualitativen Verfahren mit ihren Interviewformen, z. B. der leitfadengestützten, narrativen, mit weiteren Formen der Dokumentationen von Selbstdarstellungen, damit die subjektiven Bewältigungs- und Handlungsmuster des Forschungsgegenstandes in ihrer Komplexität erfasst werden kann. Auswertungslogisch bietet sich hierzu das Verfahren der Rekonstruktion an eine Form der Kunstlehre an, bei der *„gleichsam im Kaleidoskop unterschiedlicher Spiegelungen deutlich zu machen oder aber die vielfältigen Aspekte zu einer >dichten Beschreibung< (…) zu kondensieren."*[278] Dadurch bleibt, so Hans Thiersch, die lebensweltorientierte Forschung in der Interpretationslogik immer befangen in der Subjektivität des Forschers/der Forscherin, auch dann, wenn die Ergebnisse aufgrund der Distanzierung und Prüfung durch den Forscher objektiviert werden können.[279]

Gemeint ist im Kontext dieser Arbeit eine lebensweltorientierte Forschung *„im klassischen Sinn"*, die auf *„Analysen, Beschreibungen, Rekonstruktion aus der Distanz der eigenen, dem Geschehen gegenüberliegenden Position*[280]*"* erfolgt, und zwar als Forschung zu Lebenswelten der Kinder in

---

[274] Thiersch, Hans: Lebensweltorientierte Soziale Arbeit und Forschung, 1998, S. 94.
[275] Ebd., S. 86f.
[276] Ebd., S. 87. Hier zeigt sich noch einmal die Bedeutung der Darstellung der rechtlichen Rahmenbedingungen der Sozialen Arbeit wie im Kapitel 4 dieser Arbeit geschehen.
[277] Ebd., 1998, S. 87.
[278] Geertz, Clifford, 1983, zit. n. Hans Thiersch: Lebensweltorientierte Soziale Arbeit und Forschung, 1998, S. 88.
[279] Vgl.: Thiersch, Hans: Lebensweltorientierte Soziale Arbeit und Forschung, 1998, S. 86f.
[280] Ebd., S. 89.

5 Mangel an Forschung aus Sicht einer Sozialarbeitsforschung bezüglich der Lebenswelt von (Grundschul-) Kindern aus Armutssituationen

Armutssituationen und als Forschung zu „*pädagogisch inszenierten Lebenswelten*[281]" in den Institutionen Grundschule und Kinder- und Jugendhilfe, auch mit dem Hintergrund der „*Umstrukturierung verfügbarer Ressourcen als Prozeß und Kommunikation*" und als „*Prozeß von Konfliktstrategien im Planungsalltag divergierender*"[282], z. B. bildungs- und sozialpolitischer Interessen, gegen ein „vernetztes Denken".

Zusammengefasst stellt sich die lebensweltorientierte Forschung in dieser den Fragen nach

- den Bewältigungs- und Lernpotentialen und der Probleme der Kinder in den Ressourcen der Lebenswelt der kindlichen Eigenwelt und des Grundschulalltags, und zwar auch aus der Sicht der Kinder,
- der Passung zwischen den lebensweltlichen Erfahrungen und den Interventionen durch die Grundschule und die Kinder- und Jugendhilfe,
- der erhofften, spezifischen lebensweltorientierten Arrangements der Grundschule und der Sozialen Arbeit,
- und der allgemeinen Bewältigungsmuster, also der Kultur der Grundschule und der Sozialen Arbeit.[283]

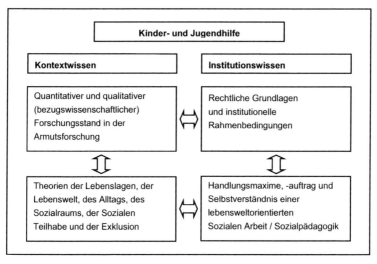

Abbildung 9: Kontextwissen und Institutionswissen in der Sozialen Arbeit / Sozialpädagogik[284]

---

[281] Thiersch, Hans: Lebensweltorientierte Soziale Arbeit und Forschung, 1998, S. 90.
[282] Ebd., S. 92.
[283] Ebd., S. 94.

6 Ziel und Fragestellung der Fallstudie: „Schaffung von günstigen Ausgangsbedingungen in der Grundschule für Kinder aus Armutssituationen"

6.1 Ziel der Fallstudie

Ziel dieser Untersuchung ist es, eine Theorie „vernetzten Denkens" zwischen Grund- oder Förderschule im Primärbereich und Sozialer Arbeit / Sozialpädagogik zu generieren.

Kapitel 3 dieser Arbeit zeigt auf, dass die Soziale Arbeit / Sozialpädagogik auf ein relativ hohes Maß an bezugswissenschaftlichem Kontextwissen im qualitativen und quantitativen soziologischen Forschungsspektrum zurückgreifen kann, aber es keine mir bekannten handlungstheoretischen Ansätze für die Vernetzung von Grundschule und Kinder- und Jugendhilfe gibt, die forschungslogisch auf das Selbstverständnis der Sozialen Arbeit / Sozialpädagogik basieren. Diese „Sozialarbeitsforschung" bedeutet, sich in Fragen der Kinderarmut in der Grundschule „einzumischen" und Interventionen gemeinsam zu planen und anzubieten.

6.2 Fragestellung

6.2.1 Fragestellung zum „vernetzten Denken" von Grundschule und Sozialer Arbeit / Sozialpädagogik

Eine Fragestellung aus dieser Forschungshaltung heraus muss sowohl das soziologische Kontextwissen, als auch bildungspolitische und lerntheoretische Parameter, Interventionsstrategien und Haltungen der Sozialen Arbeit / Sozialpädagogik als Institutionswissen beinhalten und sollte deswegen in ihrer Komplexität nicht reduziert formuliert werden. Aus dieser Haltung ergibt sich für diese Arbeit folgende Fragestellung:[285]

„Wie kann eine lebensweltorientierte Soziale Arbeit und die Sozialpädagogik im Kontext einer steigenden Kinderarmut in Deutschland die Grundschule und Förderschule im Primärbereich unterstützen,

- *soziale und kulturelle Bedrängungen abzuwehren,*
- *subjektive Entwicklungsprozesse zu ermöglichen*
- *und an affektiv fördernden Bedingungen mit beizutragen,*

damit Lernen initiiert werden kann und Bildung in gemeinsamer Verantwortung und im „vernetzten Denken" von Eltern, Grund- oder Förderschule im

---

[284] Eigene Abbildung.
[285] Diese Fragestellung wurde an einem unveröffentlichten Manuskript von Herrn Prof. Dr. Winkler angelehnt und daraus weiterentwickelt. Vgl. hierzu Winkler, Michael: Sozialpädagogik und Bildung, 2005.

Primärbereich und Soziale Arbeit / Sozialpädagogik, als Beitrag für eine menschenwürdige Bildungskultur, gesichert werden kann?"

6.2.2 Ausgrenzung einer unreflektierten Haltung der Sozialen Arbeit / Sozialpädagogik

Auszugrenzen ist bei dieser Fragestellung ein Verständnis von Sozialer Arbeit und Sozialpädagogik, das ohne theoretischer Verankerung und Reflexion gegenüber aktuellen gesellschaftlichen und politischen Debatten in einer „sozialpädagogischen Bildungseuphorie"[286] auf die Bildungsdebatten, die nach der PISA-Studie ausgebrochen sind, aufspringt. Diese Haltung der Sozialen Arbeit / Sozialpädagogik versucht nach Michael Winkler aus einer grundlegenden Überzeugung oder reinen Selbstüberschätzung ihren Beitrag zu diesem Bildungsdiskurs zu leisten, und zwar „nicht kritisch, sondern fast so, als wäre sie das bessere Bildungsunternehmen in unserer Gesellschaft."[287] Dies zeigt sich beispielsweise in den aktuellen Diskussionen der Konzepte der non-formalen und informellen Bildung seitens der Jugendhilfe.[288]

Weiter auszugrenzen ist die Haltung, die Hans Thiersch einigen Sozialpädagogen/-pädagoginnen unterstellt, die durch eine Übererwartung an die Schule, aufgrund Fehlinterpretationen, Übertragung und Projektion, im psychoanalytischen Sinne, durch eigene Erinnerungen, Enttäuschungen und Abrechnungen, sowie durch Frustrationen in ihrem eigenen Berufsalltag, gekennzeichnet ist.[289] „Gerade weil Sozialpädagogik" Schwierigkeiten mit unseren Kindern und den Schwierigkeiten zwischen verschiedenen Institutionen „intern mit Leidenschaft, ja oft mit Selbstzerfleischung diskutiert, ist sie dann auch dankbar und erleichtert, sie an anderen zu sehen und kritisieren zu können. Kritik erfüllt die Funktion der Abwehr."[290]

Bei diesen kritischen Einwänden von Michael Winkler und Hans Thiersch zeigt sich die Notwendigkeit einer theoriegeleiteten Handlungsmaxime von Sozialer Arbeit und Sozialpädagogik bei der Rekonstruktion und kritischen Stellungnahme der Institutionen Grundschule und Förderschule im Primärbereich im Umgang mit Kinderarmut, um dem Dilemma einer unreflektierten Übernahme von gesellschaftlichen und politischen Konzepten und eigenen Erfahrungen entgegenwirken zu können.

---

[286] Winkler, Michael: Sozialpädagogik und Bildung, 2005, S. 2.
[287] Ebd. S. 3.
[288] Vgl.: Ebd., S. 2ff.
[289] Vgl.: Thiersch, Hans: Lebensweltorientierte, 2000, S. 148.
[290] Ebd., S. 149.

6.3 Definitionen zur Fragestellung

6.3.1 Kontextwissen, Sinn und Bedeutungsstrukturen der Fragestellung

Eine abduktive, theoriegenerierende Fragestellung verlangt meines Erachtens eine Rekonstruktion ihrer Begrifflichkeiten auf ihren *„intendierten Sinn*[291]*"* und ihren *„objektiven Bedeutungsstrukturen*[292]*"*, damit nicht nur subsumtionslogische Vorannahmen und bekannte theoretische Denkweisen über die Interventionsstrategien der Sozialen Arbeit / Sozialpädagogik herangezogen werden und neues Wissen generiert werden kann. Zur Deutung und Bedeutungsbildung der einzelnen Begriff-lichkeiten empfiehlt es sich, sinndeutend Wörterbücher hinzuzuziehen bzw. externes Kontextwissen heranzuziehen.

6.3.1.1 Lebensweltorientierte Soziale Arbeit[293]

Die Lebenswelt- oder der synonym verwandte Begriff der Alltagsorientierung kann in der Sozialen Arbeit als eine der zentralen Theorieströmungen verstanden werden, die seit den 70er Jahren und spätestens nach dem Achten Kinder- und Jugendbericht, maßgeblich durch Hans Thiersch, die Theorieentwicklung und Lebenspraxis der Sozialen Arbeit stark beeinflusst haben.[294] Christian Niemeyer beschreibt Hans Thiersch als einen *„praxisorientierten Sozialreformer*[295]*"*, dem es um die *„Gestaltung des Sozialen"*[296] geht.

Doch die Theorieentwicklung der Lebensweltorientierten Sozialen Arbeit fußt unter anderem auf unterschiedlichen Wissenskonzepten. Hier sind verkürzt zu nennen:

- Die hermeneutisch-pragmatische Tradition der Pädagogik, wie sie bei Wilhelm Dilthey beschrieben ist, mit einem Ausgangspunkt in der konkreten Alltagserfahrung, die spezifische pädagogische Handlungsmuster erfordert und die Heinrich Roth und Klaus Mollenhauer zu einer sozialwissenschaftlichen und kritischen Pädagogik inspiriert,
- die phänomenologischen und interaktionistischen Analysen von Alfred Schütz und Peter Berger/Thomas Luckmann

---

[291] Die Begrifflichkeiten der Objektiven Hermeneutik werden zu einem späteren Zeitpunkt noch definiert.
[292] Die Begrifflichkeiten der Objektiven Hermeneutik werden zu einem späteren Zeitpunkt noch definiert.
[293] Dieses Kapitel wurde genauer ausgeführt, um der unter Punkt 4.5.6 angeführten Forderung zu mehr Kontextwissen für die (Grund-)schulpädagogik in den Fragen der Lebensweltorientierung gerecht zu werden.
[294] Vgl.: Grunwald, Klaus/ Thiersch, Hans: Lebensweltorientierung, 2004, S. 1136.
[295] Niemeyer, Christian: Klassiker der Sozialpädagogik,1998, S. 227.
[296] Ebd., S. 227.

- und die Modernisierungstheorien von Ulrich Beck, Jürgen Habermas und Lothar Böhnisch.[297]

Hierbei zeigt sich, dass die Lebensweltorientierung als theoretisches Konzept hermeneutisch-pragmatische Erziehungswissenschaft im Kontext der kritischen Alltagstheorie, sozialpädagogische Fragestellungen, die sozial- und erfahrungswissenschaftlich geprägt sind, beantworten möchte und daraus konkrete Handlungsmuster erarbeitet.[298] Die Lebensverhältnisse von Kindern und ihren Familien sind nach den bezugswissenschaftlichen Modernisierungstheorien durch die Pluralisierung der Lebenslagen, als Diversität von Lebensstrukturen (Stadt, Land, Ausländer, Aussiedler, usw....), und zugleich einer Individualisierung der Lebensverhältnisse, durch das Aufbrechen tradierter Lebensformen und Deutungsmuster, gekennzeichnet. Die Lebensverhältnisse sind demnach *„immer zugleich objektiv und subjektiv bestimmt"*[299]. Dadurch ergibt sich eine prinzipiell offene Zukunft mit Chancen und Risiken, in der es notwendig ist, sich zu orientieren, zu arrangieren, zu entscheiden und zu gestalten.[300] Doch Hans Thiersch sieht ein Drittel unserer Gesellschaft am Rand, die an diesen neuen Lebensmöglichkeiten nicht partizipieren können.[301]

Wegen dieser Vereinbarkeit von bezugswissenschaftlichem Kontextwissen, kritischer Theorie in der Rekonstruktion gesellschaftlicher Strukturen und subjektiver Deutungs- und Handlungsmuster[302] der Lebenswelt der Adressaten/Adressatinnen halte ich die Sozialarbeitstheorie der Lebensweltorientierten Sozialen Arbeit im Kontext dieser Forschung als die beständigste und geisteswissenschaftlich fundierteste Theorie. *„Die Lebenswelt wird als Gegenwelt zu gesellschaftlichen Enteignungsprozessen gesehen, als Ort eigensinniger und zu respektierender Lebensarrangements, als Ort einer notwendigen Destruktion pseudokonkreter Bewältigungsmuster und als Ort von Autonomie und Selbstgestaltung des Alltags."*[303] Um sich dieser konstruierten Wirklichkeit der Adressaten/Adressatinnen annähern zu können, bedarf es einen rekonstruktiven Zugang der Sozialen Arbeit.

Klaus Grunwald und Hans Thiersch formulieren den Auftrag der Sozialen Arbeit aus oben beschriebener Haltung heraus folgendermaßen: *„Den Auftrag der Sozialen Arbeit, zum einen soziale Gerechtigkeit in den Lebensressourcen und zum anderen die subjektiven Lern-, Bildungs- und*

---

[297] Vgl.: Grunwald, Klaus/ Thiersch, Hans: Lebensweltorientierung, 2004, S. 1138.
[298] Vgl.: Ebd., S. 1138.
[299] Thiersch, Hans: Lebensweltorientierte Soziale Arbeit, 2000, S. 21.
[300] Vgl.: Ebd., S. 21.
[301] Vgl.: Ebd., S. 23.
[302] Vgl.: Grunwald, Klaus/ Thiersch, Hans: Lebensweltorientierung, 1998, S. 1138f.
[303] Ebd., S. 1138.

Entwicklungsperspektiven zu befördern, konkretisiert das Konzept der Lebensweltorientierung, indem es diesen Auftrag für die spezifischen Bedingungen heutiger Lebensverhältnisse auslegt."[304] Für mich bedeutet dies, dass die Soziale Arbeit dadurch zu einer Profession der „Rekonstruktion" der Krisen und Routinen der Lebenswelt ihrer Adressaten/ Adressatinnen, der „Integration" der Menschen mit mangelnder sozialer Teilhabe und der „Sozialen Gerechtigkeit" wird, oder wie Lothar Böhnisch dies ausdrückt: *„Sozialpädagogik kann in ihrer historisch-gesellschaftlichen Entwicklung verstanden werden als gesellschaftliche Reaktion auf die Bewältigungstatsachen in der Folge der sozialen Desintegration."*[305]

Klaus Grunwald und Hans Thiersch beschreiben unterschiedliche Dimensionen der Lebensweltorientierten Sozialen Arbeit. Dies kann im Rahmen dieser Dissertation nur in Kürze dargestellt werden. So agiert die Lebensweltorientierte Soziale Arbeit in den

- *„Dimensionen der erfahrenen Zeit"*[306]. Die Bezüge zwischen den Lebensphasen in einem Lebenslauf werden brüchig und die Zukunft der Adressaten/Adressatinnen ist risikobesetzt. Hier muss sich die Lebensweltorientierte Soziale Arbeit auf die *„Bewältigungsaufgaben in der jeweiligen Gegenwart ... vergewissern."*[307]

- *„Dimensionen des Raumes"*[308]. Die Lebensweltorientierte Soziale Arbeit sieht die Adressaten/Adressatinnen eingebettet in ihren Erfahrungsraum mit ihren konkreten räumlichen Verhältnissen und den unterschiedlichen Milieus. Sie muss sich im „verengten Lebensraum" Ressourcen schaffen und zugänglich machen und baut Brücken zwischen den „zu bewältigenden Aufgaben" und der Sozial- und Bildungspolitik.

- *„In den Ressourcen und Spannungen der sozialen Bezüge"*[309]. Hier wird der ökologische Aspekt einer Lebensweltorientieren Sozialen Arbeit beschrieben mit einer Einbeziehung aller an der kindlichen Lebenswelt beteiligten Institutionen sowie den Eltern.

---

[304] Grunwald, Klaus/ Thiersch, Hans: Lebensweltorientierung, 1998, S. 1141.
[305] Böhnisch, Lothar: Sozialpädagogische Sozialforschung, 1998, S. 97.
[306] Grunwald, Klaus/ Thiersch, Hans: Lebensweltorientierung, 2004, S. 1141.
[307] Ebd., S. 1141.
[308] Ebd., S. 1142.
[309] Ebd., S. 1142.

> Die Lebensweltorientierte Soziale Arbeit agiert in Bezug auf diese Dimensionen der Zeit, des Raums und der sozialen Bezüge, im besonderen auf *„Respekt vor den alltäglichen, eher unauffälligen Bewältigungsaufgaben"*[310], mit ihren verworrenen Problemen im Alltag der Adressaten/ Adressatinnen und zielt auf *„Hilfe zur Selbsthilfe, auf Empowerment"*[311] und *„auf Identitätsarbeit"*[312]. Dabei ist das oberste Ziel, den/die Adressaten/ Adressatin der Lebensweltorientierten Sozialen Arbeit *„einen gelingenderen Alltag zu ermöglichen"*[313].

Aus dem zuvor Beschriebenen ergeben sich für die lebensweltorientierte Soziale Arbeit auf der Ebene der Lebenspraxis konkrete *„Struktur- und Handlungsmaximen ... der Prävention, der Alltagsnähe, der Integration, der Partizipation und der Dezentralisierung/Regionalisierung bzw. Vernetzung.*[314]

- **Prävention** insistiert darauf, dass Hilfe angeboten werden soll, *„bevor sich Probleme verhärtet und verdichtet haben"*[315]. Ambulante Maßnahmen sollen erweitert, stationäre Hilfsmaßnahmen reduziert werden.

- **Dezentralisierung/ Regionalisierung** zielt auf eine differenzierte Lokalisierung der Angebote und Maßnahmen, also auf Erreichbarkeit und Kooperation der Kinder- und Jugendhilfe im jeweiligen Stadtteil, in der Stadt, in der Region, und somit auf Verlagerung von Zuständigkeiten an die Basis.

- **Alltagsorientierung** als Strukturmaxime will etwas über die Zugänglichkeit im Alltag, nämlich den Abbau institutioneller, organisatorischer und zeitlicher Zugangsbarrieren, aussagen. Außerdem sollen Menschen in ihren sozialen Verhältnissen, in den Selbstverständlichkeiten, Schwierigkeiten und Belastungen ihrer sozialen Systeme gesehen werden. Und zuletzt wird auf ganzheitliche Orientierung gezielt, wobei an offene, allgemeine Unterstützung und Beratung gedacht wird.

---

[310] Grunwald, Klaus/ Thiersch, Hans: Lebensweltorientierung, 2004, S. 1142.

[311] Ich möchte in diesem Zusammenhang ausdrücklich auf das Empowerment Handlungskonzept von Norbert Herringer hinweisen. Einführende Informationen finden sich hierzu unter http://www.empowerment.de. Norbert Herringer definiert *„Empowerment - auf eine kurze Formel gebracht – "* als *„das Anstiften zur (Wieder-)Aneignung von Selbstbestimmung über die Umstände des eigenen Lebens"*. Für weiteres praxisorientiertes Literaturstudium: Miller, Tilly/Pankofer, Sabine (Hrsg.): Empowerment konkret! Dimensionen Sozialer Arbeit und Pflege.

[312] Grunwald, Klaus/ Thiersch, Hans: Lebensweltorientierung, 2004, S. 1142.

[313] Engelke, Ernst: Theorien der Sozialen Arbeit: Eine Einführung, 1998, S. 333.

[314] Grunwald, Klaus/ Thiersch, Hans: Lebensweltorientierung, 2004, S. 1143.

[315] Thiersch; Hans: Lebensweltorientierte Soziale Arbeit, 2000, S. 30.

- **Integration**, also *"Nichtabsonderung, Nichtisolation von "Randgruppen", wie Ausländer, Behinderte, Drogensüchtige usw."*[316] stellt eine weitere Maxime dar. Der Achte Jugendbericht sieht im Ausbau und in der Differenzierung der Kinder- und Jugendhilfe die Schattenseite der Verdrängung und Aussonderung. *"Besonderheiten, Andersartigkeiten werden aus dem allgemeinen Bewußtsein und seiner Normalität verdrängt und geraten ins Abseits."* Menschen mit besonderen Schwierigkeiten sollen in das angebotene Spektrum allgemeiner Hilfen integriert werden, auch wenn dazu *"besondere und zusätzliche Anstrengungen notwendig sind"*[317].

- Außerdem wird im Achten Jugendbericht **Partizipation** gefordert. Die Individualisierung und Pluralisierung der heutigen Lebenswelt verlangt Wahl, Entscheidung und Selbständigkeit. Dies schafft Erwartungen und Anspruchshaltungen. Noch vielfach wird die Kinder- und Jugendhilfe in Form von Übernahme der Verantwortung und Fürsorglichkeit praktiziert, wobei potentiell falsch interpretiertes Interesse der Klientel zur Oktroyierung möglicher Feldmaßnahmen führt. Partizipation geht über in Kooperation, indem *"die Sicherung der Antrags-, Einspruchs- und Verweigerungsrechte ebenso notwendig wie die Sicherung von Mitbestimmungsmöglichkeiten in Bezug auf Planung, Gestaltung und Durchführung von Angeboten"*[318] wird. Die Kooperation wird sowohl mit Ratsuchenden, als auch mit Initiativen und ehrenamtlichen Helfer/-innen gesucht.

Doch Hans Thiersch warnt davor, die beschriebenen Maxime als *"vielfältige Einfallstore"*[319] miss zu verstehen, und verkürzt politisch Indienstzunehmen und zu Missbrauchen oder notwendige Hilfen (z. B. stationäre Maßnahmen) aus einer ökonomischen Debatte heraus zu diskreditieren, sondern *"an der ursprünglichen Intention – als Orientierung der Sozialen Arbeit an den Problemen und Ressourcen der Lebenswelt – festzuhalten*[320]*"*.

6.3.1.2 Ressourcenblick der Lebensweltorientierten Sozialen Arbeit

Wichtig ist, dass die Soziale Arbeit nicht nur für „scheiterndes", sondern auch für „gelingendes Leben" der Adressaten/Adressatinnen ihren Handlungsauftrag und ihren Handlungsgegenstand definiert:

Der Gegenstand der Sozialen Arbeit in diesem Sinne ist die *"Theorie und Praxis gelingenden und scheiternden Lebens und die alltägliche Daseinsgestaltung von einzelnen Menschen, Familien und sozialen*

---

[316] Thiersch; Hans: Lebensweltorientierte Soziale Arbeit, 2000, S. 32.
[317] Bundesministerium für Jugend, Familie, Frauen und Gesundheit (Hrsg.): Achter Jugendbericht, 1990, S. 88.
[318] Thiersch, Hans: Lebensweltorientierte Soziale Arbeit, 2000 S. 32.
[319] Grunwald, Klaus/Thiersch, Hans: Praxis Lebensweltorientierter Sozialer Arbeit, 2004, S. 26.
[320] Ebd., S. 27.

Gruppen sowie ihr Zusammenleben in unserer Gesellschaft unter den gegebenen und veränderbaren ökonomischen, politischen, kulturellen und kommunikativen Bedingungen[321]*.*

In dieser Definition erkennt man auch die Nähe zur der in dieser Arbeit verwendeten fünf Dimensionen von Kinderarmut: Der objektiven Lebenslagen, Möglichkeiten der Sozialen Teilhabe, Alltagserfahrungen, Entwicklungsmöglichkeiten sowie rechtlichen und institutionellen Rahmenbedingungen.

6.3.1.3 Sozialpädagogik

In der Grundschule zeigen sich zwei konträre Sichtweisen von der Begrifflichkeit der Sozialpädagogik: *„Die Grundschule ist als solche sozialpädagogisch orientiert"*, also im Sinne einer Sozialerziehung, *„sagen die einen; die Grundschule ist ein Bildungs- und Erziehungsbereich, in dem Probleme, die von der Sozialpädagogik zu bearbeiten sind, noch nicht auftreten, sagen die anderen."*[322] Hier findet sich ein unspezifischer Begriff der Sozialpädagogik mit einem Resozialisierungsauftrag wieder.

Genauere Definitionen des Begriffes Sozialpädagogik sind in der aktuellen Professionalisierungsdebatte der Sozialen Arbeit nicht mehr zeitgemäß und enden meist nur in einer Arbeitsfeldbeschreibung. Gertrud Bäumer definierte 1929 zum ersten Mal den Begriff der Sozialpädagogik so: *„Sozialpädagogik bedeutet hier den Inbegriff der gesellschaftlichen und staatlichen Erziehungsfürsorge, sofern sie außerhalb der Schule und Familie liegen."*[323] Doch die Sozialpädagogik greift selbstverständlich auch in den Kompetenzbereich der Schule und der Familie ein. Ganz im Gegenteil: die Sozialpädagogik hat ihren Schwerpunkt historisch betrachtet in betreuenden, beratenden und familienunterstützenden Angeboten in den Bereichen der Schule und Jugendarbeit. Sie setzte sich für junge Menschen ein, die durch soziale Benachteiligungen und Gefährdungen in ihrer Entwicklung bedroht waren.[324]

6.3.1.4 Trennung von Sozialer Arbeit und Sozialpädagogik als Spannungsfeld in der Professionalisierungsdebatte

Die Soziale Arbeit und die Sozialpädagogik werden in ihrem Handlungsauftrag häufig mit (gescheiterten) Bildungsprozessen konfrontiert. Hier findet sich die terminologische Differenz: Sozialer Arbeit geht es in ihrem Handlungsverständnis darum, für *„existenzielle Rahmenbedingungen"* zu sorgen, während der Sozialpädagogik, im Kontext dieser Arbeit, *„Subjektive*

---

[321] Haupert, Bernhard: Kritische Anmerkungen zum Stellenwert und Gegenstand, 1997, S. 51.

[322] Fatke, Reinhard/Valtin, Renate (Hrsg.): Sozialpädagogik in der Grundschule, 1997, S. 8.

[323] Roth, Leo: Handlexikon zur Erziehungswissenschaft, 1976, S. 421.

[324] Vgl.: Wörterbuch: Sozialarbeit/Sozialpädagogik, S. 1 ff.Digitale Bibliothek Band 65: dtv-Wörterbuch Pädagogik, 2004, S. 1992 (vgl. WB Päd., S. 515 ff.)

Entwicklungsprozesse zu ermöglichen" und *„Lernen zu initiieren"* zugeschrieben werden kann.[325] Die Kinder sollen dabei lernen, ihre Alltagssituationen zu bewältigen und produktiv soziale, aber auch konflikthafte Beziehungen zu gestalten. *„Von Anbeginn war Sozialpädagogik genau so gedacht worden, nämlich als eine Theorie und als eine Praxis, welche die Bildung des Subjekts im gesellschaftlichen und kulturellen Kontext begreift und ermöglichen will."*[326] So stellt sich die Frage, ob eine sozialpädagogische Haltung in der Lebenspraxis der Grundschule nicht auch von Grundschullehrkräften und Erziehern/ Erzieherinnen als Methode eingesetzt werden muss. Die IGLU-Studie und auch die von der OECD durchgeführten Untersuchungen im Kindertagesbereich benennen eindeutig die sozialpädagogische Qualität des Vorschulbereichs.[327]

Doch eine klare Trennung ist in der theoretischen Bearbeitung der Problemfelder, in der Ausbildung von Sozialarbeiter/-innen / Sozialpädagogen/ -pädagoginnen und in deren Berufspraxis folglich kaum mehr möglich. Die Professionalisierung von Sozialarbeit / Sozialpädagogik hat mit der Einführung von Studiengängen der Sozialen Arbeit an Universitäten und Fachhochschulen in den 70er Jahren wichtige Impulse erhalten. Dass die Sozialpädagogik Bestandteil der Sozialen Arbeit ist, darum gibt es im gegenwärtigen Professionalisierungsverständnis und im Verständnis der Lebensweltorientierten Arbeit wohl keinen Zweifel. Ich möchte im Rahmen dieser Arbeit lediglich auf eine terminologische Differenz hinweisen, die im Kontext meiner Fragestellung, wie oben beschrieben, bedeutsam sein kann.

6.3.1.5 Unterstützen

Unterstützen kommt von seiner ursprünglichen Bedeutung *„unter"* etwas *„stützen"*, z. B. *„den Arm (unter das Kinn)*[328]*"* und meint prägnanter formuliert:
- Jemanden *„(der sich in einer schlechten materiellen Lage befindet) durch Zuwendung helfen"*[329],
- Jemanden bei etwas *„behilflich sein, mit Rat und Tat unterstützen*[330],
- Sich für die Angelegenheiten von jemandem einsetzen und dazu beitragen, dass jemand entweder Fortschritte macht oder Erfolg hat.[331]

---

[325] Winkler, Michael: Sozialpädagogik und Bildung, 2005, S. 18.

[326] Ebd., S. 18f.

[327] Vgl.: Ebd., S. 15.

[328] Drosdowski, Gunther/ Bibliographisches Institut Mannheim/Wien/Zürich: Duden, 1983, S. 1338.

[329] Ebd., S. 1338.

[330] Ebd., S. 1338.

[331] Ebd., S. 1338.

Synonym kann **Unterstützen** als Beistand, Hilfe gewähren, eintreten für, Rückhalt geben, behilflich sein, beistehen, zur Seite stehen oder Hilfestellung geben sinnhaft gedeutet werden. Hier wird die Hilfeleistung durch beraterisches Tun und wiederum anwaltschaftlichen Beistand, z. B. bei ökonomischer Armut, beschrieben. ‚Fortschritt und Erfolg bedarf einer subjektiven Deutung´, meint eine Entwicklung des Selbst hin zu einer Autonomie der Lebenspraxis und Partizipation des/der Einzelnen.

Der Index für Inklusion definiert **Unterstützung** als „*alle Formen erwünschter, mit den Betroffenen auszuhandelnder Hilfen, die deren Autonomie in Handlungen und Entwicklungsschritten wahrt und erhöht*"[332].

6.3.1.6 Soziale und kulturelle Bedrängungen abwehren

Sozial (lat. socialis = gesellschaftlich, das (geregelte)[333]) meint das „*Zusammenleben der Menschen in Staat und Gesellschaft betreffend, auf die menschliche Gemeinschaft bezogen, zu ihr gehörend.*"[334] Kinder mit Armutsphänomenen haben einen Platz innerhalb der Gesellschaft, es gibt also kein „*außerhalb*", aber Randerscheinungen. Weiter meint Sozial „*die Gesellschaft*", insbesondere „*ihre ökonomische und politische Struktur betreffend*"[335]. Hierbei zeigt sich eine ökonomische und politische Struktur, die Prozesse der sozialen Auslese ermöglicht, die in einer Demokratie eigentlich gar nicht vorhanden sein dürften. Doch Sozial meint auch „*die Zugehörigkeit des Menschen zu einer der verschiedenen Gruppen innerhalb der Gesellschaft*"[336], mit verschiedenen Rollenübernahmen und Stigmata, mit denen Gruppierungen und entsprechende Rollenerwartungen verknüpft sind. Demgegenüber steht die Forderung des Sozialen, „*dem Gemeinwohl, der Allgemeinheit dienen, die menschlichen Beziehungen in der Gemeinschaft regelnd und fördernd und den (wirtschaftlich) Schwächeren schützen*"[337]. Jedes Kind mit Armutsphänomenen muss demnach von einer Integration und Förderung grundsätzlich partizipieren können.

Synonyme für **Sozial** können als Adjektive wie „*gemeinnützig, wohltätig, mitmenschlich, hilfsbereit, uneigennützig, menschlich, gesellschaftlich*" beschrieben werden. Soziale Arbeit wird also hier zur Humanisierung des Humanen aufgerufen und zu einer Profession der Integration.

Kulturell als Adjektiv meint „*die Kultur betreffend: der kulturelle Bereich, die kulturellen Werte*"[338]. Somit muss man sich dem Begriff der Kultur

---

[332] Booth, Tony/ Ainscow, Mel: *Index für Inklusion*, 2003, S. 117.
[333] Drosdowski, Gunther/ Bibliographisches Institut Mannheim/Wien/Zürich: Duden, 1983, S. 1176.
[334] Ebd., S. 1176.
[335] Ebd., S. 1176.
[336] Ebd. S. 1176.
[337] Ebd., S. 1176.
[338] Ebd., S. 748.

annähern. Kultur wird demnach als *"Gesamtheit der geistigen, künstlerischen, gestaltenden Leistungen einer Gemeinschaft als Ausdruck menschlicher Höherentwicklung"*[339] verstanden. Dieser Entwicklungsprozess wird maßgeblich durch die Schule mitgestaltet.

Kultur als Wertmaßstab definiert sich als *"Gesamtheit der von einer bestimmten Gemeinschaft auf einem bestimmten Gebiet während einer bestimmten Epoche geschaffenen, charakteristischen geistigen, künstlerischen, gestalteten Leistungen"*[340].

Dies bedeutet, dass Kultur immer auch Ausdruck eines zeitlich begrenzten und sich stetig verändernden Prozesses verstanden werden kann, in den der/die Einzelne durch Anpassungsprozesse sozialisiert wird. Synonym kann Kultur als *"Zivilisation, Bildung, Lebensweise, -art, -stil"* verstanden werden.

Bedrängung beschreibt eine *"Not"* oder *"schwierige Lage"*[341] als Mangelzustand.

Abwehr wird im Duden als *"ablehnende Haltung, innerer Widerstand, gegen"*[342] jemanden beschrieben. Hier zeigt sich, dass die Soziale Arbeit eine eigene subjektive, kritische Haltung entwickeln muss. Genauer wird Abwehr als *"das Abwehren von etwas, Zurückweisung, die Abwehr staatlicher Eingriffe"*[343] beschrieben. Dies zeigt die anwaltschaftliche Haltung gegenüber den Adressaten/Adressatinnen und deren Unterstützung, auch bei ökonomischer und bildungs-politischer Verknappung seitens der öffentlichen Hand. Synonym kann abwehren als erfolgreich abwenden, ein Unheil oder eine Gefahr vereiteln gedeutet werden.[344] Abwehr meint hier Defensive, Verteidigung und Gegenwehr im Verhindern, Abwenden, Aufhalten und Auffangen. Hier zeigt sich die Notwendigkeit von Bewältigungsmustern und einer *"Hilfe zur Selbstabwehr"*.

6.3.1.7 Subjektive Entwicklungsprozesse ermöglichen

Subjektiv als Adjektiv *(spätlat. Subjectivus)* versteht sich zum einen als *"zu einem Subjekt gehörend, von einem Subjekt ausgehend"*[345]. Hier zeigt sich die Handlungsmaxime „den/die Adressaten/Adressatin da abzuholen, wo er/sie steht", genauso wie eine stellvertretende Deutung mit der individuellen Bedeutung, die ein Adressat/ eine Adressatin einem Sachverhalt zumisst. Aber subjektiv birgt zum anderen auch die Gefahr *"von*

---

[339] Drosdowski, Gunther/ Bibliographisches Institut Mannheim/Wien/Zürich: Duden, 1983, S. 748.
[340] Ebd., S. 748.
[341] Ebd., S. 165.
[342] Ebd., S. 44.
[343] Ebd., S. 44.
[344] Vgl.: Ebd., S. 44.
[345] Ebd., S. 1237.

persönlichen Gefühlen, Interessen, von Vorurteilen bestimmt, voreingenommen, befangen" und *„unsachlich"*[346]. In dieser subjektiven Krise braucht der Mensch objektive Routinen und Erklärungsmuster sowie ein emotionales Lernen.

Synonyme von dem Adjektiv subjektiv können als *„persönlich, auf die Person bezogen, von der Person abhängig, individuell, privat und eigen"* generiert werden. So sollte jeder Mensch als Subjekt wahrgenommen werden, was in dem Kontext der schulischen Entwicklung nicht immer gegeben ist.

Entwicklungsprozess meint den *„Prozess, in dem sich eine Entwicklung vollzieht"*[347].

Entwickeln kann als *„allmählich entstehen"* und *„sich stufenweise herausbilden"*[348] verstanden werden. Entwicklung braucht deshalb Zeit und (Teil-) Ziele. In diesem Prozess soll der Mensch *„fortlaufend in eine neue (bessere) Phase treten"*[349]. Dieses Konzept baut auf ein normatives Erziehungs- und Bildungskonzept, bei dem etwas wirksam wird und als Fähigkeit hervorgebracht wird oder in Erscheinung tritt, z. B. als Talent und Phantasie.[350]

Entwicklung kann demnach synonym als *„Entfaltung, Reife, Wachstum, Werden, Entstehen, Fortschritt"* und *„Gedeihen"* bezeichnet werden.

Ermöglichen kann als *„möglich machen"*, als *„die Möglichkeit, die Voraussetzung für"* etwas *„schaffen"*[351] beschrieben werden. Synonym kann hierfür *„befähigen"* und *„unterstützen"* angeführt werden. Im *„Ermöglichen"* versucht das Hilfesystem wiederum im Sinne *„einer Hilfe, es selbst tun zu können"*, in einer Haltung, die dem Empowerment zugrunde liegt, den/die Adressaten/Adressatin der Hilfe zu verselbständigen.

6.3.1.8 Affektiv fördernde Bedingungen mit beitragen

Affektiv wird aus dem spätlateinischen *„affectivus"* (Psyche) abgeleitet und wird als gefühlsbetonte und durch Affekte gekennzeichnete Vorgänge beschrieben.[352]

Kontextuell liefert hierzu Daniel Goleman erste Erkenntnisse, wenn er schreibt, dass Kinder in angespannten Verhältnissen und Armut *„die schlechtesten Werte, was emotionale Fähigkeiten angeht"*[353] aufweisen, da

---

[346] Drosdowski, Gunther/ Bibliographisches Institut Mannheim/Wien/Zürich: Duden, 1983, S. 1237.
[347] Ebd., S. 354.
[348] Ebd., S. 354.
[349] Ebd., S. 354.
[350] Vgl.: Ebd., S. 354.
[351] Ebd., S. 365.
[352] Ebd., S. 51.
[353] Goleman, Daniel: Emotionale Intelligenz, 2004, S. 294.

sie häufiger Aggression und Gewalt ausgesetzt sind, was wiederum ein Risiko einer ungenügenden Impulskontrolle bereits in der Grundschule zur Folge haben und sich im weiteren krisenhaften Lebenslauf zu einer mangelnden empathischen Haltung bis hin zur Straffälligkeit manifestieren kann.[354]

Fördern stammt aus dem Mittelhochdeutschen *(Vürdern)* und meint jemanden *„in seiner Entfaltung, bei seinem Vorankommen unterstützen",* ... *„verstärken"* und *„weiter nach vorn bringen"*[355] Dies ist nur mit einer gemeinsamen Problem- und Zieldefinition möglich.

Synonyme für Fördern sind z. B. *„protegieren, helfen, vorwärts bringen, begünstigen".* Protektive Faktoren, die förderlich sind, müssen im Dialog mit den Adressaten/Adressatinnen erarbeitet werden.

Bedingungen im engeren Sinn waren *„ursprünglich"* ... *„rechtliche Abmachung"*[356]. Bedingungen im weiteren Sinne bezeichnet etwas, was gefordert wird und von dessen Erfüllung etwas anderes abhängig gemacht wird, als notwendig gegebene Voraussetzung zur Verwirklichung einer bestimmten Sache.[357]

Als Synonyme für Bedingungen können *„Voraussetzungen, Prämissen und Konditionen"* genannt werden.

Beitragen meint etwas *„dazugeben, dazutun"*[358]. Ein **Beitrag** ist demnach eine *„Leistung, die für etwas als Anteil erbracht wird*[359]*".*

6.3.1.9 Initiierung von Lernen

Initiieren als Verb von Initiative *(frz. Initiative, zu: initier < lat. initiare = den Anfang machen, einführen, einweihen, zu: initium Anfang)*[360] kann synonym als anregen bezeichnet werden. **Anregen** meint einen Impuls geben, empfehlen, vorschlagen, veranlassen, motivieren oder nachhelfen.

Bei der Begrifflichkeit des Lernens empfiehlt es sich, externes Kontextwissen zur Rekonstruktion heranzuziehen. **Lernen** wird von Wolfgang Einsiedler als *„die relativ dauerhafte Veränderung psychischer Dispositionen durch Auseinandersetzung mit Umweltgegebenheiten (also nicht durch innere Reifung)*[361]*"* verstanden. Wolfgang Einsiedler unterscheidet das Lernen als den Erwerb von

---

[354] Vgl.: Drosdowski, Gunther/ Bibliographisches Institut Mannheim/Wien/Zürich: Duden, 1983, S. 293ff.

[355] Ebd., S. 425.

[356] Ebd., S. 165.

[357] Vgl.: Ebd., S. 165.

[358] Bertelsmann: Wörterbuch der Deutschen Sprache, 2004, S. 206.

[359] Ebd., S. 206.

[360] Drosdowski, Gunther/ Bibliographisches Institut Mannheim/Wien/Zürich: Duden, 1983, S. 627.

[361] Einsiedler, Wolfgang: Lehr-Lern-Konzepte für die Grundschule, 2005, S. 373.

- deklarativem Wissen oder Begriffs- und Zusammenhangswissen,
- prozeduralem Wissen oder Verfahrenswissen,
- komplexen Fähigkeiten oder schlussfolgerndem Denken,
- Einstellungen und Werthaltungen, z. B. in Kooperationsbereitschaft oder Wertschätzung der Natur.

Neben diesen kognitiven Komponenten von Lernen müssen, so schreibt Konrad Bundschuh in einem Aufsatz, *„vor allem auch motivational-emotionale Komponenten der Lernprozesse"*[362] berücksichtigt werden. Entsprechende neuropsychologische Befunde, maßgeblich durch Manfred Spitzer[363], würden belegen, dass *„die Erweiterungsfähigkeit unserer neuronalen Areale mit einer positiven affektiven Beteiligung des Lernenden zusammenhängt"*[364]. Deshalb gilt es neben anderen Aspekten, mit dem so genannten *„Affektivitätsprinzip"* die *„affektiv-emotionalen Aspekte des Lernens vor allem im heilpädagogischen Bereich zu berücksichtigen"*[365]. Aktives Lernen ist neben diesem Prinzip nur möglich, wenn *„eine gewisse Antizipation auf Erfolg"*[366] im Kind vorhanden ist.

So stellt auch Stanley Greenspan in seinem Werk „Die bedrohte Intelligenz" fest, dass die Entwicklung von Intelligenz und Gefühlen untrennbar miteinander verknüpft ist. So schreibt er: *„Die Effektivität unseres Bildungssystems wird untergraben durch die absolute Trennung zwischen Emotionen und Intellekt, die vielen seiner Prinzipen zugrunde liegt. Die Trennung zwischen emotionalem und intellektuellem Wachstum setzt sich über Entwicklungsstufen und individuelle Unterschiede hinweg und hindert dadurch viele Kinder an der Entfaltung ihrer Möglichkeiten."*[367] In vielen Beispielen aus der Lebenspraxis der Schule zeigt der renommierte Psychiater und Verhaltensforscher, dass Affekt und Interaktion die Grundlage eines jeglichen Lernens ist, und nicht bloß der Erwerb bestimmter Informationen und Fertigkeiten lernen initiiert.[368]

Doch es ist meines Erachtens nicht Aufgabe der Sozialen Arbeit / Sozialpädagogik, sich am Lerndiskurs der Grundschulpädagogik zu beteiligen. Viel mehr gilt es festzuhalten, dass ein *„jedes Lernen, jede Bildungsanstrengungen auf emotional-affektiv sichere Verhältnisse angewiesen sind*[369]*".* Michael Winkler argumentiert so, weil er Kinder heute zunehmend „entbettet, sozial und kulturell ungeschützt aufwachsen,

---

[362] Bundschuh, Konrad: Lernen unter erschwerten Bedingungen, 2002, S. 43.
[363] Vgl. hierzu: Spitzer, Manfred: Wie unser Gehirn lernt.
[364] Bundschuh, Konrad: Lernen unter erschwerten Bedingungen, 2002, S. 43.
[365] Ebd., S. 43.
[366] Ebd., S. 43.
[367] Greenspan, Stanley, I.: Die bedrohte Intelligenz, 1999, S. 270.
[368] Vgl.: Ebd., S. 287.
[369] Winkler, Michael: Sozialpädagogik und Bildung, 2005, S. 15.

bombardiert von einer Medien- und Konsumgesellschaft[370]" sieht. Aus diesem Grund hängt seiner Meinung nach alles Lernen essentiell von möglichst guten emotionalen und affektiven Rahmenbedingungen ab.[371]

"Wo eine solche Umgebung nicht natürlich, also von selbst gegeben ist, muss sie im Sinne Montessoris als pädagogisch vorbereitet geschaffen und für das Kind bereitgestellt werden."[372] Hier ist die Soziale Arbeit / Sozialpädagogik aufgerufen, in gemeinsamer Verantwortung dafür zu sorgen.

Maria-Anna Bäuml-Roßnagl fordert in diesem Zusammenhang einen *"ganzheitlichen Lernbegriff entgegen einer Dichotomisierung von Emotion und Ration"*[373]. So fordert sie die Beachtung der *"Leibbasis der Lernvollzüge"* mit einer *"ganzheitlichen Beteiligung am Leben selbst – mit Sinnen und Vernunft, mit Fühlen und Denken, mit Leib und Geist"*, um nicht *"den menschlichen Bildungssinn"*[374] zu verfehlen. Sie schreibt: *"Schulische Bildungsprozesse haben die Realsituationen der alltäglichen Lebenswelten ernstzunehmen und mitzugestalten, wenn Bildung einen lebensfördernden Wert haben soll."*[375]

6.3.1.10 Bildung in gemeinsamer Verantwortung

Bildung kann definitorisch verstanden werden als die bewusste Entwicklung der natürlichen Anlagen des Menschen durch Erziehung und eigenes Streben sowie deren Ziel, die sittliche Reife und geistige Fähigkeit, Wissensgehalte und Fähigkeiten zu integrieren.[376] Doch schon Hermann Giesecke schreibt 1973: *"Bildung ist vielleicht der unklarste Begriff im gegenwärtigen pädagogischen Sprachgebrauch. Er ist mit so vielen Bedeutungsnuancen versehen, und in ihm sind so viele geschichtliche Unterschiede eingegangen, daß man ihn nicht mehr eindeutig benutzen kann."*[377] Darum ist es bei diesem Begriff meines Erachtens dringend geboten, weiteres Kontextwissen hinzuzuziehen. Dies wird später mittels eines Bildungsverständnisses für die Soziale Arbeit / Sozialpädagogik noch genauer behandelt.

Gemeinsam als Adjektiv wird als

- *"mehrere Personen od. Dinge in gleicher Weise gehörend,*

---

[370] Winkler, Michael: Sozialpädagogik und Bildung, 2005, S. 15.
[371] Vgl.: Ebd., S. 15.
[372] Bundschuh, Konrad: Lernen unter erschwerten Bedingungen, 2002, S. 44.
[373] Bäuml-Roßnagl, Maria-Anna: Bildungsparameter aus soziologischer Perspektive, 2005, S. 66.
[374] Ebd., S. 5.
[375] Ebd., S. 5.
[376] Vgl.: Meyers Lexikonredaktion: Meyers Taschenlexikon, 1992, S. 88.
[377] Giesecke, Hermann: Einführung in die Pädagogik, 1973, S. 81.

- *als bestimmte Dinge oder Eigenschaften übereinstimmend (vorhanden)"[378], und*
- *"in Gemeinschaft, also zusammen und miteinander unternommen, um etwas zu bewältigen"[379]*

beschrieben. Als Synonyme können hierbei *"gemeinschaftlich"*, *"zusammen"*, *"miteinander"*, *"vereinigt"*, *"geschlossen"*, *"kollektiv"*, *"kooperativ"*, *"in Zusammenarbeit"* genannt werden.

Verantwortung meint eine *"(mit einer bestimmten Aufgabe, einer bestimmten Stellung verbundene) Verpflichtung"*, und gewissenhaft und zuverlässig *"dafür zu sorgen, daß (innerhalb eines bestimmten Rahmens) alles einen möglichst guten Verlauf nimmt, das jeweils Notwendige und Richtige getan wird und möglichst kein Schaden entsteht."[380]*

6.3.1.11 „Vernetztes Denken"

Auch bei dem Begriff des „Vernetzten Denkens" möchte ich für die Definition nicht rekonstruktionslogisch vorgehen, sondern externes Kontextwissen zur Begriffsklärung heranziehen.

Frederic Vester beschreibt unsere Welt als *"ein vernetztes System".[381]* Doch in den umfangreichen Schriften von Frederic Vester zu diesem Thema findet sich keine eindeutige Definition zu dieser Begrifflichkeit. Horst Siebert definiert „vernetztes Denken" als *ein dialektisches Denken, das die Wechselwirkung vieler Faktoren"* als Bildungsprozess versteht.[382]

Günther Ossimitz schreibt hierzu: *"Mit Vernetztem Denken meine ich ein Denken, das mehr berücksichtigt als einfache Ursache-Wirkungsbeziehungen. Vernetztes Denken umfasst folgende Fähigkeiten:*

- *auch indirekte Wirkungen zu erkennen und zu beurteilen;*
- *dabei insbesondere auch Rückwirkungen auf die Ursache (feedback loops) zu erkennen;*
- *ganze Netze von Wirkungsbeziehungen aufbauen und verstehen zu können."[383]*

Dietrich Dörner merkt an, *"dass man das, was oftmals pauschal "vernetztes Denken" oder "systemisches Denken" genannt wird, nicht als eine Einheit, als eine bestimmte, isolierte Fähigkeit betrachten kann. Es ist ein Bündel von Fähigkeiten, und im Wesentlichen ist es die Fähigkeit, sein ganz*

---

[378] Drosdowski, Gunther/ Bibliographisches Institut Mannheim/Wien/Zürich: Duden, 1983, S. 475.
[379] Vgl.: Ebd., S. 475.
[380] Ebd., S. 1350.
[381] Siebert, Horst: Didaktisches Handeln in der Erwachsenenbildung, 2003.
[382] Ossimitz, Günther: Entwicklung systemischen Denkens, 2000.
[383] Dörner, Dietrich: Die Logik des Misslingens, 1998, S. 310.

normales Denken, seinen "gesunden Menschenverstand" auf die Umstände der jeweiligen Situation einzustellen."[384]

In einer Vorlesungsreihe 2005 an der Ludwig-Maximilans-Universität München „Vernetztes Denken", anlässlich des 60sten Geburtstags von Fr. Prof. Dr. Bäuml-Roßnagl, wurden *„interdisziplinäre Gesichtspunkte."* ... an „konkreten Beispielen" ... *„sowohl Forschungsergebnisse aus unterschiedlichen Fachdidaktiken als auch deren Umsetzung in pädagogisches Handeln präsentiert."*[385]. In diesem interdisziplinären Angebot in der Lehrer/-innenausbildung wird *„ein Modellcharakter für das gemeinsame Handeln in der Schule gesehen"*[386].

Weiter heißt es: *„Vernetztes Denken steht für die Koordinierung aller beteiligten Fachbereiche, Institutionen und mitwirkenden Personen. Es umfasst ... die Berücksichtigung und Verknüpfung der Erkenntnisse anderer Fachwissenschaften"*, und *„die Verbindung von Handlungsfeldern und Arbeitsmethoden".*[387]

In dieser Vorlesungsreihe sollte gezeigt werden, *„wie im Rahmen der Lehrerausbildung Fachwissenschaftler und ... sowie Lehrer aus dem Grund- und Förderschulbereich exemplarisch auf einem gemeinsamen Handlungsfeld arbeiten."*[388] So schreibt Maria-Anna Bäuml-Roßnagl beispielsweise über die Vernetzung von Grundschulpädagogik und Soziologie: *„Pädagogik und Soziologie sind in einem unauflöslichen Netzwerk verflochten und zuverlässige Parameter für effektive Bildungsprozesse können nur aus soziologischer Perspektive evaluiert werden."*[389]

6.3.1.12 Menschenwürdige Bildungskultur

Michael Winkler sieht *„Bildung als ein großes Projekt, das mit der Humanisierung des Humanen zu tun hat, wie mit dem, was Menschen gewinnen können, um ein menschenwürdiges Leben zu führen*[390]*"*. So hat Soziale Arbeit / Sozialpädagogik dafür Sorge zu tragen, dass Familien nicht von Armut belastet sind, von existenziellen Unsicherheiten und von kultureller Verarmung, damit Bildung erst ermöglicht werden kann. Das muss der Beitrag der Sozialen Arbeit / Sozialpädagogik für eine menschenwürdige Bildungskultur sein, sozialökonomische Rahmenbedingungen für das Aufwachsen und die Entwicklung der Schulkinder zu schaffen.[391]

---

[384] Dörner, Dietrich: Die Logik des Misslingens, 1998, S. 310.
[385] Lehrstuhl für Religionspädagogik und Didaktik des Religionsunterrichtes der LMU München: „Vernetztes Denken", 2005, Vorwort S. 3.
[386] Ebd., S. 3.
[387] Ebdl, S. 40.
[388] Ebd.,Heftumschlag, Rückseite, S. 40.
[389] Bäuml-Roßnagl, Maria-Anna: Bildungsparameter aus soziologischer Perspektive, 2005, S. 5.
[390] Winkler, Michael: Sozialpädagogik und Bildung, 2005, S. 24.
[391] Vgl.: Ebdl, S. 23.

Menschenwürdige Bildungskultur impliziert immer auch die Herausbildung eines menschlichen Bildungssinns. So fordert Maria-Anna Bäuml-Roßnagl das Ernstnehmen durch Mitgestalten der realen alltäglichen Lebenswelten der Schüler/-innen, damit lebensförderliche Netzwerke geschaffen werden können.[392] Sie sieht in einer *„lebenserhaltenden Bildungsaufgabe"*[393] in unserer modernen Gesellschaft *„die ganzheitliche Beteiligung am Leben selbst – mit Sinnen und Vernunft, mit Fühlen und Denken, mit Leib und Geist"*[394], um den sensuellen Mangelzuständen, die eine erfüllte Menschlichkeit behindern, entgegenzutreten.[395] *„Emotion und Phantasie, seelische Empfindungen und leibsinnliche Erlebnisse"*[396] sind die Grundlagen eines beginnenden Bildungsprozesses, in dem jedes Lernen, jede Bildungsanstrengung auf emotional-affektiv sichere Verhält-nisse angewiesen ist.[397] Dies muss auch Aufgabe der Sozialpädagogik sein. Hier wird wieder die notwendige Trennung von Sozialer Arbeit und Sozialpädagogik in dieser Arbeit deutlich.

6.3.1.13 Bildungsbegriff aus Sicht der Sozialen Arbeit / Sozialpädagogik

„Auch in der Jugendhilfe wird zur Zeit wieder eine intensive Bildungsdiskussion geführt. Grundlage ist ein Bildungsbegriff, der von einem sich selbst bildenden jungen Menschen ausgeht: "Bildung heißt immer sich bilden. Bildung ist stets ein Prozess des sich bildenden Subjekts, zielt immer auf Selbstbildung ab (...). Bildung meint auch Wissenserwerb, geht aber nicht darin auf. Sie ist zu verstehen als Befähigung zu eigenbestimmter Lebensführung, als Empowerment, als Aneignung von Selbstbildungsmöglichkeiten. ... Das Bundesjugendkuratorium unterscheidet neben der formellen Bildung der Schule nichtformelle und informelle Bildungsorte, die vor allem in der Jugendhilfe zu finden sind."[398]

Bildung ist ständiges Krisenlösen, gehört also primär der Oevermann´schen Vorstellung einer Krise[399] an, während Lernen eine Routinetätigkeit[400] des Kindes darstellt.

An dieser Stelle verlasse ich die rekonstruktive Haltung zugunsten eines Bildungsbegriffes aus Sicht der Sozialen Arbeit / Sozialpädagogik, die Michael Winkler in einem Aufsatz beschrieben hat. Er stellt sich die Frage,

---

[392] Vgl.: Bäuml-Roßnagl, Maria-Anna: Bildungsparameter aus soziologischer Perspektive, 2005, S. 5.
[393] Ebd., S. 5.
[394] Ebd., S. 5.
[395] Vgl.: Ebd., S. 5.
[396] Ebd., S. 5.
[397] Vgl.: Winkler, Michael: Sozialpädagogik und Bildung, S. 15.
[398] Knauer, Raingard: Jugendhilfe und Schule in Bewegung, Sozialmagazin 28.Jg., H. 5, Mai 2003.
[399] Vgl.: 7.5.1.7 Krise und Routine in der Objektiven Hermeneutik.
[400] Die Begrifflichkeiten Krise und Routine im Sinne der Objektiven Hermeneutik werden im entsprechenden Kapitel noch definiert.

ob die Soziale Arbeit / Sozialpädagogik die geeignete Profession für die Aufnahme eines Bildungsdiskurses ist.[401] Doch die Soziale Arbeit / Sozialpädagogik muss sich in die gegenwärtige Debatte mit *„einer bildungstheoretisch inspirierten Skepsis"*[402] einmischen, um den Bildungsbegriff, jenseits neuer *„Formen von Herrschaft und Kontrolle*[403]*"*, in seiner vollen Tragweite aufzuzeigen. Michael Winkler fordert, dass die Soziale Arbeit / Sozialpädagogik die Voraussetzungen für Bildungsprozesse sichern müsse als *„eine der Schlüsselinstanzen um Erziehung"* und zwar *„auch unter Bedingungen sozialer und kultureller Prekarität"*[404]. Dazu, so Michael Winkler, müsse die Soziale Arbeit / Sozialpädagogik für sich einen emphatischen Bildungsbegriff skizzieren, der sich gegen eine schlechte, technokratisch verkürzte und weitgehend ökonomisierte Bildungsdebatte stellt.[405] Zusammengefasst könnte ein emphatischer Bildungsbegriff für die Soziale Arbeit / Sozialpädagogik mit Michael Winklers Worten so lauten:

> *„Soziale Arbeit und Sozialpädagogik setzen auf Subjektivität und Autonomie, auf Teilnahme und Teilhabe, auf Aneignung des gesellschaftlich und kulturell Möglichen, eben auf Humanisierung des Humanen. Sie denken daran, dass Wissen, dass Fähigkeiten, dass Kenntnisse Chancen eröffnen, in eine Gesellschaft nicht nur einzutreten, Perspektiven zu entwickeln, Selbstkontrolle und Herrschaft über die Lebensbedingungen zu entwickeln."*[406]

6.3.1.14 Sichern

Sichern wird im Kontext dieser Arbeit als *„sicher machen, vor einer Gefahr schützen"* oder *„garantieren"*[407] rekonstruiert. Im Kontext dieser Fragestellung muss also eine „Vorsorge getroffen werden" und etwas „abgesichert" werden. Eine Vorsorge zu treffen, zeigt auch den präventiven Anspruch dieser Forschungsarbeit.

6.3.2 Von der präzisen zur prägnanten Fragestellung

Die Rekonstruktion dieser Fragestellung stellt im Kontext dieser Arbeit den ersten Schritt zur Generierung einer Theorie eines Vernetzten Denkens von Grundschulpädagogik, Sozialer Arbeit und Sozialpädagogik sowie Elternhaus dar. Ich möchte an dieser Stelle noch einmal zu meiner Fragestellung zurückkehren.

---

[401] Vgl.: Winkler, Michael: Bildung mag zwar die Antwort sein, 2005, S. 18.
[402] Ebd., S. 18.
[403] Ebd., S. 18.
[404] Ebd., S. 18.
[405] Vgl.: Ebd., S. 17.
[406] Ebd., S. 9.
[407] Drosdowski, Gunther/ Bibliographisches Institut Mannheim/Wien/Zürich: Duden, 1983, S. 1156.

Präzise habe ich eingangs die Fragestellung folgendermaßen formuliert:

„Wie kann eine Lebensweltorientierte Soziale Arbeit und die Sozialpädagogik im Kontext einer steigenden Kinderarmut in Deutschland die Grundschule und Förderschule im Primärbereich unterstützen,

- *soziale und kulturelle Bedrängungen abzuwehren,*
- *subjektive Entwicklungsprozesse zu ermöglichen*
- *und an affektiv fördernden Bedingungen mit beizutragen,*

damit Lernen initiiert werden kann und Bildung in gemeinsamer Verantwortung und im „vernetzten Denken" von Eltern, Grund- oder Förderschule im Primärbereich und Soziale Arbeit / Sozialpädagogik, als Beitrag für eine menschenwürdige Bildungskultur, gesichert werden kann?"

Aufgrund der vorausgegangenen Rekonstruktionen und zu Hilfenahme von externem Kontextwissen kann über die Fragestellung zu einer prägnanteren Aussage gelangt werden.

Gemeint ist eine Soziale Arbeit, der die Lebensweltorientierung als theoretisches und hermeneutisches Konzept in ihrer Lebenspraxis zu-grunde liegt, und zwar mit einem soziologischen und kritischen Verständnis der Lebenswelt ihrer Adressaten/Adressatinnen und einer Rekonstruktion ihrer Deutungs- und Handlungsmuster der Lebensverhältnisse, unter Beachtung der Dimensionen und der Struktur- und Handlungsmaximen der Lebensweltorientierten Sozialen Arbeit, und als Profession der sozialen Gerechtigkeit und der Integration mit einem Anspruch eines gelingenderen Alltags für die Adressaten/ Adressatinnen. Die terminologische Differenz der Sozialen Arbeit zur Sozialpädagogik ist dabei als Hinweis auf eine künstliche Konstruktion eines unterschiedlichen Handlungsverständnisses von der Schaffung existenzieller Rahmenbedingungen auf der einen Seite und der Ermöglichung von subjektiven Entwicklungsprozessen auf der anderen Seite zu verstehen. Die steigende Kinderarmut kennt die Soziale Arbeit / Sozialpädagogik aufgrund ihres beschriebenen bezugswissenschaftlichen (soziologischen) Kontextwissens.

Die Soziale Arbeit / Sozialpädagogik soll die Grundschule durch beraterisches Tun unterstützen und behilflich sein, mit einem anwaltschaftlichen Beistand gegenüber den Schüler/-innen, ihren Mangelzuständen zu begegnen. Diese Mängelzustände entstehen aufgrund ökonomischer und politischer Strukturen und Prozesse der sozialen Auslese, mit einer mangelnden Teilhabe an geistigen, künstlerischen und gestalterischen Leistungen an der Gemeinschaft. Durch Abwehr dieser ökonomischen und politischen Eingriffe werden Vorraussetzungen geschaffen, mit denen die Schüler/-innen stufenweise individuell bewertete Entwicklungsprozesse in einem normativen Bildungskonzept herausbilden können. Diese Voraussetzungen können nur unterstützend, verstärkend und protektiv wirken, wenn sie mit positiven Gefühlen seitens der Schüler/-innen besetzt werden können. Dazu muss die Soziale Arbeit / Sozialpädagogik für möglichst gute emotional-affektive und sichere Verhältnisse der Kinder sorgen und so ihren professionellen Anteil erbringen. Lernen, als eine Auseinandersetzung mit der Lebenswelt der Kinder, kann nur angeregt und motiviert werden, wenn die Realsituationen ihrer alltäglichen Lebenswelt gestaltet werden und somit ein Zusammenhang von Emotion und Kognition hergestellt wird.

Diese Bildungsanstrengung muss, als interpersoneller Akt, gemeinschaftlich und kooperativ, und zwar in der Hand der Eltern, der Lehrer/-innen und der Kinder- und Jugendhilfe, gewissenhaft und zuverlässig, für einen möglichst günstigen Verlauf für die Schüler/-innen sorgen. Hierzu ist es notwendig, über eine formale Kooperation hinaus, die Erkenntnisse der jeweils anderen Fachwissenschaft und deren Handlungsfelder und Arbeitsmethoden zu kennen und zu respektieren, direkte und indirekte Wirkungen zu rekonstruieren und beurteilen zu können und wirksame Netze aufbauen zu können.

Im Rahmen der abduktiven Grundhaltung dieser Arbeit gilt es, die prägnante Fragestellung aufgrund der Forschungsergebnisse zu beantworten, damit die Forschung einen möglichst theoriegenerierenden Charakter erhält. Bevor es möglich ist, diese Fragestellung zu beantworten, bedarf es meines Erachtens einer genauen Untersuchung der Phänomene, Lösungen und Haltungen der Grundschulen im Zusammenhang mit einer steigenden Kinderarmut. Dazu ist es sinnvoll, Experten-/Expertinneninterviews mit Grundschulpädagogen/-pädagoginnen[408] zu führen.

---

[408] Die Sinnhaftigkeit der Experten/-inneninterviews mit Grundschulpädagogen/-pädagoginnen wird im Diskussionsteil noch behandelt.

7 Forschungsdesign und Forschungsmethoden der sozioanalytischen Forschungsstrategie

7.1 Offene, leitfadenorientierte, explorative Experten-/ Expertinneninterviews mit Grundschulpädagogen/-pädagoginnen

Dieser Forschungsarbeit liegen offene, leitfadenorientierte Experten-/ Expertinneninterviews[409] mit Grundschulpädagogen/-pädagoginnen als Ausgangslage für eine erste Fallstruktur der Phänomene und Antworten auf die Fragen der Kinderarmut der befragten Grundschulen zugrunde. Die Interviews wurden offen gewählt, damit die *„Situationsdefinition des Experten, seine Strukturierung des Gegenstandes"* und *„seine Bewertung*[410]*"* als methodisch kontrolliertes Fremdverstehen erfasst werden kann. Dieses Verfahren hat sich typischerweise in der so genannten *„Betroffenen-, in der soziale-Probleme- und in der Ungleichheitsforschung"*[411] in der Forschungspraxis als nützlich erwiesen. Das Erfahrungswissen der Lehrkräfte wird dabei als *„Betriebswissen"* und als *„Kontextwissen"*[412] unterschieden. Diese Unterscheidung hatte sich im Nachhinein für die gesamte Rekonstruktion der Interviews als äußert aufschlussreich erwiesen. Dabei wurde versucht, die befragten Lehrkräfte durch geschickt gesetzte Erzählimpulse zu einer narrativen Stegreiferzählung zu bewegen, damit auf diesem Wege eine *„konkurrenzlos dichte Datengewinnung"*[413] zur Fragestellung erreicht wird.

Der Leitfaden der Interviews hat sich in dieser Forschung an folgenden Punkten orientiert:

- Situation und Besonderheiten der Grund-/ Förderschule[414] im Primärbereich mit einem Fokus auf die Schüler/-innen und den Sozialraum,
- Phänomene der Kinderarmut in der Grund-/ Förderschule im Primärbereich,
- bisherige Lösungsansätze im Umgang mit den Kindern aus Armutssituationen seitens der Grund-/ Förderschule im Primärbereich,

---

[409] Vgl.: Meuser, Michael/ Nagel, Ulrike: ExpertInneninterviews, 2005, S. 71 – 93.
[410] Ebd., S. 72.
[411] Ebd., S. 75.
[412] Ebd., S. 74.
[413] Bogner, Alexander/Menz, Wolfgang: Expertenwissen und Forschungspraxis, 2005, S. 7.
[414] Da es in dieser Fallstudie um den krisenhaften Schulalltag von Kindern mit Armutsphänomenen geht, wird die Förderschule als Sonderform der Grundschule behandelt. Es geht nicht um die Frage von unterschiedlichen Konzepten beispielsweise der Lernförderung.

- notwendige Vernetzungspartner/-innen, um besser auf die Schwierigkeiten im Umgang mit Kinderarmut reagieren zu können,
- Erfahrungen mit bisherigen Vernetzungspartnern/-partnerinnen, sowie Wünsche an die Vernetzungspartner/-innen.

Dabei nahm die Gesprächssequenz der Phänomene der Kinderarmut in den jeweiligen Schulen den größten Gesprächsabschnitt ein, damit später die *„Strukturen und Strukturzusammenhänge des ExpertInnenwissens/ handelns"*[415] explorativ und somit theoriegenerierend rekonstruiert werden können. Die Interviews dauerten alle etwa 90 Minuten.

7.2 Transkription

Die Interviews wurden, wie es sich bei „wenig" standardisierten Interviews mit einem narrativen Charakter empfiehlt, auf ein Tonbandgerät aufgezeichnet, und inhaltlich vollständig und absolut wortgetreu transkribiert, damit alle relevanten Inhalte später in der Sprache der Fälle zur Rekonstruktion zur Verfügung stehen. Dabei wurden auch nach den Transkriptionsregeln Pausen und Stimmlagen in regelgeleiteten Symbolen kenntlich gemacht. Hierbei entstanden Ausdrucksgestalten zwischen 30 und 50 Seiten pro Interview.

7.3 Typisierung des „maximalen Kontrastes"

Die Lehrkräfte als Experten/Expertinnen wurden nach dem „maximalen Kontrast" ausgewählt. Was die „Kontrastivität" betrifft, ist das Kriterium der "Maximalität" immer nur relativ zu dem Bezugsrahmen meiner Fragestellung zu verstehen. Bei der Auswahl der Lehrkräfte empfahl sich ein zweifaches Vorgehen:

Zum einen ist bei der Auswahl der Interviewteilnehmer/-innen für die Befragung nach den üblichen für die Fragestellung relevanten Merkmalen: also z.B. Schicht, Alter, Geschlecht, etc. der Lehrkräfte relevant

Zum anderen wurde ein/eine Interviewpartner/-in ermittelt, der/die auf jeden Fall im Zentrum der Fragestellung liegt, d.h. der besonders relevant dafür ist.

Danach wurden auf der Grundlage der erfolgten Fallrekonstruktion eine „maximal kontrastive Auswahl" – und zwar nach der vorgängigen Kenntnis des Interviews im Lichte der vorausgehenden Fallbeschreibung, vorgenommen. Dies wurde so lange vorgesetzt, bis bemerkbar war, dass die weitere Auswahl so dicht bei mindestens einem der schon analysierten Fälle lag, dass sie für ihre Fragestellung nicht mehr viel Neues brachte.

---

[415] Meuser, Michael/ Nagel, Ulrike: ExpertInneninterviews, 2005, S. 76.

So habe ich für die erste Fallstruktur eine Grundschullehrerin einer so genannten Brennpunktschule, die auch an mehreren Schulen als Schulpsychologin tätig ist, ausgewählt, da das geführte Interview aufgrund ihrer professionellen Haltung und Habitus sowie die Konfrontation mit Kindern in Armutssituationen besonders relevant für die Fragestellung erschien. Dieses Material habe ich mit Hilfe einer Auswertungsgruppe detailliert und ausführlich rekonstruiert, um an diesem „*Beispiel möglichst viele Antworten zur Untersuchungsfrage entwickeln*"[416] zu können.

Maximal kontrastiv wählte ich dazu ein Interview mit einem Grundschullehrer, der an einer dörflichen Grundschule kurz vor der Pensionierung steht und sich stark in seiner Heimatgemeinde politisch engagiert und so auf langjähriges Institutionswissen und Kontextwissen einer dörflichen schulischen und politischen Lebenspraxis zurückgreifen kann. Dieses Material wurde wiederum maximal ausgewertet.

Weiter habe ich diese Interviews mit einer Schulleiterin sowie einer stellvertretenden Schulleiterin aus dem Bereich der Förderschulen aus dem süddeutschen Raum kontrastiert, die die Lebenswelten ihrer Schüler/-innen, aufgrund ihrer besonderen Situationen und den Kontakt zum Elternhaus, gut „stellvertretend deuten" können.

Dazu folgte „maximal kontrastiv" ein Interview mit einer Förderschullehrerin aus Halle, in den neuen Bundesländern, das eines der höchsten Zahlen von Kinderarmut in Deutschland aufweist, um auch diese Konzepte mit zu berücksichtigen.

„*Die Auswertungen werden beim jeweils nächsten Fall exponentiell abnehmend kürzer, weil immer weniger an Erkenntniszuwachs über die den Gegenstand kennzeichnenden Strukturgesetzlichkeiten hinzukommt.*"[417]

Schematisch können die Exploration und Auswahl der Interviewteilnehmer/-innen so dargestellt werden:

---

[416] Oevermann, Ulrich: Klinische Soziologie auf der Basis der Methodologie der objektiven Hermeneutik, S. 17.
[417] Ebd., S. 17.

7 Forschungsdesign und Forschungsmethoden der sozioanalytischen Forschungsstrategie

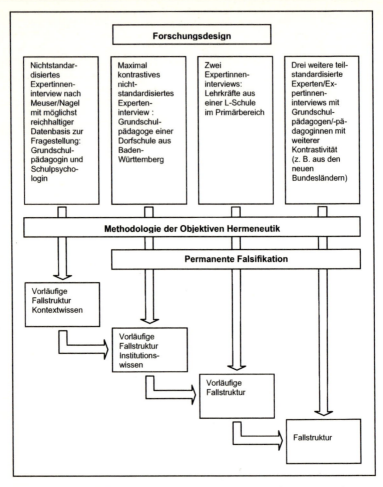

Abbildung 10: Von den Experten-/Expertinneninterviews zur Generierung der Fallstruktur zur Fragestellung.

7.4 Sammlung von Aussagen durch Kinder mittels Sekundärmaterialien

Aufgrund der unter dem Punkt 5.5 in dieser Arbeit angeführten Reaktionen der Kinder bei der Exploration ihrer Sichtweisen von Kinderarmut, - sie reagierten mit dem Gefühl von Ausgeliefertsein, Ängsten und Zurückhaltungen - , in den Forschungsarbeiten von Rosemarie Uhlbrand und Sabine Toppe, habe ich mich dafür entschieden, verschiedene Aussagen mittels vorhandenen sekundären Ausdrucksgestalten zu sammeln. Hierzu boten sich Darstellungen in Fachzeitschriften, im Internet und Sequenzen aus bereits erstellten biographischen Interviews im Rahmen von eigenen Interventionsforschungen an. Es ist meines Erachtens forschungsethisch nicht geboten, zu Forschungszwecken Kinder und ihr soziales Umfeld der Gefahr einer Stigmatisierung auszusetzen, wenn man sie als potentiell von (Kinder-)Armut Betroffene anspricht, ohne mit ihnen, wie von Rosemarie Uhlbrand und Sabine Toppe gefordert, in einer längerfristigen Betreuung primär- oder sekundär-präventive Auswege und Lösungen erarbeiten zu können. Da ich keine Grundschullehrkraft bin, kann ich dieser Forderung nicht entsprechen. Dennoch möchte ich auf die „Perspektive der Kinder" innerhalb dieser Arbeit nicht verzichten. Für die Auswertung dieser Sequenzen bietet sich meines Erachtens, aufgrund ihrer künstlich erzeugten naiven Haltung und der damit verbundenen ethnomethodologischen Sichtweise[418], eine Rekonstruktion mittels der „Objektiven Hermeneutik" nach Ulrich Oevermann an.

7.5 Rekonstruktion mittels der „Objektiven Hermeneutik"[419]

7.5.1 Methodenmix

In der Auswertung der Experten-/Expertinneninterviews geht es immer auch darum, *„die entsprechenden Wissens- und Handlungsstrukturen, Einstellungen und Prinzipien theoretisch zu generalisieren"* und *„Aussagen über Eigenschaften, Konzepte und Kategorien zu treffen"*[420]. Dies sollte nicht subsumptionslogisch, sondern rekonstruktionslogisch erfolgen. So habe ich mich für einen Methodenmix entschlossen, indem ich die Auswertung der beschriebenen Experten-/Expertinneninterviews mit der von Ulrich Oevermann in der Sozioanalyse oder klinischen Soziologie seit über 30 Jahren entwickelten, erprobten und angewandten Methode der „Objektiven Hermeneutik" durchgeführt habe. Dieses Konzept der „Objektiven Hermeneutik" zur Rekonstruktion der Wirklichkeit einer Lebenspraxis in den befragten Grund- und Förderschulen möchte ich im Rahmen dieser Dissertation etwas ausführlicher darstellen, da ich sie für einen geeigneten Ansatz für die Forschungslogik innerhalb einer Lebensweltorientierten Sozialen Arbeit halte, die meines Wissens in der Lehre vieler Fachhochschulen noch stark unterrepräsentiert ist.

Die Methodologie der Objektiven Hermeneutik stellt den Forschungsschwerpunkt Ulrich Oevermanns, mit ihren seit langem erprobten Methoden und Techniken der Sozial- und Kulturforschung, bereit. Damit ist es

---

[418] Vgl.: Kelle, Helga/Breidenstein, Georg: Alltagspraktiken von Kindern in ethno-methodologischer Sicht, 1999, S. 91ff.
[419] Die „Objektive Hermeneutik" habe ich im Rahmen dieser Arbeit ausführlich dargestellt, da ich sie als geeignete Methode für die Sozialarbeitsforschung sehe, die im Studium der Sozialen Arbeit meines Wissens bisher nur in Ansätzen gelehrt wird.
[420] Meuser, Michael/ Nagel, Ulrike: ExpertInneninterviews, 2005, S. 77.

möglich, die typischen, charakteristischen Strukturen von wenig bekannten Entwicklungen und Phänomenen mit ihren hinter diesen Erscheinungen operierenden Gesetzmäßigkeiten zu entschlüsseln und zu rekonstruieren. Dabei wird die Ebene der bloßen Deskriptivität zugunsten einer erschließenden und aufschließenden Gegenstandsanalyse verlassen.

Karl Popper benannte drei Welten in seiner Erkenntnistheorie. *„Welt 1"* ist nach dieser Denkweise die *„Welt der physischen Vorgänge"*, *„Welt 2"* nannte Karl Popper die *„Welt der psychischen Vorgänge"*. *„Welt 3"* bezeichnete er *„im weitesten Sinne"* ... *„die Welt der Produkte des menschlichen Geistes; im engeren Sinne insbesondere die Welt der Theorien, einschließlich der falschen Theorien; und die Welt wissenschaftlicher Probleme, einschließlich der Fragen nach der Wahrheit oder Falschheit der verschiedenen Theorien"*[421]. In der Welt der *„Produkte des menschlichen Geistes"* lässt sich auch die Objektive Hermeneutik forschungslogisch einordnen.

7.5.1.1 Zum Konzept der Objektiven Hermeneutik nach Ulrich Oevermann[422]

Die Objektive Hermeneutik befindet sich in einer doppelten, methodologischen und theoretischen Frontstellung: die naturwissenschaftlich orientierte Tradition der Sozialwissenschaften abstrahiert weitgehend von der Sinnstrukturiertheit zu Handlungen. Die zweite Front besteht gegenüber der traditionellen Hermeneutik, bei der „Sinn" an die Perspektiven und Absichten der Handelnden – verstanden als subjektiv gemeinter Sinn – gebunden bleibt. Dagegen beharrt die Objektive Hermeneutik auf die Möglichkeit objektiven Verstehens, d. h. der Entschlüsselung von objektivem bzw. von Ulrich Oevermann so bezeichneten „latentem Sinn". Von Interesse ist dann nicht in erster Linie das, was eine Person auszudrücken beabsichtigte, sondern das, was sie ausgedrückt hat, die protokollierte Spur, die sie hinterlassen hat. Der Gegenstand der Analyse sind daher Ausdrucksgestalten, die man protokollieren und lesen kann wie einen Text. Es kommt ein erweiterter Textbegriff zur Geltung, der sich auf alle Ausdrucksgestalten bezieht, die menschliche Interaktionen hinterlassen haben.

7.5.1.2 Theoretischer Bezug[423]

Zentral für das Verfahren der Objektiven Hermeneutik ist die Unterscheidung zwischen latentem bzw. objektivem Sinn einerseits und subjektiv-intentionalem Sinn andererseits. Diese Unterscheidung wird generell als günstig angesehen, da wir immer schon in einem Kontext

---

[421] Popper, Karl R.: Bemerkungen eines Realisten über das Leib-Seele-Problem, 1994, S. 95f.
[422] Abschnitt nach: Sutter, Hansjörg: Oevermanns methodologische Grundlegung, 1994, S. 23ff.
[423] Ebd., S. 23ff.

objektiver sozialer Regeln eingebunden sind und auf diese Bezug nehmen, uns diese Regeln aber nie voll vergegenwärtigen können. In einem abkürzenden Verfahren schließen wir daher im Alltag normalerweise von dem, was jemand sagt, zurück auf seine Absichten – anders ist Verständigung kaum möglich. Aber es gibt auch Situationen, in denen uns die Differenz dieser Ebenen bewusst wird. Ein Beispiel sind „vielsagende" Versprecher, die unintendiert etwas Bezeichnendes zum Ausdruck bringen.

Diese Unterscheidung findet nun Eingang in das Verfahren der Textinterpretation, in dem es immer darum geht, die Differenzen, aber damit auch das Verhältnis dieser beiden Ebenen – von objektivem Sinn und subjektiv gemeintem Sinn – zu erfassen. Im Theorieverständnis der objektiven Hermeneutik heißt das, zu differenzieren zwischen der Ebene (A), der latenten Sinnstruktur bzw. objektiven Bedeutungsstruktur, die von der sprechenden, handelnden Person auf der Ebene (B) subjektiv intentional realisiert wird. Diesen beiden Ebenen der Textinterpretation schließt sich eine dritte Analyseebene (C) an, die die Fallstruktur betrifft. Die Ebene (C) wird daran erkennbar, dass das, was als „objektiver Sinn" in einer Äußerung zum Ausdruck kommt, sich an mehreren Stellen wiederholt. Letztlich kommt auf der Ebene (D) der Fall in seinem geschichtlichen Gewordensein, in seiner Aufschichtung, als Fallstruktur in den Blick.

Die Interpretation von Texten zielt nun darauf ab, den spezifischen Selektions- bzw. Bildungsprozess zu rekonstruieren, der in dem Text zum Ausdruck kommt.

7.5.1.3 Latente Sinnstrukturen und objektive Bedeutungsstrukturen [424]

Zentraler Gegenstand der Methodologie der Objektiven Hermeneutik sind die latenten Sinnstrukturen bzw. objektiven Bedeutungsstrukturen von Ausdrucksgestalten, wie sie in der sinnstrukturierten Welt, mit ihren psychischen, sozialen und kulturellen Erscheinungen, präsentiert werden. *„Konstitutionstheoretisch steht hinter dieser Bestimmung die Prämisse, dass die kategorial von den stochastischen Welten verschiedenen Bedeutungswelten uns als verstehbare dadurch gegeben sind, dass die Bedeutung von Ausdrücken grundsätzlich sprachlich durch generative Algorithmen erzeugt werden."*[425] Das bedeutet, die sprachlich objektiven Bedeutungen liegen den subjektiven Intentionen konstitutionslogisch voraus. Die latenten Sinnstrukturen und objektiven Bedeutungsstrukturen sind die abstrakten Zusammenhänge, die man nicht sinnlich wahrnehmen kann, die aber gelesen und verstanden werden können, wenn man sich über Texte, Töne und Bilder gemeinsam verständigt. Diese werden durch bedeutungsgenerierende Regeln erzeugt und gelten unabhängig von unserer subjektiven Interpretation als objektiv.

---

[424] Abschnitt nach: Oevermann, Ulrich: Klinische Soziologie, S. 1ff.
[425] Ebd., S. 1.

7.5.1.4 Die Lesbarkeit von Sinnstrukturen[426]

Diese Sinnstrukturen sind grundsätzlich abstrakt und lassen sich sinnlich nicht wahrnehmen, aber sie sind empirisch erfahrungs-wissenschaftlich analysierbar. Sinnlich wahrnehmen lassen sich nur die Ausdrucksgestalten (z. B. das weiße Papier, auf dem sie protokolliert sind), doch dies ist nur das materielle Substrat und nicht die Bedeutung der Ausdrucksgestalt. Somit bricht Ulrich Oevermann mit dem Hume'schen Empiriebegriff, wonach nur alles das ist, was durch Wahrnehmungssinne erfahrbar wird.

7.5.1.5 Ausdrucksgestalt, Text und Protokoll [427]

In die Kategorie der Ausdrucksgestalt fällt die Gesamtheit an Daten, durch die sich die erfahrbare Welt der Sozial-, Geistes- und Kulturwissenschaften präsentiert und methodisch zugänglich und erforschbar wird.

In die Ausdrucksgestalt als Text fallen nicht nur schriftsprachliche Texte, sondern alle Ausdrucksgestalten menschlicher Praxis, wie Landschaften, Erinnerungen und Dinge der materiellen Alltagskultur. Texte können nur „gelesen" werden und sind ebenfalls der sinnlichen Wahrnehmung verschlossen.

Protokolle sind die Möglichkeiten der Ausdrucksmaterialien und überdauernden Objektivierung von Texten. Text meint den symbolischen Charakter, während das Protokoll die ausdrucksmateriale Erscheinung meint. Das Protokoll kann sinnlich, z. B. durch Tonträger oder Papier, wahrgenommen werden. Protokolle sind für Ulrich Oevermann die einzige methodisch zureichende Grundlage für erfahrungswissenschaftlich zwingende Schlussfolgerungen.

Die Ausdrucksgestalt und die Lebenspraxis stehen in einem dialektischen Verhältnis zueinander. Ausdrucksgestalt als das Protokoll und die Lebenspraxis als protokollierte Wirklichkeit sind unauflöslich miteinander verbunden. Nur über die Ausdrucksgestalt wird die Lebenspraxis als Untersuchungsgegenstand zugänglich.[428]

7.5.1.6 Objektivität[429]

Dadurch, dass sich die Objektive Hermeneutik immer auf die Rekonstruktion der latenten Sinnstrukturen bzw. objektiven Bedeutungsstrukturen der Ausdrucksgestalt richtet, die den untersuchten Gegenstand authentisch verkörpert, kann sie genauso wie alle Naturwissenschaften die Objektivität ihrer Erkenntnis bzw. ihrer Geltungsüberprüfung beanspruchen. Diese

---

[426] Abschnitt nach: Oevermann, Ulrich: Klinische Soziologie, S. 2f.
[427] Ebd., S. 3f.
[428] Ebd., S. 140.
[429] Ebd., S. 5f.

rekonstruierten Sinnstrukturen können lückenlos am jederzeit wieder einsehbaren Protokoll erschlossen werden. „*Die Objektivität wird erst dann gelockert, wenn es in weiteren Schritten darum geht, von den objektiven Sinn- und Bedeutungsstrukturen auf die Bewusstseinsrealität oder innere psychische Realität der an der protokollierten Wirklichkeit beteiligten Subjekten zurückzuschließen.*"[430] Doch diese Rückschlüsse sind auf Grundlage der objektiven Sinnstrukturen sehr viel zuverlässiger als ein rein empathisches Verstehen.

Die Objektive Hermeneutik ist keine Methode des Verstehens im Sinne des Nachvollziehens oder Sich-Einfühlens, sondern eine strikt analytische, mit einer in sich objektiven Methode der lückenlosen Erschließung der objektiven Sinn- und Bedeutungsstrukturen. Hier lässt sich wieder eine Brücke zu Karl Popper schlagen: Dieser sieht die „*Welt der psychischen Vorgänge*" in einer engen Verknüpfung oder Wechselwirkung mit der „*Welt der Produkte des menschlichen Geistes*"[431], so „*daß das menschliche Selbstbewusstsein oder Ichbewusstsein ohne die Existenz der*[432]" ... „*Welt des menschlichen Geistes*"[433] unverständlich ist.

7.5.1.7 Krise statt Routine[434]

Krise und Routine gehören zu den Grundbegriffen der Objektiven Hermeneutik. Routinen wurden ursprünglich zur Lösung von Krisen entwickelt. „*In der Praxis bemerken wir diese krisenhafte Entscheidungsstruktur nur in seltenen Fällen, weil wir in der Regel die Entscheidung schon immer durch eingespielte Routinen vorweg getroffen haben. Aber diese Routinen sind ursprünglich einmal entwickelt worden als Lösungen einer Krise, die sich bewährt haben und im Bewährungsprozeß sich zu Routinen veralltäglichen. Nur im praktischen Grenzfall, wenn Überzeugungen und Routinen überraschend scheitern, oder wenn von vornherein etwas Neues gesucht werden muß, wenn also eine Krise manifest vorliegt, wird uns die Entscheidungssituation und –ungewißheit als solche bewußt.*[435] Für die Objektive Hermeneutik ist nach Ulrich Oevermann, anders als in der Alltagspraxis, die Krise der Normalfall und die Routine der Grenzfall. Die Routine ist die Schließung einer offenen Krisensituation und die Krise öffnet eine geschlossene Routinisierung. Deshalb lassen sich soziale Phänomene danach differenzieren, ob sie primär der Krise oder der Routine angehören.

---

[430] Vgl.: Abschnitt nach: Oevermann, Ulrich: Klinische Soziologie, S. 5.
[431] Popper, Karl R.: Bemerkungen eines Realisten über das Leib-Seele-Problem. In (ders.): Alles Leben, 1994, S. 95f.
[432] Ebd., S. 111.
[433] Ebd., S. 95f.
[434] Abschnitt nach: Oevermann, Ulrich: Klinische Soziologie, S. 9f.
[435] Ebd., S. 9.

7.5.1.8 Fallrekonstruktion [436]

Nach Ulrich Oevermann sind die heutigen „case studies" lediglich eine Fallbeschreibung, die einen Fall in einer größeren Anzahl seiner klassifikatorischen Merkmale abbildet. Die Fallrekonstruktion ist aber mehr als eine bloße Fallbeschreibung und nimmt den Fall von innen her positiv *„und erklärt mit der Explikation das Zustandekommen und die Motiviertheit einer Merkmalskonfiguration. Sie bestimmt einen konkreten Fall gewissermaßen von innen her positiv und sie erklärt mit der Explikation das Zustandekommen und die Motiviertheit einer Merkmalskonfiguration, bei der eine Fallbeschreibung immer stehen bleiben muß, dadurch, dass per Sequenzanalyse die sich reproduzierende oder transformierende Fallstruktur direkt falsifizierbar erschlossen und expliziert worden ist."*[437] Die Bestimmung dieser Fallstruktur ist die eigentliche zentrale Erkenntnis der Humanwissenschaften.

Die Fallrekonstruktion ist immer auch eine Strukturgeneralisierung und zwar in folgenden Hinsichten:[438]

- Jede einzelne Fallrekonstruktion ist schon als solche eine Strukturgeneralisierung durch eine genuine ursprüngliche Typusbeschreibung.
- Bei der Fallrekonstruktion werden darüber hinaus auch noch andere Fälle bestimmt, die nach seinen objektiven Möglichkeiten (historische, soziale und kulturelle Umgebung) prinzipiell genauso wie der untersuchte Fall hätten werden können, es aber nicht geworden sind.
- Jeder untersuchte Fall ist in eine höher aggregierte Fallstruktur eingebettet (Familie, Peergroup usw.).
- Prinzipiell kann jede Fallstruktur zur Falsifikation vorausgehender Regelkonstruktionen gelten.
- Jede Fallstruktur kann potentiell Fallstrukturgesetzlichkeiten sichtbar machen, die bisher in der Praxis noch nicht bekannt sind, so dass sie als eine Erneuerung bzw. das Ergebnis einer sozialen Veränderung in der Praxis gelten müssen.

Daraus können sich im Sinne der Vernunft zwingende Lösungen bieten, der sich die vernünftig handelnde Praxis nicht entziehen kann.

---

[436] Oevermann, Ulrich: Klinische Soziologie, S. 10f.
[437] Vgl.: Ebd., S. 11.
[438] Ebd., S. 14ff.

7.5.1.9 Kunstlehre[439]

Die eigentliche Methodologie auf der konstitutionstheoretischen Ebene, mit der expliziten Begründung der Bedingung der Möglichkeiten der Rekonstruktion latenter Sinnstrukturen, unterscheidet Ulrich Oevermann von der Kunstlehre der Forschungspraxis. *„Auf der Ebene der Kunstlehre wird die unauflösliche Einbettung auch des objektiven Hermeneuten in seine jeweilige gesellschaftliche Praxis in Rechnung gestellt."*[440] Durch „künstliche Naivität" und „Ausschaltung eines fallbezogenen Vorwissens" bei der Rekonstruktion von Texten wird die Kunstlehre der Objektiven Hermeneutik gekennzeichnet und sie versucht dabei, mit diesen Vorkehrungen dem Handlungsdruck der Praxis zu entgehen.

7.5.1.10 Autonomie von Lebenspraxis [441]

Die Objektive Hermeneutik definiert die Lebenspraxis als ein inhaltliches, autonomes[442], selbsttransformatorisches, historisch konkretes Strukturgebilde in einer widersprüchlichen Einheit von Entscheidungszwang und Begründungsverpflichtung. Die Lebenspraxis beinhaltet demnach sämtliche Handlungsinstanzen, die über Entscheidungskompetenz verfügen. Bei diesen Strukturgebilden kann es sich um Personen, Primärgruppen, wie Familien, formale Institutionen[443], Regionen, Staaten und internationale Bündnisse handeln. *„Ein Entscheidungszwang ergibt sich notwendig daraus, dass in bestimmten, dadurch krisenhaften Situationen angesichts entwerfbarer Alternativen oder Wahlen, ob es gewollt wird oder nicht, eine Entscheidung fallen muß, für die charakteristisch ist, dass krisenlösende rationale oder sozial anerkannte Begründungen im Sinne eines Richtig-Falsch-Kalküls (noch) nicht zur Verfügung stehen."*[444]

7.5.1.11 Grundprinzipien und Interpretationsregeln der Objektiven Hermeneutik[445]

Um über das Inhaltsverstehen eines Textes hinaus die Lebenspraxis eines Subjektes zu rekonstruieren, wird der Interpret/die Interpretin genötigt sein, sich auf die Erzeugungsstrukturen des Textes selbst zu richten. Es muss versucht werden, die Bedeutung des Textes anhand der Regeln zu explizieren, nach denen der Erzählende diesen hervorgebracht haben

---

[439] Abschnitt nach: Oevermann, Ulrich: Die objektive Hermeneutik als unverzichtbare, 1993, S. 126.

[440] Vgl.: Ebd., S. 126.

[441] Abschnitt nach: Ebd., S. 179.

[442] Der Begriff der Autonomie setzt sich aus autos (selbst) und nomos (Gesetz) zusammen und repräsentiert die Unabhängigkeit und Selbstbestimmung des Menschen.

[443] Im Kontext dieser Fallstudie wird davon ausgegangen, dass es sich bei der Grundschule um eine formale Institution handelt.

[444] Oevermann, Ulrich: Die objektive Hermeneutik als unverzichtbare, 1993, S. 179.

[445] Abschnitt nach Sutter, Hansjörg: Oevermanns methodologische Grundlegung, 1994, S. 23ff.

muss. In Kenntnis der/die latenten Sinnstrukturen, definiert Ulrich Oevermann den Gegenstand der Objektiven Hermeneutik als jenen der lebensweltlich konkreten sozialen Normen, die erst in ihrem Zusammenwirken und in ihrer Gesamtheit Lebenspraxis konstituiert. Die Lebenspraxis in der hier angedeuteten Gesamtheit kann dann konsequenterweise zum Gegenstand einer rekonstruktionslogischen Methodologie sowie einer rekonstruktiven Forschungspraxis werden.

7.5.1.12 Kontextfreiheit

Das Prinzip bedeutet, dass die Einbeziehung des Kontextes erst dann eine gehaltvolle und methodisch strukturierte Operation darstellt, wenn zuvor eine freie, kontextunabhängige Bedeutungsexplikation vorgenommen wurde. D. h. es sollen Textstellen auf ihre Bedeutung hin „befragt" werden, unabhängig ihrer aktuellen Intention. Dazu stellen die Interpreten/ Interpretinnen gedankenexperimentelle Kontexte her.

7.5.1.13 Wörtlichkeit

Nicht was in dem Text gesagt werden wollte, sondern was der Text gesagt hat, ist Ziel der Explikation. Das ist insbesondere bei Widersprüchen wichtig. Es gilt das Prinzip der „Goldwaage". Obwohl es letztendlich um die Analyse des latenten Sinns des Textes geht, führt der Weg dorthin weder durch Rätseln, noch über die Subsumption des vorliegenden Textes unter Theorien, die aus anderen Zusammenhängen bekannt sind und schlüssig zu sein scheinen. Jede Interpretation ist am Text selbst nachzuweisen.

7.5.1.14 Sequentialität

Diese Regel bedeutet, dass Texte sequentiell, d.h. Sinneinheit für Sinneinheit, interpretiert werden. Dies begründet sich aus der Überzeugung, dass auch die Lebenspraxis selbst sequenziell organisiert ist und auf basalen Prozeduren der Eröffnung und Beschließung beruht. Sequentialität ist für humanes Handeln konstitutiv, die Untersuchung der Eröffnungs- und Beschließungsprozeduren ist sehr aufschlussreich. Mit der sequentiellen Interpretation soll die Erfahrungsaufschichtung aus der Textstruktur rekonstruiert werden. Dazu wird Sequenz für Sequenz vorgegangen. Begonnen wird mit der ersten Äußerung der Textsequenz und es wird gefragt, in welchen Textkontexten diese Äußerung stehen könnte.[446]

---

[446] Vgl.: Ludwig-Mayerhofer, Wolfgang, ILMES – Internet-Lexikon der Methoden der empirischen Sozialforschung.

7.5.1.15 Permanente Falsifikationen

Mit der Sequenzanalyse ist eine permanente Falsifikation möglich, denn an der nächsten Sequenzstelle kann grundsätzlich die bis dahin kumulativ aufgebaute Fallrekonstruktion sofort widerlegt werden. Nach Ulrich Oevermann ist ein strengeres Falsifikationsverfahren in der Methodologie der Humanwissenschaften nicht denkbar.[447]

7.5.1.16 Gedankenexperimentelle Explikation

Mit der Sequentialität ist die gedankenexperimentelle Explikation von Lesarten unmittelbar verbunden. Es geht darum, möglichst viele verschiedene Kontextbedingungen darzulegen, unter denen der gegebene Text „Sinn" macht, um auf diesem Wege zu erschließen, wie ein bestimmter Ausdruck bzw. eine bestimmte Handlung sinnlogisch motiviert sein könnte. Die gedankenexperimentelle Konstruktion von Lesarten dient dem Zweck, vor dem Hintergrund anderer Möglichkeiten gerade das Spezifische an einem Text erkennen zu können und sich dabei nicht vorschnell durch das eigene Vorverständnis leiten zu lassen. Es handelt sich um ein breit angelegtes extensives Interpretationsverfahren, in dem gerade am Anfang eine Fülle von Lesarten entwickelt wird. Nach und nach werden die meisten verworfen, bis schließlich die Struktur des Falls erkennbar wird. In diesem Zusammenhang ist auch von Kontextvariation die Rede.

7.5.1.17 Extensivität

Prinzipiell ist es nicht möglich, Textelemente als unbedeutend auszuschließen. Das Prinzip verpflichtet sinnlogisch erschöpfend zu sein, d. h. die gedankenexperimentellen Kontexte der beteiligten Interpreten müssen typologisch ausgeleuchtet werden. Erst wenn alle Lesarten erschöpfend benannt sind, ist dem Prinzip der Extensivität genüge getan. Dabei muss man sich auf solche Lesarten beschränken, die ohne größere Zusatzannahme mit dem Text kompatibel sind.

7.5.1.18 Sparsamkeit

Nur die Lesarten sind erlaubt, die aus dem Text erzwungen werden können. Das Prinzip der Sparsamkeit soll verhindern, dem Fall voreilig Regelverletzungen, Pathologien u.s.w. zu unterstellen. Das Sparsamkeitsprinzip verlangt, nur die Hypothesen zuzulassen, die textlich überprüfbar sind.

---

[447] Vgl.: Oevermann, Ulrich: Klinische Soziologie, S. 9.

7.6 Exkurs 1: Die Rekonstruktionslogik in den Systemtheorien

An dieser Stelle möchte ich kurz einen Exkurs in einen in der Sozialen Arbeit gängig zitierten theoretischen Zugang der Systemtheorie vollziehen. Niklas Luhmann geht in seiner universalen funktional-strukturellen Systemtheorie von der Annahme aus, dass soziale Systeme durch so genannte Selbstreferenz oder Autopoesis charakterisiert sind und durch Selektionsprozesse, die zur Bildung eines Systems notwendig sind, immer anspruchsvoller werden. Diese Systeme werden, so Niklas Luhmann, nicht durch Handlungen, sondern durch autopoetische Kommunikationszusammenhänge, als strukturfunktionale Latenz, die nicht an Sprache gebunden sind, als Grundvoraussetzung der Systembildung festgelegt.[448] *„Ein soziales System kommt zustande, wenn immer ein autopoetischer Kommunikationszusammenhang entsteht und sich durch Einschränkung der geeigneten Kommunikationen gegen eine Umwelt abgrenzt. Soziale Systeme bestehen demnach nicht aus Menschen, auch nicht aus Handlungen, sondern aus Kommunikation".*[449] Aus diesem Grund kann etwas, was innerhalb eines geschlossenen Systems geschieht, nicht direkt in ein anderes System transferiert werden.[450] Die Frage ist, ob sich hier bereits ein möglicher Erklärungsansatz für die Schwierigkeiten eines „vernetzten Denkens" von Grundschulpädagogik und Soziale Arbeit / Sozialpädagogik finden lässt.

Nach dieser Definition von Niklas Luhmann hat die strukturfunktionale Latenz die Funktion des Strukturschutzes. Demnach hat Latenz die Funktion, Strukturen vor der Zerstörung durch Aufdeckung zu bewahren. Dies gilt jedoch nur für die historisch variablen Strukturen. Diese Strukturen sind durch Latenz geschützt. Es können Strukturschichten unterschieden werden, welche wiederum nach der Latenz der Zugänglichkeit differenziert werden. Die universalen Strukturen sind dem Unbewussten zuzurechnen, invariabel und somit auch durch Aufdeckung nicht zu verändern. Bei den historischen Strukturen (epochenspezifische, gesellschaftsspezifische, subkulturelle, milieuspezifische Regeln) hingegen finden sich Stufen der Latenz vom Unbewussten, Vorbewussten bis zum partiell Bewussten.

Im Zusammenhang mit der Objektiven Hermeneutik sind Strukturen jene Gesetzmäßigkeiten, mit denen eine Lebenspraxis (Individuum, Gruppe, Gemeinschaft, Institution, Gesellschaft), über einen bestimmten Zeitraum, typische Selektionen aus den nach Regeln erzeugten offen stehenden Optionen vornimmt. So stellt sich die Frage, ob mit Hilfe der Objektiven Hermeneutik diese latenten Sinnstrukturen, die für die Autopoesis des

---

[448] Vgl.: Korte, Hermann: Einführung in die Geschichte der Soziologie, 1992, S. 33f.
[449] Luhmann, Niklas: zit. n. Korte, Hermann: Einführung in die Geschichte der Soziologie, 1992,S. 269.
[450] Vgl.: Korte, Hermann: Einführung in die Geschichte der Soziologie, 1992, S. 33f.

Systems Grundschule und Kinder- und Jugendhilfe verantwortlich sind, aufdecken und rekonstruieren lassen.

7.7 Auswertungsgruppe

Die Bestimmung der Fallstruktur erfolgte in einer Auswertungsgruppe, die die Grundprinzipien und Interpretationsregeln der Objektiven Hermeneutik beachtet. Der Erkenntnisgewinn liegt in der gemeinsamen Erprobung von Lesarten, die die Interpreten/ Interpretinnen lieferten und sich im Konsens an den Interviewtexten bewähren, also standhalten, müssen. Die Auswertungsgruppe bestand für diese Forschungsarbeit mit mir aus vier Experten/Expertinnen aus der Lebenspraxis der Sozialen Arbeit / Sozialpädagogik:

- Ein 31jähriger Diplom - Sozialpädagoge aus dem Arbeitsfeld der „jugendrichterlichen Weisungen" und Promotionsstudium in der Grundschuldidaktik und –pädagogik sowie mehreren Fortbildungen im Bereich der „Objektiven Hermeneutik",
- ein 32jähriger Diplom - Sozialpädagoge als Berufseinsteiger aus dem Arbeitsfeld der „Ambulanten Erziehungshilfen",
- ein 38jähriger Diplom - Sozialpädagoge aus dem Arbeitsfeld der stationären Hilfen (§ 35a KJHG: Wiedereingliederung seelisch behinderter Kinder und Jugendliche),
- und eine 35jährige Diplom - Sozialpädagogin in Elternzeit aus dem Arbeitsfeld des „Allgemeinen Sozialdienstes" (ASD) bzw. der Bezirkssozialarbeit (BSA) und mit praktischen Erfahrungen in einer Erziehungsberatungsstelle.

Die Mitglieder der Auswertungsgruppe haben alle bereits Erfahrungen in der Fallrekonstruktion nach Ulrich Oevermann im Studium und/oder aus der Praxisforschung (z. B. pädagogische Diagnosen) gesammelt. Die Auswertungstreffen fanden in einem 14-tägigen Turnus von eineinhalb Stunden statt und nahmen etwa 5 Monate Zeit in Anspruch, da alle Interviews nahezu vollständig rekonstruiert wurden.

7.8 Fallstrukturen

Mit Hilfe der Auswertungsgruppe gelangten wir zu „zentralen Fallstrukturhypothesen" aus den Experten-/Expertinneninterviews. Diese zentralen Fallstrukturhypothesen wurden dann in eine integrierte Falldarlegung überführt, die eine einzelfallübergreifende Synthese bildet. Das Neue und Fremde in dieser Untersuchungseinheit gilt es, insgesamt zu entdecken, zu entschlüsseln und anschaulich auf den Begriff zu bringen.[451]

---

[451] Vgl.: Kraimer, Klaus: Form&Stoff der Fallrekonstruktion, 2006, S. 3.

8 Darstellung der Analyse des Fallmaterials der Phänomene einer Kinderarmut in der Grundschule[452]

8.1 Darstellung der „zentralen Fallstrukturhypothesen": Allgemeine Schwierigkeiten bezüglich des Kontext- und Institutionswissens in der Grundschule

Für die Darstellung der Ergebnisse aus den Fallrekonstruktionen möchte ich in der folgenden Ergebnisdarstellung immer wieder exemplarische Rekonstruktionen von Sequenzanalyse eines Segments, an der sich die Genese meiner Ergebnisse exemplarisch gut demonstrieren lässt, darstellen. Die weiteren Fallrekonstruktionen wurden dann abgekürzt, im nächsten Schritt, um diese Rekonstruktionen gruppiert. Es ist nicht möglich, in dieser Fallstudie die Rekonstruktion eines ganzen Interviews darzustellen: Zum einen wurden persönlichkeitsbedingte und subjektive Einschätzungen der Experten/Expertinnen bereits in der Analyse zum Abzug gebracht, die sich für die allgemeine Fallstruktur als nicht relevant erwiesen haben, zum anderen würde eine solche Darstellung den Rahmen dieser Dissertation bei Weitem sprengen.

Experten-/Expertinneninterviews haben den Charakter, „*Betriebswissen*" und „*Kontextwissen*" der Experten/Expertinnen in einem nach Alfred Schütze „*methodischen kontrollierten Fremdverstehen*"[453] zu begreifen. In der Frage nach dem „*Betriebswissen*" wird ein „*kategoriales Gerüst als Bezugsrahmen*"[454] betrachtet, also, im Falle dieser Forschung, die Grundschule als „Betrieb" gesehen. Doch das Betriebswissen von Grundschulpädagogen/-pädagoginnen geht meines Erachtens darüber hinaus, denn professionelle Pädagogen/ Pädagoginnen haben nicht nur den „eigenen Betrieb", sondern die Grundschule als Institution[455] „im Blick". So gehe ich innerhalb dieser Arbeit von einem Institutionswissen aus, welches das Betriebswissen oder Organisationswissen immer mit einschließt. Dieses Institutionswissen impliziert auch, dass die Sequenzen im Interview zur Fallstrukturhypothese herangezogen werden, die als allgemein gültig betrachtet werden können. Die Bedeutung des Kontextwissens im Zusammenhang mit Kinderarmut habe ich mit Hilfe der fünf Dimensionen von Kinderarmut[456] ausführlich dargestellt. Diese Unterscheidung von Institutionswissen auf der einen Seite und Kontextwissen auf der anderen Seite hat sich als „Schlüssel" für die Auswertung der Interviews mit den Grundschulpädagogen/-pädagoginnen heraus gestellt.

---

[452] Der Anhang der Fallstudie (Interviews und Auswertungen) liegen beim Autor lückenlos vor.
[453] Vgl.: Meuser, Michael/ Nagel, Ulriche: ExpertInneninterviews, 2005, S. 71-93. Vgl.: hierzu 7.1.
[454] Vgl.: Ebd., S. 71-93. Vgl.: hierzu 7.1.
[455] Unter einer Institution werden meist staatliche oder gesellschaftliche Einrichtungen verstanden: z. B. Familie, Ehe, Schule (vgl.: Bertelsmann: Wörterbuch der deutschen Sprache, 2004, S. 698.)
[456] Vgl.: 2.13 und 4.1.

8 Darstellung der Analyse des Fallmaterials der Phänomene einer Kinderarmut in der Grundschule

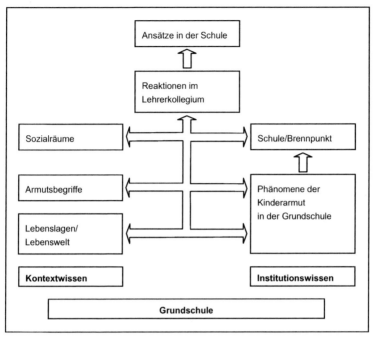

Abbildung 11: Kontextwissen und Institutionswissen in der Grundschule[457]

8.1.1 Phänomene der Kinderarmut in der Grundschule

Für die Phänomene der Kinderarmut in der Grundschule gibt es keine eindeutigen, diagnostischen Kriterien. Die kognitive und emotionale Entwicklung der Kinder, die Sprachentwicklung, die (fehlende) Pausennahrung und die Ausstattung der Kinder mit Kleidung stellen aufgrund der verdeckten Armut keine eindeutigen Kategorien dar, da vor allem beim Nahrungs- und Kleidungskauf in günstigen Discountmärkten auf Billigprodukte zurückgegriffen werden kann, die eine vorliegende Armutssituation weitgehend verdecken können und eine (scheinbare) soziale Teilhabe versprechen. Den betroffenen Kindern wird dies als routinisierte Handlung in einer „Fürsorglichkeit ohne Bewusstsein" durch ihre Eltern mit auf „ihren Weg" gegeben.

Offensichtlicher wird die Kinderarmut bei mangelndem oder fehlendem Schulmaterial bzw. Geld für besondere Schulmaßnahmen, da dies objektiv für die Lehrkraft überprüfbar ist. Der Besitz von Markenkleidung und

---

[457] Eigene Abbildung.

Handys, trotz bekannter Armut der Kinder, können von den Lehrkräften nicht emotional nachvollzogen werden. Die Bedeutung dieser Armutssymbole, in der „Uniformierung" der Kinder zum Beispiel mit Markenkleidung und Kommunikationsinstrumenten, für die von Armut betroffenen Kinder, als Möglichkeit der Teilhabe an einer materialistischen Welt und der Funktion als „Deckmantel", bleibt den Lehrkräften weitgehend verschlossen. Auch die Diskrepanz zwischen überteuerten Handyrechnungen und einem fehlenden Beitrag für einen Schulausflug sind für Lehrkräfte nur sehr schwer auszuhalten. Die mangelnden kognitiven Fähigkeiten der Kinder werden von den Lehrkräften als Folge der Vernachlässigung der Kinder durch die Eltern gesehen.

Fraglich bleibt auch, ob eine mangelnde Sprachentwicklung der Kinder ein Kriterium für ein Aufwachsen in relativer Armut darstellt. Hier spielen neben Zeit- und Ressourcenarmut für eine gezielte familiäre Sprachförderung der Kinder auch kulturelle Haltungen sowie sonstige „Sprachlosigkeiten" in den Familien eine große Rolle. Diese Unterscheidung war bis vor einigen Jahren in der Einschulung nur schwer möglich, da kaum ein Kind lesen konnte und in den ersten Monaten des 1. Schuljahres eine erste Lesekompetenz erworben wurde. Die Sprachförderung ist zu einem großen bildungspolitischen Thema geworden, mit Folge einer Diskussion und der Reaktion einer weiteren Exklusion in Förderschulen auf bestehende Probleme. Natürlich kann bei mangelnder Sprachentwicklung bei Kindern mit Migrationshintergrund eine individuelle Armutssituation vorliegen, genauso aber auch ein kollektivistisches Anwenden der eigenen Muttersprache.

8.1.2 Armutsdefinitionen und –begrifflichkeiten in der Grundschule

Die Frage, ob die Grundschullehrkräfte auf Armut der Kinder treffen, unterstellt, dass sie unverhofft und eher zufällig mit diesen Situationen konfrontiert werden.

Es zeigt sich seitens der Grundschullehrer/-innen weitgehend ein zweifacher Armutsbegriff, der oft in Bezug zueinander steht: auf der einen Seite die ökonomische Armut, die auf der anderen Seite zu Vernachlässigung führt. Es ist wahrscheinlich, dass eine Fragestellung über Armut automatisch einen ökonomischen Armutsbegriff auslöst.

8.1.2.1 Erste Rekonstruktion des Begriffs Kinderarmut

Armut bedeutet ja zunächst eine monetäre, ökonomische Unterversorgung. Der Begriff der Kinderarmut setzt voraus, dass Kinder bereits als Erwachsene handeln würden, da Armut immer autonomes Handeln voraussetzt und sich an ökonomische Selbständigkeit bindet. Dies ist eine der elementaren typologischen Unschärfen des Begriffes der Kinderarmut. Die Kinder sind demnach Leidtragende einer Familienarmut. Eltern entscheiden stellvertretend für ihre Kinder, und zwar nach Maßgabe ihres Budgets. So können z. B. aus einer Unterversorgungssituation der Familie heraus bestimmte Entscheidungen in den Fragen der schulischen Bildung nicht getroffen werden, da in den krisenhaften Lebenssituationen keine geeigneten Entscheidungsmöglichkeiten, z. B. für den Besuch von weiterführenden Schulen, für neue Routinen bestehen.

In den Fragen der Kinderarmut verschiebt sich die Diskussion insofern, dass von monetären Unterversorgungen auf Bildungschancen geschlossen wird, die ihrerseits wieder an Geld rückgekoppelt werden. Die Bildungschancen sind aber entweder in der Familie tradiert oder nicht, in Form von Teilhabe an einem Bildungssystem oder Nichtteilhabe an einem Bildungssystem, und zwar nicht nur aus monetären Gesichtspunkten, sondern vor allem in den Fragen eines kulturellen Kapitals[458]. Eine weitere Frage besteht darin, ob Eltern tatsächlich finanziell nicht in der Lage sind, für ihre Kinder zu sorgen oder ob es ihnen im Sinne einer kulturellen Armut nicht möglich ist, stellvertretend planerisch für ihre Kinder zu handeln und ihnen somit Orientierung zu spenden und es ihnen nicht möglich ist, Bildung als eigenständigen Wert ihren Kindern zu vermitteln. Hier würde dann nicht das Geld fehlen, sondern die Reife für eine bestimmte Gesellschaft. Für diese Lesart sprechen auch die von Pierre Bourdieu skizzierten Begriffe des kulturellen und sozialen Kapitals von Familien, die als kulturelle und soziale Ressourcen, *„die Handlungsmöglichkeiten von Personen erweitern und folglich auch ihre sozioökonomische Stellung positiv beeinflussen können."*[459] Kulturelles und soziales Kapital ist nach Pierre Bourdieu in ökonomisches Kapital konvertierbar und kann nur dort gebildet werden, wo mittels der Investition von „Zeit und Kraft" ökonomische Voraussetzungen geschaffen werden.[460] Die Frage ist, was sozial schwachen Familien in einer Gesellschaft Orientierung spenden kann, war es doch früher die bürgerliche Schicht sowie die Kirchen, die für alle sozialen Milieus Wertesysteme generierte.

Die bürgerliche Schicht jedoch, die früher äußere Symbole in einer Gesellschaft vorgetragen, Ideale hergestellt und Zielrichtungen definierte, hat an Definitionskraft verloren. Das untere soziale Milieu scheint sich selbst überlassen zu sein, denn die Erklärung über sozialisatorische Defekte allein reicht nicht aus; die hat es vermutlich schon immer geben.

---

[458] Unter kulturellem Kapital versteht Bourdieu alle Kulturgüter und kulturellen Resourcen, die in institutionalisierten Formen potenzieller Machtmittel wie Bildungszertifikate dazu beitragen, *„dass in einem sozialen System die Qualifikationen, Einstellungen und Wertorientierungen vermittelt werden, die das System zu seiner Bestandserhaltung braucht ... Inbesondere gehören zu den kulturellen Ressourcen die Wahrnehmungs-, Denk- und Handlungsschemata, die eine Person verinnerlicht hat. Das System von Regeln, das zur Ausbildung der eben aufgeführten Wahrnehmungs-, Deutungs- und Handlungsmuster führt, wird von Bourdieu und Passeron als Habitus bezeichnet."* (Deutsches PISA-Konsortium (Hrsg.): PISA 2000, S. 329.)

[459] Deutsches PISA-Konsortium (Hrsg.): PISA 2000, 2001, S. 326.

[460] Vgl.: Ebd., S. 326.

Diese betroffenen Familien, vor allem die Kinder, werden seitens der Wirtschaft wiederum als Zielgruppe definiert: sie versucht, die Kinder mit Gütern auszustatten, die ihnen einen Platz innerhalb der Gesellschaft suggerieren möchten. Somit kann zustimmend gesagt werden, dass sich Armut auch über Armutssymbole ausdrücken kann.

Tatsächlich aber haben Familien aus sozial schwachen Milieus die Definitionsgröße einer bürgerlichen Mitte nicht mehr, sie verlieren an Orientierung und somit den Platz innerhalb einer Gesellschaft und werden „randständig". Somit ist zwischen den sozialen Milieus die Gemeinwohlbindung verloren gegangen, da von den Resten der bürgerlichen, definitionsmächtigen Schicht auch kein Interesse mehr gegenüber randständigen Schichten besteht, vergemeinschaftende Aufgaben werden nicht mehr zureichend wahrgenommen. Die identitätsstiftenden Themen haben sich stark individualisiert, beispielsweise auf Gesundheit, Schönheit, Erfolg und persönliches Glück. Dies drückt sich in einem mangelnden Kontextwissen über Menschen aus unteren sozialen Milieus aus. Es kommt zur Stigmatisierung und somit zu Handlungsschwächen von Seiten der bürgerlichen Schicht. Stigmatisierung kann dabei als Versuch rekonstruiert werden, sich der Verantwortung zu entziehen. Stigmatisierung bedeutet aber auch die Haltung, „die Menschen aus unteren sozialen Milieus sind ja eh nicht zu erreichen und lehnen jede Orientierung ab".

Diese Lesart des Begriffs der Kinderarmut bildet soziologische Annahmen ab und zeigt eine Logik auf, die vom Mangel an Kontextwissen hin zur Stigmatisierung der betroffenen Kinder führen kann. Jedoch ist diese Diskussion soziologisch und pädagogisch geprägt und verdeutlicht die Begründungspflicht in definitorischen Abstraktionen des Begriffes Kinderarmut im Sinne dieser Fallstudie.[461] Grundschulpädagogen/-pädagoginnen finden sich in diesem Dilemma wieder, was unmittelbaren Einfluss auf ihren Armutsbegriff hat.

8.1.2.2 Kinderarmut aus Sicht der Grundschulpädagogen/-pädagoginnen

„Äh, die Kinder können einfach nicht aus ihren Milieus raus, und das ist uns bewusst ..."

Hier zeigt sich ein fatalistischer Lösungspessimismus. Die dieser Aussage zugrundeliegenden Theorie wird nicht offen gelegt und bleibt somit als resignatives Vorurteil stehen. Die Lehrkraft wird zusammen mit einem vergemeinschaftenden *„uns"* zum/zur Experten/Expertin dieser Diagnose. Die Kinder werden dadurch ihren Eltern sowie ihrem sozialen Milieu subsumiert.

Armut wird als soziale Schwäche gesehen, gepaart mit gesellschaftlichen und sozialisationsgeprägten Vorurteilen. Migrationshintergrund, Erziehung

---

[461] Vgl. die Definition der Kinderarmut im Kapitel 2.13.

durch nur einen Elternteil und die steigende Arbeitslosigkeit stehen aus Sicht der Lehrkräfte in einem Kausalzusammenhang mit einer steigenden Kinderarmut, welche hier ausschließlich eine Folge der Unterversorgung der Eltern ist. Unter dem Begriff „arme Kinder" verstehen Grundschullehrer/-innen meist vernachlässigte und unterversorgte Kinder mit einer starken Opferkonstruktion, die unschuldig in Armutssituationen geraten sind, da Armut, aus Sicht der Lehrkräfte, meist aus mangelnder Betreuung und mangelndem Zeitaufwand für Kinder hervorgeht. Den betroffenen Eltern wird zudem ein unzureichendes Haushalten und Auskommen mit staatlichen Unterstützungsleistungen vorgeworfen, das unbefriedigte Grundbedürfnisse der Kinder zur Folge hat.

Diese Verkürzung der Problematik zeigt ein mangelndes Kontextwissen dieser Lehrkräfte über die Lebenswelt der betroffenen Familien. Oft werden Einzelfälle plakativ verallgemeinert.

Liegt der Fokus der Lehrkraft auf dem Institutionswissen der jeweiligen Grundschule, wird nur eine Sichtweise der betroffenen Kinder eingenommen und die Eltern stark stigmatisiert. Bei hohem Kontextwissen ist der/die Grundschullehrer/-in sehr auf die Lebenswelt der Eltern, die Rahmenbedingungen und längerfristigen Folgen der „Familienarmut" fixiert.

Hier sieht man Armutsbegriffe einer mangelnden Teilhabe (als kulturelle Armut, Bindungsarmut, Zeitarmut) in der Gesellschaft. Armut ist hier nicht nur an Bedürfnisbefriedigung gekoppelt, sondern wird in einem lebensweltlichen Kontext verstanden.

In beiden Fällen entsteht Hilflosigkeit aufgrund der mangelnden Interventionsmöglichkeiten seitens der Grundschule. Bei Kindern, die in Mittelschichts- oder Oberschichtssituationen aufwachsen, werden, anders als bei Kindern aus Armutssituationen, die kognitiven und emotionalen Bedingungen im Vordergrund gesehen, während sich bei Kindern aus dem Unterschichtsmilieu ein stark ökonomischer Armutsbegriff durchsetzt. Dies ist eine Verstärkung der Armut in der Grundschule im doppelten Sinne, da die Schule nicht in der Lage ist, ökonomische Armut zu lösen und emotionale Armut übersehen wird.

8.1.2.3 Exkurs 1: Kritische Reflexion nichtadäquater Haltungen auf soziale und ökonomische Schwierigkeiten der Grundschüler/-innen und deren Eltern

Parallelen der rekonstruierten unterschiedlichen Haltungen der Lehrkräfte gegenüber relativer Armutsphänomene der Schüler/-innen und deren Eltern finden sich auch bei Sabine Weinberger in noch weiter ausdifferenzierten Weise wieder und bestätigen sich größtenteils in dieser Fallstudie. Ich möchte die von Sabine Weinberger beschriebenen Haltungen in aller Kürze folgend darstellen. Dies ist auch methodologisch innerhalb der Objektiven Hermeneutik sinnvoll, da jedes Material herangezogen werden sollte, welches für die Erkenntnisgewinnung aufschlussreich erscheint. Die Objektive Hermeneutik versteht sich als einen interdisziplinären Vorgang und die verschiedenen Disziplinen als eine Konstruktion mit lediglich professionspolitischer Bedeutung.

Für diese Verhaltensweisen von Lehrkräften gilt, dass sie nicht auf die persönlichen Gefühle der Schüler/-innen und deren Erziehungsberechtigten eingehen und sie diese nicht als gleichberechtigten Partner/ gleichberechtigte Partnerin akzeptieren und wertschätzen. Es entsteht hierbei eine asymmetrische „Subjekt-Objekt-Beziehung"[462], bei der der/die Schüler/-in und sein/ihr familiäres System Ratschläge, Interpretationen, Wertungen, Diagnosen, Erklärungen oder Verallgemeinerungen empfangen.[463]

8.1.2.3.1 Bagatellisieren

Die Problemlagen und Gefühlswelten der Schüler/-innen und deren Erziehungsberechtigten werden heruntergespielt. Diese fühlen sich nicht verstanden und nicht ernst genommen. Die Motivation des Systems des Schülers/der Schülerin, sich mit ihren Schwierigkeiten auseinanderzusetzen, wird herabgesetzt.[464]

8.1.2.3.2 Diagnostizieren

Die Lehrkräfte stigmatisieren die Schüler/-innen und deren Umwelt, ohne dass sich diese Lehrkräfte tatsächlich mit den Problemlagen auseinandergesetzt haben. Der/die Lehrer/-in wird hierbei zum/zur sozialen Experten/ Expertin.[465]

8.1.2.3.3 Interpretieren

Die Lehrkraft stilisiert sich zum/zur Experten/Expertin. Es besteht die Gefahr, dass entweder einseitig bestimmte Interpretationen benutzt werden oder dass der/die Schüler/-in und seine/ihre Eltern mit der „Diagnose" überfordert sind.[466]

8.1.2.3.4 Moralisieren

Das positive oder negative Werturteil fällt die Lehrkraft mit Hilfe ihrer eigenen Normen- und Wertvorstellungen. Hierbei wird auf die persönlichen Schwierigkeiten des Schülers/der Schülerin und seiner/ihrer Familie nicht

---

[462] Vgl.: Weinberger, Sabine, „Klientenzentrierte Gesprächsführung", 1988, S. 72.
[463] Vgl.: Ebd., S. 72.
[464] Vgl.: Ebd., S. 67.
[465] Vgl.: Ebd., S. 67.
[466] Vgl.: Ebd., S. 70.

eingegangen. Bei negativen Werturteilen fühlt sich der/die Schüler/-in oder die Eltern gemaßregelt und reagieren möglicherweise mit Gegenwehr.[467]

8.1.2.3.5 Intellektualisieren

Das Zustandekommen des Verhaltens des Schülers/der Schülerin wird von der Lehrkraft rein inhaltlich und kognitiv erklärt. Hierbei wird ausgeblendet, dass sehr viele Schwierigkeiten auf einer emotionalen Ebene liegen. Der/die Schüler/-in wird aber verstärkt, seine/ihre Schwierigkeiten weiterhin rein intellektuell anzugehen. Die Lehrkraft erzählt dem/der Schüler/-in Zusammenhänge, die dieser/diese längst schon selbst begriffen hat. Der/die Schüler/-in lernt die Ursache eines Verhaltens kennen, die er/sie selbst nicht ändern kann.[468]

8.1.2.3.6 Examinieren

Die Lehrkraft gewinnt durch Fragestellungen Informationen, der/die Schüler/-in oder die Eltern fühlen sich jedoch „ausgefragt". Dadurch wird das Gespräch gelenkt, während der/die Schüler/-in oder die Eltern möglicherweise ganz andere Sichtweisen ihrer Schwierigkeiten haben. Nach der erschöpfenden Beantwortung aller Fragen erwartet das System des Schülers/der Schülerin eine Lösung.[469]

8.1.2.3.7 Dirigieren

Die Lehrkraft gibt, mit Hilfe von Ratschlägen, dem/der Schüler/-in oder dessen/deren Erziehungsberechtigten eine Lösung für ihre sozialen und ökonomischen Schwierigkeiten vor. Dadurch werden die Ratsuchenden in eine sehr passive Rolle gedrängt. Der/die Lehrer/-in geht auf die Gefühle und Lösungsansätze, die der/die Schüler/-in und sein/ihr familiäres System bieten, nicht ein. Somit bleiben diese weiterhin auf die Ratschläge der Lehrkraft angewiesen. Selbst erarbeitete Entscheidungen und Ziele gelten jedoch als verbindlicher und wertvoller für die Gesprächspartner/-innen.[470]

8.1.2.3.8 Sich identifizieren

Hierbei können sich die Gefühle der Lehrkraft mit denen des Schülers/der Schülerin vermischen, da die Lehrkraft versucht, sich in das Bezugssystem des Schülers/der Schülerin hineinzuversetzen und so verzerrt zu verbalisieren. Der/die Lehrer/-in kann hierbei dem/der Schüler/-in die Lösung ganz

---

[467] Vgl.: Weinberger, Sabine: „Klientenzentrierte Gesprächsführung", 1998, S. 70f.
[468] Vgl.: Ebd., S. 71.
[469] Vgl.: Ebd., S. 69.
[470] Vgl.: Ebd., S. 67.

unbewusst aufdrängen und ihn/sie an einer eigenen Klärung der Schwierigkeiten hindern.[471]

Die Grundhaltung der Lehrkräfte des Bagatelisierens, Diagnostizierens, Moralisierens und Intellektualisierens beschreiben im Sinne dieser Fallstudie jene Lehrkräfte, die ihren Fokus eher auf dem Institutionswissen der Grundschule legen, während die Grundhaltungen des Dirigierens, Examinierens und vor allem des sich Identifizierens jene Lehrkräfte mit einem Fokus auf dem Kontextwissen beschreiben.

Hierbei zeigt sich, dass die Lehrkräfte eine Haltung brauchen, in der die Schüler/-innen aus relativen Armutsverhältnissen und ihre sozialen Umwelten nicht bevormundet, bemitleidet, bewertet oder in eine bestimmte Richtung gedrängt werden. Dies bedeutet, dass es für Studierende in der Grundschulpädagogik und Grundschuldidaktik nur unzureichende Bildungsmöglichkeiten in gelungenen Haltungen und Formen der Gesprächsführung gibt.

8.1.3 Sozialraum und Grundschule: Der Blick auf den „Brennpunkt"

Interviewer: „…am Anfang, wär´s eben guat, dass`d de Schule vorstellst, dass´d de Stelle hier vorstellst, die Besonderheiten hier, dass´d a was über den Sozialraum hier a sag´n könntest, …"

Die Frage ist, ob es eine gemeinsame Verständigung darüber gibt, was unter einem *„Sozialraum"* zu verstehen ist. Die Theorie des Sozialraums wird vom Interviewer als bekannt vorausgesetzt. Der Interviewer unterstellt der Interviewten somit, sich im gleichen Milieu zu bewegen, indem verkürzte Begrifflichkeiten als bekannt vorausgesetzt werden. Sozialraum ist grundsätzlich ein Aufenthaltsraum zur Regeneration und sozialen Interaktion. Beispielsweise haben Arbeitgeber/-innen im Arbeitsrecht die Aufforderung, für ihre Mitarbeiter/-innen Sozialräume einzurichten. Sozialraum drückt sprachlich keinen identitätsstiftenden Ort aus, im Gegensatz zum Kiez, dieser Begriff ist stark technokratisch geprägt. Die Soziale Arbeit / Sozialpädagogik unterstellt der Grundschule hier möglicherweise eine Fachlichkeit, ohne diese Begrifflichkeiten entsprechend genauer zu definieren.

Unter einem „Brennpunkt" verstehen die Lehrkräfte vor allem städtebauliche Besonderheiten, wie eine hohe soziale Dichte bei Hochhäusern oder der Begriff des „sozialen Brennpunktes" wird schlagwortartig mit sozialen Problemen gleichgesetzt. Der Sozialraum mit einer Identifikation an „heimatspendendem Lebensraum" wird an anderer Stelle stark idealisiert. Ein Heimatgefühl impliziert auch die Möglichkeiten eines sozialen Aufstiegs, doch die Grundschule hat keinen Einfluss auf das

---

[471] Vgl.: Weinberger, Sabine: „Klientenzentrierte Gesprächsführung", 1998, S. 69f.

Heimatgefühl der im Sprengel beheimateten Familien. Dieses Heimatgefühl ist bei den Lehrkräften besonders stark ausgeprägt, sie unterrichten ja in einem bestimmten Bundesland und leben meist in festen sozialen Gefügen. Empathie für die Situation, seine Heimat verlassen zu müssen oder zu wollen, kann daraus nur bedingt entwickelt werden. In dörflichen Grundschulen wird ein idealisiertes Dorfleben durch gegenseitige Sozialisationshilfen und Synergieeffekte skizziert.

„*...Also man ähm redet nicht gerne drüber, des is auch so ein Punkt, der nicht an allen Stellen gerne gehört wird, aber ich nenn´s gerne so, weil´s auch a bisserl wachrüttelt, also es sind einfach Brennpunktschulen. Es gibt im ... nicht sehr viele davon, aber diese hier würde ich schon dazuzählen.*"

„*Man*" abstrahiert auf eine Allgemeinheit, auf eine tonangebende Schicht, auf das Establishment, die herrschenden Probleme tabuisieren. Im zweiten Schritt wird das „*man*" durch „*Stellen*" qualifiziert. Gemeint sind hier wohl die unterschiedlichen Politiken, Organisationen und Institutionen. Dadurch wird eine bestimmte Problemperspektive eingenommen, die auf eine starke Identifikation mit den betroffenen Kindern deutet. Die Gefahr ist, dass der Terminus „*Brennpunktschulen*" propagandistisch auf diese Politiken wirken könnte.

8.1.3.1 Gedankenexperiment: Der Brennpunkt in der optischen Physik

Das Selbstbewusstsein der Schule relativiert sich, wenn sie sich als Brennpunktschule identifiziert.

Der Brennpunkt ist eine Begrifflichkeit aus der optischen Physik: Er bezeichnet den „*Punkt, in dem sich achsenparallele Lichtstrahlen (nach der Brechung an einer Linse oder Zurückwerfung an einem Hohlspiegel) sammeln.*"[472] Mittels eines Brennglases, einer „*Sammellinse,*" lassen sich „*in deren Brennpunkt (...) Stoffe durch Sonnenlicht entflammen*".[473]

---

[472] Bertelsmann: Wörterbuch der deutschen Sprache, 2004, S. 260.
[473] Ebd., S. 260.

Grafisch kann dieser Versuch wie folgt skizziert werden:

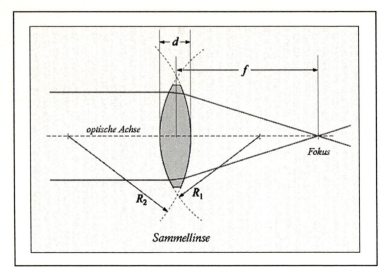

Abbildung 12: Bikonvexe Sammellinse mit dem Fokus als Brennpunkt.[474]

Dabei ist *„der Punkt, in dem sich achsparallel einfallendes Licht sammelt, (...) der **Brennpunkt** F"*[475], hier bezeichnet als Fokus.

Übertragen auf die Grundschule bedeutet dies, das einfallende Licht stellt die unterschiedlichen Lebenslagen der Kinder im Sozialraum dar. Wenn der Brennpunkt im Fokus der Aufmerksamkeit der Schule ist, entsteht ein „brennsliges Gemenge", deren Ursprung nicht mehr nachvollziehbar und diagnostizierbar ist. Dieses Gemenge ist demnach immer eine Krisensituation (ähnlich eines „Krisengebietes"), die stellvertretende Deutungen und stellvertretendes Krisenlösen verlangt. Natürlich ist dies auch Aufgabe der Grundschule, vernachlässigt aber bei einer starken Identifikation mit einer „Brennpunktschule" die Routinetätigkeit des erzieherischen Handelns.

Ähnlich verhält es sich mit der Ausdrucksform „Einzugsgebiet". Ein Einzugsgebiet lässt viele kleine Bäche zu einem großen Strom heranwachsen, ohne dass die Wassermengen je wieder getrennt betrachtet werden können. Offensichtlich wird diese Lesart auch bei dem Ausdruck eines „sozialen Sprengstoffes". Hier zeigt sich die schwere Einschätzbarkeit und Diagnostizierbarkeit von sozialen Phänomenen mit dieser Grund-

---

[474] Abbildung entnommen aus: http://de.wikipedia.org/wiki/Bild:Sammellinse.png.
[475] Böge, Alfred/Eichler, Jürgen: Physik. Grundlagen, Versuche, Aufgaben Lösungen, 2002, S. 176.

haltung, da alle mit der Sorge leben müssen, dass irgendwann einmal alles in „die Luft fliegen kann."

Anders verhält es sich mit dem Begriff der „bunten Mischung". Eine bunte Mischung findet sich gedankenexperimentell bei einer Teemischung: diese Mischung wirkt reizvoll, interessant und exotisch und lässt auf viele Nationen, aus denen die Kinder stammen, schließen. Diese heterogene Gruppe lässt diagnostisch die einzelnen Mitglieder einer Klasse erkennen. Doch es zeigt sich, dass in einigen Fällen der gefühlte Ausländeranteil höher war, als der in den Grundschulen angegebenen Statistiken.

8.1.4 Reaktionen der Lehrkräfte in der Grundschule

Die Lehrkräfte der Grundschule spalten sich in ihrer Haltung gegenüber den Phänomenen von Kinderarmut in die zwei beschriebenen Gruppen. Ein hohes Kontextwissen über Armut führt zur Hilflosigkeit und starken Identifikation mit den betroffenen Erziehungsberechtigten, vor allem mit alleinerziehenden Müttern.

Eine Gewichtung auf das Institutionswissen über die Grundschule hat eine Rationalisierung und Abspaltung der Lebenswelt der betroffenen Kinder zur Folge. Hierbei wird die Grundschule zu einer „Auffangstation" von gefährdeten Kindern, die vor den negativ bewerteten Eltern beschützt werden müssen.

Es zeigen sich keine klaren Vorstellungen von Hilfeleistungen, denn der unterstellte Zwang oder die Kontrolle durch die Kinder- und Jugendhilfe wird zugunsten einer eigenen exklusiven Fürsorge für die von Armut betroffenen Kinder abgelehnt. Die Ambivalenz zeigt sich daran, dass die Kinder bestenfalls als Mitglieder einer Familie gesehen werden, die aber ihrer Fürsorgepflicht nicht nachkommen können und die Ehe idealtypisch gesehen wird.

Die Lehrkräfte allerdings erkennen die Grenzen der eigenen Möglichkeiten in einer Hilfeleistung in Form einer Komm-Struktur, in der sie auch ihre Möglichkeit einsetzen. Doch hier werden klare Grenzen erkannt und benannt. Diese Form der Hilfe ist von einem christlichen und humanistischen Verständnis der Fürsorge und eigenen normativen Lebensentwürfen geprägt. Hilfe wird hierbei in einer mütterlichen bzw. väterlichen Spendung von emotionaler Wärme und Geborgenheit und einer positiven Verstärkung und Anerkennung gesehen. Die Gefahr besteht hierbei, dass die Kinder in einen Loyalitätskonflikt zwischen dem/der Grundschullehrer/-in und ihren Erziehungsberechtigen geraten.

Der Kontakt mit den Eltern entsteht bei der Einschulung, weitere Kontakte zu den Eltern bleiben pro forma und von starker Asymmetrie geprägt. Es gibt durchaus den Anspruch, die Kinder aus ihrem sozialen Milieu herausholen zu wollen, doch gleichzeitig ein Bewusstsein, dass das nicht gelingen kann, weshalb eine Lösung in einer „gesonderten Betreuung" für diese Kinder gesehen wird. Diese Hilfehaltung nimmt die Gefahr in Kauf, dass sich die Kinder, nachdem sie sich dem Einfluss der Lehrkraft entzogen haben, wieder in „das problematische Milieu" zurückkehren. Mangelndes Kontextwissen zeigt sich hier besonders bei kulturellem Wissen und Verständnis, wie z. B. bei Flüchtlingsbiographien.

Fraglich für die Lehrkräfte ist, ob diese Interventionen für die von Armut betroffenen Kinder offensichtlich oder verdeckt geschehen soll, denn offensichtliche Interventionen haben ein hohes Maß an Stigmatisierung für die Kinder zur Folge, während verdeckte Interventionen die Gefahr bergen, die Armutsverhältnisse weiterhin aufrecht zu erhalten. Hier wird auch die Angst der Lehrkräfte deutlich, dass die Kinder in der Klasse gegenseitig, sozusagen als Spiegel der Gesellschaft, deren Vorurteile laut äußern, worauf die Lehrkräfte mit Sanktionen antworten. Eine weitere ungeklärte Frage besteht darin, wann sich die Grundschullehrer/-innen in die jeweiligen Situationen politisch einmischen dürfen oder müssen. Diese Ambivalenz, mit einer Identifikation mit schulpolitischen Vorgaben auf der einen Seite und der Betroffenen auf der anderen Seite, gipfelt in der Frage, wo man die Situation der betroffenen Kinder zur Kenntnis nehmen kann, ohne sich in die familiären und politischen Strukturen einmischen zu müssen.

Berufseinsteiger/-innen aus der Universität bringen viel Idealismus in das neue „Einsatzgebiet Grundschule" mit, der in der Praxis nicht erfüllt wird. Aber die jüngeren Kollegen/Kolleginnen sind keine Hoffnungsträger, denn im Umgang mit Kinderarmut werden ältere Kollegen/Kolleginnen als kompetenter eingeschätzt. Der Wunsch vieler jüngerer Lehrkräfte, in einer ländlichen Grundschule eingesetzt zu werden, deutet auf den Wunsch hin, aufgrund starker Überforderungen aus diesen Situationen gehen zu wollen.

Fraglich ist bereits die Terminologie, dass Lehrkräfte „eingesetzt werden". Dies kann als unfreiwilliger Einsatz (ähnlich wie im Auslandseinsatz der Bundeswehr) rekonstruiert werden. Der Wunsch nach einer Rückkehr in eine weniger problematische Grundschule als Heimat erscheint daraufhin nur logisch. Dies widerspricht elementar einem Autonomitätsparadigma einer Profession, wenn neue Lehrkräfte beispielsweise nicht von der Schule berufen werden oder selbst entsprechende Stellen wählen.

8.1.5 Das Dilemma der Schweigepflicht oder die Angst, die Armut der Kinder aufzudecken

Viele Interviewsequenzen beider beschriebener Haltungen im Umgang mit Kinderarmut sind von einer Unsicherheit und Angst geprägt, Kinderarmut offen zu legen und dabei Namen in Fachgesprächen (z. B. Elternbeirat, Arbeitskreise) nennen zu müssen und damit nicht nur die betroffenen Kinder, sondern auch ihr soziales Gefüge zu stigmatisieren. Dieses moralische Dilemma zeigt sich auch im Offenlegen einer Armutssituation in der Schulklasse, wenn beispielsweise Kinder offen über ihre Situation in einer Religionsstunde sprechen. Dieses Dilemma fußt auf die Gegensätze einer „Bewahrung der Würde der Kinder" und einer Tabuisierung und Aufrechterhaltung der problembelasteten Situationen.

Im Bereich einer sekundären Gewaltprävention an Schulen schreibt Hans Fiedler sehr präzise: *„Was scheint uns wichtiger zu sein, der persönliche Datenschutz oder das drohende, allgemein bekannte Ableiten eines jungen Menschen in die Dissozialität. Extrem ausgesagt: Wegschauen, schweigen, sonst gibt es Schwierigkeiten. Dann soll Verantwortungsbereitschaft entstehen?*[476]*"* Hier zeigten sich Parallelen zu dieser hier vorgestellten Fallstudie im Umgang mit Kinderarmut in der Grundschule.

8.1.6 Hilflosigkeit und Ängste der Lehrkräfte

> Der einseitige Fokus auf das Kontextwissen oder auf das Institutionswissen von Grundschullehrer/-innen ist ein unzureichender Lösungsversuch der Lehrkräfte auf die Krise, durch mangelnde Interventionsmöglichkeiten seitens der Schule, der Identifikation mit dem Beruf der Lehrkraft als Wissensvermittler/-in sowie der Sozialisationsunterschiede der Lehrkraft und der betroffenen Schüler/-innen zu reagieren und neue Routinen zur Bewältigung des Lehreralltags zu entwickeln.

Die Frustration der Lehrkräfte baut auf das Gefühl[477], bei den betroffenen Kindern nichts erreichen zu können und die restlichen Kinder aufgrund ihres Fokus zu vernachlässigen, auf. Hier entsteht ein Spannungsfeld zwischen dem Mehraufwand an Energie und den geringen, langfristigen Erfolgen, da sie keinen nennenswerten Einfluss auf die Lebenswelten der betroffenen Kinder haben. Dies führt zu Frustration und Aggression. Dort, wo Armut offensichtlich ist, schauen die Lehrer/-innen aufgrund dieses Dilemmas weg; dort, wo Armut versteckt ist, haben die betroffenen Kinder und deren Eltern aufgrund ihrer Scham und der Überforderung der Schule keine Möglichkeit, ihre Armut zu thematisieren.

Den Eltern wird dann ein „depressiver Rückzug" als entschuldigendes und pathologisiertes Schamgefühl unterstellt. Um dem zu begegnen, brauchen die Lehrer/-innen Erklärungsansätze für die Unterversorgung der betroffenen Kinder. Den Familiensystemen werden dabei projektive Faktoren und eigene Ressourcen weitgehend aberkannt, der Politik die Verantwortung für unsolide soziale Wohnungsbauprogramme gegeben.

„Bei der Betrachtung der Lehrinhalte der Grundschule und Förderschule werden sie bei den Lehrern feststellen, dass gegenüber Außenstehenden große Ängste vorhanden sind und stark blockiert wird. Ich habe (...) die

---

[476] Fiedler, Hans, S.: Jugend und Gewalt, 2003, S. 168.

[477] Gefühle können rekonstruktionslogisch als bewusste oder unbewusste Urteile und Bewertungen von Situationen gesehen werden. Emotionen sind in dieser Logik die Ausdrucksgestalten von Emotionen. Die Hilflosigkeit ist wohl eine Folge der Versagensängste der Lehrkräfte.

überlasteten Lehrer behandelt, (...) und erfahren, dass die „burn out" Situation durch Uneinigkeit, Ablehnung etc. im Kollegenkreis und durch schwierige Schüler (etwa gleich an der Spitze) nach Eigenbewertung der Betroffenen zu finden sind. (Für mich nicht überraschend, denn in keiner Berufsgruppe ist das life long learning oder die Supervision so unbekannt, wie unter Lehrkräften.)"[478]

Hier zeigen sich pathologische Folgen der Hilflosigkeit und Überforderung der Lehrkräfte. Überraschend scheint, dass der Leidensdruck der Lehrkräfte geringer ist als der Erkenntnisprozess, dass die dargestellten sozialen Unstimmigkeiten Ausdrucksgestalt dieser Hilflosigkeit sind. Erst in einem geschützten therapeutischen Rahmen kann ein außenstehender Therapeut/eine außenstehende Therapeutin Zugang zu den betroffenen Lehrer/-innen finden, so dass aufgrund des Leidensdruckes Behandlungsmotivation entstehen kann.

8.1.7 Hilfeleistung in der Grundschule

Bei der Rekonstruktion zeigen sich zaghafte Ansätze von Hilfeleistungen: Auf der einen Seite ein hohes Maß an Empathie für die betroffenen Erziehungsberechtigten (Mütter), aber wenig geeignete und reflektierte Lösungsansätze für Interventionen im Bereich der ökonomischen Arbeit. Viele Interventionsvorschläge, wie Betreuungsangebote für von Armut betroffene Kinder, haben eine weitere Exklusion dieser Kinder aus den normalen gesellschaftlichen Rahmenbedingungen zur Folge.

Wenn die Teilnahme an Arbeitskreisen vorgesehen ist, dienen diese lediglich dem Austausch und nicht ausreichend der Intervention. Dennoch sehen diese Grundschulpädagogen/-pädagoginnen einen persönlichen Gewinn durch zunehmende Sicherheit, Fallbesprechungen und Möglichkeiten der Vermittlung in der Teilnahme.

Die Vernetzung mit Hilfeeinrichtungen, wie dem Jugendamt, vollzieht sich meist nur auf der Beziehungsebene, wenn die Mitarbeiter/-innen der anderen Institution persönlich bekannt sind. In den Fragen der Kinderarmut werden keine Fallfederführung und keine geeigneten Ansprechpartner/-innen genannt. Diese Kontakte tabuisieren die Problematiken, da diese „Fälle" in einem unkonventionellen partnerschaftlichen Miteinander gelöst werden und somit keine routinisierten Hilfeverläufe erzeugt werden. Es zeigt sich keine Institutionalisierung von Hilfeangeboten aus dem moralischen Dilemma einer Offenlegung verdeckter Armutssituationen und einer Angst vor intransparenten Interventionen seitens des Jugendamtes.

Gefordert werden vor allem seitens der Grundschule niederschwellige Einrichtungen, womit jedoch die Armutslagen der Kinder möglicherweise

---

[478] Aus einem E-Mail Kontakt mit einem Experten der Kinder- und Jugendhilfe.

wieder nicht aufgedeckt werden. Das in der PISA-Studie formulierte Interventionsfenster „Grundschule" wird derzeit von der Kinder- und Jugendhilfe und der Grundschulpädagogik zur Verbesserung der Lebensbedingungen der Kinder kaum erkannt und zu wenig genutzt, ein „vernetztes Denken" mit der Sozialen Arbeit / Grundschulpädagogik zeigt sich in der Interview-Studie nicht. Lösungsvisionen gibt es aber für eine so genannte Bildungs- bzw. kulturelle Armut, mit Angeboten wie Ganztagsschule, Hortbetreuung und Hausaufgabenhilfe.

Die Interventionen werden, ähnlich wie die Armutssituationen, verdeckt angeboten, wodurch die Interventionen stark verkompliziert werden. Lösungen werden vor allem von Fördervereinen o. ä. versprochen, damit mit entsprechenden Fonds von „unbekannten Spendern" Kindern entsprechend bei finanziellen Mehrbelastungen (z. B Ausflüge) Unterstützung angeboten werden kann. Diese Lösungsansätze sind meist sehr unkonkret oder zeigen in der täglichen schulischen Lebenspraxis große Unsicherheiten, da die Frage, wann ein Kind entsprechend hilfsbedürftig ist, weitgehend ungeklärt bleibt.

In einigen Fällen sind diese Fonds noch nicht angetastet, was bedeutet, dass die Grundschulen noch mit einer Verschärfung der Problematiken rechnen oder einem Gerechtigkeitsdilemma unterliegt.

Eine besondere Rolle übernimmt ein/eine (Grund-) Schulpsychologe/ -psychologin im Umgang mit von Armut betroffenen Kindern und ihren Familien. Die Eltern bzw. Alleinerziehenden nützen die psychologische Beratung, um soziale Fragen anzusprechen und zwingen den/die Psychologen/Psychologin, eine sozialarbeiterische bzw. pädagogische Rolle zu übernehmen.

Die Soziale Arbeit / Sozialpädagogik besitzt wesentlich weniger Tabus als die Grundschulpädagogik, so dass ihr das Interventions- und Eingriffsrecht seitens der Schule zugeschrieben wird. Doch wenn diese Strukturen nicht institutionalisiert sind, entsteht zwangsläufig die beschriebene Abhängigkeit von Einzelpersonen. Die Beschäftigung mit den Lebensbedingungen der Kinder, z. B. im Aktenstudium, ist, anders als bei der Sozialen Arbeit / Sozialpädagogik, in der Grundschule nicht institutionalisiert.

Die mangelnde institutionalisierte Hilfeleistung zwischen Grundschule und Kinder- und Jugendhilfe in den Fragen einer gemeinsamen Interventionsstrategie zeigt folgendes erweitertes Schaubild:

8 Darstellung der Analyse des Fallmaterials der Phänomene einer Kinderarmut in der Grundschule

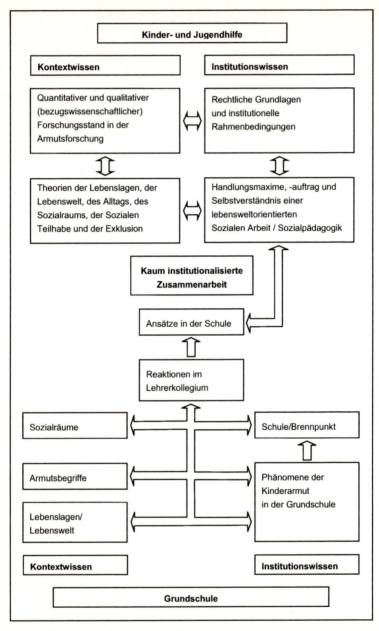

Abbildung 13: Kaum institutionalisierte Zusammenarbeit zwischen Grundschule und Kinder- und Jugendhilfe

8.1.8 Kontakt zum Elternhaus der betroffenen Kinder: Ansätze der Elternarbeit

Die Frage nach der Elternarbeit der Grundschule im Zusammenhang mit sozial schwachen Familien stellt ein sehr prekäres Thema aufgrund der individuellen Angebotsstruktur der Elternarbeit dar. Die Frage ist hierbei, steht eine systemische Elternarbeit, zunächst ohne Einbeziehung der Kinder nach dem Denken der „Mailänder Schule"[479], oder eine schülerzentrierte Haltung im Vordergrund? In jedem Fall werden die Kinder als schwächstes Glied in der Kette problematisiert, während die Situation der Eltern vor allem in der schülerzentrierten Haltung Gefahr läuft, tabuisiert zu werden. Die Gefahr ist, dass die Kinder in der Elternarbeit zum „Fall" werden, da sie bereits „aufgefallen" sind oder es zu anderen „Vor-Fällen" gekommen ist. Der Begriff der „Elternarbeit" für sich stellt bereits eine Asymmetrie zwischen Eltern und Lehrern/Lehrerinnen her und unterstellt den Lehrern/Lehrerinnen ein Eingriffsrecht in die Krisen und daraus abgeleiteten erzieherischen Routinen der Eltern. Weiter deutet die Begrifflichkeit der Elternarbeit eine anstrengende und wenig lustvolle Tätigkeit an, die wohl durch zusätzliche Arbeitsbelastung gekennzeichnet ist. Die Gefahr ist, dass die Haltung entsteht, Eltern „bearbeiten" zu wollen.

Gespräche mit Eltern, in den so genannten Elterngesprächen, unterliegen begrifflich einer starken Reduzierung, da Gespräche eine wesentlich komplexere Interventionsform wären, als sie seitens der Schule angeboten werden können. Einzelgespräche sind immer Ausdruck einer Krise, meist auf einen Vorfall ihres Kindes hin, und keine Routinehandlungen.

Das Dilemma der Grundschule, aber auch der Sozialpädagogik, ist, dass sie zu den Eltern in einer vermeintlichen erzieherischen Konkurrenz stehen und dass die Schule das Spannungsfeld zwischen dem Gegebenen und dem Möglichen, nämlich dem Interventionsbedürfnis aufgrund der Problemlagen des Schülers/der Schülerin und dem mangelnden Eingriffsrecht der Schule, nicht vermitteln kann. Diesem Dilemma begegnet die Schule mit einer Vorwurfshaltung gegenüber den Eltern, die sich wiederum keinem gesellschaftlichen und repressiven Druck ausgesetzt sehen und mit Widerstand oder Scham auf den Eingriff der Lehrkraft aufgrund der krisenhaften Situation des Schülers/der Schülerin reagieren.

Der Vorwurf der Lehrkräfte an die Eltern ist meist impliziert und deutet auf ein vernachlässigendes Erziehungsverhalten gegenüber ihrer Kinder hin. Doch aufgrund der eigenen biographischen Brüche sozial schwacher Eltern und deren schwierigen Erfahrungen in der eigenen Schulsozialisation ist die

---

[479] Die „Mailänder Schule" gründete sich 1967 in Italien aus acht Psychologen und Psychoanalytikern, die ausgehend von einem psychoanalytischen Ansatz seit 1971 verstärkt mit kommunikationstheoretischen Ansätzen als Grundlage eines systemischen Arbeitens mit Familien entwickelten. Vgl. hierzu beispielhaft: Palazzi, Mara, S.: Paradoxon und Gegenparadoxon, Klett-Cotta, Stuttgart 1999.

Lehrkraft kein attraktiver Gesprächspartner/keine attraktive Gesprächspartnerin für die betroffenen Eltern. Die mangelnde Empathie, die der/die Lehrer/-in aufgrund seiner Mittelschichtssozialisation aufbringen kann, lässt verschiedene Lebensanschauungen aufeinander treffen.

Die Angebotsstruktur für die Elternarbeit mit Elterngesprächen und Elternsprechtagen scheint zu hochschwellig und endet in der Frustration aller Beteiligten.

Der Auftrag der Grundschule gewichtet sich auf dem Output, mit der Frage nach besseren Leistungen der Schüler/-innen und nicht nach einer gemeinsamen Gestaltung der Lebenswelt mit den Eltern. Die selbstverständliche Lehrtätigkeit wird subjektiv für den Lehrer/die Lehrerin sehr anstrengend, wenn er/sie versuchen muss, „die Eltern in die Schule zu bringen." Für die Gestaltung eines „Wir-Gefühls" von Schülern/Schülerinnen, Eltern und Lehrern/Lehrerinnen, als Ausgangsbasis für gemeinsames Lernen, zeigen sich wenig Visionen und Phantasien, der gemeinsame Frust lähmt diese Anstrengungen.

Ein persönlicher Gesprächskontakt sozial benachteiligter Eltern mit der Lehrkraft ist für die Eltern neu und löst starke Unsicherheiten aus, da sich die Eltern in einem Erklärungszwang befinden. Die Eltern sind der Lehrkraft vermutlich allein schon verbal nicht gewachsen; es entstehen Unterlegenheitsphantasien, Schamgefühle und Versagensängste, die sich in der so genannten Schwellenangst zeigen, die sich ungünstig auf ein symmetrisches Miteinander auswirkt. Ein solches persönliches Gespräch mit den Eltern ist auch deshalb ein relativ schöngefärbter Terminus, da diese Gespräche immer einer pragmatischen Wertigkeit unterliegen, mit der Frage, wohin sich das Kind bewegt. Hierbei werden unterschiedliche kulturelle Vorstellungen beispielsweise genauso wenig berücksichtigt wie die individuellen Bedürfnislagen der Eltern. In einer solch paternalistischen Grundhaltung können die Problemlagen der Eltern nicht ausreichend beurteilt werden. Selbstverständlich wären solche Gespräche eine Überforderung der Lehrkräfte. Es geht hier nur darum, dieses Dilemma aufzuzeigen und zu verdeutlichen.

Eine mögliche Aufstiegskarriere des Kindes in der Schule bedeutet für die Eltern auch immer, das eigene Versagen vor Augen geführt zu bekommen. Das könnte auch eine Rolle in der Eltern-Lehrer/-innen-Interaktion spielen bzw. kann die Leistungsforderung der Grundschule auch immer mit anderen kulturellen Wertvorstellungen und Philosophien der Eltern kollidieren.

Die Frustration der Lehrer/-innen beginnt aber schon früher: Die Autonomie der Eltern, die freie Entscheidungsmöglichkeit, an diesen Gesprächen teilzunehmen oder eben nicht, macht die Grundschule hilflos. Es ist aufgrund des Gesprächsanlasses, nämlich der Vorfall des Kindes, kein echtes Arbeitsbündnis mit den Eltern möglich. Die Schule wird zum

Bittsteller gegenüber den Eltern, die wiederum dieses vermeintliche Arbeitsbündnis immer wieder unterlaufen können. Das bedeutet, dass der Kontakt zur Schule seitens der Eltern attraktiv gestaltet werden muss. Suchen die Eltern trotzdem keinen Kontakt, löst dies erneut Frustration bei den Lehrkräften aus. Die Forderungen nach Repressionen gegenüber den Eltern, z. B. durch Elterntrainings oder die Forderung eines Elternführerscheins, sind logische Ausdrucksformen der Frustration oder der Hilflosigkeit.

Günstiger erscheinen die Überlegungen nach einer möglichst frühen Förderung der Kinder bereits im Kindergarten. Hier wäre eine echte Vernetzung mit der Grundschule notwendig, um einer umfassenden Förderung der Kinder auch hinsichtlich einer ökonomisch zu rechtfertigenden Maßnahme zu ermöglichen. Der Kindergarten ist, aufgrund seiner Angebotsstruktur, durch die Kinder- und Jugendhilfe in der Lage, ein echtes, auf Gegenseitigkeit bauendes Arbeitsbündnis mit den Eltern einzugehen. Doch die Gefahr ist, dass die Verantwortung für misslingende Kontakte zu den Eltern auf den Elementarbereich abgeschoben wird. Gefordert werden auch seitens der Lehrkräfte Institutionen, die Brücken zwischen der Grundschule und der Elternschaft bauen können.

Doch die Grundschullehrkräfte erkennen die Bedeutung von vertrauensbildenden und sinnstiftenden Maßnahmen und niederschwelligen Hilfestellungen. Es fehlt allerdings an geeigneten Methoden, die Attraktivität eines Elternkontaktes muss „Schule machen". Die Schwierigkeit ist, dass die Sinnhaftigkeitsunterstellung von Veranstaltungen für die Eltern, die auf die Leistungsverbesserung der Schüler/-innen abzielt, nicht notwendigerweise von diesen Eltern als „sinnbehaftet" erlebt wird.

Ein Gedankenexperiment:

„Also für mich wär, so lange wir die Eltern nicht ins Boot, und ab und zu mit in die Schule ziehen können, wie auch immer, dann kämpfen wir auf verlorenem Posten."

Natürlich ist das ein idealtypisches Bild, alle in einem Boot. Doch hierbei lassen sich elementare Fragen verdeutlichen. Es scheint eine unglaubliche Anstrengung zu sein, jemanden in ein Boot ziehen zu müssen. Was ist, wenn derjenige seekrank oder Nichtschwimmer ist? Wer ist der Kapitän auf dem Boot und welches Ziel wird angesteuert? Findet auf hoher See ein Kampf oder eine Seeschlacht statt, gegen wen muss ich mich dann in gemeinsamer Anstrengung zur Wehr setzen? Oder handelt es sich um ein Rettungsboot, das im gemeinsamen Kampf gegen die Wellen das Kind ans rettende Ufer befördern möchte? Nur eins ist klar, wenn jemand gegen seinen Willen in eine schaukelnde Nussschale gezogen wird, wird er mit derselben Kraftanstrengung zurückziehen, eben einen „Rückzieher" machen".

8.1.9 Besonderheiten der Fallstruktur im Kontext der Förderzentren / Förderschulen

Ziel der Förderschule ist es, die Kinder wieder in die Regelschule zu integrieren. Die Frage ist, ob die Schüler/-innen innerhalb der Förderschule als Klienten/ Klientinnen mit einem besonderen Förderbedarf gesehen werden. Terminologische Hinweise gibt es zumindest, vor allem im Bereich der Kinder mit Migrationshintergrund.

Da eine Vielzahl an Fachkräften am Schüler/an der Schülerin tätig sind, kann von einer größeren interdisziplinären Kompetenz der Lehrkräfte ausgegangen werden. So werden alle tätigen Professionen als Kollegium wahrgenommen. Die Schwierigkeit besteht darin, dass die Förderschule nicht sozialraumorientiert arbeiten kann, da die Schüler/-innen aus verschiedenen Stadtteilen zugeführt werden. Der Sozialraum kann deshalb auch einen starken Kontrast zu den Lebenswelten der Schüler/-innen bilden. Die Familien, aus denen die Kinder stammen, werden ebenfalls von der Förderschule als Klienten-/Klientinnensystem wahrgenommen.

Aus den Interviews wird eine starke Polarisierung rekonstruiert. Kindern mit ähnlichen Lernschwierigkeiten, die die Regelschule besuchen, wird ein höheres Maß an familiärer Förderung unterstellt. Bei dieser Förderschulklientel wird eine starke Korrelation mit Armutslebenslagen angenommen, die sozialökonomisch benachteiligt sind.

Die Lehrkräfte der Förderschule bewerten den angebotenen Schulabschluss selbst als hoch krisenhaft, der eine berufliche routinisierte Sozialisation extrem schwierig gestalten lässt.

Ein Lösungsversuch wird in der Förderschule in der Kontaktaufnahme mit den Kindergärten gesehen, in denen bereits präventiv Eltern und Kinder auf eine mögliche „Förderschulkarriere"[480] vorbereitet werden sollten bzw. diese verhindert werden sollte. Kindergärten werden von Seiten der Förderschule selbst als betreuungsbedürftige Institutionen im Zusammenhang mit diesen Fragestellungen wahrgenommen. In der Zusammenarbeit mit den Erzieher/-innen wird die Kontaktarbeit stellvertretend bewerkstelligt, die im Routinefall mit den Eltern der Kinder vorgesehen wäre. So erfahren die Erzieher/-innen in den Kindergärten die Betreuung seitens der Förderschule, die eigentlich an die Eltern gerichtet wäre. So genannte Multiproblemfamilien und Familien mit Migrationshintergrund scheinen an den sich krisenhaft andeutenden Bildungsverläufen ihrer Kinder zunächst nicht interessiert zu sein. Doch die Lehrkräfte in der Förderschule suchen nach Erklärungswissen. Vor allem wird diesen Eltern ein Abspaltungsverhalten unterstellt, wenn ihr Kind kognitiv die Regelschule nicht besuchen kann und die Kinder in die Förderschule „eingewiesen" werden.

---

[480] Der Begriff der „Förderschulkarriere" zeigt eindrucksvoll das Dilemma der Förderschule, da unter dem Begriff der „Karriere" ursprünglich eine erfolgreiche Laufbahn verstanden wurde.

Die Aufgabe in den Kindergärten sieht die Förderschule darin, die Kinder möglichst früh in die Förderschule einzuweisen, damit die Frustration, die die Kinder bei einer zu späten Einweisung im persönlichen Scheitern erspart wird, das den notwendigen Kontakt zu den Eltern weiter erschwert, da hier größere Abspaltungsmechanismen vermutet werden.

Der Lebensweg der Kinder, die in die Förderschule eingewiesen werden, scheint sehr brüchig und krisenhaft. Um dieser Stigmatisierung entgegenzuwirken, bedarf es ein hohes Maß an Aufklärungsarbeit gegen die Widerstände der Eltern. Doch die Förderschule möchte sich hier als Übergangslösung präsentieren, den Weg zurück in die Regelschule fördernd.

Die Lehrer/-innen in der Förderschule zeigen ein hohes Maß an Kontextwissen bezüglich der Lebenslagen und Lebenswelten der Schüler/-innen, aufgrund der interdisziplinären Grundhaltung und der Vorbereitung auf krisenhafte Lebensverläufe der Schüler/-innen bereits im Studium. In den Familien hingegen wird kaum ein routinisierter Alltag gesehen. Die Förderschule wird somit zu einer Armen- und Fürsorgeschule. Die Kinder gehen in der Förderschule sehr unbefangen mit ihrer Armutsproblematik um, so dass sie eine Fürsorgeverpflichtung der Lehrkräfte auslösen. Die Schüler/-innen identifizieren sich stark mit ihrer Herkunftsfamilie. Dies wird vor allem sichtbar in einer kollektiven Selbstwahrnehmung (*"Wir können die Klassenfahrt nicht bezahlen"*).

8.1.9.1 Gedankenexperiment: Einweisung und Paternalismus als Folge asymmetrischer Beziehungen

Aus dem Wörterbuch der deutschen Sprache lassen sich folgende Definitionen übernehmen:

„einweisen: veranlassen, dass jmd. an eine Stelle gebracht wird, jmd. an einem Ort unterbringen; jmd. in ein Krankenhaus; Flüchtlinge in ein Lager e." [481]

„Einweisung: das Einweisen, das Eingewiesenwerden; jmds. E. in ein Krankenhaus veranlassen." [482]

Die Einweisung ist immer als Folge einer stellvertretenden und keiner im vollen Umfang autonomen Entscheidung.

Ethische Betrachtungsweisen werden vornehmlich als Auseinandersetzung zwischen dem so genannten Paternalismus einerseits und der Autonomie andererseits geführt. Der Wissensvorsprung des Helfers/der Helferin hat die Beziehung zum Hilfesuchenden immer asymmetrisch erscheinen

---

[481] Bertelsmann: Wörterbuch der deutschen Sprache, 2004, S. 395.
[482] Ebd., S. 395.

lassen, ähnlich dem Verhältnis einer Grundschullehrkraft zu seinen Schüler/-innen.

Gerald Dworkin bezeichnet den Paternalismus als *„eine zwingende Einmischung in die Handlungsfreiheit eines anderen, aus Gründen, die sich ausschließlich auf das Gute für einen anderen, auf das Wohl und das Glücklichsein, sowie auf die Bedürfnisse, Interessen oder Werte dieses anderen berufen"*. [483]

Ähnlich definiert Terry Pinkard Paternalismus als *„Eingriff in die Freiheit der Person, der durch einen Appell an das Wohl der betreffenden Person gerechtfertigt wird. Es bedarf Autorität, entweder eine Person zu etwas zu zwingen, was sie nicht will – oder sie an etwas zu hindern, was sie will, und zwar unter Berufung auf die eigenen Interessen der betreffenden Person."*[484]

Es handelt sich also dabei um die traditionelle Auffassung, dass der/die Helfer/-in als Wissender/Wissende traditionell Anwalt/Anwältin des besten Interesses des/der Hilfesuchenden sei, oder dass dieser ohnedies nicht verstünde, was zu seinem Wohle angeordnet wird. Diese Definitionen gehen davon aus, dass es etwas objektiv Gutes gibt und dass dies zum Wohle des/der Hilfesuchenden ist.

Im paternalistischen Verhalten unterscheidet man verschiedene Schattierungen. Der starke Paternalismus ist eher die Ausnahmeerscheinung. Es handelt sich um das Aufzwingen von Entscheidungen trotz anderer Wertesysteme des Hilfeempfängers/ der Hilfeempfängerin. Die gemilderte Form stellt der so genannte schwache Paternalismus dar. Ein Eingreifen bei Bewusstlosigkeit stellt eine fast selbstverständliche Angelegenheit der Verantwortung eines Arztes dar. Der/die Helfer/-in handelt also aus seinem beruflichen Ethos heraus. Bei einem Arzt gebietet dies der Eid des Hypokrates.

Die Unterscheidung zwischen aufgefordertem und unaufgefordertem Paternalismus greift weitere Probleme auf, die mit der Autonomie des/der Hilfsbedürftigen kollidieren kann. Während der aufgeforderte Paternalismus in Übereinstimmung mit den Entscheidungen des/der Hilfesuchenden erfolgen kann, z. B. therapeutische Hilfe beim Versuch, das Rauchen aufzuhören, also eine Art aktiven Appells des Hilfesuchenden erfordert, stellt der unaufgeforderte Paternalismus, etwa bei einer Zwangsunterbringung, ein weiteres Problem dar.

Der Begriff des Klienten/der Klientin leitet sich ab aus dem lateinischen "inclinare" (sich anlehnen an). Peter Lüssi unterscheidet den umgangssprachlichen Begriff des Klienten/der Klientin, welcher jede Person meint, die eine Hilfeleistung erfährt. Dieser undifferenzierte Klientbegriff beschreibt

---

[483] Pellegrino, Edmund/ Thomasma, David: For the Patients Good, 1988.
[484] Ebd.

eine undefinierte Menge von Personen, mit denen man, in der Absicht zu helfen, in Kontakt steht oder einmal gestanden hat. Der speziellere Klientbegriff ist ein genuin therapeutischer. Demnach ist jene Person ein/eine Klient/-in, zu welcher der/die Therapeut/-in jene besondere helfende Beziehung persönlicher Art unterhält. Bei der Pflichtklientschaft kann der/die Klient/-in die Klientschaft nicht aus freiem Willen selbständig aufheben oder das Arbeitsbündnis wechseln. Es ist primär ein Rechtsverhältnis.[485]

Nun stellt sich die Frage, ob Kinder, die in eine Förderschule *„eingewiesen"* werden und dadurch einen Klienten-/Klientinnenstatus bekommen, dies ähnlich wie ihre Eltern als Deautonomisierung aufgrund eines unaufgeordneten Paternalismus erleben; eine Deautonomisierung, die oft die Folge einer nicht kompensierten ökonomischen Unterversorgung darstellt. Die Einbeziehung des Kindergartens als unterstützende Instanz könnte ein Lösungsversuch sein, aus einer unaufgeforderten paternalistischen Haltung eine aufgeforderte paternalistische Haltung einzunehmen, die in einem Arbeitsbündnis mit den Eltern gesehen wird.

Große Diskrepanz zeigt sich in der Terminologie Klient/-in, da die Förderschullehrkräfte aus ihrer professionellen Haltung von einem eher umgangssprachlichen oder therapeutischen Klientbegriff ausgehen, der aber möglicherweise von den Schülern/Schülerinnen und ihrem sozialen Umfeld als Pflichtklientschaft erlebt wird, da die gesetzliche Schulpflicht als Rechtsverhältnis definiert wird, was wiederum deautonomisierend wirkt, denn ein Übertritt oder Wechsel in eine andere Schulform ist immer auch eine stellvertretende Entscheidung der Schule.

Demnach kann in der Frage der Kinderarmut in der Förderschule von einer zweifachen Deautonomisierung der Kinder ausgegangen werden: zum einen die mangelnden Entwicklungsmöglichkeiten der Kinder in ihrem sozialen Nahraum als einer der Auslöser mangelnder Bildungskompetenzen, und zum anderen das subjektive Erleben einer stellvertretenden Entscheidung einer Bildungsinstitution, die ihrerseits selbst nicht an die Routinefähigkeit ihres Bildungsabschlusses für deprivierte junge Menschen glaubt.

8.2 Kinderarmut „mit den Augen der Kinder" – rekonstruiert an einem Beispieltext

8.2.1 Grundhaltung eines philosophischen Nachdenkens

Diese Forschungsarbeit kann an dieser Stelle nicht die einzelnen Möglichkeiten und Grenzen eines Philosophierens in der Grundschule aufzeigen und dennoch ist es meines Erachtens notwendig, grundsätzliche

---

[485] Lüssi, Peter: Systemische Sozialarbeit, 1998.

Überlegungen mit Kindern zu den Fragen von Armut eine philosophische Grundhaltung der Lehrkraft darzustellen. Philosophieren ist für Maria-Laure Wieacker-Wolff in erster Linie ein Dialogisieren *(vom griechischen „dia-" = durch, also durch etwas gehen ...)*[486]. Wichtig ist hierbei, dass sich die Lehrkraft gemeinsam mit den Schülern/Schülerinnen auf den Weg macht.

Gegenstand oder Ausgangspunkt eines so verstandenen philosophischen Nachdenkens mit den Kindern ist immer deren konkret erfahrener Alltag[487]. Die Frage, was Erwachsene dem Kind dabei schenken müssen, beantwortet Maria-Laure Wieacker-Wolff unter anderem folgendermaßen: *„eine wache Anwesenheit im Alltag als die Grundlage für ein philosophisches Abenteuer, das ja verunsichernd ist und darum von Wärme und Vertrauen begleitet werden will."*[488]

Im Folgenden rekonstruiere ich, zusammen mit der Auswertungsgruppe, Sequenzen eines Gesprächablaufs einer dritten Klasse einer Norddeutschen Grundschule, die von Jochen Hering und Peter Lehmann durchgeführt und entsprechend veröffentlicht wurde.[489]

Lehrer: „Was denkt ihr über reich und arm? Wann ist man reich? Wann ist man arm?"

Der Lehrer versucht, die Fragestellung so einfach wie möglich zu halten. Es entsteht ein Schwarz- und Weiß-Gebilde, das für die Kinder verständlich sein soll. Diese dialektische Grundhaltung wird bei Kindern angenommen, damit in diesen Gegenüberstellungen mehr Klarheit für die Kinder entsteht. Der Moderator spricht die Kinder nicht selbst an, er hält die Fragestellung sehr allgemein. Für Kinder werden diese allgemeinen Kategorien fassbarer, da dieser Erzählimpuls spontan Statements auslöst. „Was denkt ihr über" ist sehr allgemein gehalten und stellt den Versuch dar, ein Nachdenken im Sinne eines philosophischen Vorgangs mit Kindern anzuregen. Der Ausdruck „wann ist man reich" würde eine nicht gewünschte Aufzählung mit sich bringen. Dem Ausdruck „man" kann ebenfalls unterstellt werden, dass der Lehrer nicht konkreter werden möchte, um die Kinder nicht persönlich anzusprechen und zu stigmatisieren, der Lehrer möchte nicht persönlich auf die Lebensverhältnisse der Kinder eingehen.

Paula: „Also, ich finde, die reichen Menschen können was zu den Armen geben."

Die Einführung des Satzes mit „also" weist in diesem Fall auf einen Satz mit Wahrheitsanspruch in der Lebenswirklichkeit des Kindes hin. Kinder formu-

---

[486] Wieacker-Wolff, Maria-Laure: Mit Kindern philosophieren, 2002, S. 10.
[487] Vgl.: Ebd., S. 149.
[488] Ebd., S. 150.
[489] Wie unter Punkt 7.4 dargestellt, greife ich hier auf Sekundärmaterial zurück. Jede kursiv dargestellte Sequenz ist einer Studie von Jochen Hering und Peter Lehmann entnommen.
Vgl.: Hering, Jochen/Lehmann, Peter: Armut: Herausforderungen für die Grundschule, 2001, S. 24.

lieren häufig vorgefertigte Sätze mit einem eigenen Wahrheitsanspruch. Hierbei spiegelt sich ein Lebensthema des Kindes wider und das Statement stellt keine direkte Antwort auf die Fragestellung dar. Das Mädchen findet (empfindet) dies so, es ist also ihre Wahrheit, im Sinne einer Konstruktion ihrer eigenen Wirklichkeit, und kein allgemeingültiger Satz. Die „reichen Menschen" haben mehr, sie können also etwas geben, müssen dies aber nicht, es handelt sich hierbei um eine Handlungsempfehlung. Bei den beschriebenen „reichen Menschen" handelt es sich um eine heterogenere Gruppe als „die Armen", die durch diesen Ausdruck als homogene Gruppe beschrieben werden: reiche Menschen können somit alles das sein, was Menschsein für dieses Kind ausmacht. Der homogene Ausdruck „die Armen" könnte auch als biblischer Ausdruck vom Religionsunterricht übernommen werden: Jesus ging zu den Armen als feste, homogene Gruppe, die aus der Normalität Exklusion erfahren haben.

Eine andere Lesart wäre, dass das Kind hier moralisierend auftritt und die Handlungsempfehlung suggestiven Charakter hat. Auf jeden Fall zeigt dieses Kind eine große moralische Grundhaltung mit einem hohen Maß an Gerechtigkeitssinn. Das Kind assoziiert dies sofort mit einem Austausch und der Herstellung von Gerechtigkeit. Möglicherweise löst diese Haltung die Fragestellung aus, da diese bereits eine Asymmetrie impliziert.

Björn: „Die Armen haben wenig zu essen."

Hierbei handelt es sich um eine sehr konkrete Aussage, die „die Armen" wieder zu einer sozialen Einheit in einer Gesellschaft von den Reichen abgrenzt. Die Armen werden hierbei wieder, ähnlich wie im Evangelium, außerhalb einer sozialen Normalität gesehen. Ein solcher Armutsbegriff ist in der deutschen Lebenswelt offensichtlich nicht gegeben. Armut ist in Deutschland noch weitgehend verdeckt, es handelt sich um einen Begriff aus sekundären Bezugsquellen, wie er z. B. in einer Weihnachtsspendenaktion oder globaler aus dem Fernsehen bekannt ist. Auf jeden Fall greift dieses Kind auf Quellen zurück, die ihm vermittelt haben, dass es Menschen gibt, die Mangelerscheinungen im Bereich der Nahrungsaufnahme aufweisen. Dies ist für dieses Kind zur Tatsache geworden.

Carolina: „Ich finde auch, die Reichen können was abgeben."

Hier wird die Polarisierung von arm und reich deutlich, da in dieser Sequenz „die Reichen" ebenfalls als homogene Gruppe gesehen wird. Der Ausdruck „was abgeben" impliziert, dass „die Reichen" etwas im Übermaß haben. Dies ist keine Handlungsempfehlung mehr, sondern eine Handlungsaufforderung. Dieses Kind moralisiert viel stärker als die Vorredner/-innen. „Abgeben" erinnert an den „Zehnten", den die Bauern im mittelalterlichen Denken an den Adel abgeben mussten. Doch durch diese Handlungsaufforderung soll sich das Vermögen der Reichen per Anweisung verringern.

Paula: "Und dass die Reichen Rücksicht auf die Armen nehmen, Spenden geben und so was."

„Rücksicht nehmen", „Spenden geben" sind Ausdrücke ohne implizierten Zwang und Härte. Hierbei müssen „die Reichen" ihr Vermögen nicht verringern, da eine Spende das Vermögen nicht maßgeblich reduziert. Mit den Terminologien „Spenden" und „Rücksicht" äußert sich dieses Kind mit Ausdrucksformen, die für die dritte Klasse schon sehr reif wirken. „Rücksicht auf die Armen nehmen" bedeutet, die Reichen sind in einer stärkeren Position und es wäre geboten, etwas abzugeben. Gedankenexperimentell kann gesagt werden, dass man auf Schwächere Rücksicht nimmt, ist beispielsweise im Straßenverkehr oder im Sportunterricht selbstverständlich, aber nicht automatisiert. Das Kind appelliert demnach an die Vernunft der Erwachsenen. So ist diese Haltung nicht erzwingbar, aber sozialisierbar als eine vernünftige Bitte, die bei Normverstößen nur bedingt sanktioniert wird. (Ähnlich wie beispielsweise das Bedrängen anderer Verkehrsteilnehmer mittels einer Lichthupe auf der Autobahn). „Die Reichen" werden somit gewissermaßen unantastbar. Hier zeigen sich klar unterschiedliche Gerechtigkeitsvorstellungen der Kinder.

Lehrer: "Wann ist man denn reich?"

Der Lehrer möchte die homogene Gruppe der Reichen aufdröseln und ein neues Nachdenken bei den Kindern anregen.

Ricarda: "Wenn man zum Beispiel ein Schloss hat. Und wenn man ganz feine Kleider hat und ganz viele Röcke."

Dieses Kind bietet als erste der Runde ein Gedankenexperiment[490] an, versucht damit die Fragestellung für sich zu rekonstruieren. Bei dieser Aussage werden Assoziationen in die Welt der Märchen oder der Medienwelt als Traum und Vision dieses Kindes deutlich. „Feine Kleider" werden beispielsweise im Märchen „Aschenputtel" beschrieben. Dadurch wird die Exklusivität der Reichen sehr märchenhaft überzeichnet dargestellt, als ein erstrebenswerter Zustand. Prinzessinnen verkörpern aber auch das Gute in diesen Märchen, die niemandem einen Schaden zufügen. „Reich sein" ist in dieser Märchenwelt naturgegeben, die Prinzessinnen wurden in diese übermäßige Welt hineingeboren. Ihre Kleidung ist einfach vorhanden und gehört zu ihrem Habitus. Ein Märchen mit einem Aufruf zur Einfachheit als Gegenhypothese ist im Sterntalermärchen zu finden, in dem das Mädchen „ihr letztes Leibchen" gibt und dafür reich belohnt wird.

Jan: "Es gibt zwei Sorten von reich. Also, wenn man viele Freunde hat und das mit dem Geld. Wenn man mit mehreren befreundet ist."

---

[490] Die kindliche Lust an Gedankenexperimenten findet sich auch bei: Calvert, Kristina: Können Steine glücklich sein? Philosophieren mit Kindern, 2004, S. 13.

In dieser Sequenz findet sich wieder eine sehr klare und deutliche Aussage mit einem selbstkonstruierten Wahrheitsanspruch. Der Begriff der „Sorten" kommt aus dem Bereich der Ökonomie. Der Ausdruck *„von reich"* geht auf Kategorien ein, ohne konkret die Menschen zu benennen. Demnach könnte sich jeder in seiner Selbstwahrnehmung reich fühlen. Das Kind sieht sein Leben als reichhaltig an, da es die Erfahrung kennen muss, viele Freunde zu haben. Reichtum mit tragfähigen sozialen Kontakten in Verbindung zu bringen, stellt wohl einen Erziehungserfolg, gepaart mit eigenen konkreten Lebenserfahrungen, dar. Dieses Kind hat sehr bewusste Werte gelernt, die von materiellen Vorstellungen abweichen. Das Geld spielt hierbei nur mehr eine untergeordnete Rolle, als Bezugsgröße für die Erwachsenenwelt.

Kinder greifen demnach in ihren sozialen Einschätzungen stark auf Modelle zurück: Wertvorstellungen der Eltern oder Bezugspersonen, religiöse Wertvorstellungen aus dem Religionsunterricht oder Märchen und mediales Erleben. Die Ausdrucksgestalten zeigen sich in Bildern und bildhaften Vorstellungen.

Bianca: „Wenn man Freunde hat, dann geht's einem sowieso besser. Wenn einer in der Wildnis lebt und der ist verletzt, dann kann ein Freund sofort Hilfe holen. Wenn einer allein ist, dann hat der keinen Freund, der Hilfe holen kann."

Dieses Kind kann mit abstrakten Begriffen nur schwer umgehen. Sie vergisst die Fragestellung und nimmt Bezug auf das eben Gesagte und greift Bezugswörter vom Vorredner auf. Für sie ist reich sein, in einer krisenhaften Situation besser leben zu können. Dies zeigt sie in einer Samaritervorstellung, die stark an einen Film oder eine Fernsehserie erinnert. „Wenn einer"‥ lässt darauf schließen, dass sie diese Szene nicht selber erlebt hat. Hier zeigt sich der starke Einfluss und die daraus resultierende Verantwortung der medialen Welt in Bezug auf die Kinder.

Paula: „Geld, Haus, Auto, das hat man, wenn man reich ist."

Diese Sequenz erinnert an einen bekannten Werbespot, der ungefähr so der Auswertungsgruppe im Gedächtnis liegt: Mein Haus, mein Auto mein Boot. Ein Haus und ein Auto sind allerdings keine zwingenden Symbole für Reichtum. Hier finden sich zwei konkurrierende Lesarten: Entweder empfindet das Kind ihre Eltern als reich oder als arm, (im Sinne von „da hätte man"), da diese Dinge eben nicht vorhanden sind.

Bei den bisherigen Beschreibungen wird wenig Bezug auf die eigene familiäre Situation genommen, was vermutlich die Art und Weise der Fragestellung mit sich bringt. Die Fragestellung hat die Kinder nicht oder nur bedingt in ihrer eigenen Lebenswelt angesprochen, was die Lehrkraft auch beabsichtigte.

Frank: „Die Reichen brauchen einen großen Tresor, damit sie ihr Geld ablagern können."

Hier zeigt sich eine Verbindung zum dem in Walt Disneys konstruierten Geldspeicher von Dagobert Duck. Geld wird somit ziemlich sinnlos, da es abgelagert oder ge-/entlagert wird. So kann rekonstruiert werden, dass „die Reichen" für dieses Kind über so viel Geld verfügen, dass dieses seinen Sinn verliert.

Allgemein, beschreibt Maria-Laure Wieacker-Wolff, werden Gegenstände des Alltags zum philosophischen Nachdenken der Kinder herangezogen, z. B. in *„Filme(n), die das Kind momentan beschäftigen. Es können auch Walt Disneys` Welt und Figuren sein, denn seine Welt spiegelt unsere moderne Welt und ihre Probleme (Macht des Geldes: Onkel Dagobert und seine Geldgier, Kinder, die allein aufwachsen wie Donalds Neffen ... dort ist alles vertreten)."*[491]

Stefanie: „Die Arbeitslosen kriegen auch Geld und dann sind sie auch ein bisschen reich."

Die Arbeitslosen werden in dieser Sequenz zu einer einheitlichen Gruppe. Die Frage ist, ob sich in dieser Aussage ein gesellschaftliches Vorurteil widerspiegelt. Geld scheint für dieses Kind ein Kriterium für Reichtum zu sein. „Die Armen" werden hierbei mit „die Arbeitslosen" gleichgesetzt, vermutlich ein Nachahmungsverhalten von den Erwachsenen. „Ein bisschen reich" ist allerdings wiederum eine sehr vorsichtige Formulierung. Erst sind die Arbeitslosen arm und werden durch staatliche Hilfe und Fürsorge *„ein bisschen reich"*. Dass Arbeitslose eine Unterstützung bekommen, ist zunächst einmal Fakt. Interessant bleibt die Frage, woher dieses Kind sein Wissen hat. „Ein bisschen reich" ist in der Wirklichkeit dieses Kindes auch nichts Schlechtes. „Auch ein bisschen reich" bedeutet, dass diese Gruppe der arbeitslosen Menschen in eine Gemeinschaft der Bessergestellten inkludiert werden. Hier wird ein gesellschaftliches Vorurteil und eine sozialstaatliche Denkweise gepaart mit einem kindlichen Gerechtigkeitssinn, das dadurch ihre eigene kindliche Hilflosigkeit gegenüber der Arbeitslosigkeit in die Hände des Sozialstaates legt.

Björn: „Wenn man z. B. einen Bauernhof hat oder ein ganz großes Schiff oder ein Sommerhaus irgendwo, dann ist man reich."

Dieser Junge skizziert eine Idylle, er selbst sieht sich nicht als reich, da er zu dieser Idylle offensichtlich keinen Zugang hat. Wenn jemand es sich leisten kann, in der Natur zu verweilen und dem Alltag zu entfliehen, ist derjenige für dieses Kind reich. Er zeigt eine Idylle auf, mit der Möglichkeit, bewusst auszusteigen, im Segeltörn etwas zu erleben und zu entspannen. Reichtum ist für ihn ein Reichtum an Lebensträumen, die Zuflucht in seinem Alltag bieten.

Jan: „Manchmal sieht man das auch nicht, wenn jemand reich ist, vielleicht hat der das gespart, für die Rente."

---

[491] Wieacker-Wolff, Maria-Laure: Mit Kindern philosophieren, 2002, S. 149f.

Hier wird ein neuer Aspekt aufgezeigt. Die Sequenzeinleitung „Manchmal" nähert sich vorsichtig daran an, dass dieses Kind dies aus einer eigenen Lebenspraxis in der Welt vermutet, und zwar nicht in der großen Masse, aber als Menschen, denen durch Voreingenommenheit Unrecht getan wird. Es gibt durchaus Menschen, die aufgrund ihres Lebensstils oder ihrer Symbole nicht sofort als reich auffallen. Im Vordergrund steht hier nur das Geld als Kriterium. Dieses Kind kann beispielsweise konkrete Erfahrungen von seinen Großeltern haben oder eine Person im Alter, die ihren Wohlstand nicht zeigen möchte. Geld wird zur Sicherheit, es wird zweckentfremdet und dadurch wird dessen Sinn verändert.

Stefanie: „Und von Kathrin die Mutter (gemeint ist die Mutter eines Pflegekindes, das die Familie aufgenommen hat), die hat viele Schulden, und die muss jetzt aufpassen, dass sie nicht so viel kauft, und die will auch wieder neu heiraten. Der Mann sitzt ja jetzt im Gefängnis, weil der Drogen verkauft hat."

Durch den familiären Hintergrund und das soziale Engagement der Eltern hat das Mädchen eine Identifikation mit Menschen, die Hilfe bedürfen. Sie hat aufgrund ihres Satzbeginns mit dem Ausdruck „und von" vermutlich schon darauf gewartet, ihre Lebenserfahrung loszuwerden. Eine solche Diskussion hat immer ein Timingproblem, da die Diskussionsteilnehmer ihre Lebenspraxis mit einbringen wollen, aber nicht genau wissen, wann der Beitrag passt. Die Aussage ist eine Grenzüberschreitung, da genau Namen und Situationen beschrieben werden. Hierbei spiegelt sich auch eine gesellschaftliche Ambivalenz gegenüber Menschen in psychosozialen Nöten wider: Verständnis aufzubringen auf der einen Seite und die klaren Anweisungen, nicht mehr zu viel zu kaufen. Die betroffenen Menschen werden dadurch in die Verantwortung genommen, auf sich achten zu müssen. Diese Haltung wird vermutlich von den Erwachsenen übernommen.

Es zeigt sich hier eine schlüssige Darstellung eines Zusammenhangs von in Armut Geratenen und andererseits die Verantwortung dort zu lassen, wo sie hingehört. Das kindliche Gerechtigkeitsbedürfnis wird gepaart mit sozialisatorischem Erfahrungs-wissen und Kontextwissen durch ein Modelllernen.

Kinder mit einer Form der Eigenbetroffenheit bezüglich sozialer Schwierigkeiten können somit bereits schlüssig Aussagen über Ursachen, Wirkungen und Verantwortungen darstellen.

Jan: „Ich glaub, du willst sagen, dass die arm sind."

Dieses Kind beweist in dieser Diskussion stets eine starke empathische Grundhaltung. Er vergewissert sich, welche seiner in einer früheren Sequenz angebotenen „Sorten" von Armut die Vorrednerin meint. Er bemerkt für sich, dass alle („dass die arm sind") in diesem beschriebenen System, aus seinem Verständnis heraus, arm sind.

Stefanie: „Ja, die hat so viele Schulden."

Dieses Kind antwortet aufgrund ihres Armutsverständnisses auf einer anderen Ebene: auf die Suggestivfrage des nachfragenden Kindes kann sie nicht eingehen. Ihrer Haltung nach ist die ökonomische Armut das Problem, das sie noch einmal betont darstellt.

Lehrer: „Wann ist man denn arm?

Die Lehrkraft stellt die Gegenfrage, er versucht, die Diskussion aufzugreifen, da die Aspekte des Reichtums für die Kinder erschöpfend besprochen scheinen. Er hat intuitiv begriffen, dass Jan und Stefanie unterschiedliche Definitionen von arm und reich haben. Das „denn" ist nicht mehr so fordernd und zielt auf die unterschiedlichen Definitionen ab.

Ricarda: „Wenn man mit armen Kindern spricht, dann merkt man, dass die ganz anders sind. Dann sind die ganz frech und ärgern immer."

Der Ausdruck „mit armen Kindern" deutet darauf hin, dass dies in dieser Schule ein nicht nur vereinzeltes Phänomen zu sein scheint. Es ist nicht der Regelfall, mit armen Kindern zu sprechen, oder immer, „wenn man mit armen Kindern spricht", entsteht eine krisenhafte Situation, so dass es wieder nicht zum Regelfall werden kann. Dass diese Kinder anders sind, merkt das Kind erst beim Sprechen, die Armut ist also selbst für diese Kinder verdeckt. Eine zweite Lesart wäre: Sprechen meint mehr als die Verbalisierung von Sprache, es meint auch ein sich nähern und in Kontakt treten und sich abgeben. „Frech und ärgern" sind bei Kindern Routinehandlungen, der Ausdruck „arme(n) Kinder" könnte auch mit Jungs oder Buben ersetzt werden. Doch die Andersartigkeit dieser Kinder, die Ricarda erlebt, kann sie nicht mit Worten beschreiben. Diese Kinder wirken fremdartig, es gibt für sie keine Erklärungsmuster und Kategorien. Das „ärgern immer" kann als eine Erklärungsnot rekonstruiert werden.

Aus dieser Not heraus greifen die Kinder auf Bilder zurück, wenn sie über Armut sprechen.

Ärmere Kinder verhalten sich offensichtlich anders. Anders sein ist allerdings mehr als nur das Verhalten, anders sein impliziert auch andere Wertvorstellungen. Diese Fremdheit wird den Kindern sehr schnell deutlich: sie erkennen einen anderen Habitus und eine andere „Sprache" ärmerer Kinder.

Die Kinder zeigen in der Konfrontation mit Fremden eine Sprachlosigkeit, Hilflosigkeit und Erklärungsnot und bilden sehr schnell Kategorien des Dazugehörens und nicht Dazugehörens. Differenzierte Ansichten sind dabei nicht notwendig. Kinder ohne eigene lebensgeschichtliche Erfahrungen mit Armutssituationen zeigen ebenfalls zu wenig Kontextwissen bezüglich der Lebenssituationen ärmerer Kinder. Edgar Morin stellt dazu fest, dass es vielfältige äußere und innere Hindernisse des Verstehens gibt.

"Das Verstehen des Sinns der Worte eines anderen, seiner Idee, seiner Sicht der Welt ist immer von überall her bedroht."[492]

Die Gefahr ist, dass die Kinder einen Soziozentrismus erwerben, *"und alles, was fremd oder fern ist, als zweitrangig, unbedeutend oder feindlich (zu) betrachten"*[493].

Im eigenen Erleben der Kinder jedoch entstehen Erklärungen, die die Fremdheit der Anderen integrierbar machen.

Jan: "Wenn ein Kind von seinen Eltern wegläuft, dann ist das Kind auch arm."

Dieses einfühlsame Kind stellt hier eine Worst-case-Vorstellung dar. Bindungen und Freundschaften sind für ihn wohl ein wichtiges Lebensthema. Das Weglaufen ist kein Befreiungsschlag für das betroffene Kind, sondern eine neue Form der Armut. Er erkennt das Dilemma des betroffenen Kindes: es wird von ihm in seinem familiären Setting als arm erlebt und gerät nach dem Lösen dieser Bindung in eine neue Armutssituation. Dieses Kind nimmt auch deutlich die Opposition zur Vorrednerin ein und versucht, Erklärungswissen und Lebenswelten von armen Kindern darzustellen. Kinder erleben auch den Druck der Gruppe, eine Gegenmeinung zur gerade vorherrschenden anzubieten.

Die Lehrkraft muss günstigerweise die Gegenspieler unterstützen, damit die Kinder vom gegenseitigen Erfahrungs- und Kontextwissen profitieren können. Kinder können hier voneinander lernen. Diese philosophischen Gespräche sind mit Kindern eher günstig.

8.2.2 Erzählungen aufgrund eigenem Erfahrungs- und Kontextwissen der Kinder

Die Kinder verlassen den philosophischen Dialog zugunsten von Erzählungen aus der eigenen erlebten oder der erfahrenen Lebenspraxis:

Jochen Hering/ Peter Lehmann schreiben dazu in ihrem entsprechenden Aufsatz: *"Diese Bemerkung*[494] *löst eine Vielzahl von Geschichten aus, die im Stadtteil spielen, von Kindern, die vor allem weggelaufen sind, weil der Vater sie geschlagen hat."*[495]

Gewaltthemen werden von den Kindern als Armutssituationen wahrgenommen.

Stefanie: "Von meinem Bruder der Freund, der Vater haut immer die Frau, weil die viel Stress haben, und so was find ich gemein."

---

[492] Morin, Edgar: Die sieben Fundamente des Wissens für eine Erziehung der Zukunft, 2001, S. 117.
[493] Ebd., S. 118f.
[494] Gemeint ist hierbei das letzte Statement von Jan.
[495] Diese und die weiteren kursiven Gesprächssequenzen entstammen wieder aus: Hering, Jochen/Lehmann, Peter: Armut: Herausforderung für die Grundschule, 2001, S. 24.

Kinder aus schwierigen sozialen Milieus verfügen über viel Erfahrungswissen, das aufgrund von Schlüsselwörtern oder Einstiegserzählungen abgerufen wird. Doch dieser „Stress" wird normalerweise nicht mit Armut in Verbindung gebracht. „Stress" ist ein Ausdruck einer kinder- und jugendspezifischen Sprache. Unter dem Schlagwort „Stress" können alle sozialen Probleme angesprochen werden. Die Gefahr ist, dass das Gespräch ausufert, dass Kinder Verbindungen zu Reizwörtern der Vorredner herstellen. Was bedeutet Stress? Dies könnte auch ein Ausdruck aus der Erwachsenenwelt sein und ein Code für Schwierigkeiten, Druck, Spannungen bedeuten. Hier wird eine neue Seite aufgeschlagen, die Assoziationen der Kinder werden noch nicht deutlich. Die Aufgabe des Lehrers ist hierbei eine gezielte Rückfrage: Wo denn hier die Armut vermutet wird. Das schwierige soziale Milieu ist jedoch ein Ausdruck für Armut. Wenn Kinder selbst betroffen sind, löst Armut Geschichten aus diesem Milieu aus. Doch bei anderen Interviews von Manfred Kugler[496] wurden Möglichkeiten des Ausreißens von Jugendlichen auch aus anderen sozialen Milieus deutlich. Hier steckten meist Vernachlässigungssituationen und Bindungsproblematiken, beispielsweise aus Loyalitätskonflikten gegenüber den Eltern, dahinter. Die Kinder sind auf dieses arme Milieu fixiert, ohne zu beurteilen, ob das Milieu wirklich arm ist.

Einige Kinder zeigen eine starke Identifikation mit deprivierten Menschen. Die Frage ist hierbei: Zeigen Kinder schon ähnliche Verhaltensweisen aus der Erwachsenenwelt, die zu einer starken Identifikation und Abspaltung aufgrund der eigenen kindlichen Hilflosigkeit führen? Haben Kinder überhaupt einen Raum für neutrale Beurteilung oder übernehmen sie die Haltungen aus der Erwachsenenwelt? Machen die Kinder neue Lernerfahrungen im Erzählen von übernommenen Geschichten aus der Märchen- oder Fernsehwelt oder steht das Erzählen des eigenen Erfahrungswissens im Vordergrund? Die Loyalität gegenüber den eigenen Eltern lässt sie sicherlich Vorerfahrungen übernehmen. Kinder können aber durchaus mehr Empathie als ihre Eltern entwickeln. Die Frage ist: Können Kinder aus sich heraus Gerechtigkeit herstellen oder ist Gerechtigkeit immer erlernt und sozialisiert?

Die Frage, ob ein kindlicher Gerechtigkeitssinn als eine Anlage im Menschsein angelegt ist, die mit ihrer Umwelt mit- und weiter wächst, oder ob es sich hierbei ausschließlich um Sozialisationsprozesse handelt, impliziert die Frage nach den Eingriffs- bzw. Interventionsmöglichkeiten vorbelasteter Kinder.

---

[496] Vgl. hierzu auch: Kugler, Manfred: Christliche Spiritualität, 2002.

8.3 Möglichkeiten des Religionsunterrichtes in den Fragen von Armut und Reichtum der Grundschule[497]

8.3.1 Die Bibel als günstiger Rahmen, Ungerechtigkeiten und Armut zu verstehen, als alltagsorientierter Beitrag für die Lebensbewältigung

„Zunächst einmal denke ich, wenn der Religionsunterricht ansetzt bei der Bibel, dann verstehe ich ja die Bibel nicht als ein Buch, das hoch theologisch eine Lehre zu vermitteln versucht, sondern ein Buch, das voll aus dem Leben gegriffen ist und unendlich viele Lebensgeschichten erzählt. Wie es Menschen in verschiedensten Lebenssituationen ergangen ist. Im Hinblick auf das Umfeld, in dem sie gelebt haben oder bezüglich auf das eigene Lebensschicksal, das sie zu bewältigen gehabt haben."[498]

Durch die geschichtlichen Erzählungen der Bibel können bei Kindern unbewusste Deutungen offen gelegt werden, die ihnen sonst verschlossen bleiben würden, ähnlich wie bei Erzählungen von Märchen. Durch diese tradierten Erzählformen, wie es z.B. im Neuen Testament die Gleichnisse darstellen, können Kindern Geschichten präsentiert werden, ohne dass es für sie zu bedrohlich wird, so dass die Kinder in der Lage sind, arm und reich in ihre Lebenssituation zu integrieren. Diese alltäglichen Beispiele, die sich im Leben der Kinder aus Armutssituationen wiederfinden lässt, werden in biblische Erzählkontexte „eingekleidet". Dadurch wird ein neuer Weg aufgezeigt, wie man, jenseits theologischer Vorstellungen, biblische Texte als Alltagshilfe der Kinder anbieten kann. In einem lebensweltorientierten Religionsunterricht in der Grundschule können die Erzählungen der Bibel unterstützend zur Lebensbewältigung der Kinder dienen, mit der Möglichkeit, unterschiedliche Verarbeitungsprozesse der Kinder zuzulassen. Hierbei geht es nicht nur darum, Geschichten zu erzählen, sondern am Beispiel von Lebensschicksal geeignete Bewältigungsmuster im jeweiligen Leben der Kinder zu generieren.

Ähnlich stellt dies auch Johanna Dichtl dar. Sie sieht die Gefahr des Religionsunterrichtes darin, dass in einem stofflastigen und lebensfernen Religionsunterricht nicht auf die konkreten Lebenswelten der Schüler/-innen eingegangen wird, Schule würde somit zu einer *„Sonderwelt"* werden.[499] In der folgenden Aussage geht sie noch weiter und plädiert für ein vernetztes Lernen und Lehren: *„Lehrer/innen, die sich tatsächlich auf die religiösen Bedürfnisse der Schüler/innen, die in konkreten Lebenszusammenhängen*

---

[497] Diese Einzelrekonstruktion hat nur im Bezug auf Kinder mit christlichem Hintergrund Gültigkeit.(Vgl.: 10.4.6). Die Wertschätzung anderer Religionen ist ein Gebot der Ehrfurcht (Vgl.: 9.7.2.3).

[498] Erster Sequenzauszug aus einem Interview mit einem katholischen Priester und ehemaligen Religionslehrer an einer Grundschule.

[499] Vgl.: Dichtl, Johanna: „Vernetztes Denken" im Religionsunterricht, 2005, S. 6.

auftauchen, bewusst einlassen, müssen die Bedeutsamkeit des Denkens und Lernens im komplexen Netzwerk der realen Lebenswelt, aber auch das spezifische Lernfeld Schule kennen und müssen die Dichtonomie von Schule und privater Lebenswelt überbrücken helfen."[500]

Diese Lebensschicksal, die in unserer Denkweise mehr und mehr ausgegrenzt werden, werden in der Bibel als Normalität präsentiert, deren Bewältigung möglich ist und es darum geht/gilt, sie ins Leben der Kinder zu integrieren. Wenn Kinder in krisenhaften Situationen leben, ist es möglich, im Vergleich mit anderen erzählhaften Lebensereignissen oder durch Verstehensprozesse der Ursache und Wirkung, neue Routinen zu erlangen. Beides kann durch biblische Textstellen versucht werden, Ereignisverstrickungen darzustellen, aber auch Ursachen begreifbar zu machen.

Die Bibel, verstanden als großes *„Familienbuch"*, zeigt eine chronologische Sinnhaftigkeit menschlicher Entwicklung, die sich in einer Entwicklung des Gottesbildes von einem strafenden hin zu einem barmherzigen Gott wendet, ähnlich der normalen Krisen des Selbstes eines Kindes, die sich sinnhaft verändern (können). Wir müssen den Kindern zugestehen, dass sich das Gottesbild durch eigene Lebenskontexte und Erfahrungen im ständigen Wandel befindet und wir sie durch diesen Prozess begleiten. Die Bibel versucht, ähnlich der Denkweise von Sigmund Freud, Unvollkommenheiten des Menschen mit Erzählungen von Barmherzigkeit und letztlich dem liebevollen Umgang zu integrieren, mit dem Unterschied, dass die Bibel die Struktur des Menschseins auf verschiedene Personen projiziert.

Dadurch wird ermöglicht, Ungerechtigkeiten und Aggressionen mit in die Pädagogik zu integrieren und dabei aber den Kindern immer auch Grenzen ihres eigenen Handelns und Denkens aufzuzeigen. Anders als bei den medialen Einflüssen der Kinder, in denen Fiktion und Wirklichkeit für sie nur schwer trennbar sind, ist der Rahmen durch diese gleichnishaften, beispielhaften Erzählungen klar. Die Gefahr, die Bibel als missbräuchliches Instrument, *„als drohender Zeigefinger"*, zu verwenden, wird dadurch minimiert, dass die Geschichten in die eigenen Lebenserfahrungen der Kinder transponiert werden. Die Bibel ist demnach immer kindgerecht, hermeneutisch auslegungsbedürftig. Hierbei können stark gesellschaftlich tabuisierte Themen, wie Armut, in den Unterricht integriert werden, ohne einzelne Kinder zu stigmatisieren. Die Menschen, von denen in biblischen Erzählungen berichtet wird, sind immer attraktive „Kommunikationspartner/-innen", da es sich auch um Menschen handelt, deren Erfahrungen sich immer und immer wieder im eigenen Leben wiederholen können und die Menschen deswegen, aufgrund des eigenen Menschseins, betreffen.

Diese Idee eines Religionsunterrichts möchte ich mit folgender Interviewsequenz verdeutlichen:

---

[500] Dichtl, Johanna: „Vernetztes Denken" im Religionsunterricht, 2005, S. 6.

„Wenn Jesus feststellt, dass hinter seinem Rücken, seine Freunde, die Apostel unterwegs irgendetwas haben, was sie so ganz heimlich furchtbar beschäftigt und ausreden. Und es wird dann ganz drastisch gesagt, so ungefähr er schaut sich um und sie kommen einfach nicht nach. Wie es einem Lehrer gehen kann, wenn die Schüler hinter seinem Rücken bei einer Wanderung auch was ausmauscheln, und das darf er nicht hören. Und als sie dann ins Haus kamen, fragte er sie, worüber sie denn unterwegs gesprochen haben. Und man spürt es gerade zu, wie sie da mit hängenden Köpfen dastehen und kleinlaut dann sagen, ja sie haben sich unterhalten, wer von ihnen der Bedeutendste, der Wichtigste und der Größte ist. Und das eine Mal er sich hinsetzt und ein Kind herholt und dann sagt, wer ein solches Kind aufnimmt, der nimmt mich auf. Und wer der größte von euch sein will, der soll so werden wie ein Kind. Sie kapieren es natürlich nicht. Im anderen Fall sagt er, schaut euch doch um, wie es in der Welt zugeht. Die, die die Macht haben, herrschen über ihre Untertanen, und nützen sie oft schamlos aus. Unter euch soll es nicht so sein, wer von euch der Größte sein will, der soll der Diener aller sein. Und ich bin gekommen, um der Diener aller zu sein."[501]

„Ich denke, wenn man an so einem Beispiel mal mit den Kindern überlegt: Worin liegt eigentlich die Größe eines Menschen? Ob er immer modernste Mode an hat, ob er immer, ja das neueste Handy hat und alles andere dazu, oder kann es nicht sein, dass einer geachtet ist, weil er einen Blick hat für den Anderen, weil er dem mal hilft, seine Matheaufgabe zu machen, weil er den mal fragt, weil er merkt, der hat irgendein Problem, wie geht es dir denn? Dann wird der für diesen Betreffenden eigentlich zum King. Ich denke, dass ich mit solchen Überlegungen schon eine Hilfe vermitteln kann, auch in einer Klasse, um die Wertung nach Armut und Reich zu nivellieren. Dadurch wird der, der aus sehr ärmlichen sozialen Verhältnissen kommt nicht reicher, der hat um keinen Euro mehr, aber er kann in seiner sozialen Stellung, denk ich, ein ganz schönes Stück höher angesehen werden, als des der Fall ist, wenn er nur von seinem äußerlichen Auftreten, das was er materiell zur Verfügung hat, bewertet wird."

Eine Gefahr wäre, wenn versucht würde, die Armut der Kinder in ihr Leben als etwas Gegebenes, Unveränderbares zu integrieren, da dies aus der Haltung der Sozialen Arbeit / Sozialpädagogik heraus als Lösungspessimismus gewertet werden müsste. Dies könnte ein Widerspruch zum anwaltschaftlichen Einmischungsauftrag der Sozialen Arbeit / Sozialpädagogik sein. Doch am Beispiel Jesu kann man erkennen, dass er „radikal bedürfnisorientiert" war und sich dabei auch gegen herrschendes Recht gestellt hat.

---

[501] Vgl.: Markus 9,33-37/Lukas 9,46-48: Der Rangstreit der Jünger.

8.3.2 Die Frage nach dem Menschen im Religionsunterricht

„Ja, die Frage ist, was ist eine hoffnungslose Situation? Ein ganz großes Problem ist sicher ja dieses Auseinanderklaffen, das in jeder Klasse vorhanden ist, bezüglich der sozialen Situationen, in der der Einzelne lebt, das sind die Einen, die können sich alles leisten, und die Anderen müssen versuchen, sich auch über die eigenen Kräfte hinaus auch etwas leisten zu können, damit sie nicht an den Rand geschoben werden und abgestempelt werden als unwerte Menschen. Ich denke, dass es da auch im Religionsunterricht ganz wichtig ist, grundsätzliche Überlegungen anzustellen, über den Wert des Menschen."[502]

Der Religionsunterricht ist in der Lage, ein positives Verständnis über den Menschen anzuregen, indem gesehen wird, dass Kinder aus Armutssituationen ein hohes Maß an Kraftanstrengung aufwenden müssen, ihre derzeitige Situation, ihren derzeitigen Status aufrecht zu erhalten, und es wird ihnen zugetraut, *"auch über die eigenen Kräfte hinaus"* das Leben adäquat bewältigen zu können, damit sie sich nicht als *„unwertig"* erleben müssen. Der Religionsunterricht kann bei gut situierten Schülern/ Schülerinnen die Rahmenbedingungen der Kraftanstrengung von den Kindern aus Armutslagen aufzeigen und einen Verstehensprozess fördern. Die Frage ist hierbei, wie können sich alle Kinder auf ihre ganz persönliche Weise in der Klasse und in ihrer Lebenspraxis etablieren?

Die Hilflosigkeit der Lehrkräfte im Umgang mit Kinderarmut erfährt im Religionsunterricht einen Gegenspieler: durch relativ gut nachvollziehbares und machtvolles Deutungswissen durch Religionspädagogen/-pädagoginnen kann wieder neu Handlungsfähigkeit aller Beteiligten hergestellt werden. Ein solches Deutungswissen wurde in einem Interview folgendermaßen angeboten:

„Mensch erkenne dich im Spiegel Gottes, und dann kannst Du eigentlich gar nicht anders als wie Gott zu sein, der sein/ seine Daseinsberechtigung eigentlich darin hat, dass er nicht in sich sein will, sondern für die Anderen sein will. Darin erfüllt er seinen ganzen Daseinszweck. Darin erfüllt der Mensch vielleicht auch seinen ganzen Daseinszweck, und nicht indem er sich bereichern möchte, indem er für sich genießen möchte, sondern er wird ja gewinnen, wenn er teilt."

Hier findet sich die Vorstellung, auch Lebenssinn in krisenhaften Situationen zu finden, damit man neue Routinen in gegenseitiger Fürsorglichkeit finden kann. Diese verständliche Lebensformel ist für Kinder in der Grundschule sehr gut nachvollziehbar, ihre Totalität kann in der kindlichen Krise Halt und Sicherheit spenden. Und diese Formel erweitert den

---

[502] Aus einem Interview mit einem katholischen Priester und ehemaligen Religionslehrer an einer Grundschule.

Kant'schen Imperativ um die Frage, ob es zweckfreies Handeln gibt. Entsteht die Hilflosigkeit der Helfer/-innen nicht gerade dadurch, dass das Helfen verzwecklicht wird? Vermutlich gibt es keinen Altruismus in Reinform, denn der Mensch darf beispielsweise auch in der Kant'schen Vorstellung nicht allein der Zweck sein.

Eine weitere Frage ist, ob diese implizierten Werte vermittelt werden können, oder ob sie an Hand von erzählten und erlebten Lebensverstrickungen nicht spürbar werden müssen. Dies könnte z. B. ein Werteunterricht nur bedingt leisten. Vernachlässigung und Enttäuschungen setzen sich bei den Kindern im ganzen Organismus fest, was sich darin zeigt, dass unbewusste Impulse und Empfindungen oft nicht am richtigen Ort verarbeitet werden. Doch wenn man Kindern zum gegenseitigen Verstehen und Helfen einlädt, dann kann ein Ort geschaffen werden, indem echte Verarbeitung im Geben und Nehmen möglich wird.

In der Vorstellung des Menschen als Abbild Gottes erklärt sich auch die Frage nach dem Gewissen als höchste Instanz zur Entscheidungsfindung. Selbst wenn das Gewissen pädagogisch als Ergebnis eines Sozialisationsprozesses gesehen wird, so zeigt sich, dass somit die Selbstliebe immer mit dem Selbstwertgefühl einhergeht, das als Voraussetzung für die Nächstenliebe zu begreifen ist. Johanna Dichtl schreibt in diesem Zusammenhang: *„Das christliche Menschenbild ist die Basis für jedes religionsdidaktisches Bemühen. Für den Religionslehrer ist jeder Mensch ein von Gott gewolltes Geschöpf."*[503]

8.4 Synthese zweier konkurrierender Lesarten: Ein Plädoyer, die aktuellen ökonomischen Rahmenbedingungen mit zu berücksichtigen

8.4.1 Konkurrierende Lesarten

Die gedankenexperimentelle Explikation in der Methodologie der Objektiven Hermeneutik kann im Zweifelsfall zu zwei oder mehreren konkurrierenden Lesarten führen, die sich möglicherweise am bestehenden Material nicht vollkommen erschließen lassen, so dass sie sich dialektisch in unterschiedlichen Vergleichen generieren.

„Dialektik", aus dem griechischen *„dialégesthai"*, meint in diesem Zusammenhang die *„Kunst einen Dialog zu führen"*[504]. Die Dialektik bezieht sich nicht auf *„Reales"*, sondern auf die beiden bestimmten Lesarten, die aufgrund der Rekonstruktion des Fallmateriales gewonnen wurden, so dass der Gesprächspartner 1 seine Lesart vorstellt und der Gesprächspartner 2 seine Lesart dieser entgegensetzt. In der so entstehenden Diskussion wird

---

[503] Dichtl, Johanna: „Vernetztes Denken" im Religionsunterricht, 2005, S. 7.
[504] Seiffert, Helmut: Einführung in die Wissenschaftstheorie, 1996, S. 273.

dann versucht, die Lesarten am Text zu falsifizieren. Da dies in diesem Fall nicht gelungen ist, habe ich den Dialog transkribiert und wiederum auf seine objektiven Bedeutungsstrukturen untersucht, als Versuch, die objektiven Sinnstrukturen dieser Synthese zu erarbeiten, da in der Logik der Objektiven Hermeneutik alles, was in einem strukturellen Optimismus bedeutsam ist, zur Fallstruktur beiträgt.

Auf die Frage, ob es einen „natürlichen" Gerechtigkeitssinn bei Kindern gebe, antwortete ein Priester im Interview folgendermaßen:

„Ja, ich bin sicher überzeugt, dass des nicht angelernt ist. Äh, gut man könnte ja die Experimente machen, es ist teilweise in der 68er Generation auch gemacht worden, dass man die Kinder ganz bewusst nicht beeinflussen wollte."

- Lesart 1a: Kinder haben so etwas wie einen „naturwüchsigen" Sinn für Gerechtigkeit.
- Lesart 1b: Das Gerechtigkeitsempfinden von Kindern ist vollständig sozialisiert und erlernt.

Aus einem weiteren Gespräch entnehme ich folgende Sequenz: *„Vielleicht liegt es an meinem Alter, (als Kind und Jugendlicher eltern- und heimatlos in großem Elend aufwachsen zu müssen), aber ich betrachte die „Armut" zunächst aus der Sicht der betroffenen Kinder (analog M. Montessori oder Prof. Hellbrügge), die auch immer einen besonderen Anreiz zur eigenen Leistung, zum eigenen Vermögen, darstellt."*[505]

- Lesart 2a: Armut in Familien kann für die Kinder auch immer als Ansporn verstanden werden, durch Bildungsanstrengungen aus dieser Armutssituation herauszukommen.
- Lesart 2b: Die Kinder aus sozial benachteiligten Elternhäusern können sich nur bei einer Perspektive auf Teilhabe an dem ökonomischen System diese Bildungsanstrengung als „sinnhaft" erleben.

8.4.2 Fallstruktur der Diskussion

Armutslagen von Familien, die früher auch als ein Ansporn für die kindliche Entwicklung gesehen wurden, sehen derzeit keinen realistischen Teilhabemöglichkeiten in unseren ökonomischen gesellschaftlichen Prozessen entgegen. Aus dieser Hilflosigkeit heraus werden emanzipatorische Überlegungen für die betroffenen Kinder angestrebt, die aber bindungstheoretisch im Grundschulalter scheitern müssen. Hierbei würden noch größere Konkurrenzsituationen zum Elternhaus seitens der Institutionen (Grundschule und Kinder- und Jugendhilfe) entstehen. Das pädagogische

---

[505] Aus einem E-Mail Kontakt mit einem Experten der Kinder- und Jugendhilfe.

Dilemma zeigt sich darin, dass hier bildungsbiographische Weichen gestellt werden. Die Bildungspolitik in Deutschland verleugnet das Selektionsdilemma ihres Bildungssystems weitgehend, möglicherweise aufgrund des in der deutschen Geschichte missbrauchten Begriffes der „Selektion".

Die Denkweise vieler Eltern, dass es ihren Kindern einmal besser gehen soll (diese Denkweise gab es vor allem in den 70er Jahren), findet sich nur noch in bestimmten Milieus. In den unteren Schichten dominieren Depression und Resignation aufgrund der mangelnden Teilhabe an den Erwerbsmöglichkeiten. Eine Möglichkeit besteht darin, Kinder in ihren Talenten zu fördern, aber sie sind kaum davor zu bewahren, dann von einem ökonomischen System ausgeschlachtet zu werden.

Die Frage, ob eine Abschaffung der allgemeinen Schulpflicht[506] den Leidensdruck der Eltern und der Kinder aufgrund ihrer Neugier fördern würde und somit echte Arbeitsbündnisse zwischen der Lehrkraft und den Schülern/ Schülerinnen eingegangen werden, darf aufgrund der kulturellen Unterschiede unserer Kinder mittlerweile als unsicher gelten. Die Trägheit der Kinder und die Hoffnungslosigkeit der Eltern stehen dieser Denkweise elementar entgegen.

Diese Trägheit als Traumatisierung von der Schule zu deuten, übersieht die Lebenswirklichkeiten von Kindern aus Armutssituationen. Doch wenn die Schule repressiv arbeitet, dann müsste sie diese Repressionen auch konsequent durchziehen und Kinder, die vom Unterricht fernbleiben, mit Hilfe staatlicher Eingriffsmöglichkeiten „von Haus aus" abholen: ein doppeltes Dilemma der Schule aufgrund ihrer ambivalenten Haltung in der Krise. Solange wir den Kindern nicht bereits in der Grundschule sinnhaft vermitteln können, dass ihre eigene Bildungsbiographie sinnvoll ist, d. h. wir müssen ihnen eine Perspektive bieten können, scheitert jede Schulreform.

In der Aufbruchstimmung der 70er Jahre ist es gelungen, auch Kindern aus Handwerkerfamilien eine günstige Bildungskarriere zu bieten, doch spätestens in den 80ern ist dies gekippt, da die Lehrer/-innen den Wandel in den Schulen prophezeit haben. Im Gewöhnungseffekt und der Ambivalenz in dem schnellen Wandel der letzen Jahre der Grundschule zeigt sich, dass Kinder aus schwierigen sozialen Milieus fast zwangsläufig auf die Hauptschule, mit all ihren krisenhaften Situationen, übertreten. Dass Kinder von ausländischen Familien oft ohne Deutschkenntnisse übertreten, verhindert eine pädagogische Neugestaltung der Grundschule.

---

[506] Diskussionen, die Schulpflicht in ein Schulbesuchsrecht umzuwandeln, die das Recht der Kinder auf Schulbesuch verstärkt in den Vordergrund rücken sollen, wurden bereits in der Mitte der 60er Jahren in einem Gremium des Bayerischen Lehrer- und Lehrerinnenverbandes unter der Leitung von Prof. Dr. Johannes Guthmann angestrengt. (Vgl.: Gschwendner, Karl: Schulkultur vor 300 Jahren, S. 87.) Auch Urlich Oevermann setzte sich mit der Abschaffung der gesetzlichen Schulpflicht auseinander. (Vgl.: Oevermann, Ulrich: Brauchen wir heute noch eine gesetzliche Schulpflicht und welches wären die Vorzüge ihrer Abschaffung, Manuskript (o. J.))

9 Handlungsempfehlungen als Orientierungshilfe für die Grundschulpädagogik und Soziale Arbeit / Sozialpädagogik in den Fragen der Kinderarmut in der Grundschule

Zunächst möchte ich noch einmal zu meiner Ausgangsfragestellung zurückkehren:

„Wie kann eine lebensweltorientierte Soziale Arbeit und die Sozialpädagogik im Kontext einer steigenden Kinderarmut in Deutschland die Grundschule und Förderschule im Primärbereich unterstützen,

- *soziale und kulturelle Bedrängungen abzuwehren,*
- *subjektive Entwicklungsprozesse zu ermöglichen*
- *und an affektiv fördernden Bedingungen mit beizutragen,*

damit Lernen initiiert werden kann und Bildung in gemeinsamer Verantwortung und im „vernetzten Denken" von Eltern, Grund- oder Förderschule im Primärbereich und Soziale Arbeit / Sozialpädagogik, als Beitrag für eine menschenwürdige Bildungskultur, gesichert werden kann?"

Diese Fragestellung impliziert, dass es Lösungen darauf geben kann und muss, es wird nicht die Frage nach dem „Ob", sondern die Frage nach dem „Wie" gestellt. Dieser Lösungsoptimismus beim Vorliegen von brüchigen und krisenhaften Lebensweltbezügen der Schüler/-innen ist für die Sozialarbeitsforschung meines Erachtens entscheidend.

Aus einem Experteninterview konnte ich entnehmen: *„Kinderarmut und Jugendarmut sind immer auch Ideenarmut der Erwachsenen".*[507] Diese Sichtweise nimmt uns Erwachsene in die Verantwortung, mutig und couragiert nach Lösungen zu suchen und Visionen, ähnlich die eines Künstlers/einer Künstlerin, zu skizzieren und zu entwickeln, ohne sofort eine ökonomische und interessenspolitische Schere bei der Hand zu haben.

Weiter ist dem Text zu entnehmen: *„So wichtig es ist und sein mag, empirische Erhebungen zur Armutsentstehung zu dokumentieren, so müssen wir uns Handlungsstrategien zur Stärkung der kindlichen und jugendlichen Fähigkeiten ausdenken und begründend darstellen."*[508] Diese Handlungsstrategien müssen demnach regelgeleitet, d.h. aus einem Verständnisprozess nachvollziehbar, generiert sein.

Regelgeleitete Handlungen verlangen nach Routinen, die auf krisenhafte Lebensvollzüge wie Kinderarmut entwickelt werden. Jede dieser routinisierten Handlungen liegt ein bestimmtes Verständnis vom Menschen und

---

[507] Aus einem E-Mail Kontakt mit einem Experten der Kinder- und Jugendhilfe.
[508] Ebd.

eine bestimmte Haltung zum Menschen zu Grunde. Dazu werde ich später noch Bezug nehmen.

Die Sozialarbeitsforschung verlangt immer nach einer Lösungsorientierung, da sich meiner Auffassung nach die Soziale Arbeit / Sozialpädagogik als Profession der Integration und eines gelingenderen Alltags darstellen lässt. Das bedeutet, eine stellvertretende Deutung verlangt immer auch nach einer stellvertretenden Krisenbewältigung, oder anders ausgedrückt, ein Verstehensprozess muss in diesem Sinne auch einen geeigneten Handlungsvorschlag zur Folge haben bzw. prekäre Lebenspraxen als Krisen bedürfen einer Hilfestellung, damit sie der/die Adressat/-in in tragfähige Routinen überführen kann. Adressaten/Adressatinnen für diese Handlungsvorschläge können selbstverständlich auch Institutionen, wie beispielsweise die Grundschule, sein. Die folgenden Auswege aus dem Dilemma zwingen sich aufgrund der Rekonstruktion der Interviews auf und sind deshalb regelgeleitet.

9.1 Erste Handlungsempfehlung: ein gemeinsamer sozialökologischer Erziehungsbegriff von Grundschulpädagogik und Sozialer Arbeit / Sozialpädagogik – gegen den „Fachjargon" und für ein „vernetztes Denken" von Anfang an

Die Auswertung der Experten-/Expertinneninterviews zeigt deutlich die Unterschiede der Fachsprache als „Institutionssprache", „den Jargon", dessen sich beide Professionen in unterschiedlicher Art und Weise bedienen. Doch diese Arbeit geht davon aus, dass erzieherisches Handeln immer einen gelingenderen kindlichen Alltag zur Zielsetzung hat. Ist es nicht der Alltag, der als „Kulturuniversale" alle Kinder verbindet und die Grundschule und Kinder- und Jugendhilfe bei krisenhaften und brüchigen Alltagsereignissen, wie Armutsphänomene, zu erzieherischem Handeln aufruft, damit diese in Routinen übergeführt werden können? Aus diesem Grunde gilt es meines Erachtens, ein gemeinsames Verständnis von Erziehung zwischen Grundschulpädagogik und Kinder- und Jugendhilfe zu entwickeln.

Auf die krisenhaften Lebenssituationen von Kindern aus Armutssituationen müssen alle Institutionen mit einem routinisierten Erziehungsverhalten reagieren, die Grundschule darf nicht nur in so genannten „Brennpunktschulen" reagieren. Erziehung ist im Oevermann´schen Verständnis immer Routinehandeln[509]. Nun zeigte allerdings die Rekonstruktion der Interviews, dass es keine Institutionalisierung, also keine Routine in den Hilfeangeboten für Kinder aus Armutssituationen seitens der Grundschule gibt. Es gilt aber, günstige affektive Ausgangsbedingungen herzustellen, damit Bildung als Krisenbewältigung möglich wird. Diese Routine sehe ich in einem

---

[509] Vgl.: 7.5.1.7 Routine und Krise in der Objektiven Hermeneutik.

gemeinsamen sozialökologischen Erziehungsbegriff von Grundschulpädagogik und Sozialer Arbeit / Sozialpädagogik.

Der Versuch, solch einen gemeinsamen sozialökologischen Erziehungsbegriff von Grundschulpädagogik und Sozialer Arbeit / Sozialpädagogik zu generieren, bestreitet natürlich nicht, dass es bei jeder dieser beiden Professionen einen eigenen routinisierten, prozesshaften Erziehungsbegriff im jeweiligen Selbstverständnis zu generieren bedarf.[510] In dieser Arbeit möchte ich aufzeigen, dass es einen gemeinsamen Nenner zwischen den Erziehungskonzepten der beiden Professionen geben muss. Dieser hat keinen Anspruch auf Vollständigkeit und bedarf ständiger Weiterentwicklung.

Die Erziehungswissenschaften sehen die Begriffe der „Bildung" und „Erziehung" als Grundlage ihrer Profession. *„Bildung im pädagogischen Raum kann nur in Verbindung mit Erziehung, Gesellschaft und Fortschritt verwirklicht werden."*[511] Auch Michael Winkler stellt in diesem Zusammenhang fest: *„Wer überhaupt über Bildung nachdenken will, sollte sich seiner systematischen Vorbedingung vergewissern – und diese verweisen auf den Erziehungssachverhalt"*[512]. In diesem dialektischen Zusammenhang von Bildung und Erziehung sehen auch Josef Heigl und Helmut Zöpfl eine existentielle Aufgabe, einen Erziehungsbegriff, *„objektiv und subjektiv gerecht zu formulieren"*[513]. Erziehung wird bei ihnen *„ein sich in Zielen und Methoden änderndes Wirken zur jeweiligen Selbstverwirklichung*[514]*"* und *„Sinnorientierung"*[515] des Kindes.

Maria-Anna Bäuml-Roßnagl fordert ein neues und sehr differenziertes Verständnis von Erziehungszielen und Erziehungshandeln, in einer Zeit, in der traditionelle Erziehungsverständnisse immer brüchiger werden. Bei diesem neuen Bild von Erziehung als Konstruktion eines „Erziehungskunstwerks"[516] müssen die Kinder möglichst partizipiert werden und zu einer autonomen Lebensführung befähigt werden.

Die Soziale Arbeit / Sozialpädagogik hat ein schwieriges und distanziertes Verhältnis zur Erziehung entwickelt. Erziehung galt und gilt für einige

---

[510] Vgl. hierzu auch: Bäuml-Roßnagl, Maria-Anna: Internet-Grundschulforschung 2000. Prof. Dr. Maria-Anna Bäuml-Roßnagl erforscht in diesem Forum einen neuen Erziehungsbegriff durch Befragung von Eltern und Kindern. Vgl. hierzu auch: Morin, Edgar: Die sieben Fundamente des Wissens für eine Erziehung der Zukunft: v.a.: Die allgemeine Intelligenz, 2001, S. 47ff. Die Demokratie lehren, 2001, S. 133ff.

[511] Heigl, Josef/ Zöpfl, Helmut: Gesellschaft – Schule – Kind. Grundfragen der Erziehung, S. 19.

[512] Winkler, Michael: Bildung mag zwar die Antwort sein – das Problem aber ist Erziehung, 2005, S. 6.

[513] Heigl, Josef/ Zöpfl, Helmut: Gesellschaft – Schule – Kind. Grundfragen der Erziehung, S. 19.

[514] Ebd., S. 19.

[515] Ebd., S. 20.

[516] Vgl.: Bäuml-Roßnagl, Maria-Anna: Internet-Grundschulforschung 2000. Prof. Dr. Maria-Anna Bäuml-Roßnagl erforscht in diesem Forum einen neuen Erziehungsbegriff durch Befragung von Eltern und Kindern.

Vertreter/ -innen der Sozialen Arbeit / Sozialpädagogik bis heute meines Erachtens als so genannte „schwarze Pädagogik". So ist es nicht verwunderlich, dass die Soziale Arbeit / Sozialpädagogik keinen eigenen Bildungs- und Erziehungsbegriff formuliert hat, obwohl sie die im SGB VIII formulierten „Hilfen zur Erziehung" anbietet. Sind es nicht gerade die „Hilfen zur Erziehung", die einen ökologischen Erziehungsbegriff bedürfen, um die Erziehungsberechtigen zu einer prozessorientierten Erziehung ihrer Kinder zu befähigen?

Doch in jüngster Zeit ist hier eine neue Entwicklung erkennbar: so werden in den Studienschwerpunkten der „Hilfen zur Erziehung" erste Debatten über Erziehungs- und Bildungskonzeptionen erkennbar. In der Lebenspraxis der Sozialen Arbeit / Sozialpädagogik setzen sich professionelle Praktiker/-innen selbst mit einem eigenen Erziehungsbegriff auseinander. So kann man bei Josef Heigl und Helmut Zöpfl folgendes Konzept von Erziehung lesen: Eine 35-jährige Sozialarbeiterin assoziiert bei einer qualitativen Befragung mit dem Erziehungsbegriff folgendes:

„Erziehung ist liebevolle und vertrauensvolle Einstellung zum Kind, ihm etwas zuzutrauen, es zur Selbständigkeit hin begleiten, Orientierung zu ermöglichen, Handlungsspielräume bieten und Interessen fördern und unterstützen. Erziehung ist, das Kind ernst zu nehmen, d. h. seine Kritikfähigkeit und seine Beziehungsfähigkeit durch Offenheit und Transparenz der eigenen Beziehungen und der Beziehung zum Kind zu fördern. Erziehung ist Wärme und Geborgenheit zu vermitteln, aber auch Raum zur Auseinandersetzung zu bieten."[517]

Die besonderen Haltungen einer lebensweltorientierten Sozialen Arbeit / Sozialpädagogik findet sich meines Erachtens in dem Erziehungsbegriff nach Werner Loch wieder, er schreibt, dass Erziehung jene Art von Hilfeleistung und Unterstützung sei, *„die der Mensch in denjenigen Lebensaltern und Lebenslagen benötigt, wo er eine Lernaufgabe nicht selbständig bewältigen kann."*[518]

Auch in dem systemorientierten Erziehungsbegriff nach Wolfgang Klafki finden sich Anteile des Selbstverständnisses einer lebensweltorientierten Sozialen Arbeit wieder: *„Die Funktion der Erziehung ist also die der Stabilisierung des sozialen Gleichgewichts im jeweiligen sozialen System und die Reproduktion des kulturellen Erbes und der sozialen Rollen und Positionen. Diese Funktion teilt sie mit allen anderen Teilprozessen der Sozialisation, deren Bestandteil sie ist."*[519]

---

[517] Heigl, Josef/ Zöpfl, Helmut: Gesellschaft – Schule – Kind. Grundfragen der Erziehung, S. 19.
[518] Loch, Werner, 1968: zit. n. Heigl, Josef/ Zöpfl, Helmut: Gesellschaft – Schule – Kind. Grundfragen der Erziehung, S. 23.
[519] Klafki, Wolfgang, 1970: zit. n. Heigl, Josef/ Zöpfl, Helmut: Gesellschaft – Schule – Kind. Grundfragen der Erziehung, S. 23.

Joseph Göttler und Eduard Spranger verstehen Erziehung als einen dynamischen Prozess, bei dem das Kind *„Orientierungs- und Gestaltungshilfe bei der Wertsuche und -verwirklichung erfährt"*[520] und nach Erich Wasem ein *„interpersonaler und unmittelbarer Akt gezielter Hilfestellung*[521]*"* qualifiziert wird.

Maria-Anna Bäuml-Roßnagl skizziert diese Interpersonalität, indem sie schreibt: *„Selbstbildende Prozesse des Heranwachsens sind in ihrem Gelingen abhängig von förderlichen Erziehungsprozessen im generationalen Miteinander"*[522].

Michael Winkler sieht vor allem für die Soziale Arbeit / Sozialpädagogik die Aufgabe, *„an einem kritischen Konzept der Erziehung festzuhalten*[523]*"*. So schreibt er, in diesem Konzept *„geht es darum, im Gestus der Sorge kontinuierlich schützende Rahmenbedingungen zu schaffen, in welchen Subjekte ihre Entwicklungsarbeit bewältigen können. Es geht um eine Kultur des Aufwachsens. (…) Erziehung muss Bedingungen sichern, die allerdings zu einem Handeln auffordern, aus dem heraus Subjekte eine innere Ordnung schaffen können, welche ihnen wiederum Weltverhältnisse zugänglich machen."*[524]

Was bedeutet dies für einen gemeinsamen Erziehungsbegriff von Grundschulpädagogik und Sozialer Arbeit / Sozialpädagogik im Kontext einer steigenden Kinderarmut in Deutschland?

Ein sozialökologischer Erziehungsbegriff befähigt die Kinder, ihre konkreten Lebenslagen und Deprivationen zu begreifen, damit sie Unterstützung annehmen und eigene Lösungskonzepte erarbeiten können.

---

[520] Heigl, Josef/ Zöpfl, Helmut: Gesellschaft – Schule – Kind. Grundfragen der Erziehung, S. 35.
[521] Wasem, Erich, 1975: zit. n. Heigl, Josef/ Zöpfl, Helmut: Gesellschaft – Schule – Kind. Grundfragen der Erziehung, S. 35.
[522] Bäuml-Roßnagl, Maria-Anna: Leben mit Sinnen und Sinn, 1990, S. 30.
[523] Winkler, Michael: Bildung mag zwar die Antwort sein – das Problem aber ist Erziehung, 2005, S.12.
[524] Ebd., S. 12.

9 Handlungsempfehlungen als Orientierungshilfe für die Grundschulpädagogik und Soziale Arbeit / Sozialpädagogik in den Fragen der Kinderarmut in der Grundschule

Einen gemeinsamen sozialökologischen Erziehungsbegriff von Grundschulpädagogik und Soziale Arbeit / Sozialpädagogik zeigt folgende Grafik, die sich von unten nach oben aufbaut:

Abbildung 14: Gemeinsamer sozialökologischer Erziehungsbegriff von Grundschulpädagogik und Soziale Arbeit / Sozialpädagogik

Grundlage dieses Erziehungsverständnisses ist die Maxime, eine gelungene Beziehung und Bindung zu den Kindern herzustellen und gemeinsam Sorge für deprivierte Kinder zu tragen. Die Grundschule als Lern- und Lebensort muss dabei als Schutzraum genutzt werden und günstige Ausgangsbedingungen zum Lernen bieten. Couragiertes Eingreifen, Einmischen, Anbieten oder Anregen von Interventionen fördert die soziale und kulturelle Teilhabe deprivierter Kinder und eine günstige personale Entwicklung durch emotionales, soziales und kognitives Lernen.

Hermann Giesecke sieht Erziehung immer als eine besondere Interpretationskategorie im Umgang mit Kindern durch Helfen, Erklären, Beraten, gemeinsames Erfreuen, Trösten und Ermutigen.[525] Sind dies nicht die gemeinsamen Interventionsaufforderungen von Grundschulpädagogik und Sozialer Arbeit / Sozialpädagogik angesichts der Problematik der steigenden Kinderarmut einhergehend mit Bildungsungleichheiten?

Der in Abbildung 14 dargestellte sozialökologische Erziehungsbegriff trägt auch der Erkenntnis Edgar Morins Rechnung, indem er schreibt: Der Mensch ist *„zugleich Individuum, Teil einer Gesellschaft und Teil einer biologischen Art (…). Wir tragen alle in uns diese dreifache Realität. Daher*

---

[525] Niedermaier, Sabine/ Bieringer, Silvia/ Kesseler: Der Erziehungsbegriff bei H. Giesecke bzw. U. Herman im Diskurs.

muß jede wirkliche menschliche Entwicklung die gemeinsame Entwicklung der individuellen Autonomie, der gemeinschaftlichen Teilnahme und des Bewusstseins, der menschlichen Art anzugehören, umfassen."[526]

Die Formulierung von „Erziehungszielen" ist sicherlich günstig und hilfreich, aber Erziehung findet meines Erachtens im „Hier und Jetzt" statt, d. h. sie muss „als menschenwürdige Erziehungskultur" in erster Linie Voraussetzungen schaffen, damit Erziehungsziele für alle Kinder gleich erreicht werden können: eine autonome und selbstbestimmte Lebensführung auch für Kinder, die in Armutsverhältnissen aufwachsen.

Paul Moor sieht bei einer derart einfachen Definition von Erziehung, wie ich sie skizziert habe, immer die Gefahr, dass sie als unwissenschaftlich abgewertet werden könne, während Janusz Korcak in diesem Zusammenhang vor einem Selbstzweck der Wissenschaft warnt.[527] Dennoch plädiere ich für alle Disziplinen verständliche Überlegungen bezüglich eines Erziehungsverständnisses, damit diese routinisiert in den Habitus von Lehrer/-innen, Erzieher/-innen und Sozialpädagogen/-pädagoginnen integrierbar werden.

9.2 Zweite Handlungsempfehlung: Schülerzentrierte Haltung gegen eine Stigmatisierung der von Armut betroffenen sozialen Systeme und zur Förderung affektiv günstiger Ausgangssituationen

Die Rekonstruktion hat deutlich gemacht, dass Lehrkräfte dem sozialen System von Kindern aus Armutssituationen mit einem hohen Maß an Stigmatisierung begegnen können. Alle Menschen deuten in der Interaktion wechselseitig das Verhalten des anderen vorweg, um angemessen handeln zu können. Dies gilt insbesondere auch für die Schule. Diese übt soziale Kontrolle über die Einhaltung definierter Situationen aus. Die Institution Schule behindert häufig massiv die Möglichkeit, dass Schüler/-innen ihre eigene Identität entwickeln können, *„im Sinne der Fähigkeit, sich eigenen spontanen Antrieben und den Erwartungen anderer gegenüber so zu verhalten, dass ich bestimmen kann, wer ich sein will, für mich und andere"*[528]. Einen so offenen, reflektierten Prozess fördert die Schule wenig. *„Dafür widmet sie sich aber besonders den Abweichlern, sie etikettiert und stigmatisiert abweichendes Verhalten"*[529] und sucht Schuldige im familiären Umfeld. Damit eine Lehrkraft eine positive Entwicklung auch eines deprivierten Schülers/einer deprivierten Schülerin begünstigt, bedarf es meines Erachtens einer besonders reflektierten Haltung neben der Steigerung ihres Kontextwissens auch eine Steigerung ihrer Sozial-, Ich- und

---

[526] Morin, Edgar: Die sieben Fundamente des Wissens für eine Erziehung der Zukunft, 2001, S. 21.
[527] Moor, Paul/ Korczak, Janusz zit. n. Fiedler, Hans S.: Jugend und Gewalt, 2003, S. 311.
[528] Vgl.: Gudjons, Herbert: Pädagogisches Grundwissen, 2001, S. 309.
[529] Vgl.: Ebd., S. 309.

Wertkompetenz. Dies beginnt mit der Ausbildung einer günstigen Haltung zum/zur Schüler/-in, aber auch zu seiner/ihrer ökologischen Einbettung.

Klaus Ulich betont, dass die Professionalität der Lehrer/-innen keineswegs allein auf der rein wissenschaftlichen „Qualifikation" beruht, sondern es sind *„mindestens gleichwertig soziale und persönliche Kompetenzen gefordert, die in der gegenwärtigen Ausbildung entschieden zu kurz kommen."*[530] Die Lehrkraft muss sich erst einmal über seine eigenen Emotionen Klarheit verschaffen. Dies erfordert ein hohes Maß an Selbstreflexion.

Carl Rogers beschreibt in seinem Personenzentrierten Ansatz[531] eine Methode, die meines Erachtens eine hohe Relevanz für die Schulsituation zeigt. Hierbei erscheint die Lehrkraft nicht nur als Wissensvermittler/-in, sie ist auch Erzieher/ -in, Begleiter/-in, Vertrauensperson und Berater/-in. Die Beschaffenheit und die Qualität der zwischenmenschlichen Beziehung zu seinen Schüler/-innen sieht Carl Rogers als das wichtigste Element zum Erfolg und als Grundlage für ein helfendes Gespräch an. Carl Rogers hält seinen Ansatz für alle helfenden Berufe (Psychotherapeuten/-therapeutinnen, Lehrer/-innen, Seelsorger/-innen, Sozialarbeiter/-innen, Psychologen/Psychologinnen) anwendbar.

9.2.1 Personenzentrierter Ansatz

Der Personenzentrierte Ansatz wurde von dem amerikanischen Psychologen Carl Rogers (1902 – 1987) aus seiner psychotherapeutischen und pädagogischen Arbeit mit Erwachsenen und Kindern entwickelt: Im Mittelpunkt stehen die betroffenen Personen – nicht die sozialen und ökonomischen Probleme. Menschen erfahren und lernen, in der Beratung ihre verborgenen Fähigkeiten zu entwickeln und eigenständige Lösungen für ihre Probleme zu finden.[532]

9.2.2 Humanistisches Menschenbild

Dem Personenzentrierten Ansatz liegt ein bestimmtes Menschenbild, ein eigenes anthropologisches Konzept, zugrunde. Carl Rogers ist der Überzeugung, dass der menschliche Organismus vertrauenswürdig ist und in jedem Organismus eine unermesslich reiche Anlage vorhanden ist, die er dazu freisetzen kann, sich selbst zu verstehen und konstruktiv zu verändern. *„Rogers ist aufgrund seiner Erfahrung überzeugt, daß die menschliche Natur vertrauenswürdig und konstruktiv, schöpferisch, sozial auf Reife hin ausgerichtet ist."*[533] Diese *„Aktualisierungstendenz"* als

---

[530] Ulich, Klaus: Beruf Lehrer/in. Arbeitsbelastungen,1996, S. 81.
[531] In dieser Arbeit wird der Begriff Personenzentrierte Gesprächsführung synonym für die Klientenzentrierte Gesprächsführung verwendet.
[532] Vgl.: Gesellschaft für wissenschaftliche Gesprächspsychotherapie e. V.: www.gwg-ev.org.
[533] Vgl.: Schmid, Peter, F. :Personale Begegnung, 1998, S. 100.

Triebfeder zur Weiterentwicklung jedes Organismus wird bei Peter Schmid als Fähigkeit zur Selbstaktualisierung beschrieben, der er der Selbstverantwortung, der Selbstbestimmung und der Selbstgestaltung zuordnet.[534]

9.2.3 Zu den Begriffen „Personenzentrierte Gesprächsführung und Gesprächstherapie"

Die Grundhaltung der Personenzentrierten Gesprächsführung ist nicht nur für therapeutische Situationen notwendig, sondern allgemein in jeder zwischenmenschlichen Interaktion, um positive soziale Beziehungen aufzubauen. Die Wirksamkeit bei der Gestaltung von sozialen Kontakten wurde durch empirische Untersuchungen von Robert Carkhuff 1969 bewiesen. Dies gilt für alle im sozialen und pädagogischen Bereich tätigen Personengruppen, die durch persönliche Kontakte einen *„konstruktiven Wandel der Einstellungen bei ihren Klienten"*[535] erreichen wollen.

Carl Rogers verwendet die Begriffe Beratung (Counseling) und Therapie austauschbar, da sie sich beide auf eine grundlegende Methode beziehen, und zwar *„auf eine Reihe direkter Kontakte mit dem Individuum, die darauf abzielen, ihm bei der Änderung seiner Einstellungen und seines Verhaltens zu helfen".*[536]

9.2.4 Zugrundeliegende Lebensauffassung

Auf die Frage, welche Lebensauffassung der Personenzentrierten Gesprächsführung zugrunde liegt, schreibt Carl Rogers: *„Es liegt auf der Hand, daß die von mir geschilderte Art von Einstellungen wohl kaum von einem Berater erlebt werden, der nicht auch selbst in seiner Grundhaltung Menschen gegenüber einen geistesverwandten Standpunkt vertritt. Die von mir veranschaulichten Einstellungen bleiben sinnlos, solange sie nicht mit einer hohen Achtung vor dem Menschen überhaupt und seiner in ihm schlummernden Möglichkeit verbunden werden."*[537] Für die Grundschullehrkraft steht der Wert des einzelnen Schülers/der einzelnen Schülerin an erster Stelle, damit sie fähig ist, echte Anteilnahme zu spüren, ihn/sie in seinem/ihrem Lebenskontext zu verstehen. Das bedeutet, dass vor jedem Verstehensprozess günstige Ausgangsbedingungen zum Verstehen geschaffen werden müssen. Dies bedarf den Haltungen Selbstachtung und Echtheit. Weiter schreibt Carl Rogers: *„Sicher wird ein Berufspraktiker mit der Ansicht, Menschen seien im Grunde genommen Objekte, die es zum Wohle des Staatswesens oder gemäß der Zielsetzungen der Erziehungs- bzw. Bildungsinstitutionen (und das nur zu ihrem Besten) oder aber zur*

---

[534] Vgl.: Schmid, Peter, F. :Personale Begegnung, 1998, S. 100.
[535] Vgl.: Weinberger, Sabine: „Klientenzentrierte Gesprächsführung", 1988, S. 29.
[536] Vgl.: Ebd., S. 29.
[537] Vgl.: Rogers, Carl, R.: Client-Centered Therapy, 1995, S. 222.

Befriedigung des eigenen Bedürfnisses nach Macht und Herrschaft zu manipulieren gelte, kaum je die Grundeinstellung verwirklichen, die ich als konstituierende Elemente einer wachstumsfördernden Beziehung dargestellt habe."[538]

9.2.5 Rogers Persönlichkeitsmodell

Für Carl Rogers ist der Mensch ausgestattet mit einer angeborenen Tendenz, der sog. Aktualisierungstendenz, die von Natur aus etwas „Gutes" darstellt. Der Mensch ist in der Lage, sich konstruktiv selbst zu entwickeln und Unabhängigkeit zu erreichen. Ein Kind bewertet noch, ob sich die gemachten Erfahrungen positiv oder negativ auf seine angeborene Aktualisierungstendenz auswirken. Später werden die Werte der Eltern und der Umwelt introjiziert. Dies kann zu einem Konflikt zwischen diesen gelernten Wertvorstellungen und dem angeborenen, dem so genannten organismischen, Wertsystem führen, welches sich an der Aktualisierungstendenz orientiert. *„Da diese introjizierten Wertvorstellungen zu einem Teil seines Selbstkonzepts werden, der nicht auf dem normalen Weg der Auswertung von Erfahrungen gewonnen wurde, haben die daraus entstehenden Konstrukte rigiden und statischen Charakter – sie werden häufig in Form eines „Sollte" oder „Müßte" erfahren."*[539] Der Mensch ignoriert seine eigenen Erfahrungen, sobald es mit dem Wertsystem Anderer in Konflikt gerät und versucht das Selbst zu sein, das andere von ihm erwarten.

Wichtig ist es, den Einklang zwischen den organismischen Erfahrungen und dem organischen Selbst herzustellen, um Kongruenz zu erlangen. Nach diesem Modell gibt es keine objektive Realität, sondern immer nur eine subjektive Wirklichkeit, die durch individuelle selektive Wahrnehmung entsteht. Darum ist es notwendig, dass eine Lehrkraft durch einfühlendes Verstehen den inneren Bezugsrahmen, die subjektive Wahrnehmung, seines Schülers/seiner Schülerin erkennt.[540]

9.2.6 Grundlegende Hypothese

Voraussetzung ist es, dass eine hilfreiche Atmosphäre für die Schüler/ -innen geboten werden kann, die durch Ausstrahlung von Transparenz bzw. Echtheit, positiver Wertschätzung und dem Entgegenbringen von Verständnis der Lehrkraft charakterisiert ist. Dies ist idealtypisch auf einen bestimmten Schüler/eine bestimmte Schülerin abgestimmt: auf dessen/ deren geerbte Eigenschaften, das Erlernte, seine/ihre Gefühle und Werte

---

[538] Vgl.: Rogers, Carl, R.: Client-Centered Therapy, 1995, S. 223.
[539] Vgl.: Weinberger, Sabine: Klientenzentrierte Gesprächsführung, 1988, S. 89.
[540] Vgl.: Ebd., S. 89f.

und – allem voran – seine/ihre eigenen Erfahrungen.[541] Darüber hinaus hilft der Ansatz nicht nur Probleme zu lösen, sondern ist insbesondere auch geeignet, Persönlichkeitswachstum in Richtung höherer Kreativität, größerer Offenheit und Ausdruckskraft, größerer innerer Ausgeglichenheit, höherer Selbstbestimmung und Selbstzufriedenheit, etc. zu fördern.[542]

9.2.7 Zwischenmenschliche Beziehung

Die zwischenmenschliche Beziehung ist für Carl Rogers das tragende Element in einer Beziehungssituation. Die praktische Arbeit von Carl Rogers und seine empirischen Befunde lassen die Folgerung zu, dass *„in den verschiedensten Berufen, bei denen es um die Beziehung zu Menschen geht (Psychotherapeuten, Lehrer, Seelsorger, Sozialarbeiter, Psychologen), die Beschaffenheit der zwischen-menschlichen Beziehung zum Klienten als wichtigstes Element den Erfolg bestimmt."*[543] Da diese Haltung meines Erachtens für die Grundschulpädagogik und die Soziale Arbeit / Sozialpädagogik in gleicher Weise dient, verwende ich in folgender Ausführung die Begriffe „Berater/-in" und „Klient/-in", diese können und müssen jedoch stets mit den Begriffen „Lehrkraft/Sozialarbeiter/-in/ Sozialpädagoge/-pädagogin" und „Grundschüler/-in" ausgetauscht werden.

9.2.8 Drei Variablen oder Bedingungen der Personenzentrierten Gesprächsführung

9.2.8.1 Grundlagen

Grundlagen der Methode von Carl Rogers sind systematische Beobachtungen und Erkenntnisse aus professionellen Beziehungen in Psychotherapie und Beratung, die sich als hilfreich erwiesen haben. Carl Rogers postuliert drei Bedingungen für eine wachstumsfördernde Beziehung. Diese Haltungen oder Einstellungen müssen von mindestens einer Person vermittelt und von der anderen Person erfahren werden:

Die *Kongruenz oder Echtheit*, die in anderen Quellen auch als „ohne Fassade" und „Experten-Attitüde" oder „Authentizität" beschrieben wird (kongruence, realness, transparency).

Die *Akzeptanz oder bedingungslose Wertschätzung*, die in anderen Quellen auch als „positive Wertschätzung" und „Achtung" beschrieben wird (acceptance, unconditional positive regard).

---

[541] Vgl.: Rogers, Carl, R.: Eine Theorie der Psychotherapie, 1991.
[542] Vgl.: Rogers, Carl, R.: Client-Centered Therapy, 1995, S. 211.
[543] Vgl.: Ebd., S. 211.

Die *Empathie oder das empathische Verstehen*, die das in anderen Quellen auch als „vorurteilsfreies, einfühlendes Verstehen aus dessen Lebenszusammenhang" beschrieben wird (understanding, empathy).

9.2.8.2 Kongruenz

Die Echtheit bedeutet, dass sich der/die Berater/-in hinter keiner Maske oder persönlichen Fassade verbirgt, sondern imstande ist, eigene Gefühle wahrzunehmen und zu symbolisieren (zu kodieren und auch weiterzugeben). Der/die Berater/-in ist in der Beziehung er/sie selbst. Je mehr der/die Berater/-in in der Beziehung kongruent ist und sich hinter keiner persönlichen oder professionellen Fassade verbirgt, desto größer ist die Wahrscheinlichkeit, dass sich der/die Adressat/-in ändert und in konstruktiver Weise entfalten wird. Das heißt, dass sich der/die Berater/-in in eine unmittelbare Begegnung mit seinem Klienten/seiner Klientin begibt, indem er/sie ihm/ihr von Person zu Person gegenübertritt. Er/sie versucht gänzlich, er/sie selbst zu sein und verleugnet sich nicht.

„Es besteht also eine enge Entsprechung oder Kongruenz zwischen dem körperlichen Erleben, den Bewusstseinsinhalten und den Mitteilungen an den Klienten"[544] *„Niemand erreicht diesen Zustand ganz und gar, aber je mehr der Therapeut imstande ist, akzeptierend auf das zu achten, was in ihm selbst vor sich geht, und je besser er es fertig bringt, ohne Furcht das zu sein, was die Vielschichtigkeit seiner Gefühle ausmacht, umso größer ist seine Übereinstimmung mit sich selbst."*[545]

9.2.8.3 Akzeptanz

Die zweite Einstellung des Beraters/der Beraterin ist die bedingungslose Wertschätzung oder die Anteilnahme. Diese Einstellung gibt dem Klienten/der Klientin die Sicherheit, sich dem Gefühl, das ihn/sie im Augenblick erfüllt, zu überlassen – Wut, Verwirrung, Zorn, Mut, Liebe oder Stolz, Feindseeligkeit oder Zärtlichkeit, Auflehnung oder Fügsamkeit, Selbstvertrauen oder Selbstentwertung. Diese positive Zuwendung bedeutet, dass der/die Berater/-in *„den Klienten als Persönlichkeit schätzt, und zwar etwa mit jener Gefühlsqualität, die Eltern für ihr eigenes Kind empfinden, wenn sie es als Persönlichkeit, ungeachtet seines augenblicklichen Verhaltens, anerkennen. Es bedeutet, daß er sich um seinen Klienten auf eine nicht besitzergreifende Weise sorgt, als um einen Menschen voller Möglichkeiten."*[546]

Dieses Gefühl der Zuwendung wirkt hilfreich, wenn sie von dem Klient/der Klientin auch wahrgenommen wird. Je bedingungsfreier die positive

---

[544] Vgl.: Rogers, Carl, R.: Die Kraft des Guten, 1990, S. 20.

[545] Vgl.: Rogers, Carl, R.: Client-Centered Therapy, 1995, S. 213.

[546] Vgl.: Rogers, Carl, R.: Therapeut und Klient, 1995, S. 218.

Zuwendung gestaltet wird, umso erfolg-reicher bzw. wirkungsvoller stellt sich die Beziehung zu dem Klienten/der Klientin dar.[547] Die Akzeptanz des Klienten/der Klientin ist in erster Linie von dessen/deren Verstehen abhängig. Durch besseres Verstehen gelangt man zu einer größeren Wertschätzung. *„Die Forderung, dem Klienten jeweils mit emotionalem Engagement und uneingeschränktem Akzeptieren gegenüberzutreten, muß als Ziel, als anzustrebendes Ideal angesehen werden, das – auch, wenn sich ..."* der/die Berater/-in *„sehr bemüht, - nicht immer in gleichem Maße zu verwirklichen ist. Ärger, Arbeitsüberlastung, persönliche Probleme, all diese Faktoren können ..."* den/die Berater/-in *„daran hindern, sich ganz auf einen Klienten einzustellen, ihn zu verstehen und damit besser anzunehmen."*[548]

Missverstanden wäre die Variable der bedingungslosen Wertschätzung in einem bedingungslosen Annehmen, *„was das Kind im Augenblick an Verhalten repräsentiert"*[549], im Sinne alles gut zu heißen. Bedingungslose Wertschätzung gilt zunächst der Person, losgelöst von falschen Verhaltensweisen, mit der Vorgabe gegenüber dem Kind: *„Du darfst alle Gefühle (Absichten, Wünsche und Gedanken) haben, aber du darfst nicht handeln wie du willst!"*[550]

9.2.8.4 Empathie

Das einfühlende Verstehen ist der dritte förderliche Aspekt der Beziehung. Dies bedeutet, dass der/die Berater/-in dem Klienten/der Klientin genau zuhört und dabei versucht, ihn/sie zu verstehen. Der/die Berater/-in versucht stets, für die persönlichen Bedeutungsinhalte Verständnis aufzubringen. Hierbei geht es nicht nur um die bewussten und symbolisierten Inhalte, sondern auch um die Inhalte, die unterhalb der Bewusstseinsschwelle liegen können. Der/die Berater/-in nimmt einen Teil der privaten Sphäre des Klienten/der Klientin wahr, als ob er/sie der/die Klient/-in wäre. Doch hier müssen die beiden Gefühlsebenen (die eigene und die des Klienten/der Klientin) differenziert voneinander unterschieden werden. Dies kann nicht durch eine relativ einfache Übung des Einfühlens, das mit dem Zuhören beginnt, angeeignet werden. Hier ist die ganze Persönlichkeit erforderlich.

Um ein anteilnehmender Berater/eine anteilnehmende Beraterin zu werden, muss sich der/die Berater/-in selbst erfahren. Dies ist zum Teil Übungssache, ein besserer, sensiblerer und einfühlsamerer Zuhörer/eine bessere, sensiblere und einfühlsamere Zuhörerin zu sein, zum anderen Teil Sache der Einstellung.[551] *„Diese höchst sensible Einfühlung ist wichtig, um es*

---

[547] Vgl.: Rogers, Carl, R.: Client-Centered Therapy, 1995, S. 219.
[548] Vgl.: Weinberger, Sabine: „Klientenzentrierte Gesprächsführung", 1988, S. 46f.
[549] Kaniak-Urban, Christine: Schwimmwesten für die Stürme des Schullebens, 2005, S. 9.
[550] Ebd., S. 9.
[551] Vgl.: Rogers, Carl, R.: Die Kraft des Guten, 1990, S. 22.

einem Menschen zu ermöglichen, daß er sich selbst nahekommt, daß er lernt, sich wandelt und entwickelt."[552] Der/die Berater/-in äußert dabei keine Feststellung, sondern „formuliert fast fragend", um dem Klienten/der Klientin ein Angebot zu machen, ihn/sie zu verstehen. Dabei hebt der/die Berater/-in seine/ihre Stimme, damit seine/ihre Formulierungen fast fragend und tastend wirken. Sätze können auch zum Teil nicht zu Ende geführt, und /oder mit einer Konjunktion (oder ..., und ...) enden. Allein der/die Klient/-in entscheidet, ob die Äußerung des Beraters/der Beraterin auf seine/ihre Empfindungen zutrifft oder nicht.[553]

9.2.9 Zusammenwirken der Bedingungen

Kritisch betrachtet kann entgegengehalten werden, dass z. B. Ignoranz oder Missachtung auch authentisch sein können. Die Echtheit des Beraters/der Beraterin ist aber in das Zusammenwirken aller drei Variablen eingebettet. Damit Veränderung in Gang kommt, ist die Ganzheit (Kongruenz) des Beraters/der Beraterin in der Beziehung von primärer Bedeutung, jedoch sollte ein Teil seiner/ihrer Kongruenz in der Erfahrung der bedingungslosen positiven Beachtung und des emphatischen Verstehens bestehen.[554]

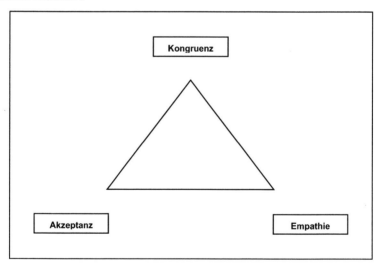

Abbildung 15: Die Variablen der Klientenzentrierten Gesprächsführung[555]

---

[552] Vgl.: Rogers, Carl, R.: Client-Centered Therapy, 1995, S. 216.
[553] Vgl.: Weinberger, Sabine: „Klientenzentrierte Gesprächsführung", 1988, S. 51f.
[554] Vgl.: Rogers, Carl, R.: Eine Theorie der Psychotherapie, 1991, S. 42.
[555] Eigene Abbildung.

9.2.10 Die Wahrnehmungswelt des Schülers/der Schülerin[556]

Bisher wurde nur die Haltung des Beraters/der Beraterin dargestellt. Es gibt jedoch auch einige Bedingungen, die von Seiten des Klienten/der Klientin gegeben sein müssen. Diese Bedingungen müssen dem Klienten/der Klientin mitgeteilt und von ihm/ihr aufgenommen werden, damit sie in seiner/ihrer Wahrnehmungswelt zur Wirkung gelangen können. *„Daher muß man eine weitere Größe in die Gleichung einführen, ... Sie besagt, daß sich ein persönliches Wachstum des Klienten vorhersagen läßt, wenn dieser wenigstens ein Mindestmaß von der Echtheit des Beraters und des von ihm erlebten, akzeptierenden Einfühlungsvermögens wahrnimmt."*[557] Der/die Berater/in muss nicht nur für das sensibel sein, was in ihm/ihr vorgeht, und ein Gespür für die Gefühlslage des Klienten/der Klientin haben, sondern auch dafür, wie er/sie die Mitteilungen des Beraters/der Beraterin aufnimmt. Das Bestreben des Beraters/der Beraterin muss es sein, sich so zu verhalten und mitzuteilen, dass es für den Klienten/der Klientin transparent ist, damit der/die Klient/-in alles unzweideutig begreifen kann.

Nach der Erfahrung Carl Rogers kann nämlich Einfühlungsvermögen als mangelnde Anteilnahme, bedingungsfreie Zuwendung als Gleichgültigkeit und Akzeptanz als bedrohliches Naherücken wahrgenommen werden.

9.2.11 Anwendung in der Schule

Christine Kaniak-Urban zeigt auf, dass viele Grundschullehrkräfte die Variablen von Carl Rogers als Grundlage der Beziehungsausgestaltung mit den Schüler/-innen im Studium vermittelt wurden. *„Da diese subjektiv personenzentrierte Haltung jedoch mit der objektiv didaktischen Haltung kollidiert, welche der Lehrer in den meisten Unterrichts- und Erziehungssituationen einnehmen muss, „verlieren" Lehrer im Laufe ihrer beruflichen Sozialisation das erworbene Wissen über den Aufbau einer helfenden Beziehung."*[558]

Die Methoden der Personenzentrierten Gesprächsführung haben eindeutige Relevanz für die Schulsituation. Die Lehrkraft kann dadurch im Klassenzimmer *„ein Klima herzustellen, in dem jeder Schüler nach seinem eigenen Tempo kognitive und effektive Lernfortschritte machen kann."*[559] Empirische Befunde bestätigen die Effektivität nicht nur im Hinblick auf das kognitive Lernen, sondern auch auf den Erwerb von Einstellungen, Selbstvertrauen und Engagement seitens der Schüler/-innen. Für ein

---

[556] Abschnitt nach: Rogers, Carl, R.: Client-Centered Therapy, 1995, S. 220f.
[557] Vgl.: Ebd., S. 220f.
[558] Kaniak-Urban, Christine: Schwimmwesten für die Stürme des Schullebens, 2005, S. 9.
[559] Vgl.: Rogers, Carl, R.: Client-Centered Therapy, 1995, S. 57.

wachstumsförderndes Klima sind die in dieser Arbeit beschriebenen Grundhaltungen notwendig, ob es sich um die Beziehung zwischen Therapeuten/Therapeutinnen und Klienten/ Klientinnen, Gruppenleiter/ -innen und Gruppe, Lehrer/-innen und Schüler/-innen, Administratoren/ Administratorinnen und Mitarbeiter/-innen handelt. Sie gelten besonders für die Situationen, in denen die persönliche Entfaltung das Ziel ist (Erziehungsgedanke der Schule). Besonders beim Lernen in Gruppensituationen untermauern zahlreiche empirische Untersuchungen die Erfolge des personenzentrierten Unterrichts. *„Durch grundlegendes Vertrauen in die Schüler (…) und die Schaffung einer unterstützenden, akzeptierenden und förderlichen Atmosphäre, in welcher der Lehrer die Rolle eines Facilitators (to facilitate = ermöglichen) annimmt, erbringen Schüler höchste kreative Leistungen."*[560] Dabei scheint es irrelevant zu sein, um welches Schulfach es sich handelt.[561]

9.3 Dritte Handlungsempfehlung: Fremdheitshaltung als günstige, gemeinsame Ausgangslage eines Verstehensprozesses der Lebensbedingungen von Kindern aus belasteten Situationen

Jedes deprivierte Kind in seinem sozialen Arrangement zeigt sich in seinen Besonderheiten, die man in der Grundschule nicht durch subsumtionslogische Vorentscheidungen verstehen und erfahren kann. *„Das heißt mit Nietzsche gesprochen: stillschweigend davon auszugehen, dass es sich um die Wiederkehr des immer Gleichen handelt."*[562] Die Lebensweltorientierung verlangt nach einem Verstehen, das sich auf Kontexte richtet, in einem lebensweltlichen Gesamtzusammenhang, mit dem Postulat nach einer Wirklichkeitsangemessenheit.[563] Die Lehrkraft braucht natürlich auch immer abstraktes Experten-/Expertinnenwissen, als subsumtionslogische Dimension, aber auch die rekonstruktionslogische Dimension, die konkrete Individualität des Kontextes der Lebenssituation und –geschichte der Kinder zu verstehen.

Dazu bedarf es meines Erachtens neben der schülerzentrierten Haltung noch einer Fremdheitshaltung gegenüber andersartigen sozialen Milieus und deren oft subsumtionslogisch nur schwer nachvollziehbaren Lösungsversuche. Mit einer „künstlich erzeugten Naivität", d. h. mittels des Ablegens der für ein bestimmtes Milieu geltenden Normalitätsfolie, kann der Versuch gewagt werden, sich unvoreingenommen dem Alltag des betroffenen Schülers/der betroffenen Schülerin anzunähern und seine/ihre subjektiven Deutungen und Bedeutungen wertschätzend zu verstehen, um

---

[560] Nykl, Ladislav/Motsching, Renate: Der Personenzentrierte Ansatz nach Carl R. Rogers.
[561] Vgl.: Rogers, Carl, R.: Client-Centered Therapy, 1995, S. 57.
[562] Höpfner, Norbert/Jöbgen, Manfred: Fallverstehen statt falsch Verstehen. Braucht die Soziale Arbeit Diagnosen, S. 3.
[563] Vgl.: Ebd., S. 8.

mittels einer stellvertretenden Deutung neue Bedeutungszusammenhänge dem/der Schüler/-in anzubieten. Diese Haltung wirkt auch der Gefahr entgegen, den/die Schüler/-in in seinen/ihren Erfahrungen aus unterschiedlichen Milieus (Herkunft und Grundschule), durch subsumtionslogische Vorannahmen der Lehrkraft und die damit implizierten Urteile, in einen Loyalitätskonflikt zwischen der Lehrkraft und dem Elternhaus zu führen.

Diese dabei entstehende erzieherische Konkurrenzsituation zwischen den Eltern und der Lehrkraft ist nur schwer aufzulösen, wobei der/die Schüler/-in bindungstheoretisch sich vermutlich seinen/ihren Eltern annähert und die Schule als Bedrohung für ein bereits exklusiviertes Familiensystem sieht.

Diese phänomenologische Herangehensweise sieht vor allem das Kind in einer Paradoxie von Eigenart und Fremdheit, zu dem man mittels Kommunikation Zugang bekommen kann. Das Kind wird dabei als Fremder gesehen und seine subjektiven Lebensäußerungen und Deutungsprozesse *„als Hinweis auf eine eigenaktive Wahrnehmung und Verarbeitung von Problemsituationen"*[564] verstanden.

Das Kind als Fremder soll aber hier nicht im Sinne einer Befremdung verstanden werden, als ein Fremdes, das bei Menschen Unsicherheit und Ängste hervorruft, sondern als eine Fremdheit, die ohne Vorannahmen, ohne „Labeling", sondern mit einer Verstehensneugier sich der kindlichen Lebenswelt anzunähern versucht. Es ist keine Frage, dass es sich hierbei um einen Idealtypus handelt, der ein hohes Maß an Selbstdisziplin von dem Erzieher/Pädagogen oder der Erzieherin/Pädagogin verlangt und als „Kunst" bereits in die Habitus-entwicklung in der Universität auszubilden ist.

Marie-Laure Wieacker-Wolff schreibt in diesem Zusammenhang: *„ … das Fremdartige ist auch das Vertraute …, denn Kindsein ist der Anfang jedes Lebensweges und das Kind, …, erinnert uns an „unseren" Anfang, gibt uns die Möglichkeit, diesen Anfang noch einmal durchzuleben"*[565].

Dennoch bleibt das Fremdartige hier Faszination, Geheimnis, als würde man nun in der Begegnung mit dem Kind seinem eigenen kindlichen Sein mit Staunen begegnen, jedoch in einer ganz anderen Vision, in der verschiedene Aspekte zusammentreffen:

- *Reflexion, die das kindliche Fragen mit Distanz betrachtet,*
- *Faszination: diese Welt war doch schon so lange vor uns! ein vergessener Schatz*
- *Und zum ersten mal das tiefe Verstehen der eigenen Fragen als Kind und der eigenen Versuche, Antworten zu geben."*[566]

---

[564] Honig, Michael-Sebastian: Forschung „vom Kinde aus"?, 1999, S. 33.
[565] Wieacker-Wolff, Marie-Laure: Mit Kindern philosophieren, 2002, S. 13.
[566] Ebd., S. 13.

9.4 Vierte Handlungsempfehlung: Erzählen lassen als Brücke zwischen Leben und Lernen als sozialpädagogische „sanfte Intervention" der Grundschule und Möglichkeit für subjektive Entwicklungsprozesse

Aus einem Interview mit einem erfahrenen katholischen Priester, der neben der Gemeindeleitung lange Jahre als Religionslehrer in der Grundschule tätig war, möchte ich folgende Interviewsequenz präsentieren:

„Darum ist ja das Erzählen von Anfang der Menschheit an ein ganz ganz wichtiges Element von Lebensbewältigung, in dem ich schlimme Erfahrungen aussprechen und immer wieder aussprechen kann und die ich auch weitergebe, und ein anderer, der mir zuhört, sich selber vielleicht ein Stückweise sich darin widergespiegelt sehen kann. Und wenn ein guter Ausgang beim anderen dann erkennbar wird, des ist dann im Endeffekt doch wieder gut gegangen, für sich selber, ja dann der Zuhörer auch eine Ermutigung finden kann."

Wie auch die Rekonstruktion der Kinderaussagen zu Armut und Reichtum gezeigt hat, gelangen Kinder bei persönlicher Betroffenheit in ein Erzählen eigener biographischer Alltagserfahrungen. Eine Gruppendiskussion hat jedoch immer ein Timing Problem.[567] *„Ist eine Gruppe beteiligt, überdeckt das Erzählen eines neuen Geschichtsanfangs durch eine Person möglicherweise den Erzählimpuls einer anderen Person, und keine Geschichte wird abschließend von Anfang bis Ende erzählt."*[568]

Darum ist es notwendig, dass die Grundschule Raum, Ort und vor allem Zeit für persönliche narrative Erzählungen der betroffenen Kinder gewährt. Der/die Gesprächspartner/-in der Kinder muss ein professioneller Zuhörer/eine professionelle Zuhörerin mit narrativen Kompetenzen und einer rekonstruktiven Grundhaltung sein, die die Selbstpräsentation der Kinder zur Bewältigung ihrer kritischen Lebenserfahrungen zu nützen weiß, und diese nicht als *„dysfunktionale Störung des zielgerichteten institutionellen Handelns"*[569] sieht.

Im schulpädagogischen Rahmen ist eine Reflexion narrativer Anteile in einer Gesprächssequenz von deprivierten Kindern unüblich, da sich Grundschulpädagogen/-pädagoginnen aufgrund ihres originären Auftrages als *„mit ExpertInnenwissen ausgestattete Fachleute, die ihr Wissen zur Lösung von geschilderten Problemkonstellationen oder Wissensdefiziten anbringen wollen"*[570] verstehen und auch in der Schullogik verstehen müssen. Doch Maria-Anna Bäuml-Roßnagl stellt fest, dass *„nur geteiltes*

---

[567] Vgl.: 8.2.1.
[568] Völzke, Reinhard: Erzählen als Brückenschlag zwischen Leben und Lernen, 2005, S. 2.
[569] Schlutz, Erhard 1984, S. 95: zit. n. Völzke, Reinhard: Erzählen als Brückenschlag zwischen Leben und Lernen, 2005, S. 2.
[570] Völzke, Reinhard: Erzählen als Brückenschlag zwischen Leben und Lernen, 2005, S. 2.

und mitgeteiltes Leben" eine *„menschenwürdige Lebenskultur"*[571], als Grundlage einer neuen Schulkultur, schafft.

Hier sind die Sozialpädagogik und die Grundschulpädagogik zum Handeln aufgefordert, die mit einem geschulten Ohr ein rekonstruktives Verständnis für die Relevanz des erzählenden Kindes verfügt. Diese Professionalisierungs- und Habitusentwicklung muss im Studium der Sozialen Arbeit ausgebildet werden, denn ein integratives hermeneutisches Verstehen verlangt eine methodische Sensibilisierung für Sprache mit ihrer Sinnhaftigkeitsunterstellung als Beschreibung und zunächst mit einer Fremdheitshaltung und Offenheit und einem authentischen Interesse ohne Deutung, sozusagen als voraussetzungslosen Blick.

Eine Erzählung vermittelt immer ein vergangenes Ereignis *„in einer spezifischen zeitlichen beziehungsweise kausalen Aufeinanderfolge aus der aktuellen Perspektive"*[572] des erzählenden Kindes, das mit ihrer subjektiven Sicht dabei weitgehend bei sich selbst ist. *„In Geschichten spiegelt sich die subjektive Sicht der erzählenden Person auf vergangenes, von ihm selbst erlebtes, beziehungsweise mitgestaltetes Ereignis wider. Erzählen bedeutet immer Rekonstruieren. Erinnerungen werden erst durch das Weitererzählen zu persönlichen Erfahrungen."*[573] Deshalb kann das Initiieren von Erzählungen bei den betroffenen Kindern als *„sanfte Intervention"*[574] verstanden werden.

Die Aufgabe der Sozialpädagogik ist es nach Reinhard Völzke demnach, in der Grundschule *„ein Fenster des Erzählens zu öffnen"*[575]. Die Kinder sind dadurch in der Lage, durch eigene Betroffenheiten und Erfahrungen eine *„bessere Anschlussfähigkeit"*[576] für aktuelle Herausforderungen zu finden. *„Narrative Kommunikation in diesem Sinne kann als Brückenschlag zwischen Leben und Lernen fungieren."*[577]

Doch nicht nur für die Kinder müssen im Sinne einer lebensweltorientierten Grundschule Möglichkeiten des Erzählens geschaffen werden. Dies gilt gleichermaßen für die Kontakte mit den Eltern. Elternarbeit ist nicht standardisierbar, Elternarbeit muss sich auf eine Symmetrie zwischen der Grundschule und dem Elternhaus zu bewegen: Gelungene Elternarbeit besteht zunächst aus der Schaffung von Raum und Zeit, zum Austausch im Sinne eines gegenseitigen Erzählens und Annäherns der unterschiedlichen

---

[571] Bäuml-Roßnagl, Maria-Anna: Wege in eine neue Schulkultur, 1992, S. 13.

[572] Völzke, Reinhard: Erzählen als Brückenschlag zwischen Leben und Lernen, 2005, S. 2.

[573] Ebd., S. 2.

[574] Loch, Ulricke/Schulze, Heidrun: Biographische Fallrekonstruktionen im handlungstheoretischen Kontext, 2002, S. 573. zit. n. Kötting, Michaela/ Rätz-Heinisch, Regina: „Potentiale unterstützen, Selbstverständnis fördern", 2005.

[575] Völzke, Reinhard: Erzählen als Brückenschlag zwischen Leben und Lernen, 2005, S. 3.

[576] Ebd., S. 3.

[577] Ebd., S. 3.

Alltagssituationen. Hierbei ist die Lehrkraft gefordert, im Sinne einer Professionalisierung nicht nur eine Rolle auszufüllen, sondern sich auch mit seiner ganzen Person zu präsentieren, eine Forderung, die auch darauf abzielt, dass die Schulpädagogik eine höchst supervisionsbedürftige Profession ist, da eine lebensweltorientierte Öffnung große Gefahren mit sich bringt.

9.5 Fünfte Handlungsempfehlung: Rekonstruktionslogische Diagnosen in der „Sprache des Falles" statt subsumtionslogische Vorannahmen – Verstehen von sozialen und kulturellen Bedrängungen

9.5.1 Exemplarische Beispielsequenzen

An dieser Stelle möchte ich zunächst einige Beispielsequenzen aus dem erhobenen Interviewmaterial vorstellen, an dem das Missverständnis zwischen Grundschule und Kinder- und Jugendhilfe meines Erachtens besonders gut aufgezeigt werden kann.

9.5.1.1 Beispielsequenz 1:

Interviewer: *„Mhm. Was würden Sie sagen, welche Lebenslagen stecken da dahinter? Welche Kinder sind vor allem betroffen?"*

Grundschullehrkraft: *„Meinen Sie jetzt von der Herkunft oder/ ?"*

Interviewer: *Mhm.*

Hier zeigt sich, dass die Lehrkraft sich versichern muss, dass sie die Terminologie Lebenslage in für den Interviewer gleichbedeutender Art und Weise versteht, um adäquat antworten zu können.

9.5.1.2 Beispielsequenz 2:

Interviewer: *„Das heißt, der Schulsozialarbeiter könnte als Koordinator fungieren und alle Vernetzungspartner sozusagen ins Boot zu holen."*

(...)

Lehrkraft: *„Ja, des fänd ich schon, weil ich denk mir, der hat einfach dann a andere Bürostunden, oder sonst was, der hat andere Zeiten, und vielleicht auch, der kann sicher auch noch anders mit seinen Kollegen, weil es ist ja auch immer, na ja sprachlich, aber manchmal hat ma des Gefühl, des ist doch besser, wenn jemand aus der gleichen Ecke kommt."*

Die Terminologien „Schulsozialarbeiter" und „Vernetzungspartner" entstammen der Lebenspraxis der Sozialen Arbeit / Sozialpädagogik. Vermutlich lösen diese Begrifflichkeiten wiederum Unsicherheit bei der Lehrkraft aus, so dass sie die implizierte Kritik einer „eigenen Sprache", eines so genannten Fachjargons, der Mitarbeiter/-innen seitens der Kinder- und Jugendhilfe anbringt.

9.5.1.3 Gedankenexperimentielle Explikation:

„*...aus der gleichen Ecke*", beinhaltet die Gegenhypothese „aus unterschiedlichen Ecken kommend".

Der Fachjargon, die sprachlichen Ausdrucksformen der Grundschulpädagogik und Sozialen Arbeit / Sozialpädagogik werden demnach bildlich aus verschiedenen Ecken wahrgenommen:

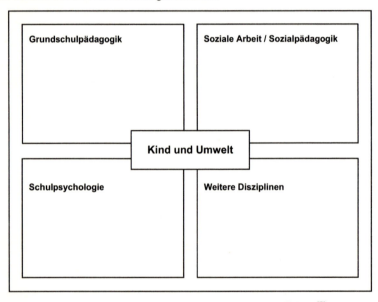

Abbildung 16: Verschiedene Disziplinen aus unterschiedlichen Ecken.[578]

Fraglich bleibt, ob in diesem Bild alle Ecken symmetrisch wahrgenommen werden oder ob die Disziplinen versuchen, einen möglichst großen oder kleinen Raum in der Abbildung einzunehmen. Eine weitere Fragestellung wäre, ob sich das betroffene Kind wirklich im Zentrum der Abbildung befindet oder ob es sich nicht selbst bei verschiedenen Bedarfen in eine Ecke bewegen muss.

---

[578] Eigene Abbildung.

Noch problematischer wäre es, wenn die Eltern in einer Ecke wahrgenommen würden, das Kind käme dann aus einer bestimmten Ecke, was ein hohes Maß an Stigmatisierungspotential hätte und zu enormen Loyalitätskonflikten führen kann.

Dieses Verhältnis könnte beispielhaft wie folgt dargestellt werden:

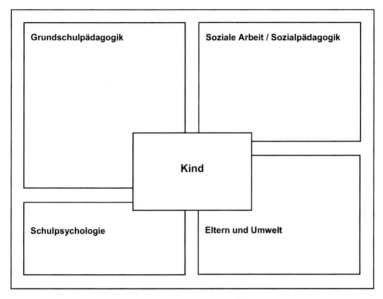

Abbildung 17: Ein Kind aus einer „bestimmten Ecke".[579]

---

[579] Eigene Abbildung.

Ein interdisziplinäres Denken strebt deshalb nach einer Figur ohne Ecken, wie in einem Kreismodell:

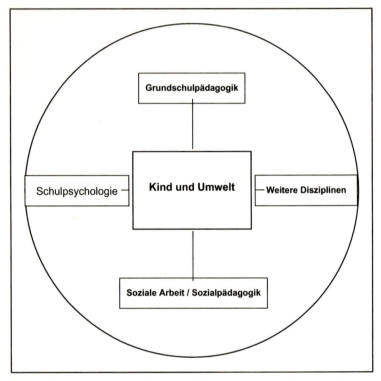

Abbildung 18: Interdisziplinäres Kreismodell für ein „vernetztes Denken". [580]

9.5.2 Interdisziplinäre Diagnostik in der „Sprache des Falles"

Aus diesen Sequenzen könnte der Versuch entstehen, die Schwächen von wenig-standardisierten Erhebungen zu identifizieren, als ein Mangel an *„Registrieren angeblich objektiver Gegenstandsmerkmale"*[581], oder andererseits könnte die Möglichkeit gesehen werden, die subjektiven Bedeutungen des *„Interaktionsprozesses*[582]*"* zwischen dem Interviewer und der Lehrkraft

---

[580] Eigene Abbildung.
[581] Mayring, Philipp: Einführung in die qualitative Sozialforschung, 1993, S. 20.
[582] Ebd., S. 20.

zu rekonstruieren. Nimmt man diese forschungslogische Haltung ein, so zeigen sich die Schwierigkeiten mit einem subsumtionslogischen Umgang der internalisierten Begrifflichkeiten einer jeden Profession mit ihren je unterschiedlichen Alltags- und Professionsverstehensprozessen. Edgar Morin beschreibt dieses Dilemma so:

„*Das Vorherrschen einer nach verschiedenen Disziplinen fragmentierten Erkenntnis macht häufig unfähig, die Verbindung zwischen den Teilen und den Gesamtheiten herzustellen, und muß einer Erkenntnisweise Platz machen, die in der Lage ist, die Gegenstände in ihren Kontexten, ihren Komplexen und ihren Gesamtheiten zu erfassen.*"[583]

Frederic Vester spricht in diesem Zusammenhang von einem einengenden Fachjargon. Er fordert eine „*Durchlöcherung und Quervernetzung all jener künstlichen Begriffsgebäude, die ohne Feedback mit realen Vorgängen entstanden sind und in denen das Vokabular den Inhalt beherrscht.*"[584] Es geht darum, in einer Reflexionshaltung Beziehung zu anderen Lebensbereichen herzustellen und regelgeleitet die Frage nach dem Sinn von Phänomenen und Maßnahmen gemeinsam zu begreifen. Frederic Vester fordert, die bisherige Disziplinorientierung zugunsten eines „*aufgabenorientierten Ansatzes*"[585] aufzugeben.

Die Rekonstruktionslogik erlaubt eine Darstellung der subjektiven Deutungsmuster der Schüler/-innen in der „Sprache des Falles", so dass ein interdisziplinärer Austausch möglich wird. Sie interpretiert nicht in die Phänomene subsumtionslogisch hinein, sondern rekonstruiert die Sinnhaftigkeit aus den gemeinsam erfahrbaren Phänomenen heraus. Die „Sprache des Falles" bedeutet, dass keine bestimmte Theorie erklärt wird, sondern die Begrifflichkeiten aus der Rekonstruktion ermittelt werden und nur jene theoretischen Begriffe, die der Fall als Struktur zur Geltung bringt, versprachlicht werden.

Dabei wird man feststellen, so Frederic Vester, „*daß Kollegen, die etwa die Erkenntnis einer wissenschaftlichen Entdeckung nicht anders als im Fachjargon mitteilen können, im Grunde die Sache nie durchdacht (d. h. mit übrigen Gehirnteilen in Verbindung gebracht) haben. Der Zwang der „Übersetzung" deckt oft grundlegende Denkfehler auf oder zeigt Lösungen, auf die man als „Insider" nicht gekommen war.*"[586] Meines Erachtens ein resolutes, aber gelungenes Plädoyer für ein echtes interdisziplinäres Denken.

---

[583] Morin, Edgar: Die sieben Fundamente des Wissens für eine Erziehung der Zukunft, 2001, S. 16f.

[584] Vester, Frederic: Neuland des Denkens. Vom technokratischen zum kybernetischen Zeitalter, 1980, S. 482.

[585] Ebd., S. 482.

[586] Ebd., S. 482.

9.5.3 Notwendigkeit diagnostischer Arbeit in der Kinder- und Jugendhilfe[587]

Aus der Sicht der Kinder- und Jugendhilfe hat man es bei Kindern aus Armuts- und Unterversorgungssituationen nur selten mit einfachen Tatbeständen zu tun. Es müssen oft Entscheidungen in Situationen getroffen werden, die hochkomplex, undurchsichtig und zudem im schnellen Wandel begriffen sind.

Noch unübersichtlicher wird die Situation dadurch, dass Tatbestände miteinander vernetzt sind oder eine hohe Dynamik aufweisen und nicht unabhängig voneinander betrachtet werden können. *„Handeln in komplexen, vernetzten, dynamischen und intransparenten Situationen kann jedoch nur erfolgreich sein, wenn es nicht ad hoc erfolgt, sondern erst nach einer genügend genauen Abklärung seiner Voraussetzungen, seiner Ziele und der Mittel zur Zielerreichung, also nach eingehender diagnostischer Tätigkeit."*[588]

Um zu entscheidungsrelevanten Informationen zu gelangen, ist es von Vorteil, eine regelgeleitete diagnostische Strategie zu entwickeln.

9.5.4 Umstrittene Begrifflichkeit der Diagnostik[589]

Das griechische Wort *„diagnosis"* bedeutet *„unterscheiden"*, *„durch und durch erkennen"*. Dieser Erkenntnisprozess der Diagnostiker/-innen unterscheidet sie als Experten/Expertin vom Laien. Der Begriff *„Diagnose in der Sozialen Arbeit"* hat durch Alice Salomon und Mary Richmond eine lange Tradition. Doch diese naturwissenschaftliche Begrifflichkeit scheint der sozial- und geisteswissenschaftlichen Ausrichtung der Sozialen Arbeit *„und der Tradition des hermeneutischen Fallverstehens diametral entgegengesetzt."*[590]

Drei zentrale Aspekte der Sozialen Arbeit können mit der naturwissenschaftlichen Denkweise gefährdet sein:

- die professionelle „Partnerschaft" zu den gefährdeten Kindern und ihren sozialen Bezügen. Die Kinder dürfen partizipativ in den diagnostischen Prozess eingreifen;
- die ressourcenorientierte, facettenreiche Erfassung der Situation der Kinder und ihrer Lebenswelt;
- die begrenzte Prognostizierbarkeit kindlicher Entwicklungen und derer sozialen Prozesse.

---

[587] Abschnitt nach Harnach-Beck, Viola: Psychosoziale, 2000, S. 13ff.
[588] Harnach-Beck, Viola: Psychosoziale, S. 22.
[589] Abschnitt nach Heiner, Maja: Diagnostik: psychosoziale, 2001, S. 243ff.
[590] Ebd.: S. 253.

"Wird der Begriff der Diagnose dem Denkmuster des „expertenbestimmten Gutachtens mit Wahrheitsanspruch" (...) zugeordnet, dann wird er aus Sorge um die genannten Anliegen Sozialer Arbeit abgelehnt."[591] Doch wenn wir, wie der Duden, Diagnose als *"unterscheidende Beurteilung"* verstehen, gibt es meines Erachtens keinen Anlass, den Terminus zu ändern.[592]

9.5.5 Prinzipien sozialpädagogischer Diagnostik[593]

9.5.5.1 Partizipative Orientierung

Die Kinder- und Jugendhilfe ist, wie jede Dienstleistung am Menschen, auf die Kooperationsbereitschaft der Adressaten/Adressantinnen, deren Motivation und ihres Vertrauens angewiesen. Ihr Selbstverständnis ist eine partnerschaftliche, aushandlungsorientierte und dialogische Hilfe. Divergierende Ansichten der Kinder werden dabei berücksichtigt, alternative Interpretationen werden erarbeitet. Die Interventionsansätze ergeben sich im Aushandlungsprozess mit den Kindern und ihren sozialen Bezügen.

9.5.5.2 Sozialökologische Orientierung

Die sozialökologische Ausrichtung des diagnostischen Prozesses ist interaktions-, umfeld- und infrastrukturbezogen. Sie sieht die Schwierigkeiten der Kinder als situationsabhängige Ergebnisse wechselseitiger Beeinflussung. Diese Ausrichtung verlangt neben der Diagnostik der familialen Systeme weiterführende Untersuchungen der Netzwerke und des sozialen Umfeldes und die Analyse der Funktion der regionalen Infrastruktur, des Sozialraumes.

9.5.5.3 Mehrperspektivische Orientierung

Dieser Ansatz ist konstruktivistisch, multidimensional und historisch-biographisch ausgerichtet. Hier geht es um eine möglichst komplexe Abbildung des Problems aus Sicht verschiedener Beteiligter. *"Von einer konstruktivistischen Erkenntnistheorie ausgehend soll dabei zugleich eine multi-dimensionale Analyse der aktuellen Probleme ermöglicht werden."*[594]

---

[591] Vgl.: Heiner, Maja: Diagnostik: psychosoziale, 2001, S. 253.

[592] Vgl.: Höpfner, Norbert/ Jöbgen Manfred: Fallverstehen statt falsch Verstehen: Braucht die Jugendhilfe Diagnosen?, S. 6.

[593] Abschnitt nach Heiner, Maja: Diagnostik: psychosoziale, 2001, S. 256ff.

[594] Abschnitt nach Ebd., S. 257.

9.5.6 Methodische Eckpfeiler sozialpädagogischen Fallverstehens[595]

Marianne Hege stellt sieben Thesen als Eckpfeiler sozialpädagogischen Fallverstehens auf. Besonders relevant erscheinen drei dieser Aspekte, die ich nachfolgend kurz beleuchten möchte.

9.5.6.1 Zugang zu den Betroffenen

Kinder- und Jugendhilfe stellt oft eine *„Dienstleistung von Außen verordnet"*[596] *dar, die aus einem Zwangskontext oder Angst vor drohenden Sanktionen seitens des Jugendamtes aufgesucht wird.* Die Umsetzung des Dienstleistungsgedankens in der Kinder- und Jugendhilfe durch die Fachkräfte könnte den Zugang der Betroffenen erleichtern. *„Mitunter ist es möglich, in einem Eingangsgespräch Ängste und falsche Erwartungen zu klären. ... Dabei ist es wichtig, sich in die Situation der Betroffenen hinein zu versetzen, denn sie werden aufgrund ihrer Geschichte versuchen, den Prozess der Diagnostizierung mitzusteuern, indem sie z. B. bestimmte Fakten aus Angst oder Loyalitätskonflikten nicht preisgeben (können)".*[597]

9.5.6.2 Diagnose und Intersubjektivität

„Die Erhebung von Daten und Fakten sowie die Anwendung von Konzepten im methodischen Handeln verlaufen in einer Beziehung zwischen zwei Personen, die mit ihren Erfahrungen und wechselseitigen Erwartungen Situation und Inhalte gestalten. Es gibt keine Methode oder Technik, dieser Intersubjektivität zu entkommen."[598] Durch das Zusammenwirken mehrerer Fachkräfte, durch Fremdkontrolle mit einem anderen fachlichen Blickwinkel können nicht angemessene Vorurteile durch Übertragungen aus Vorerfahrungen reflektiert werden.

„Traumatisierung und Projektion in eine andere soziale Situation ist an der Unverrückbarkeit der Überzeugung und einer hohen affektiven Beteiligung erkennbar."[599] Durch das Verfahren der „Kollegialen Beratung" können andere fachliche Blickwinkel einer Experten-/Expertinnengruppe in die Diagnose integriert werden.

9.5.6.3 Diagnose und Lebensweltbezug

Alle Lebensbereiche, mit denen der Adressat/die Adressatin verwoben ist, müssen in die Diagnose miteinbezogen werden. Lebensweltorientierte Kinder- und Jugendhilfe ist eine reflexive Kinder- und Jugendhilfe, und

---

[595] Abschnitt nach Hege, Marianne: Kunst oder Handwerk? 2001, S. 12ff.
[596] Ebd., S. 16.
[597] Ebd., S. 16.
[598] Ebd., S. 17.
[599] Ebd., S. 18.

"braucht Kompetenzen in der Lebenswelt, Kompetenzen zum Mitleben in Erziehungssettings, zu Beratung, Klärung ... in Alltagsprobleme."[600] Das „Wissen über" muss in der Diagnose in ein „Wissen von" umgewandelt werden.[601] So ergibt sich die Forderung nach einem Diagnoseverfahren, in dem die Lebenslagen von Kindern und Jugendlichen erfasst werden können.[602] So fordert auch Hans Thiersch, Kinder und Jugendliche in einem lebensweltlichen Gesamtzusammenhang zu sehen, *„im Kontext der diese strukturierenden ökonomischen und sozialen Bedingungen, im Kontext ... der sozialen Beziehungen, ihrer Familien, ihrer Freundschaft, ihrer Erfahrungen in der Schule und auf der Straße, ... ihren Stärken und Ressourcen und in ihren Belastungen."*[603]

9.5.7 Gemeinsames rekonstruktives Verstehen von Grundschulpädagogik und Sozialer Arbeit / Sozialpädagogik[604]

Die Kommission des Elften Kinder- und Jugendhilfeberichts stellt fest, dass es in der Profession der Sozialen Arbeit keine *„weithin anerkannten Verfahren und Kriterien zur Durchführung „sozialpädagogischer Diagnosen gibt"*[605]. Viele Verfahren werden aus der empirischen Sozialforschung oder aus therapeutisch-klinischen bzw. diagnostisch-psychologischen Indikationserstellungen adoptiert. Doch in der diagnostischen Praxis der Sozialen Arbeit / Sozialpädagogik hält ein rekonstruktionslogisches Verfahren, in Anlehnung an Ulrich Oevermann´s Verfahren der Objektiven Hermeneutik, Einzug.[606]

Bei diesem Verfahren handelt es sich vorrangig um eine Methode, die mittels der Objektiven Hermeneutik aufgrund von Protokollen, verschriftlichten Interviews aus den Erzählungen der Kinder und diversen anderen Fallmaterialien (z. B. gemalte Bilder), die die Erfahrungen der Kinder, ihre Interpretationen ihres Selbstes und der Welt deutlich machen und zugleich ein Bild ihres schwierigen und risikoreichen Alltagsgeschehens und –handelns entwirft, um zu einer behutsam reflektierten Gesamtbeurteilung zu gelangen. *„Es wird eine fachlich und zugleich vorsichtige Annäherung an das Gegenüber versucht; eine Zusammenschau des gesammelten Materials und der methodisch gewonnenen Erkenntnis."*[607] Dieser

---

[600] Hege, Marianne: Kunst oder Handwerk? 2001, S. 36.
[601] Vgl. Ebd., S. 18.
[602] Vgl. hierzu Bundesministerium für Familie, Senioren, Frauen und Jugend, Elfter Kinder, 2002, Teil B, S. 44ff.
[603] Vgl. Höpfner, Norbert/ Jöbgen Manfred: Fallverstehen statt falsch Verstehen: Braucht die Jugendhilfe Diagnosen?, S. 10.
[604] Abschnitt nach Bundesministerium für Familie, Senioren, Frauen und Jugend, Elfter Kinder, 2002, S. 254f.
[605] Vgl. Ebd., S. 254.
[606] Vgl. Höpfner, Norbert/ Jöbgen, Manfred: Kurzporträt, S. 38ff.
[607] Stumpf, Hildegard: Handlungslehre der Sozialen Arbeit, 2006, S. 1.

diagnostische Prozess ist so gestaltet, *„dass implizierte Vorannahmen"* von den beteiligten Fachkräften, also ihr Fachjargon und das zugrunde liegende Menschenbild verstehbar wird, damit sich die Möglichkeiten erhöhen, der Persönlichkeitsentwicklung der Kinder gerecht zu werden und die Grundschule mit der Kinder- und Jugendhilfe gemeinsam geteilte, also auf Konsens beruhende, Interventionsstrategien zu erproben.

Da jede Diagnoseerstellung eine Interventionsforschung darstellt, geht dieses Verfahren methodologisch ähnlich wie diese Forschungsarbeit vor. Hierbei zeigt sich noch einmal die Wichtigkeit der Regeln der Objektiven Hermeneutik.[608]

9.5.8 Aushandeln und Diagnostik[609]

Einige Vertreter/-innen der Sozialen Arbeit wehren sich gegen den Begriff der sozialpädagogischen Diagnostik. Er sei aufzugeben, denn er stehe für ein Konzept der *„expertenbestimmten Bevormundung"*[610] von Adressaten/ Adressatinnen der Jugendhilfe. Eine „moderne" Soziale Arbeit / Sozialpädagogik, so diese Vertreter/-innen, ersetze den Vorgang der Datengewinnung durch den des Aushandelns. *„Mit Recht wird von den Vertretern eines modernen Jugendhilfesystems darauf insisiert, daß die Partizipation aller Adressaten der Hilfeplanung in einem offen zu führenden Aushandlungsprozeß die Gewähr dafür bietet, zu tragfähigen Lösungen zu kommen."*[611]

Dieser groben Vereinfachung der Begriffe stimmt Viola Harnach-Beck nicht zu. Es sei natürlich angezeigt, sich mit den Vorstellungen der Klient/-innen auseinanderzusetzen. Dies stellt aber nur einen Teil des diagnostischen Prozesses dar und darf nicht mit ihm als Ganzes gleichgesetzt werden.

Aushandlung wird in den Empfehlungen des deutschen Vereins zur Hilfeplanung nach § 36 SGB VIII als *„das Vermitteln und Zusammenführen unterschiedlicher Situationsdefinitionen und Handlungsvorstellungen sowie eine aus den unterschiedlichen Sichtweisen der Beteiligten erfolgende Bewertung des Hilfeverlaufs"* [612] definiert. Die pädagogische Fachkraft darf sich nicht auf die neutrale Moderatorenrolle zurückziehen, sondern sie muss ihr Fachwissen über Auslegung von Gesetzesbegriffen, Bedingungsfaktoren erzieherischer Probleme ebenso wie über Wirkungsmöglichkeiten des ihr zur Verfügung stehenden Leistungsrepertoires, also Fakten-, Problem-, Erklärungs- und Handlungswissen, beisteuern.

---

[608] Vgl. hierzu Kapitel 7.
[609] Abschnitt nach Harnach-Beck, Viola: Psychosoziale, 2000, S. 39ff.
[610] Ebd., S. 39.
[611] Vgl.: Höpfner, Norbert/ Jöbgen Manfred: Fallverstehen statt falsch Verstehen: Braucht die Jugendhilfe Diagnosen?, S. 1.
[612] Vgl.: Harnach-Beck, Viola: Psychosoziale, 2002, S. 39f.

Damit soll deutlich werden, dass eine Diagnose ohne Aushandlung meines Erachtens kein Fallverstehen ist, sondern nur eine Zuschreibung. Die von Armut betroffenen Kinder brauchen bei dem Vorgang des Fallverstehens keine stigmatisierende Diagnose, sondern einen Dialog. In einem Arbeitsbündnis mit den Betroffenen werden die Krisen und Routinen diskutiert und versucht, ein gemeinsames Interventionskonzept zu entwickeln. Zu einem Dialog gehört als Aushandlungspartner/-in auch eine eigene, regelgeleitete Fremdeinschätzung und couragiertes Offenlegen von verdeckten und tabuisierten Phänomenen, wie das der Kinderarmut, durch Fachkräfte.

9.6 Sechste Handlungsempfehlung: Diagnostik der Kinderarmut in der Grundschule als differenzierter Blick vor oder hinter den „Brennpunkt" zum Verstehen von sozialen und kulturellen Bedrängungen der Kinder

9.6.1 Der Blick hinter den Fokus als „sekundärpräventiver Blick"

Der Blick der Lehrkräfte muss hinter den Fokus gesetzt werden, mit der Fragestellung: Was steckt hinter dem Brennpunkt? Der Grundschule bietet sich dann die Möglichkeit der Projektion[613], der Abbildung oder Spiegelung der Lebenslagen der Kinder auf einer künstlich erzeugten „Folie" als Ausdrucksgestalt.

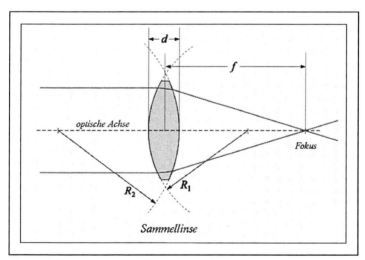

Abbildung 19: Bikonvexe Sammellinse mit dem Fokus als Brennpunkt.[1]

---

[613] Die Projektion ist im Sinne eines „Sichtbar machens" und nicht einer psychoanalytischen Übertragung zu verstehen.

In den Grundschulen, die sich als Brennpunktschulen identifizieren, wird offensichtlich vergessen, dass der Brennpunkt physikalisch nur der „Schnittpunkt" des Lichts darstellt, d. h. der Fokus der Lehrkräfte muss als „Weitblick" über den Brennpunkt hinausgehen, um eine Abbildung der beschriebenen Dimensionen[614] der Kinderarmut in der Grundschule zu erhalten.

Sekundärprävention richtet sich an diejenigen Kinder, die von Armutslagen bedroht sind, deren Armutssituationen sich aber noch nicht manifestiert haben. Doch präventive Maßnahmen als interventionistische Angebote lassen sich von Interventionen nur sehr konstruiert trennen[615]. Sowohl der Prävention als auch der Intervention bedarf es meines Erachtens eine Blickrichtung, eines Verstehensprozesses, damit die Antworten der Grundschule auf Kinderarmut regelgeleitet erfolgen können. Dieser Blick versucht demnach, mit einer sekundärpräventiven Ausrichtung mit der Fragestellung zu verstehen: „Welche Armutsphänomene zeigen sich bei den Kindern bereits in der Grundschule?"

9.6.2 Der „bikonkave Blick" als „primärpräventiver Blick"

Die Grundschule braucht einen Blick- oder Perspektivenwechsel durch Zerstreuung der Lebenslagen der Kinder. Mit der Frage: Welche Bedingungen bringen die Kinder mit? Anschaulich kann dies mit Hilfe folgender Grafik einer Zerstreuungslinse gezeigt werden.

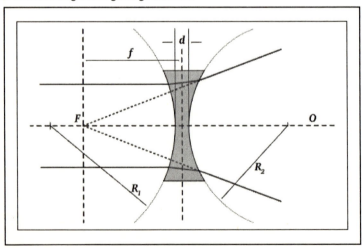

Abbildung 20: Bikonkave Zerstreuungslinse mit einem virtuellen Brennpunkt F.[616]

---

[614] Vgl.: 2.13.
[615] Vgl.: Böllert, Karin: Prävention und Intervention, 2001, S. 1394.
[616] Abbildung entnommen aus: http://de.wikipedia.org/wiki/Zetreuungslinse.

Gängigen Physiklehrbüchern ist zu entnehmen: *„Zerstreuungslinsen haben nur einen scheinbaren (virtuellen) Brennpunkt F. Er liegt da, wo sich die nach rückwärts verlängerten gebrochenen Strahlen mit der Achse schneiden. Die Strecke zwischen Linse und Brennpunkt ist die* **Brennweite** *f der Linse."*[617] Bei diesem Modell werden die Lebenslagen der Kinder in der Grundschule bewusst unterschiedlich wahrgenommen und zum besseren Verstehen „künstlich zerstreut". Auch die Primärprävention, verstanden als Intervention vor der Intervention, bedarf eines Verstehensprozesses, denn *„frühzeitig beratende, behandelnde und betreuende Angebote"*[618] sollen regelgeleitet den Folgen von Kinderarmut entgegenwirken. Dieser Blick kann durchaus in einer Schuleingangsdiagnose subsumtions-logisch die objektiven Lebenslagen der Kinder mittels eines stan-dardisierten oder teilstandardisierten Diagnosemanuals erfassen.

Dieser Blick fragt demnach primärpräventiv: „Mit welchen Lebenslagen und Alltagswirklichkeiten kommen die von Armut bedrohten Kinder in die Grundschule?"Ein solches Modell der Einschätzung der kindlichen Lebenslagen erfüllt ihren *„Zweck darin (…), die aktuellen Verwirklichungen des"* Kindes *„ziemlich weitgehend und vielseitig „aufzudröseln", damit"* die Kinder und deren Eltern *„beim Weiterweben ihres eigenen Lebens mit den Fäden wieder besser zurechtkommen."*[619] Hier stellt sich allerdings die Frage, ob die Primärprävention als Routinetätigkeit, im Sinne des in Abbildung 16 soziökologischen Erziehungsbegriffes überhaupt als eigene Interventionsform standhält oder ob dies nicht Aufgabe einer routinisierten Erziehungsleistung ist. Dieser Blick basiert meines Erachtens zunächst auf einer subjektiven Einschätzung in Form beispielsweise eines Beobachtungsbogens. Diese Deskription stellt noch keine Diagnose im engeren Sinn dar, kann aber als Reflexionshilfe für die Grundschul- und Sozialpädagogen/-pädagoginnen in Bezug auf die Einschätzung eines Kindes einer Diagnose vorausgehen und dafür beispielsweise eingrenzbare Fragestellungen formulieren.

---

[617] Böge, Alfred/Eichler, Jürgen: Physik. Grundlagen, Versuche, Aufgaben Lösungen, 2002, S. 176.
[618] Böllert, Karin: Prävention und Intervention, 2001, S. 1394.
[619] Wendt, Wolf Rainer: Ökosozial, 1998, S. 35f.

9.7 Siebte Handlungsempfehlung: Kontextwissen als Bildungsaufgabe – Lehren und Lernen, soziale und kulturelle Bedrängungen zu verstehen und durch affektiv günstige Ausgangslagen subjektive Entwicklungsprozesse zu ermöglichen

Jedes Kind in Armutssituation ist eingebettet in kontextuelle Bedingungen des Aufwachsens, welche das kindliche Handeln koordinieren. Meine Untersuchung zeigt, dass Lehrkräfte in den Grundschulen über ein unzureichendes Kontextwissen dieser Bedingungen verfügen. Zu diesem Kontextwissen gehört auch, wie und in welchem Maße diesen Kindern Hilfe und Unterstützung durch institutionalisierte, einbindende Kulturen gewährt werden kann. Wenn jede Bildungsanstrengung, so auch die Lehrer/-innenbildung, als die Suche nach Lösungen eines krisenhaften Ereignisses verstanden wird, so muss dieser Bildungsakt auch die Vermittlung der Dimensionen der Kinderarmut genutzt werden.

Edgar Morin stellt fest: *„Das Wissen isolierter Informationen und Gegebenheiten ist ungenügend. Man muß Informationen und Gegebenheiten in ihren Kontext stellen, damit sie Sinn ergeben. Um Sinn zu ergeben, braucht das Wort den Text, der sein Kontext ist, und der Text braucht den Kontext, worin er sich äußert."*[620]

Claude Bastien sieht *„die Kontextualisierung"*[621] als eine *„wesentliche Bedingung der Effizienz*[622]*"* für die kognitive Entwicklung und nicht die *„Aufstellung von immer abstrakteren Erkenntnissen".*[623]

Aus diesem Verständnis von Wissen ergeben sich für die Grundschulpädagogik zwei Maxime:

- Lehrer/-innenbildung mit Angeboten zu mehr Kontextwissen über Kinder in Armut und Interventionsmöglichkeiten der Kinder- und Jugendhilfe und
- Vermittlung im Unterricht von kindgerechtem Kontextwissen über Unterversorgung und Deprivation der Kinder.

---

[620] Morin, Edgar: Die sieben Fundamente des Wissens für eine Erziehung der Zukunft, 2001, S. 44.
[621] Bastien, Claude: zit. n: Morin, Edgar: Die sieben Fundamente des Wissens für eine Erziehung der Zukunft, 2001, S. 45.
[622] Ebd., S. 45.
[623] Ebd., S. 44.

9.7.1 Lehrer/-innenbildung mit Angeboten zu mehr Kontextwissen über Kinder in Armut und Interventionsmöglichkeiten der Kinder- und Jugendhilfe

An dieser Stelle möchte ich noch einmal an die vier Dimensionen der Kinderarmut, die ich im Einführungsteil dieser Arbeit zusammengefügt habe, erinnern.

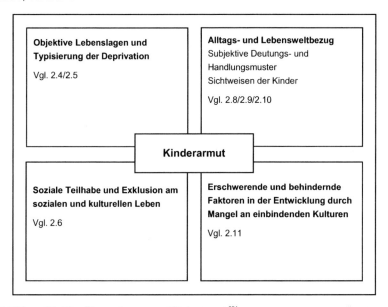

Abbildung 21: Vier Dimensionen von Kinderarmut.[624]

Innerhalb der (Grundschul-) Lehrer/-innenausbildung ist meines Erachtens, zur Vorbereitung auf eine Lebenspraxis mit Kindern in Armut, unter anderem folgender kontextueller Wissenserwerb notwendig:

- Ansätze aus der Soziologie, besonders der Wissens- und Problemsoziologie,
- Konzepte der objektiven Lebenslagen und Lebensbereiche aus der qualitativen und quantitativen Forschung bezüglich der Kinderarmut in Deutschland,
- Theorien der sozialen Teilhabe und Exklusionsvorgänge und ökologische Tragweite der Problemlagen der Kinderarmut, vor allem in Bezug auf eine Benachteiligung im Bildungsprozess,

---

[624] Eigene Abbildung.

- Entwicklungspsychologische und sozialisationstheoretische Erkenntnisse und psychosoziale Folgen von Kinderarmut,
- Aufgaben der Kinder- und Jugendhilfe, rechtliche Grundlagen (SGB IV) und Interventionsmöglichkeiten, vor allem Hilfen zur Erziehung sowie Grundlagen Lebensweltorientierter Sozialer Arbeit.

Jedoch, ein Mehr an Kontextwissen über die betroffenen Kinder fördert auch die Hilflosigkeit der Lehrkräfte, da der Grundschule originär keine Interventionsmöglichkeiten innewohnen. Diese Hilflosigkeit muss beispielsweise in den Arbeitskreisen und Arbeitsgemeinschaften offen gelegt werden, damit die Grundschule und die Kinder- und Jugendhilfe gemeinsam nach guten Lösungen, als gemeinsame Bildungsanstrengung, suchen kann. *„Bislang sind die Fachkräfte der jeweiligen Systeme nur für das spezifische Aufgabenfeld ausgebildet. Es ist notwendig, dass alle Pädagoginnen und Pädagogen in Aus- und Fortbildung Kenntnisse der Strukturen und der Pädagogik beider Bereiche vermittelt werden."*[625]

9.7.2 Vermittlung im Unterricht von kindgerechtem Kontextwissen über Unterversorgung und Deprivation: *„Verständnis lehren"*[626]

Dass sich die Kinder untereinander, also ihren Nahestehenden, menschlich verstehen lernen, ist nach Edgar Morin *„eines der Ziele der Erziehung der Zukunft"*[627]. Ist dies nicht ein Aspekt des Bildungsbegriffes von Michael Winkler, der von der Humanisierung des Humanen spricht?[628]

Edgar Morin unterscheidet zwischen zwei Arten von Verständnis und spricht vom intellektuellen/ objektiven Verständnis auf der einen Seite und von einem intersubjektiven menschlichen Verständnis auf der anderen Seite. Das intellektuelle Verstehen, also das Verstehen über eine verstandesmäßige Erfassung und Erklärung, reicht aber nicht aus, um Kindern die Lebenssituationen von Kindern aus Unterversorgungslagen verständlich zu machen. Denn für Edgar Morin wird das andere Kind *„nicht nur objektiv wahrgenommen, sondern als ein anderes Subjekt, mit dem"* es *„sich identifiziert"*[629]. Ein solches gegenseitiges, intersubjektives Verständnis fordert von den Kindern Offenheit, Sympathie, Großzügigkeit, als einen *„Prozeß der Empathie, der Identifikation und der Projektion"*[630].

---

[625] Arbeitsgemeinschaft für Jugendhilfe (AGJ): Handlungsempfehlungen zur Kooperation von Jugendhilfe und Schule, S. 5.
[626] Morin, Edgar: Die sieben Fundamente des Wissens für eine Erziehung der Zukunft, 2001, S. 115.
[627] Ebd., S. 115.
[628] Vgl. 6.3.1.12.
[629] Morin, Edgar: Die sieben Fundamente des Wissens für eine Erziehung der Zukunft, 2001, S. 117.
[630] Ebd., S. 117.

9.7.2.1 Ethik des Verstehens

Eine solche „*Ethik des Verstehens*"[631] verlangt ein gegenseitiges Verständnis aller in der Grundschule beteiligten Menschen, als einen „*Weg zur Humanisierung der menschlichen Beziehungen*[632]".

Notwendigerweise müssen die Kinder in dieser empathischen Entwicklung in einer prozesshaften, routinisierten Erziehungskonzeption begleitet werden. Zu fördern gilt es hierbei:

- das „gute Denken" in Kontexten und Umweltbedingungen als Ausgangslage des menschlichen Verhaltens,
- die Introspektion oder Selbstbeobachtung der Kinder, um das gegenseitige Bedürfnis der Kinder nach Verständnis zu wecken,
- das Bewusstsein um die menschliche Komplexität, gegen eine Stigmatisierung von Reduzierung benachteiligter Kinder auf ihre Symptome,
- die subjektive (sympathische) Öffnung zu anderen Kindern, auch jenseits nur bestimmter nahe stehender Kinder mit ähnlichen Sozialisationserfahrungen,
- und die Verinnerlichung der Toleranz, als die Möglichkeiten der Kinder, in den Lebensbedingungen, die ihnen zunächst entgegengesetzt sind, Wahrheiten zu erkennen und zu respektieren.

9.7.2.2 Empathiefähigkeit

Die Grundlage der Empathie, so Daniel Goleman, ist die Introspektion, die Möglichkeit der Selbstwahrnehmung, Decodierung und Eröffnung der eigenen Emotionen der Kinder.[633] „*Denn der psychische Kontakt, der jeder mitmenschlichen Regung zugrunde liegt, beruht auf Empathie, der Fähigkeit, sich emotional auf andere einzustellen.*"[634]

Christine Kaniak-Urban generiert drei „*Schlüsselfertigkeiten*"[635] als Voraussetzungen einer gelungenen Interaktion der Kinder aus der psychologischen Forschung:

- „*Emotionale Botschaften empfangen und decodieren*
- *Eigene Gefühle situations- und sozial angemessen offenbaren*
- *Emotionale Erlebnisse steuern und sich selbst beruhigen.*"[636]

---

[631] Morin, Edgar: Die sieben Fundamente des Wissens für eine Erziehung der Zukunft, 2001, S. 122.
[632] Ebd., S. 123.
[633] Vgl.: Goleman, Daniel: Emotionale Intelligenz, 2004, S. 127.
[634] Vgl.: Ebd., S. 127.
[635] Kaniak-Urban, Christine: Schwimmwesten für die Stürme des Schullebens, 2005, S. 9.
[636] Ebd., S. 9.

Wenn sich Kinder um ein gegenseitiges Verstehen bemühen und je ihre eigenen Gefühle wahrnehmen und äußern können, werden sie empathischer und ehrfürchtiger miteinander umgehen.

9.7.2.2.1 Emotion

Es gibt in der Wissenschaft noch kein einheitliches Verständnis des Begriffes „Emotion", da nach Hans Goller *„Emotionen komplexe Phänomene sind, die aus unterschiedlichen Perspektiven erforscht werden können"*[637] und es sich um *„ein hypothetisches Konstrukt für einen nur persönlich erlebbaren Zustand"*[638] handelt.

Im Pädagogischen Wörterbuch findet sich hierzu folgende Erklärung:

„Emotion (lat. emovere hinausschaffen, wegschaffen, entfernen; engl. emotion). Allseits bekannte Emotion oder Gefühlszustände sind Freude, Trauer, Hass, Ärger oder Mitleid. Dabei handelt es sich i.d.R. um Prozesse tief greifender körperlicher und seelischer Veränderungen in Verbindung mit starken Erregungszuständen. Emotionen sind zumeist begleitet von der Erfahrung, dass ein bestimmtes Ziel erreicht bzw. nicht erreicht werden konnte."[639]

> Emotionen können aber auch als Ausdrucksgestalten von Gefühlen rekonstruiert werden, die ihrerseits auf unbewusste oder bewusste Urteile einer bestimmten Situation entstammen. Deshalb ist es meines Erachtens notwendig, dass Lehrkräfte, Sozialarbeiter/-innen und Sozialpädagogen/-pädagoginnen, sowie die betroffenen Kinder und deren Eltern sich dieser grundlegenden Bewertungen und unreflektierten Urteile bewusst werden.

9.7.2.2.2 Emotionales Bewusstsein[640]

Claude Steiner spricht in diesem Zusammenhang von einem emotionalen Bewusstsein.[641] Dies bedeutet für ihn:

- Wissen, was man fühlt,
- Wissen, was andere fühlen,
- den Grund für diese Gefühle herauszufinden,
- den Effekt dieser Gefühle auf andere vorhersehen.

Das emotionale Bewusstsein kann nach Claude Steiner in verschiedenen Entwicklungsstadien betrachtet werden.

---

[637] Vgl.: Goller, Hans: Emotionspsychologie und Leib-Seele-Problem, 1992, S. 17.
[638] Vgl.: Ebd., S. 27.
[639] Vgl.: Wörterbuch: Emotion, S. 1 ff. Digitale Bibliothek Band 65: dtv-Wörterbuch Pädagogik, 2004, S. 680 (vgl. WB Päd., S. 170 ff.).
[640] Bewusstsein (engl. consciousness). 1) Ganz allgemein die Tatsache, dass der Mensch um sich selbst weiß, sich seiner selbst gewahr ist. Jeder erlebte seelische Vorgang ist Ausdruck des Bewusstseins. 2) In pädagogischer Bedeutung die wache Auseinandersetzung mit Wahrnehmungen innerer oder äußerer Prozesse und die sich daraus ergebenden Einsichten (gedankliches Begreifen) oder Absichten für das Handeln. Wörterbuch: Bewusstsein, S. 1 ff. Digitale Bibliothek Band 65: dtv-Wörterbuch Pädagogik, 2004, S. 396 (vgl. WB Päd., S. 94 ff.).
[641] Vgl.: Steiner Claude: Emotionale Kompetenz, 2001, S. 43.

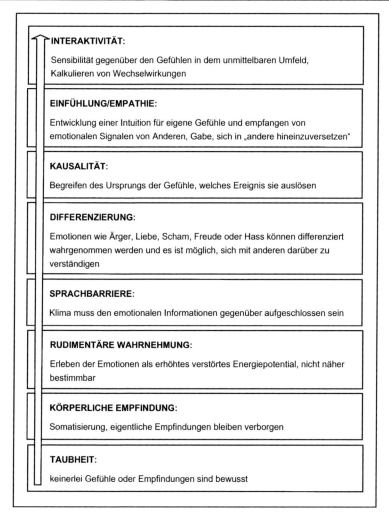

Abbildung 22: Skala (Stadien) für emotionale Bewusstheit[642]

---

[642] Entnommen aus: Steiner, Claude: Emotionale Kompetenz, 2001, S. 50. Die Abbildung wurde durch den Autor mit Erläuterungen und Symbolen ergänzt.

9.7.2.3 Ehrfurcht vor dem Fremden: Aspekte eines prozesshaften Erziehungsbegriffes

Der Begriff der Ehrfurcht kann bei Goethe als das oberste Bildungsziel rekonstruiert werden, denn dieser Begriff bedeutet für ihn inhaltlich „Menschsein". Der Mensch bringt sein Menschsein nicht in die Welt mit, sondern er muss dieses aktivieren, denn die Anlage der Ehrfurcht kann missachtet werden, sie ist nicht automatische Lebenspraxis. Ehrfurcht ist die Anlage, die das Menschsein konstituiert. Darin begründet sich die Würde des Menschen. Der Mensch besitzt die Menschenwürde[643], ob er arm oder reich ist. Bei der Ehrfurcht entsteht ein Gefühl der Scheu, dass das, wovor ich Ehrfurcht habe, verletzt werden könnte. Es geht um eine Furcht um die Ehre dessen, vorauf sich die Ehrfurcht richtet: Im gegenseitigen *„Behandeln wie ein rohes Ei!"*[644]

Zusammenfassend kann folgende Abbildung generiert werden:

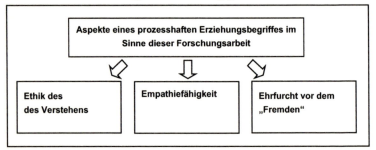

Abbildung 23: Prozesshafter Erziehungsbegriff zur Förderung des gegenseitigen Verstehens der Kinder.[645]

---

[643] Vgl.: Kapitel 11.

[644] Aus einer eigenen Mitschrift einer Rekonstruktion des Goethetextes „Wilhelm Meisters Wanderjahre"

[645] Eigene Abbildung.

9.8 Achte Handlungsempfehlung: Lebensweltorientierte Grundschule als Antwort sozialer und kultureller Bedrängungen im Alltag der Kinder

9.8.1 Grundschule als „einbindende Kultur" für alle Schüler/-innen

Die Grundschule und die Kinder- und Jugendhilfe haben eine besondere gesellschaftliche Verantwortung, sie sind neben den Familien „*die für einen gelingenden Lebensweg*"[646] von Kindern maßgebliche Institutionen. Nun wurde im Kapitel 6.3.1.1 aufgezeigt, dass sich die Lebensweltorientierung mit den Dimensionen der erfahrenen Zeit, des Raumes und mit den Ressourcen und Spannungen der sozialen Bezüge befasst, als Orientierung an dem bonierten Alltag der Kinder und ihren Eltern. Hierbei wird noch einmal deutlich, warum die Grundschule die alltäglichen Lebenswelten ihrer Schüler/-innen kennen und verstehen muss.

So vielseitig und oft verdeckt die Armutsphänomene der Kinder in der Grundschule sind, so vielseitig und offen müssen die Angebote einer lebensweltorientierten Grundschule angeboten werden.

So fordern Jochen Hering und Peter Lehmann Aufgaben der Grundschule als Antwort auf die materielle Unterversorgung und psychosoziale Belastungen von Kindern, unter anderem folgende Interventionen, die ich hier zusammenfassend darstellen möchte:[647]

- Auf regelmäßige Ernährung der Kinder achten sowie Unterstützungen suchen und anbieten,
- Rückzugsmöglichkeiten und Hausaufgabenhilfen für die Schüler/-innen installieren,
- Vernetzung mit außerschulischen Erziehungsinstitutionen suchen.

Sind das nicht beispielhaft jene Interventionen, die auf einen gelingenderen Alltag der Kinder im Sinne von Hans Thiersch abzielen? Die Liste der Möglichkeiten der Grundschulen müsste erheblich länger sein, doch es ist meines Erachtens nicht möglich, Rezepte zu veröffentlichen, da das Angebot an die Kinder für jede Grundschule einer eigenen interdisziplinären Rekonstruktion bedarf.

Doch eins gilt für alle Grundschulen: Eine lebensweltorientierte Grundschule muss eine Schule für alle Kinder sein, egal, welcher Herkunft, Geschlecht oder Ethnie die Kinder sind. Sie muss zu einer *„Schule der Inklusion"*[648] werden.

---

[646] Arbeitsgemeinschaft für Jugendhilfe (AGJ): Handlungsempfehlungen zur Kooperation von Jugendhilfe und Schule, S. 3.

[647] Vgl.: Hering, Jochen/Lehmann, Peter: Armut: Herausforderung für die Grundschule, 2001, S. 24.

[648] Booth, Tony/ Ainscow, Mel: Index für Inklusion, 2003, S. 116.

Inklusion wird „*Index* für Inklusion", das von Ines Boban und Andreas Hinz, auf Grundlage von Überlegungen von Tony Booth und Mel Ainscow, in der Martin-Luther-Universität Halle-Wittenberg weiterentwickelt wird, als *„grundlegende Vorstellung eines Miteinanders der Verschiedenheiten; Ansatz einer Pädagogik der Vielfalt, die die Heterogenität der Menschen in all ihren Dimensionen wertschätzt und als Gewinn ansieht; hier verstanden als Erweiterung und Optimierung einer oft schwierigen Integrationspraxis; Leitbild einer „Schule für alle"*[649], verstanden.

Einbindende[650], oder wie es im „*Index* für Inklusion" heißt *„Inklusive Kulturen"*, die Zusammenleben gestalten, sind Kulturen, *„in denen der Wert von Gemeinschaft unterstrichen und die aktive Teilnahme aller, unabhängig von ihren Unterschiedlichkeiten, ermöglicht werden (Ebene des gemeinsamen Selbstverständnisses)"*[651].

Eine so verstandene lebensweltorientierte und entwicklungsfördernde Grundschule als „*einbindende Kultur*" hat nach Robert Kegan mindestens drei Aufgaben: *„Sie muß festhalten, sie muß loslassen, und sie muss in der Nähe bleiben"*[652].

Die Grundschule muss Kindern aus schwierigen sozialen Verhältnissen ein *„guter Gastgeber"* sein, d. h. dem Kind *„Aufmerksamkeit, Anerkennung, Bestätigung und Beistand bei seiner Erfahrung gewähren"*[653] und somit die Kinder durch Bindungsangebote *„festhalten"*, sie sozusagen in ihrer oft krisenhaften Lebenswelt „festigen". Doch diese Nähe und Fürsorglichkeit werden von Kindern oft sehr ambivalent erfahren. Damit keine Abhängigkeitsprozesse gefördert werden, ist es notwendig, Kinder zu neuen Beziehungen, auch - oder vor allem - mit vermeintlich „fremden" Kindern, beispielsweise aus unterschiedlichen sozialen Milieus, anzuregen und sie loszulassen, damit die Kinder neue Bedeutungen für sich selber und für ihre Klassenkameraden/Klassenkameradinnen generieren können. Die Aufgabe der Grundschul- und Sozialpädagogen/-pädagoginnen ist es, hierbei immer anregend, unterstützend, beratend und meditativ in der Nähe zu bleiben. Diese Haltung darf aber nicht falsch, als „Nachbeelterung" verstanden werden, sondern als Grundhaltung, die die natürliche Entwicklung der Kinder fördern soll. Ebenso darf die Grundschule als „guter Gastgeber" kein Kind vom „Gastgeschenk" der Erziehung, Betreuung und dem Initiieren von Bildungsprozessen, beispielsweise mittels Schulausschluss, exkludieren. Soziales Lernen ist eben nur in der konkreten, belasteten Situation und somit der Lebenswelt möglich. Natürlich zeigt sich auch hier wieder das pädagogische Dilemma der

---

[649] Booth, Tony/ Ainscow, Mel: Index für Inklusion, 2003, S. 116.
[650] Vgl.: Robert Kegans „Einbindende Kulturen" im Kapitel 2.11.
[651] Booth, Tony/ Ainscow, Mel: Index für Inklusion, 2003, S. 116.
[652] Kegan, Robert: Die Entwicklungsstufen des Selbst, 1994, S. 165.
[653] Ebd., S. 170.

Schule im Widerspruch eines Gastgebers und der gesetzlichen Schulpflicht. Doch die Pflicht darf die Leidenschaft nicht zwingend ausschließen.

9.8.2 Soziale Begegnungszentren als günstigere Alternative zur Ganztagsschule und/oder Schulsozialarbeit mit einem interdisziplinären Ansatz und als Ausgangspunkt einer „neuen Schulkultur"

Ich habe zu Studienzwecken eine Schulstation in Berlin besucht und aus dem gewonnenen Interview wurde mittels der Auswertungsgruppe die Sinnhaftigkeit dieser Einrichtung rekonstruiert. Anhand der Terminologie „Schulstation" lassen sich bereits erste Schwierigkeiten dieser Einrichtungen rekonstruieren:

Eine Station wird im Duden als: *„kleiner Bahnhof", „Haltestelle (eines öffentlichen Verkehrsmittels)", „Halt, Aufenthalt, Rast", „Bereich, Krankenhausabteilung"*[654] gedeutet.

Die Station, verstanden als Bahnhof oder Haltestelle, zeigt zum einen die Exklusion der Kinder, die auf entsprechende Unterstützung angewiesen sind, zum anderen die Station, verstanden ähnlich einer Krankenhausabteilung, zeigt die Spezialisierung dieser pädagogischen Bereiche auf, was elementar meiner Forderung nach Interdisziplinarität entgegenwirkt. Aus diesem Grund kann ich folgender Rekonstruktion von Klaus Kraimer nur beipflichten, wenn er schreibt:

„Sog. Schulstationen (vgl. Streblow 2003) sollten so eingerichtet werden, dass sie ihren >Bahnhofscharakter< in Form von inszenierten Lernwelten mit Sonderstatus verlieren und zu einem informellen Ort der Begegnung für alle werden."[655]

Nun, der Forderung nach einem „informellen Ort der Begegnung für alle" wird meines Erachtens in der Begrifflichkeit „Soziale Begegnungszentren in der Grundschule" am gerechtesten.

Einzel- und Gruppenangebote als Rahmenkonzept sollten nach Maßgabe des KJHG in diesem Zentrum zum sozialen und emotionalen Lernen angeboten werden. Eine wichtige und entscheidende Frage ist, ob und wie die Begegnungszentren in die Grundschule integriert sind, und ob die dort angebotenen Maßnahmen für alle Beteiligten sinnvoll genutzt werden. Alle sozialpädagogischen Aufgaben können an das Zentrum delegiert werden, damit es zum Sprachrohr der Grundschule in den Fragen der Sozialraumorientierung wird. Folgende Grafik zeigt die Verortung der Schulstationen am Beispiel Berlin in den beteiligten Systemen:

---

[654] Drosdowski, Günther/Scholze-Stubenrecht, Werner/Wermke, Matthias: Duden. Das große Fremdwörterbuch, 2003, S. 769.

[655] Kraimer, Klaus: Schule und Jugendhilfe, S. 1.

9 Handlungsempfehlungen als Orientierungshilfe für die Grundschulpädagogik und Soziale Arbeit / Sozialpädagogik in den Fragen der Kinderarmut in der Grundschule

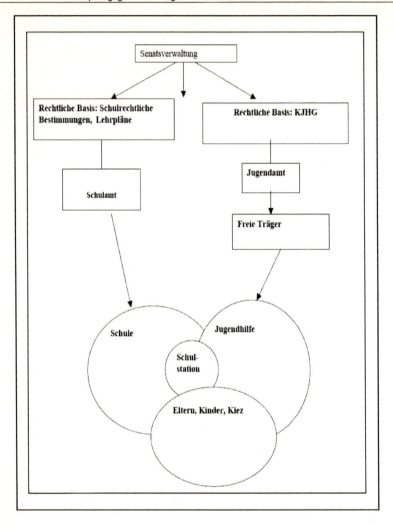

Abbildung 24: Schule und Kinder- und Jugendhilfe – Beteiligte Systeme am Beispiel Berlin.[656]

---

[656] Entnommen aus: Balluseck von, Hilde: Die Beziehung zwischen Sozialpädagogik und Grundschule, 2003, S. 2.

Vorsicht ist aber meines Erachtens in den Fragen hoch politischer Auseinandersetzungen geboten, die den Zentren leicht Zielvorgaben in den Fragen der Integrationsdiskussion oder ökonomischen Rahmenbedingungen, beispielsweise in den Fragen eines subsumtionslogischen Nützens von Netzwerkstrukturen, suggerieren können. Ein solches Soziales Begegnungszentrum darf nicht zu einem verlängerten Arm der Sozialpolitik in die Schule werden, es muss autonom eigene Ziele vereinbaren und die Lebenswelt der Kinder in einer rekonstruktionslogischen Haltung verstehen lernen, damit sie nicht die Hilflosigkeit der Politik(en) unreflektiert übernimmt, sondern die Kinder im Zentrum ihres Handelns begreift.

Die Kumulation der Problemlagen der von Armut betroffenen Kinder verlangt eine Komplexitätsreduktion. Prioritäten müssen erarbeitet, weitere Hilfen vermittelt werden, damit das Zentrum seine Handlungsfähigkeit nicht verliert. Hierbei zeigt sich die Bedeutung konsensueller interdisziplinärer Falleinschätzungen. Doch die Soziale Arbeit / Sozialpädagogik, im Rahmen dieses Zentrums, ist nicht in einem „formellen Leistungskatalog" standardisierbar.

Lehrer/-innen und Sozialpädagogen/-pädagoginnen dürfen keine fatalistische Haltung einnehmen und unweigerliche Abstiegskarrieren der Kinder als unvermeidbar prognostizieren. So heißt es in einem Interview: Es fehlt den Kindern an *„zukunftsweisender Perspektive"*. Diese latente, selbsterfüllende und resignative Prognose ist meines Erachtens aufzugeben, zugunsten einer Haltung, die jedem Kind eine offene Zukunft zugesteht und jedem Kind zutraut, prinzipiell gelungene Routinen in einem krisenhaften kindlichen Alltag zu entwickeln. Das soziale Begegnungszentrum muss eine Vermittlerrolle zwischen den Haltungen der Bagatellisierung und einem übersteigerten Aktionismus einnehmen, mit Fachkräften, die sich habituell als Vermittler/-innen zwischen Theorie und Lebenspraxis zeigen.

Sozialökologische Erziehung kann nicht nur zukunftsgerichtet sein, sie muss aktuell günstige affektive Ausgangsbedingungen zum Lernen bereitstellen, und zwar gegen die Tendenz, dass eine Disziplinierung und Ökonomisierung des kindlichen Alltags seitens ökonomischer und politischer Steuerung in die Grundschule hinein bereits erkennbar ist. So ist die Frage nach beruflichen Zielen zunächst zugunsten der Frage nach günstigen Möglichkeiten, aktuelle Lernschwellen zu überwinden, aufzugeben.

Diese informellen, sozial-emotionalen Lernumgebungen müssen an die Grundschule, also an das Kollegium, sinnhaft und bedeutungsvoll herangetragen und präsentiert werden.

Integration und Inklusion, verstanden als Wiederherstellung eines Ganzen, bedeutet demnach:

- die kindlichen krisenhaften Situationen in einen routinisierten Alltag,
- jedes Kind in die Klassengemeinschaft,
- das soziale Begegnungszentrum in die Grundschule,
- die Grundschule in den Sozialraum und somit in ein Hilfesystem

zu integrieren.

Diese Sozialen Begegnungszentren bedürfen meines Erachtens Kulturen, die aus den ersten Analysen und Handlungsempfehlungen dieser Arbeit entspringen, damit sie zu der von Robert Kegan geforderten „einbindenden Kultur" wachsen können.

- Kultur[657] der sozialen Teilhabe, Inklusion und Integration,[658]
- Kultur der individuellen Entwicklung und des sozialen Lernens,[659]
- Kultur eines gemeinsamen gelingenderen Alltags,[660]
- Kultur der gemeinsamen Erziehung,[661]
- Kultur der wertschätzenden Offenheit,[662]
- Kultur des Dialoges im Erzählen und Zuhören,[663]
- Kultur der Partizipation der Kinder, Eltern und beteiligten Fachkräfte,
- Kultur eines interdisziplinären Verstehens,[664]
- Kultur der Erkenntnis und des Generierens von Kontextwissen,[665]
- Kultur eines gemeinsamen philosophischen Nachdenkens,[666]
- Kultur des gemeinsamen, stellvertretenden Krisendeutens und Krisenlösens und der Entwicklung neuer Routinen,

---

[657] Kultur wird hierbei analog zum Kapitel 6.3.1.12 als „menschenwürdige Bildungskultur" verstanden: Als Sinngebung in der täglichen schulischen Lebenspraxis und Gestaltung des Lebensraumes Grundschule und des Alltags der Kinder durch tragende geistige Haltungen (Habitus) und spezifischer Wertordnung und Handlungsmuster. (Vgl. auch: Wörterbuch: Kultur, S. 1 ff. Digitale Bibliothek Band 65: dtv-Wörterbuch Pädagogik, 2004, S. 1315 (vgl. WB Päd., S. 337 ff.)).

[658] Vgl.: Kapitel 2.13.
[659] Vgl.: Kapitel 6.3.1.9.
[660] Vgl.: Kapitel 7.8.
[661] Vgl.: Kapitel 9.1.
[662] Vgl.: Kapitel 9.2/9.3.
[663] Vgl.: Kapitel 9.4.
[664] Vgl.: Kapitel 9.5/9.6.
[665] Vgl.: Kapitel 9.7.
[666] Vgl.: Kapitel 8.4.1.

- Kultur des gemeinsamen Aushandelns,[667]
- Kultur der gemeinsamen Einschätzung des Bedarfes für die konkrete Grundschule, um allen Kindern einen gelingenderen Alltag zu ermöglichen,[668]
- Kultur der Offenlegung und Enttabuisierung von Kinderarmut,[669]
- Kultur des gegenseitigen Respekts, der Kooperation und eines „Vernetzten Denkens" von Grundschule und Kinder- und Jugendhilfe,[670]
- Kultur der politischen Einmischung,[671]
- Kultur des gerechten Austauschens,[672]
- und der Kultur der Vernetzung im Sozialraum der Grundschule.[673]

Maria-Anna Bäuml-Roßnagl sieht als Grundlage einer neuen Schulkultur die Verwirklichung, als „‚Grundelemente eines freien, menschenwürdigen Lebens', wie ‚Bewegung' – ‚Beziehung' – ‚Austausch' – und ‚Wandel'"[674]. Sind das nicht gleichsam Überbegriffe für die in dieser Arbeit erarbeiteten kulturellen Grundhaltungen?

9.8.3 Hilfeetat als „Niederschwellige Fürsorgeleistung" im Bedarfsfall, im Spannungsfeld zwischen gerechtem Austausch und Autonomie

Zunächst möchte ich folgende Interviewsequenz präsentieren:

Interviewer: „Zu sagen, wer könnte denn was Spenden für Sie, wäre sehr gefährlich, weil ich mich ja dann von der Betreffenden abhängig mach, ich gerate von jemandem in eine Abhängigkeit, der hat gesagt, der hat mir 10 Euro gegeben."

Interviewer: „Weil so eine Hilfeleistung auch immer eine Dankverpflichtung auslöst?"

Interviewter: „Ja, dann ist die Scham da und dann wird das unter Umständen ein betroffenes Kind gar nicht annehmen."

---

[667] Vgl.: Kapitel 9.5.10.
[668] Vgl.: Kapitel 9.5/9.6.
[669] Vgl.: Kapitel 9.6.
[670] Vgl.: Kapitel 9.10.
[671] Vgl.: Kapitel 10.1.1.
[672] Vgl.: Kapitel 9.8.3.
[673] Vgl.: Kapitel 9.9.
[674] Bäuml-Roßnagl, Maria-Anna: Wege in eine neue Schulkultur, 1992, S. 13.

Monetäre Hilfeleistungen wirken stark stigmatisierend durch die damit einhergehende Autonomieeinschränkung der Kinder, denn sie fordern immer eine Dankbarkeitsverpflichtung, die sich in Scham ausdrücken kann. Diese Scham wiederum kann sich beispielsweise auch im Fernbleiben des Unterrichts bei verschiedensten Aktivitäten durch Krankmelden des Schülers/der Schülerin zeigen.

Aristoteles schreibt in seinem vierten Buch seiner Nikomachischen Ethik: *„Also heißen freigiebig jene, die geben. Jene dagegen, die nicht nehmen, werden nicht wegen ihrer Freigiebigkeit gelobt, dagegen allerdings wegen ihrer Gerechtigkeit. Wer aber empfängt, erhält überhaupt kein Lob."*[675] In diesem Zitat wird noch einmal das Spannungsfeld der Deautonomisierung bei finanziellen Unterstützungen deutlich. Eine Erziehung, die auf Autonomisierung ihrer Kinder abzielt, muss doch auch positive Verstärkung anbieten.

Gerechtigkeit ist für Aristoteles immer *„etwas Proportionales"*[676], als *„Gleichheit der Verhältnisse"*[677], bestehend aus vier Gliedern: Die Lehrkraft verhält sich zu dem/der Schüler/-in in der gleichen Weise, wie sich dieser wieder zu einem/einer Mitschüler/-in verhalten sollte und umgekehrt. Somit ist der/die Schüler/-in zweimal gesetzt, was die vier Glieder der Proportionalität erklärt. Die Gerechtigkeit ist für Aristoteles das Proportionale, also die Mitte, während das Ungerechte ein Verstoß gegen die Proportion wäre.[678] Gemeinschaft wird durch einen vergleichbaren Tausch gestiftet, indem in gewisser Weise alle Dinge gleich gewertet werden können, mit dem Prinzip der Wiedervergeltung, das wiederum Gleichheit herstellt. Somit kann meines Erachtens der/die betroffene Schüler/-in prinzipiell autonom handeln, wenn er/sie lernt, selbst in gleicher gerechter Weise mit seiner Umwelt zu verfahren.

„Also Gerechtigkeit im materiellen Sinn, und Ausgleich in einem materiellen Sinn wird es nur in einem eingeschränkten Umfang geben können. Zum Beispiel könnt ich mir vorstellen, wenn in einer Klasse ein gutes Klima vorhanden ist und die Lehrerin hat mit der Klasse einen Ausflug oder gar einen Landschulheimaufenthalt vor, bei dem ja die Schüler einen Anteil selber zahlen müssen. Und sie weiß genau, dass da ein, zwei drunter sind, und die gibt's inzwischen erkennbar in allen Klassen, habe auch selber einzelne schon kennen gelernt, die dann zu mir gekommen sind, sie können nicht mitfahren, trauen sich das aber nicht zu sagen, sondern werden krank. Wenn der Lehrer, die Lehrerin einen geschulten Blick für den einzelnen Schüler hat, und wenn eine entsprechende Atmosphäre, vertraute Atmosphäre in der Klasse vorhanden ist, kann ich mir gut

---

[675] Aristoteles: Die Nikomachische Ethik, 1991, S. 178.
[676] Pieper, Annemarie: Aristoteles, 1995, S. 146.
[677] Ebd., S. 146.
[678] Vgl.: Pieper, Annemarie: Aristoteles, 1995, S. 147.

vorstellen, dass die Lehrerin das Problem anspricht und sagt, die ..., die kann es sich nicht leisten, der Vater ist arbeitslos, die Mutter ist meinetwegen chronisch krank und die müssen schauen, dass sie ihre Miete zahlen können oder die haben jetzt eine neue Waschmaschine gebraucht oder sonst was..."[679]

Hierbei zeigt sich, dass es ein Regelwerk bedarf, um intersubjektiv Gerechtigkeit herstellen zu können. Dieses Regelwerk bedarf immer auch einer Analyse der ökonomischen Ressourcen der betroffenen Schüler/-innen. Das bedeutet, dass Gerechtigkeit in den Fragen der Unterstützung von sozial bedürftigen Schüler/-innen immer begründungsfähig, aber auch in der stellvertretenden Krisendeutung begründungspflichtig ist und es im besten Falle eines Mehrheitsbeschlusses durch die Lehrkräfte und Sozialpädagogen/-pädagoginnen oder, bei entsprechend empathischem Klassenklima, durch die Schüler/-innen bedarf. Dabei muss berücksichtigt werden, dass dem/der schlechtes gestellten Schüler/-in der größtmögliche Vorteil zugesprochen werden sollte, dass er/sie im Sinne eines gerechten und regelgeleiteten Austausches, in einer sinnvollen Relation, die bestmöglichen Möglichkeiten zur Teilhabe und somit zur eigenen Autonomieentwicklung bekommen sollte. Bei einer Gefährdung der Teilhabe an pädagogischen Maßnahmen ist dies meines Erachtens geboten, da diese Maßnahmen eine Autonomieentwicklung als oberstes Bildungsziel anstreben.[680]

„*... ja könnt ma auf irgendeine Weise eine Aktion machen, dass ma die 50 Euro oder die 100 Euro für Sie aufbringen können..."*

Doch idealtypisch baut Gerechtigkeit auch auf die Befähigung auf, dass die betroffenen Schüler/-innen im Rahmen ihrer Möglichkeiten im Hilfeprozess partizipiert werden. So kann der Hilfeetat mittels gemeinsam ausgehandelten Aktionen autonom erarbeitet und dadurch „wertvoll" werden. Im gemeinsamen Tun und im gemeinsamen gerechten Austausch kann für alle Schüler/-innen echte Demokratieerfahrung gemacht werden und die Schüler/-innen sowie alle Beteiligten zu gemeinsamer stellvertretender Krisenbewältigung befähigt werden.

Damit die von Unterversorgung betroffenen Schüler/-innen neue Routinen der sozialen Teilhabe erfahren können, bedarf es nach der Analyse der ökonomischen Ressourcen weitere Vernetzungen mit Hilfeangeboten in dem entsprechenden Sozialraum.

---

[679] Auszug aus einem Interview mit einem ehemaligen Religionslehrer und katholischen Priester.
[680] Vgl. hierzu: Mazouz, Nadia, Univ. Stuttgart: Gerechtigkeit, 2002.

9.9 Neunte Handlungsempfehlung: „Vernetztes Denken" von Grundschulpädagogik und Sozialer Arbeit / Sozialpädagogik

9.9.1 Definition eines „Vernetzten Denkens" in dieser Forschungsarbeit

> „Vernetztes Denken" im Kontext dieser Arbeit bedeutet, bei unterschiedlichem Institutionswissen zweier Lebenspraxen aus unter-schiedlichen Disziplinen, extrinsisches Kontextwissen in ihrem historischen Gewachsensein, ihrer inneren Logik und ihrer Relevanz, also ihrer Bedeutung, für die eigene Lebenspraxis innerhalb einer Institution oder Organisation zu erkennen und in der Rekonstruktion und im Verstehen eines Gegenstandes als externes Kontextwissen zu berücksichtigen. Das dabei entstehende *„kulturelle Wissen"*[681] oder „Professionswissen" hat meines Erachtens sowohl für die Grundschulpädagogik als auch für die Soziale Arbeit / Sozialpädagogik das Potential, Sinnzusammenhänge zu stiften und damit einen gemeinsamen Verstehensprozess zu initiieren.

Ein Gegenstand, als „Sache" des Verstehens, muss dabei perspektivisch für die Disziplin identifizierbar, abgrenzbar, unterscheidbar sein, sonst würde er ihr als Nichts entgegentreten. Gegenstand des Verstehens können in diesem Sinne eine jegliche Lebenspraxis mit ihren sozialen Handlungen, Alltagserfahrungen und Bedeutungszusammenhängen sein. Im Falle dieser Forschungsarbeit ist der Gegenstand des Verstehens die Alltagserfahrungen von Kindern aus Armutssituationen in der Grundschule. Hieraus lässt sich auch die Rekonstruktionslogik ableiten.[682]

Im Kontext der Lebenswelt können die Disziplinen die Erfahrung machen, dass alle lebensweltlichen Kontexte zusammenhängen. Dabei geht es um die konkrete Erfahrung des Subjekts und persönliches Erleben, nicht in irgendeiner disziplinären Hinsicht, sondern insgesamt. Der Alltag der Lebenspraxen stellt einen universellen kulturellen Kontext dar, da es keine Lebenspraxis ohne einen Alltag gibt.

Dieses Stiften von Zusammenhängen kann im Zweifelsfall mit einer vermeintlich zeitgemäßen, professionspolitischen Abgrenzung der Disziplinen kollidieren und auf Abwehr von beiden Seiten stoßen. Doch im vernetzten Denken müssen ja die vorhandenen Denkmuster, Haltungen und Erfahrungen nicht aufgegeben werden, sondern die Disziplinen profitieren bei der Berücksichtigung von gegenseitigem Kontextwissen.[683]

---

[681] Kraimer, Klaus: Schule und Jugendhilfe, S. 1.
[682] Diese Rekonstruktion beruht auf den Verstehensprozess von Goethe in einem Hauptseminar an der LMU im WS 2005/2006.
[683] Die Begrifflichkeit der *„Interdisziplinarität (lat. inter zwischen, disciplina Lehre, Unterricht)"*, greift hierbei kürzer: *„Mit der ständigen Differenzierung und Spezialisierung in den Erziehungswissenschaften ist zwar einerseits wissenschaftlicher Fortschritt und vertieftes Wissen in einem Spezialgebiet, andererseits aber auch der Verlust fachübergreifender Bearbeitung*

Der Gegenstand der jeweiligen Profession verändert sich dadurch nicht zwingend, die Kinder müssen im Mittelpunkt eines jeglichen Handelns stehen. Positiv ändern werden sich allerdings meines Erachtens die Perspektive auf den Gegenstand und der Habitus der jeweiligen professionellen Fachkräfte. Damit sich die Disziplinen Grundschulpädagogik und Soziale Arbeit / Sozialpädagogik auf den Weg zu autonomen Professionen machen können, plädiere ich dafür, den Terminus der Bezugswissenschaften zugunsten der Begrifflichkeit des Kontextwissens aufzugeben. Ausdrucksgestalt einer Vernetzung ist die so genannte Netzwerkanalyse, in der diese prinzipiell versprachlicht werden kann.

9.9.2 Von der Vernetzung zur Rekonstruktion „lokaler, sozialer Netzwerke" in der Grundschule

Ein Netz ist ein *„längs und quer verknüpftes Maschenwerk"*[684], deren Verbindungen geknüpft werden.

Die Begrifflichkeit des Netzwerkes scheint sehr technokratisch und ökonomisch meist zur Übertragung von Nachrichten oder elektrischen Impulsen geprägt.

Die Physik beispielsweise definiert ein Netzwerk als *„eine beliebige Zusammenschaltung elektrischer Bauelemente"*. Demnach besteht ein Netzwerk aus *„einzelnen Zweigen, die an den Knotenpunkten (Knoten) miteinander verbunden sind und auf diese Weise Maschen"* eines Netzes *„bilden. Ein Knoten verbindet leitend mindestens drei Zuführungsleitungen. Der Zweig ist eine Zusammenschaltung von Bauelementen zwischen zwei Knoten, und die Masche ist ein in sich geschlossener Kettenzug von Zweigen und Knoten."*[685] Hierbei wird deutlich, dass eine Kooperation der Grundschule mit dem Jugendamt noch kein Netzwerk ist, es bedarf noch weiterer Kooperationspartner/-innen, um der Gefahr des gegenseitigen Abschiebens von Verantwortung entgegenzutreten.

In dem betriebswirtschaftlichen Denken werden Netzwerke als *„Übertragungssystem im Nachrichtenverkehr innerhalb und/oder außerhalb eines Gebäudes; bestehend aus: Teilnehmer-Einrichtungen, Übetragungswegen, Vermittlungseinrichtungen und –verfahren"*[686] bezeichnet. Netzwerke zielen

---

pädagogischer Fragestellungen und der ganzheitlichen Zusammenschau wissenschaftlicher Erkenntnisse verbunden. In diesem Dilemma wird immer wieder Interdisziplinarität gefordert und auch praktiziert. Über einen begrenzten Zeitraum ist die Interdisziplinarität in Forschungsprojekten z.B. zu Lehr-Lern-Prozessen in einer Schulform oder Schulstufe geradezu gefordert." Aus: Wörterbuch: Interdisziplinarität, S. 1 ff. Digitale Bibliothek Band 65: dtv-Wörterbuch Pädagogik, 2004, S. 1104 (vgl. WB Päd., S. 278 ff.).

[684] Bertelsmann: Wörterbuch der deutschen Sprache, 2004, S. 973.

[685] Pitka, Rudolf/ Bohrmann, Steffen/ Stöcker, Horst/ Terlecki, Georg: Physik. Der Grundkurs, 2001, S. 273.

[686] Gabler-Wirtschaftslexikon, 1993, S. 2382f.

demnach immer auch auf ökonomisch vertretbare und prinzipiell versprachlichbare Strukturen hin, damit Kinder und Familien effektiv eingebunden werden können.

Lokale Netzwerke bestehen in der Informatik aus einer Verbindung „*mehrerer Rechner, die sich in einem räumlich begrenzten Bereich befinden und auf eine hohe Übertragungskapazität zurückgreifen können*"[687], im Gegensatz zu Netzen mit größeren Entfernungen, so genannte Weitverbundnetze.[688] Lokale Netzwerke beziehen sich demnach räumlich begrenzt auf einen bestimmten Sozialraum.

Lokale Netzwerke unterliegen in der Informatik folgenden Bedingungen:

- *„hohe Datenübertragungsraten*
- *Zugriffskontrollen und –einschränkungen*
- *geringer Verbindungsaufwand (kurze Leitungswege)*
- *hohe Teilnehmerzahl möglich*
- *geringe Installations-, Betriebs- und Wartungskosten*
- *Einrichtung oder Entfernen einzelner Situationen im laufenden Betrieb*
- *hohe Ausfallsicherheit.*"[689]

Hieraus lässt sich rekonstruieren, dass lokale Netzwerke flexible, ökonomische und sicherheitsspendende Faktoren fördern.

Nun zielt die Dezentralisierung / Regionalisierung, als Sozialraumorientierung in der Lebensweltorientierung, auf eine differenzierte Lokalisierung der Angebote und Maßnahmen, also auf Erreichbarkeit und Kooperation der Kinder- und Jugendhilfe im jeweiligen Stadtteil, in der Stadt, in der Region, und somit auf Verlagerung von Zuständigkeiten an die Basis.[690] Das bedeutet, dass nicht nur die Jugendämter, sondern vor allem die Institutionen, die direkt die kindliche Lebenspraxis in ein soziales Netzwerk einbinden, in ihren Kompetenzen gestärkt werden müssen.

Heiner Keupp definiert soziale Netzwerke als „*Muster sozialer Beziehungen, in das ein Individuum eingebunden ist*"[691]. Auch hier findet sich eine Parallele zu Robert Kegans „einbindende Kulturen". Netzwerke bestehen demnach aus sozialen Beziehungen autonomer Lebenspraxen. In einem sozialen Netzwerk werden nicht Institutionen oder Kommunikationsmöglichkeiten miteinander verknüpft, sondern Verbindungen zu verschie-

---

[687] Precht, Manfred/Meier, Nikolaus/Kleinlein, Joachim: EDV-Grundwissen, 1996, S. 129.
[688] Vgl.: Ebd., S. 129.
[689] Ebd., S. 129.
[690] Vgl.: 6.3.1.1.
[691] Keupp, Heiner: Soziale Netzwerke, 1988, S. 693.

denen Lebenspraxen hergestellt. Die leitende Frage muss meines Erachtens sein: Wer bietet den von Armut betroffenen Kindern geeignete Sozialkontakte in ihren Alltagsschwierigkeiten? Soziale Netzwerke zeigen die soziale Verantwortung eines Sozialraumes und dienen der Identitätsentwicklung[692] der Kinder sowie in den Fragen der Kinderarmut Schutz und Sicherheit in einer individualisierten Alltagswirklichkeit.

Was den betroffenen Kindern Schutz und Sicherheit bieten kann, ist meines Erachtens wiederum eine Frage, die sich nicht subsumtionslogisch, sondern nur im Einzelfall rekonstruktionslogisch beantworten lässt. Zur Beantwortung dieser Fragestellung bedarf es individuelle Netzwerkanalysen, die individuelle Verhaltensweisen und Einstellungen der Kinder, anhand von Merkmalen ihrer sozialen Beziehungen, rekonstruieren.[693] Eine so verstandene Netzwerkanalyse ist der Sozialraumanalyse erkenntnislogisch vorgeschaltet. Aus mehreren Netzwerkanalysen können für die betreffende Grundschule Kategorien gebildet werden.

Grundhaltung einer Netzwerkanalyse ist es, dass die Hilfe vom Willen, den Interessen und Wünschen des Kindes ausgeht und zu dessen Autonomieentwicklung beiträgt. Rekonstruktionslogisch berücksichtigt sie alle Bereiche, alle Bedürfnisse und Notwendigkeiten der Kinder und konzentriert sich auf die routinespendenden Ressourcen der in einem Sozialraum lebenden und agierenden Menschen, in privaten oder institutionellen Lebenspraxen, mit einem sozialökologischen Erziehungsverständnis.[694]

Forschungslogisch findet sich hier wieder die Prämisse, welche Bedeutungsstrukturen und Sinnzusammenhänge ein Sozialraum für ein gefährdetes Kind bietet.

Ein dichtes Netzwerk hat nur dann den Charakter einer Ressource, wenn es für das von Armut betroffene Kind subjektiv bedeutungsvolle Partner/ -innen enthält. Im Sinne dieser Forschungsarbeit wäre es meines Erachtens vorteilhafter, ein Kreismodell als Netzwerkkarte zu wählen, damit das Dilemma der Interdisziplinarität, wie in Kapitel 9.5.2.1 aufgezeigt, günstiger dargestellt werden kann.

---

[692] Vgl. hierzu: Keupp, Heiner u. a.: Identitätskonstruktionen. Das Patchwork der Identitäten in der Spätmoderne, 2002.
[693] Vgl.: Feuerstein, Thomas, J.: Computergestützte Netzwerkanalyse (CANA) und Netzwerkförderung, 2005.
[694] Vgl.: 9.1.

9.10 Zehnte Handlungsempfehlung: Ressourcen nützen – Vernetzungspartner/-innen ernst nehmen

9.10.1 Der Ressourcenbegriff in der Logik dieser Fallstudie

> Ressourcen können in der Logik dieser Fallstudie als Möglichkeiten verstanden werden, die das Potential für eine Lebenspraxis aufweisen, eine bestehende Krise zukünftig in eine neue Routine überzuführen um für die Lebenspraxis Autonomisierungstendenzen aufzeigen zu können.

Diese Ressourcen können wie im Index für Inklusion als *"Möglichkeiten der Unterstützung, die in einer Situation ggf. potentiell gegeben oder zu entwickeln und zu nutzen sind; nicht nur Zeit, Raum, Personal und Geld, sondern auch Personen aus dem Umfeld, Ideen, Kooperationsbeziehungen, Mentorensysteme, Partnerschaften, Synergieeffekte und anderes mehr"*[695] prägnanter definiert werden.

Hierbei wird deutlich, dass ein „vernetztes Denken" immer auch ein ressourcenorientiertes Denken darstellt. Neue Routinen durch Bewältigung von Alltagskrisen können nur im gemeinsamen Tun mittels Einbindung in teilhabeeröffnende Strukturen erfahren werden. Hier ist meines Erachtens vor allem die Kinder- und Jugendhilfe aufgefordert, sich als systematischer Vernetzungspartner den Grundschulen zu präsentieren.

9.10.2 Kinder- und Jugendhilfe als systematischer Vernetzungspartner in den Fragen der Kinderarmut für die Grundschule

9.10.2.1 Thesenpapiere von Experten/Expertinnen der Kinder- und Jugendhilfe

Es ist meines Erachtens notwendig, den Experten/Expertinnen der Kinder- und Jugendhilfe Integrationserfahrungen, Zugehörigkeit, Anerkennung und Partizipation als Handelnde zu ermöglichen. In diesem Zusammenhang kann auch von einer ethischen Pflicht von Handlungsempfehlungen gesprochen werden. Durch das Einbeziehen von Praktiker/-innen erreicht man ein stetes „up-to-date" neuer Entwicklung in den Arbeitsfeldern.

Ich bat Praktiker/-innen aus den unterschiedlichsten Arbeitsfeldern der Kinder- und Jugendhilfe um die Erarbeitung von fünf bis zehn Thesen mit der einzigen Vorgabe, sie sollten, am besten mit ihren Arbeitskollegen/-kolleginnen, erarbeiten, was unbedingt sein müsse, damit die jeweilige Einrichtung gut in Fragen einer steigenden Kinderarmut mit den

---

[695] Booth, Tony/ Ainscow, Mel: Indes für Inklusion, 2003, S. 117.

Grundschulen zusammenarbeiten könnten. Folgende Praktiker/-innen aus der Sozialen Arbeit/ Sozialpädagogik beteiligten sich an der Thesenentwicklung:

- Mitarbeiterinnen der Bezirkssozialarbeit sowie des Jugendamtes,
- Mitarbeiter/-innen einer Einrichtung für „Ambulante Erziehungshilfen",
- Mitarbeiterinnen einer gemeinwesenorientierten, aktivierenden, bewohnerorientierten Quartiersarbeit in einem bestimmten Sozialraum.

Diese Thesen wurden im Anschluss der Auswertungsgruppe zur weiteren Rekonstruktion und Erarbeitung der Fallstruktur angeboten.

9.10.2.2 Handlungsempfehlungen aus Sicht der Kinder- und Jugendhilfe zur interdisziplinären Zusammenarbeit

Folgend möchte ich eine Auswahl an unterschiedlichen Thesen präsentieren, an denen sich die Fallstruktur exemplarisch gut darstellen lässt.

- *„die Schule muss wissen, dass SPFH installiert ist."*

In dieser These wird sichtbar, dass in diesem Fall die Sozial-pädagogische Familienhilfe bereits installiert ist. Das Kürzel SPFH zeigt zum einen ein hohes Maß an Identifikation mit der Hilfeform, zum anderen die Spezialisierung innerhalb der Kinder- und Jugendhilfe, einhergehend mit einem für die Schule nicht zwingend decodierbaren Fachjargon.

Der Schule wird latent unterstellt, dass sie über eine Installation keine Information hat. Installieren meint zum einen das Einrichten, Einbauen und Anschließen von technischen Anlagen, zum anderen das Überspielen eines Computerprogramms auf eine EDV.[696] Eine Installation verfolgt immer einen bestimmten Zweck. Sie ist geplant, regelgeleitet und in eine offene Zukunft vorausschauend. Um eine Installation nutzen zu können, muss bekannt sein, ob, wo und in welcher Art sie vorhanden ist, denn sie ist als solche nicht zwingend offensichtlich (Unterputz), aber ihr Anschluss muss zwingend offen gelegt werden.

Hierbei zeigt sich, dass die Kinder- und Jugendhilfe stets offene Systeme darstellen muss, denn nur durch offene Installationen ist es möglich, Anschlüsse[697] zu finden und Synergien zu erzeugen. Wenn kein Anschluss gefunden wird, kommt es zu ökonomisch nicht vertretbaren, konkurrierenden Installationen. Ein Installationsprozess setzt somit immer Bedarfsklärung, Planung und Partizipation aller an der Lebenspraxis des Kindes beteiligten Kräfte voraus.

---

[696] Vgl.: Drosdowski, Günther/Scholze-Stubenrecht, Werner/Wernke, Matthias: Duden - Das große Fremdwörterbuch, 2003, S. 266.
[697] Vgl.: 10.4.

Die „Hilfen zur Erziehung" müssen dazu gleichwertige Partner für die Grundschule werden und dazu aus dem Schatten der Jugendämter heraustreten.

- *„Schule und SPFH sind an einer Zusammenarbeit interessiert. Sie respektieren sich als Fachkräfte auf ihrem Gebiet."*

Interesse entsteht im gegenseitigen Erkennen der Bedeutung und Sinnhaftigkeit, also in der Bewertung der Zusammenarbeit. Respekt setzt immer gleiche Augenhöhe voraus. So wird in diesem Fall der Schule und der Kinder- und Jugendhilfe gegenseitige Fachlichkeit und Anerkennung der jeweils anderen Disziplin, als Beziehungsangebot, unterstellt, das allerdings aufgrund der unterschiedlich abgesteckten Gebiete (Wissensvermittlung und Alltagsbegleitung) nur wenig Raum für interdisziplinäres Denken und Handeln bietet. Der Schule und Kinder- und Jugendhilfe muss bewusst werden, dass sie an ein- und derselben krisenhaften Lebenspraxis der betroffenen Kinder ansetzen. Gebiete müssen als solche gekennzeichnet und offensichtlich abgesteckt werden, wenn eine Kultur der Angst vor gegenseitiger „Deinstallation" herrscht.

Klaus Kraimer rekonstruierte bei einer Untersuchung folgende interdisziplinäre Gemeinsamkeiten von Schule und Kinder- und Jugendhilfe in der Lebenspraxis:

Professionelle und institutionelle Gemeinsamkeiten:
Herausforderungen durch gesellschaftliche Pluralisierung und Differenzierung von Lebenslagen in einer globalisierten Welt

- Stellvertretende Krisenbewältigung
- Ermöglichung von Autonomie durch Schaffung von Freiräumen
- Förderung von Integrationsbedingungen

Abbildung 25: Professionelle und institutionelle Gemeinsamkeiten von Schule und Kinder- und Jugendhilfe[698]

---

[698] Entnommen aus: Kraimer, Klaus: Schule und Jugendhilfe, S. 3. Die unterschiedlichen Schriftgrößen im Original wurden nicht übernommen.

- *„Kontinuierliche Treffen (z. B. ½-jährlich) zwischen ASD-Mitarbeitern und Lehrern – Kennenlernen und informieren über Veränderungen, die für den Kooperationspartner relevant sind – Kontakt baut im „Ernstfall" (z. B. wenn ein Lehrer bei einem Kind einen Verdacht auf Missbrauch hat) Hemmschwellen ab, beim ASD anzurufen. „Man hat ein Gesicht vor Augen", Anonymität zwischen den Koop.partnern wird geringer"*

Die Fachkraft der Kinder- und Jugendhilfe wird zur Person, zu einer Persönlichkeit, die sich dadurch professionalisiert, dass sie ihren Habitus präsentiert. In dieser These wird bereits wertschätzend von Kooperationspartnern als ein Soll-Zustand gesprochen. Hemmschwellen haben ihre Ursache in einer Uneinschätzbarkeit der Folgen des Handelns durch die Lehrkräfte in einer offenen Zukunft. Hier zeigen sich auch gesellschaftliche Vorannahmen und Vorurteile gegenüber der Bezirkssozialarbeit. Doch wenn die Fachkraft zur Person wird, wenn sie ein Gesicht bekommt, wird sie informell einschätzbarer und gegenseitige Ängste und Unsicherheiten können offen gelegt werden. Eine prinzipiell offene Zukunft wird planbarer und einschätzbarer, als Voraussetzungen für neue Handlungsroutinen sowohl für die Grundschule als auch für die Kinder- und Jugendhilfe.

Hans Thiersch sieht die lebensweltorientierte Kinder- und Jugendhilfe in den Spannungsfeldern von *„Gegebenem und Möglichem, Aktuellem und Potentiellem"*, sowie *„Vorhandenem und Aufgegebenem"*[699]. Dies bezieht sich meines Erachtens auch auf die Konzepte der Kinder- und Jugendhilfe. Bisher sind viele Reformanstrengungen der Jugendämter fehlgeschlagen, neue Steuerungs- und Diagnosemodelle wurden vor allem auf Grundlage von ökonomischen Prämissen evaluiert und umgesetzt. Doch es gab bereits in den 70er Jahren gute Ideen einer Neuorientierung der Jugendämter: weg von einer Verwaltungsbehörde für so genannte Problemfälle, hin zu einer lebensweltorientierten oder einer „lebendigen" Institution.

Hans Fiedler kritisiert in seiner Dissertation die Bürokratisierung des Jugendamtes als „Verwaltung" von Kinder- und Jugendhilfefällen. So schreibt er: *„Gerade bei solch einer wichtigen Gruppe, wie unsere Kinder, unsere Zukunft, empfinde ich den gesamten Bereich der Jugendhilfe als antiquiert. Ich habe schon ca. 1970 in „Blättern der Wohlfahrtspflege" ein anderes Jugendamt beschrieben und gefordert."*[700]

Hans Fiedler fordert ebenfalls in seiner Dissertation *„Jugend und Gewalt"* die Installation von *„Interventionsteams"* an den Schulen, als *„soziales Zentrum"*[701]. Dabei sieht er die Verantwortung besonders bei der Schule und den Gemeinden, als *„eine „Gesamtverantwortung aller beteiligten*

---

[699] Thiersch, Hans: Lebensweltorientierte Soziale Arbeit, 2000, S. 27.

[700] Fiedler, Hans, S.: Jugend und Gewalt, 2003, S. 170.

[701] Ebd., S. 292.

Kräfte"[702]: *"Bei Erkennen oder Bekanntwerden von Fehlentwicklungen müssen die betroffenen Fachkräfte, vor Ort, also Kindergärtner/innen, Lehrkräfte, Ärzte, Familienrichter, Verantwortliche der Kirchen, Vereine u. a. den Mut haben, diese Dinge sichtbar zu machen, ohne den besserwissenden Zeigefinger zu heben, sondern versuchen mit den Eltern, Erziehungsberechtigten, anderen Lehrern ins Gespräch zu kommen um sachgerechte Hilfe anbieten zu können."*[703]

- *"Gegenseitiger Respekt und Achtung vor der andersartigen Profession Was helfen Gespräche, wenn der andere in seinem Arbeiten nicht ernstgenommen wird?"*

Andersartig bedeutet von Grund auf anders geartet: eine andere Art oder Sorte zugehörig. Dieses krisenhafte Wort unterstreicht die Schwierigkeiten in der Zusammenarbeit von Grundschule und Kinder- und Jugendhilfe. Doch dieser Terminus stellt nicht zwangsläufig eine Abwertung da, sondern präsentiert das Fremde, das Neuland in der Beziehung der Fachkraft der Kinder- und Jugendhilfe zur Lehrkraft. Die andere Sorte zeigt sich im unterschiedlichen Habitus sowie im Fachjargon. Achtung und Respekt sind Grundvoraussetzungen des gegenseitigen Kennenlernens. Dass diese Selbstverständlichkeit thematisiert wird, ist Ausdruck der bisherigen, krisenhaften Zusammenarbeit.

Der Aushandlungsprozess der Kinder- und Jugendhilfe mit der Schule gelingt nicht, da die Aufgabe der Lehrkraft nicht verhandelbar erscheint. Solche selbsterfüllenden Vorstellungen und Selbstverständnisse der jeweils anderen Disziplin können als eine der Ursachen des Akzeptanzproblems gesehen werden. Es geht demnach zunächst um eine gegenseitige Befreiung von Ansprüchen und Vorannahmen, um in einen gelingenden Aushandlungsprozess treten zu können, mit der zentralen Frage: Wie kann der Kontakt von Person zu Person zustande kommen?

- *Überzeugung, dass die Erweiterung der Sichtweisen eine individuelle Hilfe möglich macht/ egal wie sie (die Hilfe) aussieht*

Kinder- und Jugendhilfe benötigen eine überzeugte Grundhaltung der prinzipiellen Offenheit. Nur wenn eine Offenheitshaltung dem Handeln zugrunde liegt, können gemeinsam geeignete Lösungen erarbeitet werden, auch wenn die Hilfe zunächst für sie Schule befremdlich ist und in der Methode keine geeignete Hilfe aufgrund eines anderen Selbstverständnisses erkannt wird (z. B. Erlebnispädagogik). Nur in der Offenheit kann die Regelgeleitetheit und Sinnhaftigkeit der jeweils anderen Konzepte verstanden werden. Kooperation zwischen Grundschule und Kinder- und Jugendhilfe gelingt, wenn die Grundschule sich öffnet und die Gestaltungs-

---

[702] Fiedler, Hans, S.: Jugend und Gewalt, 2003, S. 292.
[703] Ebd., S. 292.

kraft der Kinder- und Jugendhilfe und anderer sozialraumorientierter Angebote zu nützen weiß.[704]

- *„Einbeziehung der Helfer, bzw. Personen, die mit dem Kind in dem Problemfall Kontakt haben bzw. unterstützend tätig sein können."*

Diese These stellt ein Plädoyer dafür dar, aus der Rekonstruktion des kindlichen Netzwerkes heraus, ungewöhnliche und effiziente Interventionsstrategien zu wagen.

- *„Verantwortung in bestimmten Fällen zurückgeben, z. B. Soziales Verhalten in der Schule und Reaktionen auf disziplinäre Maßnahmen. Wir können keine Konsequenzen und Strafen ausführen für Taten in der Schule."*

Die Kinder- und Jugendhilfe darf nicht zum verlängerten Arm der Grundschule werden und ohne die belastete Situation genau rekonstruieren zu können, um sozusagen als Exekutive, Interventionen bereitzustellen. Soziales Lernen ist nur in der konkreten belasteten Situation möglich und kann nicht delegiert werden. Hierbei würde Verantwortung auf die jeweils andere Disziplin abgeschoben und Ursache und Wirkungsverhältnisse für das Kind nicht nachvollziehbar werden.

- *„Wir stellen fest, dass in den Schulen ein methodisches Konzept und zeitlicher Rahmen für Vernetzungsarbeit komplett fehlen."*

In dieser These wird die Institutionsebene der Grundschule angesprochen. Es gibt demnach noch keine Kultur der Vernetzung. In dieser Frage hat die Grundschule noch eine grundsätzliche Haltung herauszubilden. Die Kinder- und Jugendhilfe muss ihr Selbstverständnis in den Fragen der Kinderarmut in Deutschland offen legen. Im Gegensatz zur Grundschule hat sie ein Definitionsproblem. Die Kinder- und Jugendhilfe ist immer definitionsbedürftig, um für die Grundschule ein geeigneter Aushandlungspartner zu werden.

- *„Regelmäßiger Austausch zwischen Grundschule und Soz. Arbeit in Gremien, …"*

Die Schulen nehmen offensichtlich an den Arbeitskreisen innerhalb eines Sozialraumes nicht genügend teil. In dieser These wird die Grundschule aufgefordert, sich für den jeweiligen Sozialraum zu öffnen und am regelmäßigen Austausch zu beteiligen, um ihre Verantwortung für die Gestaltung des Sozialraums nachzukommen.

- *„Zwei KontaktlehrerInnen = zwei Multiplikatoren, die vertraglich freigestellt werden für Teilnahme an Gremien & Vernetzung/ Kontakt mit Institutionen „außen"."*

---

[704] Vgl.: Kraimer, Klaus: Schule und Jugendhilfe, S. 3.

Zwei Kontaktlehrer/-innen scheinen eine schnelle Lösung für die Schwierigkeiten im Umgang mit der Schule zu versprechen. Vermutlich liegt darin der Wunsch nach paritätischer Besetzung oder zumindest zwei Personen, die gegenseitig Synergien erzeugen können, als Gegenmodell zur „Lehrkraft als Einzelkämpfer". Zwei Personen können das Netzwerk günstiger aufrechterhalten. Kontakt kann verstanden werden als *„Verbindung, die man (einmal od. in bestimmten Abständen wieder) kurzer Dauer unterstellt; Fühlung"*[705] oder als Verbindung, in dem Strom bzw. Informationen fließen. Kontaktlehrer/-innen stehen normalerweise in der Lebenspraxis der Schule Schüler/-innen zur Verfügung, die innerhalb der Schule in Schwierigkeiten einer Bezugperson bedürfen. Ein Multiplikator/eine Multiplikatorin ist eine *„Person, Einrichtung, die Wissen od. Informationen weitergibt u. dadurch zu der Verbreitung beiträgt"*[706]. Eine vertragliche Freistellung zeigt das mangelnde Vertrauen, das der Institution Schule seitens der Sozialen Arbeit / Sozialpädagogik entgegengebracht wird. Die Abgrenzung von Innen und Außen deutet auf die mangelnde Integrität der Institution Schule in den soziallebenspraktischen Raum hin, sie wird als eigene „Bastion" wahrgenommen. Ein Gremium *„(lat.; im Schoß, eine Arm voll, Bündel)"* als *„Gemeinschaft, beratende oder beschlussfassende Körperschaft"*[707] fordert einen autonomen Rahmen, in dem Verantwortungen geteilt werden. In dieser Aussage erkennt man die Sehnsucht der Sozialen Arbeit / Sozialpädagogik nach einer Personifizierung der Institution Schule, als Grundlage für Informationsaustausch, aber auch zur eigenständigen Interventionsplanung im sozialräumlichen Gestaltungsspielraum in Organen des stellvertretenden Krisendeutens und Krisenlösens.

9.10.3 Zuverlässige Partner/-innen akzeptieren: Am Beispiel der Kirchen

9.10.3.1 Diakonie und Vermittlung von Werten in einer christlichen Alltagspädagogik

Auf der Suche nach geeigneten Vernetzungspartner/-innen versucht sich diese Forschungsarbeit auch beispielhaft an die Aufgaben der Kirchen in dieser Frage anzunähern, da dieser, wie in der ersten Rekonstruktion des Begriffes Kinderarmut aufgezeigt, vor einigen Jahren in Fragen der Armut und des Reichtums ein hohes Maß an Definitionsmacht innewohnte. Die Kirche wird dabei als Instanz gesehen, als offizielle Stelle mit Zuständigkeiten und Eingriffsrechten in die Persönlichkeit des Menschen, als seelische Instanz, die das Anrecht der Kinder auf Wohlbefinden fördert. Natürlich hat die Kirche kein rechtliches Eingriffsrecht, wie beispielsweise

---

[705] Drosdowski, Günther/Scholze-Stubenrecht, Werner/Wernke, Matthias: Duden - Das große Fremdwörterbuch, 2003, S. 441.

[706] Ebd., S. 536.

[707] Ebd., S. 302.

das KJHG, aber sie ist Sprachrohr, auch in den Fragen der Gerechtigkeit und der Wahrung der Menschenrechte. Doch auch die Kirche erlebt angesichts ihres immer größeren Schattendaseins eine Hilflosigkeit, indem sie befürchtet, dass sie ihre spirituelle Inspiration nicht ausreichend weitergeben kann. Die Fallstudie umfasst nicht die generell diskutierten Grundvollzüge der Pastoraltheologie *„martyria, leiturgia und diakonia"*[708], sondern eine diakonische Kooperation in den Fragen von deprivierten Familien.

In dieser Fallstudie geht es vor allem um die Frage, wie Kirche ohne Stigmatisierung bei ärmeren Kindern und deren Familien unterstützend wirken kann. Zunächst muss Kirche die Aufgabe von der Verantwortung trennen, indem sie Verantwortung für staatliche Transferleistungen an die Politik abgibt und Bedarfe, im Sinne eines Einmischungsverständnisses, aufzeigt. Kirche muss Familien in schwierigen sozialen Situationen loyal gegenüberstehen und konkrete Vorschläge erarbeiten. Die Krise der Kirche, im Rückgang der aktiven Gläubigen in den Gemeinden, darf nicht zu einer Krise und zu einem Rückzug in ihrem diakonischen Bestreben führen. Sie muss sich auf das Wesentliche, auf ihre Grundwerte besinnen. Im Spannungsfeld zwischen dem Erhalt der bisherigen Strukturen und ihrem diakonischen Auftrag muss die Kirche Zeichen setzen: sie muss Sicherheiten spenden und Räume für neue Gemeinsamkeiten schaffen.

Wichtig ist, so der Religionssoziologe Michael Ebertz, dass eine Gemeinde auch Räume schafft für die Menschen, die sich dem engen Kirchenmilieu nicht zugehörig fühlen.[709] Hierbei stehen nicht spezifisch religiös ausgerichtete Veranstaltungen im Vordergrund, sondern *„das Alltägliche mit seinen Banalitäten und Unscheinbarkeiten, mit seinem Scheitern, mit seinen Träumen, mit seinem Hoffen und Bangen."*[710]

Die Diakonie wird angesichts der immer prekärer werdenden Lebensbedingungen der Familien einen höheren Stellenwert als die Spiritualität haben.[711] Es zeigt sich, dass sich viele Eltern in der Vermittlung notwendiger Wertvorstellungen überfordert sehen und diese erzieherischen Grundfeste an die Kirchen abgeben wollen. Die Familien kennen und schätzen nach wie vor das „Produkt der Vermittlung der Nächstenliebe", das Kirche anbieten kann. Sie zeigen in dem Erziehungswunsch dieser Wertvorstellungen auch ihre eigenen Sehnsüchte und ihre verdeckte Suche. Die Kirche muss hierbei auch in einer individualisierten Welt zu

---

[708] Vgl.: Wollbold, Andreas: Grundvollzüge oder dreifaches Amt, 2006, S. 58.

[709] Vgl.: Erzbischöfliches Jugendamt Bamberg, 1997, S. 34.

[710] Erzbischöfliches Generalvikariat Paderborn, im pastoralen dienst- Thema: Offene Türen, 1994, S. 4.

[711] Die Diakonie überschreitet, so Andreas Wollbold, die Pastoral der Kirche, wenn sie als eine nicht auf Verkündigung und Liturgie verweisende Hilfe verstanden wird. (Vgl. hierzu: Wollbold, Andreas: Grundvollzüge oder dreifaches Amt, 2006, S. 59.)

einem symmetrischen Partner für die Eltern werden, damit sie sich wieder, aus freier Entscheidung heraus, diesen Grundüberzeugungen annähern können. Dies entspricht dem Selbstverständnis der Kirche.

In der folgenden Interviewsequenz wird der Versuch, niederschwellige Angebote zu installieren, deutlich:

„Und da haben wir mit einigen Versuchen und Angeboten große Resonanz erlebt und erfahren und erkennen können, dass solche Angebote dankbar angenommen werden und auch sehr hilfreich sind. Mit dem Familiensonntag im Januar, wir einfach von der Idee ausgegangen sind, es könnte für Familien mit ein, zwei, drei Kindern einfach mal schön sein, einfach miteinander auch mal einen Tag zu gestalten und zu verbringen, mit entsprechenden Anregungen dargeboten, es haben sich verschiedene Eltern selber dann angeboten, so so Workshops dann zu übernehmen und es waren 160 Teilnehmer im Grund den ganzen Tag über im Pfarrzentrum, bei Spiel mit einem Spielpädagogen, dem Herrn (...), der mit älteren Kindern fünfzig, sechzig Spiele gemacht hat, die immer mehr Spaß gemacht haben, Workshops mit den Vätern, die geschreinert und getöpfert haben, mit den Kindern. Es war erkennbar, dass das für die Familien ein wertvoller Tag gewesen ist und der Wunsch auch da war, dass sie dies wiederholen möchten."[712]

Eine derart lebensweltorientierte Kirche braucht Mut, Neues auszuprobieren. Sie muss sich mit dem Alltag der betroffenen Familien konfrontieren. Die Überforderungssituationen der Eltern mit sozialen Problemlagen bedürfen einer entsprechenden Entlastung. Diesen Unsicherheitslagen der Betroffenen muss mit christlicher Alltagsbegleitung begegnet werden. Diese Alltagsorientierung kann ein Gegenpol zu den „Events" unserer Zeit darstellen, indem die Gemeinsamkeit wieder in der Einfachheit der Angebote gesucht wird. Hierbei werden Unsicherheiten in Kauf genommen, die immer im Spannungsfeld zu konkreten Angeboten stehen. Durch diese Angebote gelangt die Kirche zu neuen Erkenntnissen im gemeinsamen Erleben von Alltagsangeboten, sie kann neue Empathie für die Betroffenen entwickeln. Das gemeinsame Erlebnis ist die Grundlage für einen Beziehungsaufbau. Neues wird erlebbar als fruchtbarer Nährboden für echtes gemeinsames „Wertelernen".

> Kirche muss die Problemlagen des Alltags begreifen und in die Lebenswelt der Familien in Armut gehen. In einer christlichen Alltagspädagogik muss sie für entsprechende Eltern und Kinder Angebote ausprobieren und neue Angebote unterstützen.

---

[712] Aus einem Interview mit einem katholischen Priester und ehemaligen Religionslehrer an einer Grundschule.

Ähnliche Ansätze verfolgt auch die *„Lebensraumorientierte Seelsorge (LOS)"*[713], die sich auf die Aussagen des verstorbenen Aachener Bischofs Klaus Hemmerle berufen: *„Lass mich dir lernen, dein Denken und Sprechen, dein Fragen und Dasein, damit ich daran die Botschaft neu lernen kann, die ich dir zu überliefern habe."*[714] Das Evangelium soll in diesem Ansatz von den Betroffenen her neu entdeckt werden, wodurch auch fremden und fern stehenden Menschen eine Gottespräsenz zuteil werden kann. Dazu bedarf es ebenfalls einer ethnographischen und offenen Haltung gegenüber den Menschen.

9.10.3.2 Kirche als Sprachrohr für Benachteiligte

Eine weitere Sequenz entnehme ich aus dem Interview mit dem katholischen Priester:

„Natürlich, natürlich, dieses, diese immer noch gegebene gesellschaftliche Position, die die Kirche einnimmt, muss sie auch wahrnehmen, um, um für die Rechte und die Gerechtigkeit im Land einzutreten."[715]

Die Mitarbeiter/-innen der Kirchen, besonders die Priester, können aufgrund ihres, im besten Sinne, machtvollen Habitus und ihrer autonomen beruflichen Praxis (Profession), sich innerhalb der Gesellschaft in die oft krisenhaften Hilfeverläufe sozial benachteiligter Menschen einmischen und als politisches Sprachrohr auftreten.

Habitus wird von Klaus Kraimer nach Pierre Bourdieu als das *„Zusammenspiel von Routinen, Gewohnheiten und Haltungen, die das Auftreten eines Menschen kennzeichnen"* beschrieben. *„Die von den sozialen Akteuren im praktischen Erkennen eingesetzten kognitiven Strukturen sind inkorpurierte soziale Strukturen, die jenseits von Bewusstsein und diskursivem Denken arbeiten."* [716]

Die Begrifflichkeiten der Profession bzw. Professionalisierung definiert Klaus Kraimer als *„den Prozess der Begründung und Entwicklung einer eigenständigen beruflichen Identität in einer modernen Gesellschaft, die durch ›funktionale Differenzierung‹ gekennzeichnet ist. Auf der Grundlage einer langandauernden ›Einprägungsarbeit‹ durch ein akademisches Studium und einer entsprechenden Zeit des beruflichen Noviziats erfolgt idealiter die Gründung einer autonomen Berufspraxis. Diese ist durch die Ausgestaltung der im Studium und in der Berufspraxis inkorpurierten Kompetenz zu einer gewohnheitsmäßigen Deutung der Welt in der jeweiligen professionellen Einstellung geprägt und bedarf einer konti-*

---

[713] Vgl. hierzu: Ebertz, Michael N./ Fuchs, Ottmar/ Sattler, Dorothea (Hrsg.): Lernen, wo die Menschen sind. Wege lebensraumorientierter Seelsorge, 2005.
[714] Zöller, Bardo: Leben im Neubaugebiet, 2006, S. 115.
[715] Aus einem Interview mit einem katholischen Priester und ehemaligen Religionslehrer an einer Grundschule.
[716] Kraimer, Klaus: Glossar zum Manuskript, 2004/2005, S. 11f.

nuierlichen beruflichen Weiterbildung und kollegialen Selbstkontrolle auf wissenschaftlicher Begründungsbasis:" Die Professionalisierung *„gründet in einem Bildungsprozeß."*[717]

Die Profession des Priesters hat den Vorteil, dass sie aufgrund ihrer immer noch gesellschaftlichen Relevanz mit einem ethisch normierten Interventions- und Eingriffsrecht in die Lebenspraxis der Hilfesuchenden als eine autonome Profession gelten kann. Der Priester unterliegt in seinem stellvertretenden Krisendeuten und Krisenlösen nicht sozial- oder bildungspolitischen Ansprüchen der Integration und Kostenminimierung, er handelt als autonome Instanz, die vor allem seinem eigenen Gewissen verpflichtet ist. Hierbei kann er nicht nur den Auftrag zur Seelsorge und therapeutische Interventionen wahrnehmen, um den Betroffenen Orientierung zu spenden, sondern auch anwaltschaftlich den Betroffenen zur Seite stehen, und im Anmelden von Bedarfen an die entsprechenden Stellen die Handlungsfähigkeit der Betroffenen wieder herzustellen, um eine autonome Lebensführung anzuregen. Der Gedanke der Nächstenliebe kann zwar als weitgehend frei von Nutzen rekonstruiert werden, er verfolgt aber immer einen Zweck der Inklusion und Integration einer Lebenspraxis. Aufgrund der oft eingeschränkten autonomen Berufspraxis von Grundschulpädagogen/-pädagoginnen und Sozialpädagogen/-pädagoginnen, sie unterliegen immer bildungs- und sozialpolitischen Anspruchshaltungen, kann der Priester somit im Sozialraum zu einem wertvollen Vernetzungspartner werden.

Dies zeigt sich auch darin, dass kirchliche Vertreter/-innen immer wieder in politische Arbeitskreise und Ausschüsse gerufen werden. In dieser Zuschreibung von Kompetenz seitens der Politik wird zum einen unbewusst um Beistand, vor allem in moralischen Fragen, gebeten, zum anderen Interdisziplinparität hergestellt, indem der kirchliche Vertreter/die kirchliche Vertreterin die Bedarfe in seinem Sozialraum „Kirchengemeinde" oder „Diözese" aufzeigen kann, ohne voreilig subsumtionslogische Lösungen aus dem Rechtssystem aufzeigen zu müssen. So nimmt die Kirche auch immer wieder Stellung, z. B. in Armutsberichten der Caritas, zu weitgehend tabuisierten Themen in der politischen Landschaft. Die Kirche bekommt Gehör, da sie als verlässlicher Partner mit einer bekannten Einstellung zum Menschen auftreten kann, was für die Politik ein einschätzbares und deshalb risikoarmes Unterfangen darstellt.

Natürlich gibt es große Spannungsfelder innerhalb der Kirche, wie z. B. die Basisarbeit in den Gemeinden und die Amtskirche mit ihren tradierten Überzeugungen, sowie der Einheitsgedanke der Kirche und die vielen unterschiedlichen Bedarfe in den Gemeinden. Dadurch, dass der Priesterberuf als eine der wenigen autonomen Professionen in seinem

---

[717] Kraimer, Klaus: Glossar zum Manuskript, 2004/2005, S. 11f. (Vgl. hierzu auch: Kraimer, Klaus: Professionalisierung, S. 729 f.)

Wirkungsfeld „Gemeinde" bezeichnet werden kann, gibt es große Unterschiede zwischen den einzelnen Priestern und ihrem sozialen und politischen Engagement. Die Möglichkeit, nur aufgrund seines Gewissens entscheiden zu können, birgt die Gefahr, die Armutssituationen von Kindern und Familien unterschiedlich einzuschätzen, da keine überprüfbaren und verallgemeinerbaren Verstehenszugänge zur Anwendung kommen, sondern auf sicherlich wertvolles Erfahrungswissen und christliches Deutungswissen zurückgegriffen wird.

Hierbei zeigt sich, dass die Kirche nicht die „bessere" Sozialarbeit anbieten kann, sondern ein geeigneter Vernetzungspartner für die Grundschule sowie für die Soziale Arbeit / Sozialpädagogik sein kann. In diesem Sinne darf die Grundschule und die Kinder- und Jugendhilfe nicht Verantwortung auf die Kirchengemeinden abschieben, sondern sie sind zur Kooperation angehalten.

9 Handlungsempfehlungen als Orientierungshilfe für die Grundschulpädagogik und Soziale Arbeit / Sozialpädagogik in den Fragen der Kinderarmut in der Grundschule

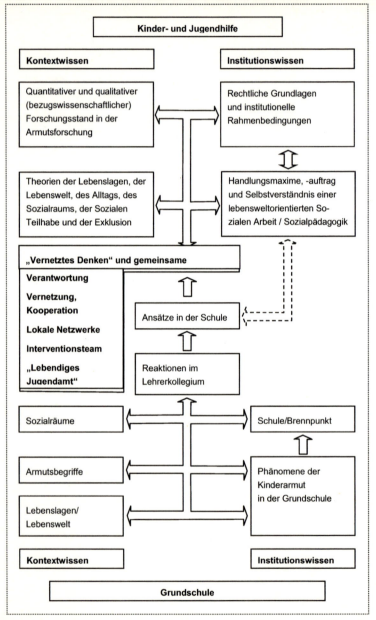

Abbildung 26: "Vernetztes Denken" von Grundschule und Kinder- und Jugendhilfe

10 Diskussion der sozioanalytischen Fallstudie

10.1 Ergebnissichernder Diskurs: Fokus auf dem Kontextwissen und dem Institutionswissen

Für die Fallstruktur der Arbeit bleibt festzuhalten, dass bei vielen Grundschulpädagogen/-pädagoginnen starke Defizite im Bereich des Kontextwissens über Armut festzustellen ist. Dies könnte aus der Angst heraus entstehen, je größer das Kontextwissen ist, desto geringer sind die Interventionsmöglichkeiten der Institution Grundschule, im Rahmen ihres Institutionswissens. Also muss sich der/die Lehrer/-in eher vor Kontextwissen schützen. Dies zeigt sich z.B. in der Unterstellung der Lehrkräfte, dass Eltern in Armut unfähig seien, ihre Kinder im Leben richtig auszustatten und somit die Verantwortung von den Institutionen hin zu den Eltern übertragen wird.

Die beiden Haltungen, die die Rekonstruktion der Interviews ergeben haben, sind als Spiegel einer gesellschaftlichen Debatte zu verstehen. Bei einem Fokus auf dem Kontextwissen der Lehrkraft ist sie sehr auf die Lebenswelt der Eltern/Mütter, die Rahmenbedingungen und langfristigen Folgen der Armut fixiert. Bei hohem Institutionswissen versucht die Lehrkraft eher direkt die Kinder in ihrer Situation zu verstehen, mit der Gefahr, dass in der Gesellschaft oder Politik „Schuldige" für die Situation der Kinder gesucht werden.

Bei dem Fokus auf dem Kontextwissen zeigt sich eine starke Identifikation mit dem benachteiligten Menschen: Sobald ein/eine Schüler/-in „aus dem Rahmen fällt", also „auffällig"[718] wird, birgt dies die Gefahr eines übereifrigen Aktionismus, da hierdurch eine sofortige Interventionsüberlegung ausgelöst wird. Dies gipfelt in den Überlegungen dieser Lehrkräfte, eigene Pausennahrungen für die Kinder zu besorgen bzw. Unkostenbeiträge für Schulmaßnahmen aus eigener Tasche zu bezahlen oder den Kindern Kleidung anzubieten. Dadurch wird die Kinderarmut in der Grundschule weitgehend tabuisiert und aufrecht erhalten, da diese Transferleistungen an die Kinder verdeckt weitergegeben werden und keine unbequemen und langwierigen Antragsformulare für gemeinsame Lösungen offen im Kollegium diskutiert werden müssen. Diese Hilfemaßnahmen wirken deautonomisierend auf die Kinder und erzeugen Abhängigkeitsstrukturen.

Aus einer mitfühlenden Perspektive heraus zeigt sich hier auch eine große Empathie für alleinerziehende Mütter, teilweise mit einer Abwertung der aus den Familien geschiedenen Väter: Kinderarmut ist in diesem Verständnis auch immer Armut der Mütter. Doch die Lehrkräfte, mit einem Fokus auf

---

[718] Schüler/-innen werden dann zu einem „Fall", wenn es zu „Vorfällen" in der Lebenspraxis kommt.

dem Kontextwissen, kennen die Geldbeträge, die Familien in relativer Armut zur Verfügung stehen sowie den schwierigen Umgang mit Behörden und Ämtern mit einer inzwischen knappen Zuteilung von Leistungen. Die unterstellte Abhängigkeit von dem staatlichen Fürsorgesystem wird hierbei als „erlernte Hilflosigkeit" gesehen. Die Schwierigkeit ist, dass der/die Grundschullehrer/-in hierbei keine Interventionsempfehlungen aussprechen kann und diesen Situationen selbst hilflos gegenüber steht.

Bei dem Fokus auf das Institutionswissen der Grundschule stehen dagegen stark didaktische, gruppensoziologische und individual-psychologische Grundannahmen im Vordergrund, und zwar im Spannungsfeld zwischen dem „Wegschauen" und/oder dem „einseitigen Bewerten" der Problemlagen der betroffenen Kinder oder in der Verallgemeinerung von Einzelfällen. Institutionswissen verspricht Klarheit und gibt Orientierung in Überforderungssituationen. Hierbei versucht der/die Grundschullehrer/-in, einen Blickwinkel aus der kindlichen Perspektive einzunehmen, mit der Frage: Wie geht es dem Kind emotional, konkret in der aktuellen Situation? Diese Lehrkräfte treten erst dann in Aktion, wenn sie offen und bewusst mit Kinderarmut konfrontiert werden. Das Bemühen um die betroffenen Kinder wird damit begründet, dass die Kinder unschuldig in die Notlagen geraten sind. Natürlich wohnt auch den oft unreflektierten Alltagsdiskussionen in einer Gesellschaft Wahrheit inne, jedoch zeigen sich nur bedingt Ansätze, über Kontextwissen und Empathie, über diese gesellschaftlichen Haltungen hinaus zu gehen.

Im Wesentlichen geht es dabei immer um die Frage der Lehrer-/Lehrerinnenpersönlichkeit zugrunde liegenden Menschenbildes, das hinter der jeweiligen Haltung steht, mit den Fragen: Kann der Mensch die Verantwortung für seine Situation selbst übernehmen oder gibt es notwendige, gesellschaftliche Möglichkeiten, mit denen in Armut lebende Menschen nicht oder nur teilweise teilhaben können? Die weitere Frage ist hier, wie kann man kurzfristige Erleichterungen für die Kinder schaffen, ohne große gesellschaftliche Umverteilungsideale entwickeln zu müssen oder führt nur eine Entlastung der Familien zu einer Entlastung der Kinder, was sich wiederum auf die Schulleistungen niederschlagen würde?

Zwischen diesen beiden Haltungen gibt es kaum erkennbare Schnittmengen. Hier wird ein paralleles Nebeneinander, selbst im Kollegium, sichtbar. Dies zeigt auch, dass die Schulklassen als eigenständige Subsysteme betrachtet werden und den Kollegen/Kolleginnen gegenseitig ein verzerrtes, plakatives Alltagsverständnis von Kinderarmut im Sinne einer Komplexitätsreduzierung vorgeworfen wird.

Beide Haltungen sind nicht persönlich befriedigend und nur in Ansätzen lösungsorientiert und stark schwarz-weiß gefärbt, einhergehend mit gegenseitigen negativen Bewertungen als guter und schlechter Pädagoge/gute und schlechte Pädagogin (mitmenschlich oder nichtmitmenschlich und Verdrängung/Rationalisierung/ Paternalismus oder Überengagement). Erwachsene reagieren auf das Phänomen Kinderarmut mit Beklemmung und Hilflosigkeit oder mit Ausblendung und Rationa-lisierung. Kinderarmut und adäquate Interventionen bleiben damit weit-gehend ungeklärt.

Bei Kindern mit Migrationshintergrund wird der Fokus der Lehrkraft auf die defizitären, sprachlichen Fähigkeiten der Kinder gelenkt, die einem regel-geleiteten Lernunterricht in der Grundschule entgegen stehen (Institutions-wissen). Die Armutsdiskussion wird hierbei zugunsten einer Integrations-diskussion aufgegeben. Doch die Frage, wie Kinder in diesen Familien mit all ihren Armutsrisiken aufwachsen (Kontextwissen), wird nicht beantwortet. Die Rekonstruktion zeigt, dass die Grundschule, bei diesen Defiziten in der Sprachentwicklung, Interventionen, in Form von Sprachförderungen, bieten kann und sich dafür verantwortlich fühlt, hingegen bei einem Fokus auf das Kontextwissen auf keinerlei Interventionsmöglichkeiten zurückgreifen kann. Gleiches gilt, wenn Kinder keine ausreichende Pausennahrung in der Schule dabei haben. Hier hat die Schule größte Probleme, geeignete Interventionen anzubieten.

An dieser Stelle möchte ich noch einmal auf die Ausgangsrekon-struktionen[719] dieser Arbeit verweisen:

Diese Feststellung Hanna Kipers der „Sprachlosigkeit" kann wie folgt rekonstruiert werden: *„Mühsam"* deutet darauf hin, dass es einer Anstrengung bedarf, die Situation armer Kinder im gesellschaftlichen Kontext zu identifizieren. Hier zeigt sich die Verstecktheit und schwere Zugänglichkeit von Kinderarmut, die aber von offensichtlichen gesellschaft-lichen Armutsrisiken geprägt ist. Es muss zwischen den wegschauenden/ schweigenden Akteuren und jenen, die diese Tabus brechen wollen, unterschieden werden, was als Hinweis auf mindestens zwei Gruppie-rungen im Umgang mit dem Phänomen von Kinderarmut rekonstruiert werden kann. *„Ringen"* deutet wohl darauf hin, dass es wie im Kampfsport eine wechselnde Position, im Sinne eines Oben und Unten, *„zwischen Bagatellisierung und Dramatisierung"*[720] in dieser Auseinander-setzung gibt. Diese Rekonstruktionen bestätigen sich weitgehend in dieser Interview-studie, so dass sie in die allgemeine Fallstrukturhypothese mit aufge-nommen werden können.

Das Bagatellisieren auf der einen Seite und das Dramatisieren auf der anderen Seite stellen kontrastierte und aus dem Fallmaterial konstruierte Extremstrukturen dar, selbstverständlich finden sich bei den Lehrkräften Schattierungen zwischen den beiden Haltungen.

---

[719] Vgl.: 1.5.
[720] Weiß, Hans: Armut – ein Risikofaktor für kindliche Entwicklung, 2000, S. 211.

Die stark differenten Aussagen der Lehrkräfte,[721] auch im eigenen Kollegium, in Bezug auf ihre Wahrnehmungen können als Hinweis rekonstruiert werden, dass unterschiedliches Kontextwissen aufgrund des eigenen Erlebens und der beruflichen und privaten Sozialisation der Lehrkräfte vorhanden ist. Auf ungenügendes Kontextwissen seitens der Grundschullehrkräfte deutet die Abschiebung der Verantwortung und der Ursache von Kinderarmut auf die Eltern bzw. Erziehungsberechtigten hin.[722] *„Mangelnde Fürsorge"*[723] kann als ein Vorurteil einer nicht ausreichenden elterlichen Zuwendung, im Sinne einer bewussten oder unbewussten defizitären Sorge um ihre Kinder, rekonstruiert werden.

Wichtig ist festzuhalten, dass hierbei Krisen, in die die Institution Grundschule aufgrund der veränderten Lebensbedingungen von Kindern geraten ist, mit neuen, aber defizitären Routinen begegnet werden.

Der Habitus von Grundschulpädagogen/-pädagoginnen und Sozialpädagogen/ -pädagoginnen muss es sein, der sich in einer gelungenen Vermittlung zwischen Theorie und Lebenspraxis sowie des Institutionswissens und Kontextwissens zeigt, und im Noviziat des Studiums sowie in gemeinsamen Fortbildungsanstrengungen gebildet werden muss.

10.2 Handlungsethischer Diskurs

10.2.1 Grundschulpädagogik als erzieherisches Routinehandeln, Soziale Arbeit / Sozialpädagogik als stellvertretendes Krisenlösen

Wenn sich die Grundschulpädagogik und die Soziale Arbeit / Sozialpädagogik jeweils idealtypisch zu einer autonomen Profession entwickeln wollen, dann müssen sie in der Lage sein, im gemeinsamen Verstehen der Kinder aus Armutssituationen, interdisziplinär die geeigneten Hilfen innerhalb der Grundschule auszuhandeln. Im „vernetzten Denken" lösen sich professionspolitische und historische Nebeneinander auf, wodurch eine gemeinsame Grundhaltung entstehen kann. *„Dabei gilt es, die strukturellen Unterschiede der beiden Systeme Jugendhilfe und Schule, mit der Perspektive eines „konsistenten Gesamtsystems" (…) in einer intensiven Kooperation zu einem sinnvollen Ganzen zu verbinden."*[724] Die Arbeitsgemeinschaft für Jugendhilfe (AGJ) sieht diesen Schritt für möglich.

Aufgrund dieser Grundhaltung zeigt sich meines Erachtens, dass die Grundschule weder das in Kapitel 5.2.1 additiv-kooperative Modell, das in

---

[721] Vgl.: 1.5.
[722] Vgl.: 1.5.
[723] Vgl.: 1.5.
[724] Arbeitsgemeinschaft für Jugendhilfe (AGJ): Handlungsempfehlungen zur Kooperation von Jugendhilfe und Schule, 2006, S. 2.

Kapitel 5.2.2 integrative Modell, noch die in Kapitel 5.2.3 sozialpädagogische Schule als geeignetes Modell präferieren sollte. Die Handlungsempfehlungen dieser Forschungsarbeit zeigen, dass alle Modelle notwendig und sinnvoll sind. Die Grundschule braucht meines Erachtens genauso attraktive und verlässliche außerschulische Vernetzungspartner/-innen, wie die Integration sozialpädagogischer Angebote, in dieser Arbeit Soziale Begegnungszentren genannt. Und nicht zuletzt bedarf es auch sozialpädagogischer Fertigkeiten bei den Lehrkräften.

Doch selbstverständlich gibt es unterschiedliche „Gegenstände" der Disziplinen Grundschulpädagogik und Soziale Arbeit / Sozialpädagogik. Die Grundschulpädagogik muss meines Erachtens ihr erzieherisches Handeln als Routinetätigkeit verstehen, während die Soziale Arbeit / Sozialpädagogik ihr sozialarbeiterisches Handeln als bedarfsorientiertes Krisenlösen in einem stabilen Betreuungsprozess begreifen muss, damit Bildungsprozesse bei den Kindern ausgelöst werden können. Aus dieser Haltung heraus können in einem gemeinsamen Aushandlungsprozess geeignete Hilfen vorgeschlagen werden. In der stellvertretenden Deutung und im stellvertretenden Krisenlösen der Sozialen Arbeit / Sozialpädagogik entstehen neue Routinen für die Kinder, die wiederum günstige Ausgangsbedingungen zum schulischen und alltagsorientierten Lernen durch die Grundschule darstellen. Dieses Initiieren von Bildungsprozessen, das sei in dieser Arbeit nur am Rande erwähnt, stellt wiederum ein weiteres Krisenlösen dar. Der Leidensdruck der Kinder wäre in dieser Logik die kindliche Neugier.

Folgende Grafik der Trias zwischen Erziehung, Betreuung und Bildung verdeutlicht dies noch einmal:

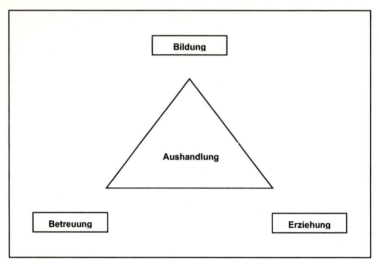

Abbildung 27: Trias der Bildung, Betreuung und Erziehung.

Die nachfolgende Abbildung 33 zeigt auf, dass Grundschulpädagogik und die Soziale Arbeit / Sozialpädagogik eine gemeinsame günstige Grundhaltung gegenüber den Kindern und ihren Familien einnehmen, Zeit und Raum zum Erzählen schaffen und die „Fälle" gemeinsam stellvertretend verstehen und bezogen auf geeignetes Kontextwissen deuten muss. Die leitende Frage hierbei muss sein, ob ein routinisiertes erzieherisches Handeln oder ein Lösen von Krisensituationen als Intervention notwendig ist.

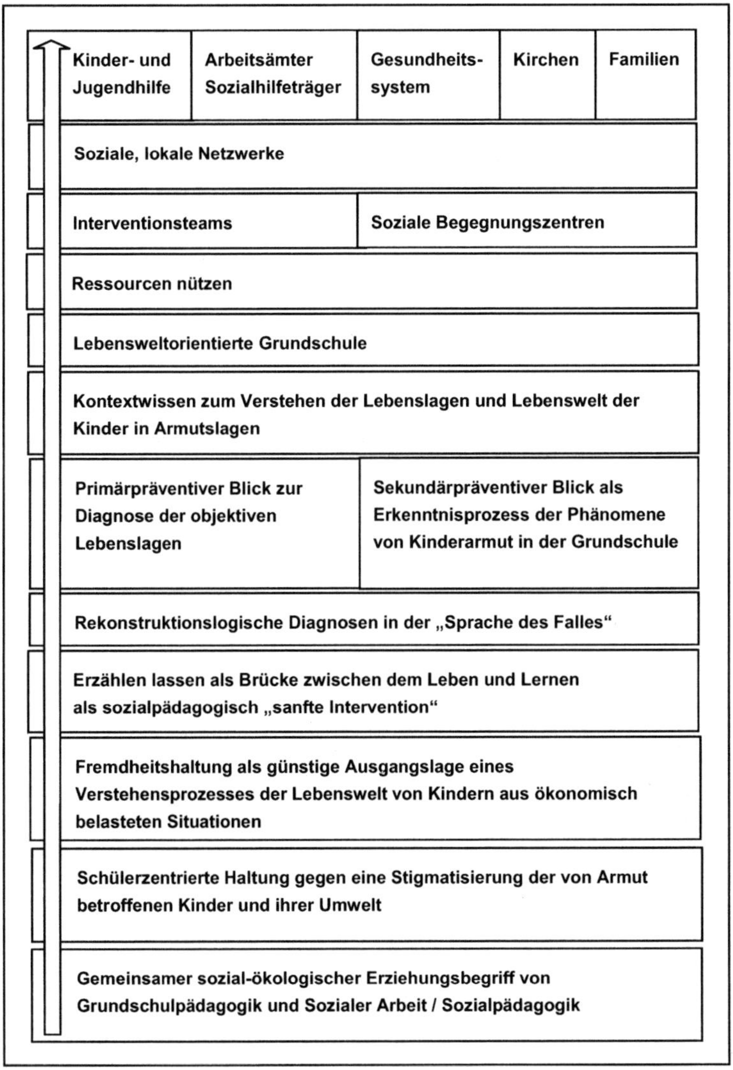

10 Diskussion der sozioanalytischen Fallstudie

| Kinder- und Jugendhilfe | Arbeitsämter Sozialhilfeträger | Gesundheits-system | Kirchen | Familien |

Soziale, lokale Netzwerke

Interventionsteams | Soziale Begegnungszentren

Ressourcen nützen

Lebensweltorientierte Grundschule

Kontextwissen zum Verstehen der Lebenslagen und Lebenswelt der Kinder in Armutslagen

Primärpräventiver Blick zur Diagnose der objektiven Lebenslagen | Sekundärpräventiver Blick als Erkenntnisprozess der Phänomene von Kinderarmut in der Grundschule

Rekonstruktionslogische Diagnosen in der „Sprache des Falles"

Erzählen lassen als Brücke zwischen dem Leben und Lernen als sozialpädagogisch „sanfte Intervention"

Fremdheitshaltung als günstige Ausgangslage eines Verstehensprozesses der Lebenswelt von Kindern aus ökonomisch belasteten Situationen

Schülerzentrierte Haltung gegen eine Stigmatisierung der von Armut betroffenen Kinder und ihrer Umwelt

Gemeinsamer sozial-ökologischer Erziehungsbegriff von Grundschulpädagogik und Sozialer Arbeit / Sozialpädagogik

Abbildung 28: Von der günstigen Grundhaltung zur Intervention in den Fragen einer Kinderarmut in der Grundschule.[725]

---

[725] Eigene Abbildung.

10.2.2 Elfte Handlungsempfehlung: Einmischungsauftrag der Sozialen Arbeit

Der Einmischungsauftrag der Sozialen Arbeit / Sozialpädagogik bezieht sich immer auf einen Soll-Zustand, der sich in dieser Arbeit in normativ theoretischen Sätzen als Handlungsempfehlungen zeigt.

Die in dieser Arbeit vorgestellten Interventionsvorschläge, im Umgang mit Kindern aus Unterversorgungslagen seitens der Grundschule, sind als Handlungsempfehlungen, seitens der Sozialen Arbeit / Sozialpädagogik aufgrund einer Rekonstruktion am Fallmaterial, und nicht als Handlungsanweisungen zu verstehen, denn das wäre eine Deautonomisierung der Grundschule und somit meines Erachtens ein Kategorienfehler. Dennoch sind diese Handlungsempfehlungen regelgeleitet entstanden und versuchen, neue Routinen im Umgang mit deprivierten Kindern in der Grundschule zu erzeugen. Sie dienen als Orientierungshilfe sowohl für die Grundschulpädagogik als auch für die Soziale Arbeit / Sozialpädagogik.

Die Umsetzung der Lösungsentwürfe bleibt in der Verantwortung der Grundschule bzw. der Kinder- und Jugendhilfe, denn die Sozioanalyse[726] zielt auf das Selbstheilungspotential und die Wiederherstellung der Autonomie dieser Institutionen, zu der auch die Verantwortung für anstehende Problemlösungen gehören. Hierbei stellt sich immer die Frage nach einer unbedingten Trennung von Theorie und Praxis oder ob eine kritische Handlungstheorie die Vereinbarkeit von Theorie und Praxis aufzeigen kann. Diese Frage kann in dieser Arbeit nicht ausreichend geklärt werden, denn dieser wissenschaftliche Streit beschäftigt schon einige Generationen. Wichtig ist meines Erachtens jedoch der Versuch, den eigenen wissenschaftlichen Habitus begründet darzulegen.

Der Schwerpunkt dieser Arbeit liegt neben einer qualitativen Bedarfsklärung in der Erarbeitung konkreter Handlungsempfehlungen die zusammen mit Grundschulpädagogen/-pädagoginnen und Experten/Expertinnen aus dem Bereich der Kinder- und Jugendhilfe erarbeitet wurden. Der Zugang über die Objektive Hermeneutik betont den Subjektcharakter der Experten/Expertinnen und versucht, neue Forschungsfragen und –zusammenhänge zu generieren und nicht Altbekanntes methodisch zu replizieren. Natürlich sind die Handlungsempfehlungen methodisch inhaltlich nicht in allen Fragen neu, aber sie werden regelgeleitet in einer sinnlogischen Reihenfolge präsentiert. Diese Handlungsempfehlungen unterliegen im Sinne einer Grundlagenforschung nicht zwingend der Frage nach ihrer Finanzierbarkeit. Sie möchten aber an die Fachwelt appellieren, nicht unreflektiert die „ökonomische Schere" bereits bei der Frage nach geeigneten Methoden anzusetzen, sondern nachhaltig und gerecht Bedarfen entgegenzutreten. Ich unterstütze in diesem Zusammenhang sehr die Forderung der Arbeits-

---

[726] Vgl.: Institut für hermeneutische Sozial- und Kulturforschung e. V. (IHSK): Klinische Soziologie und Sozioanalyse.

gemeinschaft für Jugendhilfe (AGJ): *"Benachteiligte Kinder und Jugendliche in schwierigen Lebensphasen brauchen ein zuverlässiges System der Hilfe und Unterstützung. Integration verlangt viel Aufwand, Zeit und Ressourcen. Auf alle sorgsam zu achten, ist nicht nur ein Gebot der Gerechtigkeit, sondern auch ein Gebot der **ökonomischen Vernunft**."*[727] Die Handlungsempfehlungen sind ebenfalls nicht als reiner „Praxisleitfaden" oder als Handlungskonzept zu verstehen. Sie können lediglich einer theoretischen und praktischen Grundlage für die Erarbeitung entsprechender Konzepte dienen.

Diese forschungslogische Grundhaltung einer dialektischen Theorie bestreitet, *„daß die Wissenschaft in Ansehung der von Menschen hervorgebrachten Welt ebenso indifferent verfahren darf, wie es in den exakten Naturwissenschaften mit Erfolg geschieht"*[728].

In dieser Denkweise hebt sich die Trennung von Theorie und Geschichte, also Lebenspraxis, auf, sie verbindet kausales Erklären und Sinnverstehen,[729] *„die einseitig analytische Methode wäre „theorielos", die einseitig hermeneutische Methode hingegen verharre lediglich ‚bei einer kontemplativen Vergegenwärtigung vergangener Sinnhorizonte'"*[730]. Edgar Morin schreibt: *„Wir müssen unsere Theorien zivilisieren, das heißt, wir brauchen eine neue Generation offener, rationaler, kritischer, reflexiver, selbstkritischer Theorien, die in der Lage sind, sich selbst zu reformieren."*[731]

Diese forschungslogische Haltung empfiehlt sich deshalb meines Erachtens als Grundlage einer Sozialarbeitswissenschaft, die immer eine mit einem Lösungsoptimismus ausgestattete Handlungstheorie mit einem praktischen Erkenntnisinteresse aus der untersuchten Lebenspraxis generieren muss. Eine so verstandene Haltung kann nicht wertfrei argumentieren. In einer lebensweltorientierten Sozialarbeitswissenschaft bedeutet dies, dem Anspruch der *„Planung, Einmischung"* Rechnung zu tragen. So schreibt Hans Thiersch: *„Wenn Lebensweltorientierung aber bedeutet, Probleme anzugehen, wie sie sich in der Lebenswelt zeigen, dann muß Jugendhilfe um ihrer Problemsicht und um ihrer Anwaltschaft für Adressaten willen die Grenzen ihrer Zuständigkeit erweitern.*[732]*"*

Sie muss sich also nach der Rekonstruktion der Lebenswirklichkeit von Schüler/-innen, Lehrer/-innen und Eltern auch in aktuelle sozial-, schul- und

---

[727] Arbeitsgemeinschaft für Jugendhilfe (AGJ): Handlungsempfehlungen zur Kooperation von Jugendhilfe und Schule, 2006, S. 2. (Hervorhebung durch den Verfasser).
[728] Seiffert, Helmut: Einführung in die Wissenschaftstheorie 2, 1996, S. 319f.
[729] In der Methodologie der Objektiven Hermeneutik wird von der Rekonstruktion der objektiven Bedeutungsstrukturen ausgegangen.
[730] Seiffert, Helmut: Einführung in die Wissenschaftstheorie 2, 1996, S. 320.
[731] Morin, Edgar: Die sieben Fundamente des Wissens für eine Erziehung der Zukunft, 2001, S. 40.
[732] Thiersch, Hans: Lebensweltorientierte Soziale Arbeit, 2000,,S. 35.

bildungspolitische Prozesse anwaltschaftlich einmischen, die die lebenspraktische Realität wertend, als Profession der Integration und der sozialen Gerechtigkeit. Dies möchte ich als zwölfte Handlungsempfehlung anbieten.

10.2.3 Forschung mit einem lebensweltorientierten Bezugsrahmen

Die Forschung einer lebensweltorientierten Sozialen Arbeit / Sozialpädagogik versucht, pädagogisch inszenierte Lebenswelten, wie sie in der Grundschule vorzufinden sind, als Lebenswelt potentieller Adressaten/Adressatinnen, in diesem Fall die Kinder aus Armutssituationen, zu rekonstruieren, um einen gelingenderen Alltag zu ermöglichen. Die Frage muss sein, welcher Zugang für die Soziale Arbeit / Sozialpädagogik in diesem Rahmen möglich ist. Hierzu ist es zunächst von Nöten, die Kultur der Grundschule zu verfolgen und die Bedeutungsstrukturen, die Krisen und Routinen und Bewältigungspotentiale dieser Lebenspraxis zu begreifen, damit die Soziale Arbeit / Sozialpädagogik in einem vernetzten Denken mit der Grundschulpädagogik neue, spezifische lebensweltliche Arrangements erarbeiten kann.

10.2.4 Sozialarbeitsforschung als theoriegeleitetes Handeln

Im Falle der Erarbeitung von Lösungsangeboten an die Grundschule darf die Soziale Arbeit / Sozialpädagogik meines Erachtens nicht vorschnell besserwisserisch zu subsumtionslogischen oder professionspolitischen Interventionen greifen, wie so häufig als „Try and Error Intervention" praktiziert. Sie muss ihre Vorschläge regelgeleitet darstellen, in der „Sprache des Falles", damit ein interdisziplinäres Verstehen möglich wird. Weiterhin muss sie ihre Interventionen am „bonierten Alltagsgeschehen" ansetzen und z. B. neue Haltungen eines Verstehens fördern. Die Sprache der untersuchten Fälle spiegelt sich auch beispielsweise in der Syntaktik, Semantik und in Erzählfiguren dieser Fallstudie wider. Wer nur den Ausbau von Ganztagsschulen fordert oder die Installation einer flächendeckenden Schulsozialarbeit an den Grundschulen, hat die mehrdimensionale Bedeutungsstruktur der Kinderarmut an den Grundschulen meines Erachtens nicht in vollem Umgang erfasst. In dieser Arbeit wurde versucht, die Handlungsvorschläge an der zuvor rekonstruierten Fallstruktur gleichsam „anschmiegen" zu lassen.

10.3 Diskurs der gewonnenen Handlungsempfehlungen mit dem Bildungskonzept nach Maria-Anna Bäuml-Roßnagl

10.3.1 Zur Frage der Bildung und Bildungschancen für die Soziale Arbeit / Sozialpädagogik

Selbstverständlich muss sich die Soziale Arbeit / Sozialpädagogik mit Bildung und Bildungsungleichheiten beschäftigen. Sie hat es vor allem mit scheiternden oder gescheiterten Bildungsprozessen zu tun. Diese Krisen müssen interdisziplinär gedeutet und gelöst werden. Die Soziale Arbeit / Sozialpädagogik hat dafür spezifische Kompetenzen, mit denen sie sich präsentieren muss. Sie muss anwaltschaftlich Bildungsprozesse ermöglichen, indem sie die Kinder und Grundschulen unterstützt, günstige affektive Ausgangsbedingungen, wie in den Handlungsempfehlungen beschrieben, zu fördern, um Lernen initiieren zu können. Ebenso muss sie die Grundschulen ermutigen, durch einen produktiven Umgang mit der Fremdheit und dem Bewältigen von Alltagssituationen, Selektionsprozessen entgegenzuwirken, denn Elendssituationen der Kinder führen zu Ausschluss von formalen Bildungsmöglichkeiten.[733]

Michael Winkler nimmt dazu wie folgt Stellung: Die Soziale Arbeit / Sozialpädagogik *„muss die Instanz bleiben, welche zur Verfügung steht, gegen ein Bildungssystem, das geradezu systematisch drop-outs erzeugt und dies in Zukunft mit seiner verschärften Test-Unkultur noch mehr tun wird. Denn dies ist klar: die gegenwärtigen Entwicklungen des bundesdeutschen Bildungssystems weisen eindeutig darauf hin, dass nicht die notwendige Kultur der Förderung und Unterstützung entsteht, sondern ein System der Aussonderung und Ausgrenzung, ein System, das sich präzise an den Grenzen entwickelt, die durch Armut und Reichtum gezogen sind."*[734]

Im Sinne dieser Forschungsarbeit ist es daher notwendig, Bildungsprozesse als ständiges Krisenlösen allen Kindern zu ermöglichen, damit die krisenhafte kindliche Neugier und krisenhaften Entwicklungsaufgaben altersgemäß zu einem neuen Selbst[735] führen können und nicht verspätet bei einer Gefährdung durch Exklusion installiert werden müssen.

Dieses Bildungsverständnis der Sozialen Arbeit / Sozialpädagogik bedarf meines Erachtens, im Sinne eines „vernetzten Denkens" mit einem Bildungsverständnis der Grundschulpädagogik, eine dialektische Diskussion.[736]

---

[733] Vgl.: Winkler, Michael: Sozialpädagogik und Bildung, 2005, S. 18f.
[734] Ebd., S. 19f.
[735] Der Terminus des neuen „Selbstes" wurde überommen von Kegan, Robert: Die Entwicklungsstufen des Selbst. Fortschritt und Krisen im menschlichen Leben, 1994.
[736] Vgl.: 8.4.1.

Damit soziale und emotionale Kompetenzen in der Grundschule Anerkennung finden und die Schüler/-innen in der oft *„einseitig kognitiven Schulbildung"*[737] Sinn- und Bedeutungsstrukturen erkennen können, unterstreicht Maria-Anna Bäuml-Roßnagl die Bedeutung sozialpädago-gischen Handelns in der Grundschule, wenn sie schreibt: *„Deshalb sind sozialpädagogische Aufgaben als verbindliche Bildungsziele in Lehrplänen festzuschreiben und entsprechend ist ein Mehr an Schul-ZEIT für den Dialog zwischen Lehrkräften und Schülern einzuräumen, um einen regelmäßigen Austausch über Lebens- und Lernbedingungen zu ermöglichen."*[738]

10.3.2 Bildung in gemeinsamer Verantwortung von Grundschulpädagogik und Sozialer Arbeit / Sozialpädagogik

Um Gemeinsamkeiten der in dieser Arbeit generierten Handlungsempfehlungen mit einem metatheoretischen Bildungskonzept der Grundschulpädagogik im Sinne eines „vernetzten Denkens" herauszuarbeiten und zu diskutieren, werden nachfolgend relevante Kernaussagen eines Bildungskonzeptes nach Maria-Anna Bäuml-Roßnagl bzw. nach einigen ihrer Doktoranden/Doktorandinnen mit dem Konzept dieser Arbeit verglichen. Ziel ist es hierbei, eine gemeinsame Habitusentwicklung und Professionalisierung der Disziplinen Grundschulpädagogik und Soziale Arbeit / Sozialpädagogik anzustoßen. Interessanterweise finden sich in Aspekten der Sinnstrukturen beider Bildungskonzepte viele Übereinstimmungen bzw. weitergehende theoretische Überlegungen.

Die Überlegungen eines **gemeinsamen sozial-ökologischen Erziehungsbegriffes**[739] von Grundschulpädagogik und Sozialer Arbeit / Sozialpädagogik in Abgrenzung zu einem prozesshaften Erziehungsbegriff verdeutlicht folgende Aussage von Maria-Anna Bäuml-Roßnagl, wenn sie schreibt:

„Meiner Meinung nach ist es dringend angebracht, ein sehr differenziertes neues Verständnis von Erziehungszielen und Erziehungsmaßnahmen in unserer Zeit der Erosion traditioneller Erziehungsmuster zu entwickeln. Ein neues Bild von Erziehung ist zu gestalten."[740]

Als sozial-ökologisches Erziehungsziel wird in dieser Arbeit die „personale Entwicklung des Kindes"[741] hin zu einer autonomen Lebensführung beschrieben, während die Erziehungsmaßnahmen in diesem Sinne in

---

[737] Bäuml-Roßnagl, Maria-Anna: Bildung für Morgen, 2003, S. 3f.
[738] Ebd., S. 3f.
[739] Vgl.: 9.1.
[740] Vgl. hierzu auch: Bäuml-Roßnagl, Maria-Anna: Internet-Grundschulforschung 2000. Fr. Prof. Dr. Maria-Anna Bäuml-Roßnagl erforscht in diesem Forum einen neuen Erziehungsbegriff durch Befragung von Eltern und Kindern.
[741] Vgl.: Abbildung 14.

Hilfeleistungen und Unterstützungen gesehen werden, um ein soziales Gleichgewicht herzustellen, die einem prozesshaften Erziehungskonzept vorausgehen muss.

Die Habitusentwicklung zu einer **„schülerzentrierten Haltung"**[742] gegen eine Stigmatisierung der von Armut betroffenen Kinder und ihrer Umwelt beschreibt Christine Kaniak-Urban in folgender Ausführung: *„Im Erziehungsgeschäft geht es unter dem Leitziel: Ich will dich verstehen! Nach der Akzeptanz und der Verbalisierung des emotionalen Geschehens auch um die Verpflichtung auf die soziale Norm und schließlich um eine Lösungshilfe."*[743] Hierbei wird die Forderung nach einer schülerzentrierten Haltung wiederum um ein stellvertretendes Krisenverstehen und Krisenlösen sowie um eine kritisch-normative Orientierung für einen gelungenen Sozialisationsprozess erweitert. Selbstverständlich ist Erziehung und Bildung kein „Geschäft" im herkömmlichen Sinne, der/die Schüler/-in ist weder Kunde/Kundin noch automatisch Klient/-in[744], aber *„Bildungskompetenz-Erwerb ist ein prozesshaftes Geschehen - ein personaler Lernprozess im interpersonalen Bezug."*[745]

Den Habitus der **„Fremdheitshaltung"**,[746] als günstige Ausgangslage eines Verstehensprozesses der Lebenswelt von Kindern aus ökonomisch belasteten Situationen, findet sich bei Maria-Anna Bäuml-Roßnagl in folgender Aussage wieder: *„Ebenso, wie die konkrete Dingerfahrung ist die Erfahrung der Mitmenschen - der Anderen - für den Menschen ein schillerndes Phänomen, in dem die Dimensionen der Vertrautheit und die der Fremdheit im aktuellen Erfahrungsfeld zu Konfigurationen zusammengehen, die ähnlich den Drehbewegungen eines Kaleidoskops ständig wechseln."*[747]

Hierbei zeigt sich, dass eine Rekonstruktion des „Fremden" eines Kindes immer auch auf das „Vertraute", dem Kontextwissen, baut, wie z. B. Kinder schwierige Lebenskontexte begreifen und verarbeiten.

Das **„Erzählen lassen als Brücke zwischen dem Leben und Lernen"**,[748] als sozialpädagogisch „sanfte Intervention", unterstützt meines Erachtens auch dieses Zitat von Maria-Anna Bäuml-Roßnagl: *„Nationen und Generationen im Gespräch nur so entsteht ein „inter"kulturelles Bild des Lebens und der Lebensbedingungen im heutigen weltweiten*

---

[742] Vgl.: 9.2
[743] Kaniak-Urban, Christine: Schwimmwesten für die Stürme des Schullebens, 2005, S. 9.
[744] Vgl.: 8.1.9.
[745] Bäuml-Roßnagl, Maria-Anna: Bildung für Morgen, 2003, S. 5. (Vgl. hierzu auch 9.1).
[746] Vgl.: 9.3.
[747] Vgl.: Bäuml-Roßnagl, Maria-Anna: Bildungsparameter aus soziologischer Perspektive, 2005, S. 157.
[748] Vgl.: 9.4.

Miteinander.[749] Dabei wird deutlich, dass ein generationaler Austausch in der Schüler/-innen-Lehrkraft-Interaktion, als auch ein kultureller Austausch in der Schüler/-innen-Lehrkraft-Interaktion sowie der Eltern-Lehrkraft-Interaktion die Strukturen der Lebenswelt des deprivierten Kindes und dessen Umwelt bildhaft entstehen lässt und die Grundlage eines sinn- und friedensstiftenden Dialoges darstellt.

Die Notwendigkeit **„rekonstruktionslogischer Diagnosen"**[750] lässt sich aus folgendem Zitat von Maria-Anna Bäuml-Roßnagl ableiten: *„Die Welt ist dem Menschen nicht unmittelbar erschlossen; vielmehr hat der Mensch in seiner Freiheit die Möglichkeit, die Welt sich erkennbar und verfügbar zu machen."*[751] Eine Freiheit, die die Lebenswelt der Kinder und ihrer Umwelt verstehbar macht, bedarf einer rekonstruktiven und ethnographischen Grundhaltung, da subsumtionslogische Erkenntnisprozesse bereits voreingenommene, also im weitesten Sinne unfreie Kategorien voraussetzt. Die unmittelbaren Strukturen der Lebenswelt sind zunächst durch Latenz geschützt, die Bedeutungsstrukturen können aber methodologisch offen gelegt werden.

Und doch belegt ein Zitat von Maria-Anna Bäuml-Roßnagl auch die Bedeutung einer **„Diagnose der objektiven Lebenslagen",**[752] wenn sie schreibt: *„An welche der vielen wissenschaftlichen Disziplinen kann sich der um Sachlichkeit bemühte Bürger wenden, wenn er die „Sachen" des alltäglichen Lebens „sachlich" behandeln möchte – wie z. B. Nahrungsmittel, Kleidung, Möbel, usw? Tragen nicht eine Vielzahl unterschiedlicher Disziplinen dazu bei."*[753] Die subsumtionslogische Diagnose der verschiedenen Lebensbereiche der Kinder ist Ausdruck einer interdisziplinären Grundhaltung, welche durch eine konstruierte Wirklichkeit sowohl für den/die Diagnostiker/-in, als auch für das Kind eine „tragende Rolle" spielen kann, wenn versucht wird, alle Lebensbereiche des Kindes zu „stärken", wie die nachfolgende Abbildung verdeutlicht.

---

[749] Bäuml-Roßnagl, Maria-Anna: Bildungsparameter aus soziologischer Perspektive, 2005, S. 99.
[750] Vgl.: 9.5.
[751] Bäuml-Roßnagl, Maria-Anna: Bildungsparameter aus soziologischer Perspektive, 2005, S. 17.
[752] Vgl.: 2.4 sowie 9.6.2.1.
[753] Bäuml-Roßnagl, Maria-Anna: Bildungsparameter aus soziologischer Perspektive, 2005, S. 17.

Abbildung 29: Stützen für soziale Identität[754]

Die Sicherheitsspendende Wirkung von subsumtionslogischen Einschätzungen der kindlichen Lebenswirklichkeit unterstreicht Maria-Anna Bäuml-Roßnagl mit folgendem Zitat: *„Soziale Identität erleben ist immer verbunden mit der meist aus der Kindheit geprägten Erfahrung des Getragenseins im Sinn von "Ich bin getragen von Mutter, Vater, Tante, Nachbarn...Freunden". Soziale Identität erhalten können bedeutet aber auch materielle Sicherheit, Eingebundensein in ein mitmenschliches Beziehungsnetz, seine individuellen Lebenswerte einbinden können in ein gemeinschaftliches Werk, z. B. Arbeit, die den Lebensunterhalt ganz pragmatisch sichert. Im Focus einer menschengerechten "Bildung für morgen" müssen wir fragen, "ob Schulen als Ganze sich nicht bewusst stärker zu einem sozialen und ethischen Erfahrungsraum entwickeln sollten."*[755] Hierbei fällt auf, dass die Überlegungen in dieser Fallstudie noch um den Lebensbereich der „(Lebens-) Werte"[756] erweitert werden. Ob dies einen eigenen Lebensbereich darstellt oder ob die „(Lebens-) Werte" nicht grundlegend für alle

---

[754] Abbildung nach Reichel 1996, S. 118; Entnommen aus: Bäuml-Roßnagl, Maria-Anna: Qualitäten des Menschlichen – Faktoren von Schulqualität, 2002, S. 7.

[755] Bäuml-Roßnagl, Maria-Anna: Bildung für Morgen, 2003, S. 6.

[756] Vgl. hierzu auch Bäuml-Roßnagl, Maria-Anna: Wege in eine neue Schulkultur. Was sind eigentlich Lebenswerte?, 1992.

Lebensbereiche sein müssen, bedürfte meines Erachtens noch weiterer Überlegungen, die jedoch den Rahmen dieser Arbeit sprengen würden.

Folgende Abbildung verdeutlicht zusammenfassend das Zusammenwirken der Handlungsempfehlungen des „Erzählen lassens" mit den Handlungsempfehlungen der rekonstruktionslogischen Deutungen der Selbstäußerungen der Kinder, sowie der subsumtionslogischen Einschätzungen durch pädagogische Fachleute als Beitrag zur Entwicklung des kindlichen Selbstes.

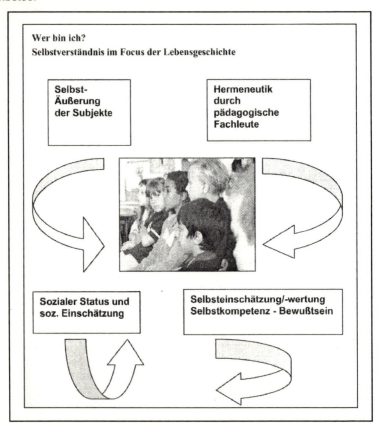

Abbildung 30: Frage nach dem kindlichen Selbst im Kontext der Lebenshermeneutik durch die Erwachsenen.[757]

---

[757] Abbildung entnommen aus: Bäuml-Roßnagl, Maria-Anna: Bildungsparameter aus soziologischer Perspektive, 2005, S. 77.

In dieser Abbildung wird neben der Fremdeinschätzung durch Experten/-innen auch die Bedeutung der Selbstreflexion und -einschätzung des Kindes deutlich.

Die Handlungsempfehlung, **"Kontextwissen zum Verstehen der Lebenslagen und Lebenswelt der Kinder in Armutslagen"**[758] unterstützt nachfolgendes Zitat von Maria-Anna Bäuml-Roßnagl: *„Mut zum Durchbrechen der eingeschliffenen Routine des Bescheidwissens – für Theoretiker und Forscher gilt das ebenso wie für die Berufsausübung und die alltägliche Lebensführung."*[759] Diese eingeschliffenen Routinen spiegeln sich in dieser Fallstudie im Terminus des „Institutionswissens" wider. Durch Überwinden und Verlassen dieser Routinen entsteht ein Prozess des Krisenlösens und stellt Lehrkräfte und Sozialpädagogen/-pädagoginnen vor die Herausforderungen, gemeinsame Bildungsanstrengungen zu initiieren: Bildungsprozesse werden somit zu Prozessen des ständigen aktuellen Krisenlösens: *„Eine zukunftsorientierte Pädagogik wird die didaktischen Bedürfnisse der Gegenwart ernst nehmen müssen - denn das Anliegen jeder menschlichen Bildungsbemühung ist das Sehen- und Verstehenlernen im Hier und Jetzt, um für Aufgaben in der gegenwärtigen und zukünftigen Lebensbewältigung gerüstet zu sein."*[760]

Die Forderung nach einer **„lebensweltorientierten Grundschule"**[761] unterstützt ein Zitat von Maria-Anna Bäuml-Roßnagl: *„Schulische Bildungsprozesse haben die Realsituationen der alltäglichen Lebenswelten ernstzunehmen und mitzugestalten, wenn Bildung einen lebensfördernden Wert haben soll."*[762] Alltägliche Realsituationen der Lebenswelt deprivierter Kinder zu verstehen, bedeutet demnach auch, dass der Grundschule eine Verantwortung in der Gestaltung der Lebenswelt durch Interventionen zugesprochen wird. Im gemeinsamen Tun aller an einer Intervention Beteiligten werden Bildungsprozesse bei den Kindern initiiert, die auf Grundlage von ethisch-moralischem Handeln nicht nur die Inklusion des betroffenen Kindes zur Folge hat, sondern für alle eine „wert- und sinnvolle" Bildungserfahrung sein kann: *„Eine „neue Schulkultur" verwirklicht sich in einem lebendigen Prozeß zwischen allen an der Schule Beteiligten. Die persönliche Lebensgestaltung und die gesellschaftliche Lebensqualität begründen und bedingen einander."*[763]

Ein anthroposophisches Konzept eines **„vernetztes Denkens"**[764] beschreibt Johanna Dichtl: *„Eine simple handwerkliche Tätigkeit bündelt in*

---

[758] Vgl.: 9.7.
[759] Bäuml-Roßnagl, Maria-Anna: Bildungsparameter aus soziologischer Perspektive, 2005, S. 125.
[760] Bäuml-Roßnagl, Maria-Anna: Bildung für Morgen, 2003, S. 1.
[761] Vgl.: 9.8.
[762] Bäuml-Roßnagl, Maria-Anna: Bildungsparameter aus soziologischer Perspektive, 2005, S. 5.
[763] Bäuml-Roßnagl, Maria-Anna: Wege in eine neue Schulkultur, 1992, S. 13.
[764] Vgl.: 9.9.

unserem Gehirn eine Vielzahl von Informationen und befähigt uns, je nach Erfahrungswerten und Wissen zu handeln und neue Erkenntnisse hinzuzufügen. Vernetztes Denken ist also auch der Rückgriff auf vorhandene Denkmuster und die Verbindung der bereits gespeicherten Informationen mit neu erworbenem Wissen."[765] Das bedeutet, dass ein „vernetztes Denken" dem Menschen aufgrund seiner neuronalen Strukturen zugrunde gelegt ist. So kann „vernetztes Denken" auch als Rückbesinnung auf die dem Menschen zugrunde liegende Fähigkeit bewertet werden, seine kognitiven und affektiven Grundanlagen gegen den Zeitgeist einer oft professionspolitischen Differenzierung und Spezialisierung zu nützen.

Die Empfehlung **„soziale, lokale Netzwerke"**[766] zu schaffen, verdeutlicht auch folgende Aussage von Maria-Anna Bäuml-Roßnagl: *„Bildungsprozesse vollziehen sich stets im gemeinsamen Netzwerk von Familien-Lernkultur, Alltagskultur (Freizeit, Medien) und Schulkultur."*[767] Dabei ist die familiäre, schulische sowie die mediale Kultur unserer Kinder wohl als eine sozialisatorische Triade zu deuten. Gegen eine Konstruktion und für eine Rekonstruktion der kindlichen Netzwerke spricht folgendes Zitat von Maria-Anna Bäuml-Roßnagl: *„Die vernetzte Welt scheint keine globale Zukunft zu haben, wenn sie nur als logisches oder logistisches Netzwerk konstruiert wird."*[768] Es gilt demnach, Netzwerke zu rekonstruieren, die für das Kind bedeutungsvoll sind.[769]

Das Bildungskonzept, das den Handlungsempfehlungen dieser Fallstudie zugrunde liegt, kann nun durch folgende weiterführende Überlegungen aus dem Bildungskonzept nach Maria-Anna Bäuml-Roßnagl bereichert werden:[770]

- die Operationalisierung und Differenzierung von Erziehungszielen,
- die kritisch-normative Orientierung für eine gelungene Sozialisation,
- die Bedeutung einer „Vertrautheitshaltung" als Grundlage für eine „Fremdheitshaltung",
- der sinn- und friedensstiftende Dialog mit allen an einem Bildungsprozess Beteiligten,
- die Freiheit und Möglichkeiten des Menschen, autonom Erkenntnisprozesse angemessen anzustreben,
- die „tragende Rolle" im „Aufdröseln" der Lebensbereiche des Kindes,

---

[765] Dichtl, Johanna: „Vernetztes Denken" im Religionsunterricht, 2005, S. 6.
[766] Vgl.: 9.9.2.
[767] Bäuml-Roßnagl, Maria-Anna: Bildungsparameter aus soziologischer Perspektive, 2005, S. 61.
[768] Bäuml-Roßnagl, Maria-Anna: Bildung für Morgen, 2003, S. 10.
[769] Vgl.: 9.9.2.
[770] Diese weiterführenden Überlegungen können als Grundlage für weiterführende Fragestellungen dieser Fallstudie dienen.

- die Bedeutung der (Lebens-) Werte und Sinnfragen als Lebensbereich des Kindes,
- die Bedeutung der Selbstreflexion und Selbsteinschätzung des Kindes,
- die Überwindung einer routinisierten, „besserwissenden" Grundhaltung zugunsten des Versuchs eines gemeinsamen, stellvertretenden Krisenverstehens,
- die Bildungserfahrung für alle durch ethisch-moralisches, gemeinsames Tun,
- die neuronale Anlage des Menschen eines „vernetzten Denkens",
- die Bedeutung der Medien in der Rekonstruktion kindlicher Netzwerke.

10.4 Forschungsmethodischer Diskurs: Methodologie der Objektiven Hermeneutik als Grundlage dieser Fallstudie im Rahmen einer Sozialarbeitsforschung

10.4.1 Abgrenzung zur traditionellen Hermeneutik

Phänomene und Entwicklungen der Kinderarmut in der Grundschule können aufgrund ihrer relativ neuen Erscheinungsformen sehr gut mittels der Objektiven Hermeneutik auf ihre *„typischen, charakteristischen Strukturen"*[771] entschlüsselt werden und *„die hinter den Erscheinungen operierenden Gesetzmäßigkeiten ans Licht"*[772] gebracht werden. Die traditionelle Hermeneutik hingegen bleibt auf der Ebene der Deskriptivität und versucht den subjektiv gemeinten Sinn zu deuten. Dieses, noch der untersuchenden Verstehenspraxis zugeordneten, Verfahren ist *„grundsätzlich mit Unsicherheiten behaftet"*[773].

10.4.2 Grundschulpädagogen/-pädagoginnen als Experten/Expertinnen und Botschafter/-innen der Krise

Im Kapitel 5.5 wurde erläutert, welche Schwierigkeiten die Befragung der Kinder aus Armutssituationen als Experten/Expertinnen ihrer eigenen Lebenswelt mit sich bringt. Deshalb war es notwendig, nach geeigneten Experten/Expertinnen für die Erhebungen zu suchen, die zum einen mit *„besonderen Informationen, Fähigkeiten usw. für die Bewältigung des eigenen Alltagslebens ausgestattet"*[774] sind und andererseits *„relatives*

---

[771] Oevermann, Ulrich: Klinische Soziologie, S. 1.
[772] Ebd., S. 1.
[773] Ebd., S. 2.
[774] Bogner, Alexander/ Menz, Wolfgang: Das theoriegenerierende Experteninterview, 2005, S. 40.

Wissen über den Sachverhalt"[775], durch *„Sonderwissen"*[776] bzw. Erfahrungswissen in der eigenen beruflichen Lebenspraxis zur Beant-wortung der Fragestellung mitbringen. Die betroffenen Eltern der Kinder schienen ebenfalls als Experten/ Expertinnen in diesem Sinne ungeeignet, handelt es sich doch in den Fragen der Armut um ein höchst tabuisiertes Themenfeld.

In der krisenhaften Lebenspraxis der Grundschule im Umgang mit Kindern aus Armutssituationen schienen die Lehrkräfte, die unterschiedlichen Belastungen ausgeliefert sind, aber auch Bewältigungsstrategien entwickelt zu haben. Dies bestätigten die Rekonstruktionen, durch dieses Erfahrungswissen geeignete Experten/Expertinnen für die Fragestellung zu sein. Die Persönlichkeitsstruktur der Lehrkraft als Experte/Expertin ist natürlich immer auch Gegenstand der Auswertung der Interviews. Wenn man aber als Fallstruktur den professionellen Umgang mit dem Handlungsproblem Kinder in Armut in der Grundschule konsequent zum Ausgang macht, ist es möglich, bereits in der Auswertung die persönlichkeitsabhängigen Urteile, Einstellungen und Empfehlungen in Abzug zu bringen bzw. am Ende der Fallrekonstruktion eine Auswahl durchzuführen. *„Aber: Sofern es sich um Professionen handelt, die nach der Theorie als ganze Menschen und nicht nur in Rollen handeln, gehört die Persönlichkeitsstruktur"* zur *„Fallstruktur."*[777]

Die objektiven Bedeutungsstrukturen versuchen zu gewährleisten, dass die Subjektivität der befragten Lehrkräfte mit den gesellschaftlichen und institutionellen Verhältnissen der Grundschule in einen Zusammenhang gesetzt werden kann. Ob die Stichprobe dafür ausreicht, kann nicht eindeutig geklärt werden.

Darum soll auch in dieser Arbeit **nicht** der Eindruck entstehen, wie Klaus Hurrelmann zutreffend feststellt, dass die Lehrkräfte in den befragten Grundschulen unzureichende und unprofessionelle Arbeit leisten. *„Dieser Eindruck ist falsch, denn die Probleme des deutschen Schulsystems liegen nicht in der mangelnden Leistungsfähigkeit und Bereitschaft der in der Schule handelnden Personen, sondern sie liegen in der unzureichenden, veralteten Schul- und Unterrichtsstruktur und den überholten lehrplanmäßigen und didaktischen Traditionen, die in Deutschland seit Jahrzehnten vorherrschen."*[778] Die Lehrkräfte für ihre Hilflosigkeit oder ihr Überengagement verantwortlich zu machen, wäre ein Kategorienfehler, da sie, wie ich bereits gezeigt habe, immer auch die Institution Grundschule repräsentieren.[779]

---

[775] Bogner, Alexander/ Menz, Wolfgang: Das theoriegenerierende Experteninterview, 2005, S. 41.
[776] Ebd., S. 42.
[777] Entnommen aus einem Expertengespräch.
[778] Hurrelmann, Klaus: Gesunde Kinder – Gesunde Lehrer/innen, 2004, S. 93.
[779] Vgl.: 10.2.6.

10.4.3 Maximal kontrastive Fälle

Die Frage nach den Phänomenen der Kinderarmut in der Grundschule und die dazugehörigen Lösungsversuche und Dilemmas der Institution wurden nicht an einem Einzelfall, sondern an einer Reihe von Fallrekonstruktionen erarbeitet. Die Fälle wurden nicht durch Zufallsstichproben ausgewählt, sondern nach dem Prinzip des maximalen Kontrastes aneinander gereiht. So wurde, wie bereits beschrieben, ein Fall ausgewählt, der im Zentrum der Fragestellung liegt und für die konkrete Forschungsfrage besonders relevant erschien. An dessen Beispiel wurden möglichst viele Antworten zur Untersuchungsfrage gebildet, die dann nach dem Prinzip der permanenten Falsifikation zu einer Fallstruktur aneinandergereiht wurden. Die maximale Kontrastivität zeigt sich für diese Fallstudie wie folgend:

Großstadt	Kleinstadt	Land
Süddeutschland		Neue Bundesländer
Grundschulen		Förderzentren
Grundschullehrerin		Grundschullehrer
Besonderes sozialpolitisches ehrenamtliches Engagement		Besonderer disziplinärer Hintergrund

Tabelle 2: Maximale Kontrastivität der Fallstudie.

Konkret wurden folgende Interviewte berücksichtigt:

- eine Grundschulpädagogin mit schulpsychologischem Hintergrund aus einer Gemeindegrundschule in Bayern,
- ein Grundschulpädagoge mit politischem Engagement aus einer Dorfgrundschule aus Baden-Württemberg ,
- zwei Förderschullehrer/-innen aus einer Großstadt in Süddeutschland in Schulleitungsfunktion,
- ein Priester mit langjähriger Erfahrung in der Gemeindeleitung und als Religionslehrer in der Grundschule einer oberbayerischen Kleinstadt,
- eine Diplom-Sozialpädagogin einer Schulstation in Berlin,
- eine Förderschullehrerin in Halle, der Stadt mit der statistisch höchsten Rate an Kinderarmutslagen,
- ein Diplom-Sozialpädagoge einer Erziehungshilfeschule in Süddeutschland.

Insgesamt wurden acht nicht-standardisierte Interviews ausgewertet, wobei sich zeigte, dass die Rekonstruktion der letzten Interviews nur noch geringe Falsifikationen der Fallstruktur mit sich brachte, so dass man meines Erachtens davon ausgehen konnte, die Fallstruktur in dieser Fallstudie ausreichend generiert zu haben.

10.4.4 Sequentialität und algorithmische Erzeugungsregeln

Ulrich Oevermann geht davon aus, dass sich in jeder gegebenen Sequenzstelle des Fallmaterials sinnlogisch Erzeugungsregeln als erster Parameter der Auswertung erschließen lassen. *„Diesen Parameter muß man sich vorstellen als eine Menge von algorithmischen Erzeugungsregeln sehr unterschiedlichen Typs"*[780], die sich durch den sprachlichen Syntax und pragmatische Regeln des Sprechhandelns zeigen und *„die logischen Regeln für formale und für material-sachliche Schlüssigkeit"*[781] in dem Fallmaterial sorgen. Der zweite Parameter besteht aus den *„Auswahlprinzipien und –faktoren"*, denn das Gesamt an Sequenzierungsregeln *„erzeugt an jeder Sequenzstelle je von Neuem einen Spielraum von Optionen und Möglichkeiten, aus denen dann die in diesem Praxis-Raum anwesenden Handlungsinstanzen per Entscheidung eine Möglichkeit auswählen müssen"*[782].

Beide Parameter wurden in der Rekonstruktion des Fallmaterials gleichermaßen berücksichtigt. Die Grundschule wird hierbei als autonome Institution gesehen, die in den Krisen begründbare Entscheidungen treffen muss. Durch die gedankenexperimentelle Explikation wurde sich der Frage nach Routinen oder Krisen dieser Entscheidungen angenähert. Auch bei der Rekonstruktion der Kinderaussagen ging die Auswertungsgruppe von einer autonomen Lebenspraxis dieser Kinder aus, so dass in jeder Aussage jene begründbaren Entscheidungen erarbeitet wurden, die ihrer Argumentation zugrunde liegt.

10.4.5 Interdisziplinarität als Einheit von Strukturreproduktion

Ulrich Oevermann wehrt sich in seiner Methodologie, *„die je disziplinspezifischen Hypothesen und Verallgemeinerungen subsumtionslogisch jeweils zur Anwendung zu bringen und den konkreten Fall darin jeweils abzubilden"*[783]. Vor allem der beschriebene erste Parameter enthält fachübergreifende Erzeugungsregeln, die sich der Grundschulpädagogik und der Sozialen Arbeit / Sozialpädagogik in gleicher Weise erschließen lassen und sich so durchdringen und ein „vernetztes Denken" ermöglichen.

---

[780] Oevermann, Ulrich: Klinische Soziologie, S. 7.
[781] Ebd., S. 7.
[782] Ebd., S. 7.
[783] Ebd., S. 8.

Der zweite Parameter enthält disziplinspezifische Merkmale, die im sequenzanalytischen Vorgehen eine Einheit mit dem ersten Parameter zeigen, die das Zentrum der Fallgesetzlichkeit ausmachen. Ulrich Oevermann schreibt in diesem Zusammenhang: *„Vielmehr besteht eine Fallstruktur und die sich erklärende Gesetzlichkeit ja gerade darin, daß die von den verschiedenen Disziplinen je unterschiedlich in den Blick genommenen und thematisierenden Gegenstandsaspekte in ihr zu einer realen Einheit von Strukturreproduktion und –transformation dynamisch verschmelzen und sich amalgieren."*[784]

Darin zeigt sich, dass jede Disziplin ihren je eigenen Gegenstand zum Fall macht, sich in den Fragen der Kinderarmut in der Grundschule mit all ihren Dimensionen jedoch gegenseitig durchdringt und beeinflusst, welches sich in einem Muster widerspiegelt. Eine solche Sequenzanalyse schmiegt sich nach Ulrich Oevermann an *„dem realen humansoziologischen Geschehen in seiner Grundstruktur an"*, die meines Erachtens im Verstehensprozess nicht disziplinär unterscheidbar ist, sehr wohl jedoch in der Interventionsplanung aufgrund eines unterschiedlichen (professions-) politischen Auftrags.

10.4.6 Von der Abduktion zur Verallgemeinerung der Experten-/ Expertinneninterviews

Die Fallrekonstruktion stellt immer eine *„Strukturgeneralisierung"*[785] dar, die als *„qualitative Induktion"*[786] oder Abduktion bezeichnet werden kann. Abduktion ist ein Verfahren des hypothetischen Schließens, das auf Charles Sanders Pierce zurückgeht. Der abduktive Schluss sucht zu einer gegebenen Beobachtung eine mögliche allgemeine Gesetzmäßigkeit, mit der man diese Beobachtung erklären kann[787]. Ulrich Oevermann sieht darin ein Verfahren, im Rahmen der Objektiven Hermeneutik, zu logisch abgesicherten Schlussfolgerungen zu kommen, da hier Fallstrukturgesetzmäßigkeiten am Material erarbeitet wurden, in diesem Fall anhand von Experten-/ Expertinneninterviews von Grundschulpädagogen/-pädagoginnen.

Jede einzelne dieser Fallrekonstruktionen stellte bereits eine solche Strukturgeneralisierung in einem Typus oder Muster zur Verfügung, so dass aus dem ersten Interview bereits eine erste Falleinschätzung möglich war. Darüber hinaus wurden weitere Fälle maximal kontrastiv gewählt und die erste Fallstruktur nach dem Prinzip der permanenten Falsifikation erweitert oder verworfen.

---

[784] Oevermann, Ulrich: Klinische Soziologie, S. 8.
[785] Ebd., S. 13.
[786] Ebd., S. 13.
[787] Vgl.: Ludwig-Mayerhofer, Wolfgang, ILMES – Internet-Lexikon der Methoden der empirischen Sozialforschung.

Doch jeder untersuchte Fall ist auch *"in höher aggregierte Fallstrukturen eingebettet: eine Person in eine Familie oder Primärgruppe, diese in ein konkretes Milieu oder per Beruf in einen bestimmten gesellschaftlichen Sektor oder ein soziales Subsystem, diese wiederum in eine Region oder einen gesellschaftlichen Sektor oder ein soziales Subsystem, diese wiederum in eine Region oder einen gesellschaftlichen, historischen Typus und diese(r) wiederum in eine umfassende Gesellschaft als Totalität"*[788].

Aus diesem Grunde ist es in dieser Fallstudie möglich, von der Personenebene der Lehrkräfte, mit ihrem Erfahrungs- und Kontextwissen, auf die Disziplin oder Profession der Grundschulpädagogik und weiter auf die Institution Grundschule, mit ihrem Institutionswissen, zu schließen und die Fallstruktur entsprechend auf dieser Ebene zu generalisieren.

Die Schule, so schreibt Baldur Kozdon, verhalte sich zu dem gesellschaftlichen Zivilisationsprozess mit seinen geistig-moralischen Haltungen und ihren *"gesellschaftlichen, politischen, kulturellen und sonstigen Verflechtungen"*[789] weitgehend konform. Dieser Zivilisationsprozess ist Chance und Ausdruck einer Krise zugleich: *"viele Züge des Zivilisationsprozesses"* sind *"gegen die „Lebenswerte" gerichtet"*[790], andere bringen Bequemlichkeit und Wohlstand. Dieser Zivilisationsprozess beeinflusst nachhaltig das äußere Erscheinungsbild, die Aufgabe und die Haltung der Schule, so dass die in dieser Fallstudie gewonnene Fallstruktur auch Einflüsse eines gesellschaftlichen Zivilisationsprozesses unterstellt werden kann.

Unsicherheiten diesbezüglich weist das Interview mit einem katholischen Gemeindepfarrer auf, da die Fallstruktur bezüglich der Aufgabe der Kirche als Vernetzungspartner nur aufgrund eines Einzelinterviews generiert wurde. Es handelte sich um einen katholischen Priester im Bundesland Bayern, so dass die Fallstruktur nur für diese Ausdrucksgestalt Gültigkeit besitzt. Dennoch lässt sich auch darin allgemeingültige Regelgeleitetheit rekonstruieren, die noch weiterer Falsifikation bedürfte. Die Aufgaben der Kirche soll im Zusammenhang mit der Fragestellung dieser Forschungsarbeit jedoch als Lösung exemplarisch angeführt werden, damit neue und ungewöhnliche Lösungswege aufgezeigt werden können.

10.4.7 Objektivierbarkeit aufgrund der Authentizität des Materials

Der zu untersuchende Gegenstand, nämlich Kinder in Unterversorgungssituationen in der Grundschule, wurde authentisch durch klinische bzw. nicht-standardisierte Interviews erfragt. *„Die Fallstruktur kann „präzise überprüfbar und lückenlos am jederzeit wieder einsehbaren Protokoll*

---

[788] Oevermann, Ulrich: Klinische Soziologie, S. 14f.
[789] Kozdon, Baldur: Sind die „Lebenswerte" in der Schule gut aufgehoben, 1992, S. 62.
[790] Ebd., S. 63.

erschlossen werden."[791] Der Versuch der lückenlosen Rekonstruktion der objektiven Bedeutungsstrukturen wurde in der Auswertungsgruppe nicht im Sinne eines Nachvollziehens oder eines empathischen Sich-Einfühlens, als psychologisches Verstehen, vollzogen, sondern die objektiven Bedeutungsstrukturen wurden kunstvoll an jeder einzelnen Sequenz des Fallmaterials rekonstruiert.

Es sei aber in diesem Zusammenhang ausdrücklich darauf hingewiesen, dass für ein praktisches Handeln, vor allem in der Interaktion zwischen Lehrenden und Lernenden, Helfer/-innen und Hilfebedürftigen, Pädagogen/Pädagoginnen und Kindern, die Empathie durch Rollen- und Perspektivenübernahme, der Einfühlung und des Verstehens mittels Übertragung, die notwendige und unbedingte Verstehensform in der Lebenspraxis ist. Das hat die Rekonstruktion des Fallmaterials noch einmal deutlich bestätigt. Doch als wissenschaftliches Verstehensinstrument würde sich diese im Bereich der *„Pseudo-Wissenschaft"*[792] einordnen lassen, denn dieser Verstehenszugang kann nicht anhand eines Fallmaterials nachvollzogen werden und beschreibt innerpsychische Vorgänge und keine objektivierbaren Sinnzusammenhänge im Sinne der Objektiven Hermeneutik.

10.4.7.1 Der „sozialarbeiterische Blick" der Auswertungsgruppe als Konstruktion der Wirklichkeit im Spannungsfeld des Anspruchs einer Objektivität

10.4.7.1.1 Gedankenexperimente: Denken und Vernunft

Ob die Auswertung des Fallmaterials richtig ist oder nicht, ist zunächst eine in gewissem Sinne sekundäre Frage. Die Fallstruktur ist eben gewonnen aus einer Bemühung an den Ausdrucksgestalten als Fallmaterial *„und richtig ist ja ... Gott sei dank Nichts, denn dann wäre es ja tot"*[793]. In den Fragen der Kinderarmut in der Grundschule werden aber soziale Prozesse und Interaktionen aus der Lebenspraxis rekonstruiert.

Mit der Potenz des Denkens in den Gedankenexperimenten ist es möglich, die Realität zu durchdringen, Fallstrukturen aufzuzeigen und daraus Handlungsempfehlungen zu generieren. Ein solche *„Theorie kommt nicht aus dem Blauen, sie hat sich selbst schon im Laufe des Denkens entwickelt."*[794]

Zum wissenschaftlichen Denken gehört nach Erich Fromm auch der Glaube an die Vernunft. *„Die Menschen, die Wissenschaftler, sind Menschen, die man charakterisieren kann, in erster Linie dadurch, glaube ich, dass sie an*

---

[791] Oevermann, Ulrich: Klinische Soziologie, S. 5.

[792] Ebd., S. 6.

[793] Aus der Transkription einer Radiosendung des Kulturradios Deutschland anlässlich des 150. Todestages von Sigmund Freud: Vortrag von Erich Fromm 1975 in Wien.

[794] Ebd.

die Kraft und die Potenz der Gedanken und der Vernunft glauben. Und diejenigen Psychologen und anderen Sozialwissenschaftler, heute, die sagen, das ist keine Wissenschaft, ich glaube, die bringen damit nur die Tatsache zum Ausdruck, dass sie die Opfer sind, wie die meisten Menschen heute, der Strömung, dass man an die Vernunft, die Kraft der Vernunft nicht mehr glaubt."[795] Hieraus lässt sich meines Erachtens die gedankenexperimentelle Explikation als Kunstlehre gut verdeutlichen.

Eine weitere günstige Einstellung einer so verstandenen Wissenschaft ist die Haltung, akribisch am Material zu arbeiten und in der Sequenzanalyse mit ihrer Extensivität ein hohes Maß an Geduld aufzubringen.

10.4.7.1.2 Objektive Erkenntnis und/oder Konstruktionen leibhaftiger-personaler Forscherpersonen aus der Sozialen Arbeit / Sozialpädagogik

Franz Breuer sieht den Idealtypus der „objektiven Erkenntnis" nie vollständig losgelöst von *„Eigenschaften und Merkmalen"* des oder der Erkennenden. Hierbei wird die „objektive Erkenntnis" als *„Konstruktion eines Subjekts"* bezeichnet, das nur solange absolut verstehen kann, wie es keine Reflexionsanstrengung leistet. Die Erkenntnis geht nie ohne das erkennende Subjekt einher und trägt darum auch immer *„Merkmale des erkennenden Subjekts",* sozusagen *„subjekthaft",* in sich. Solche Konstruktionen, behaftet mit den Eigenschaften eines erkennenden Subjekts als erkennendes System, haben demnach eine *„physiologisch-biologische, ethnische, neuronale, kognitive, sprachliche, textuelle, gesellschaftlich-soziale, subkulturelle etc",* Ausstattung der Wissenschaftler/-innen.

Sozialwissenschaftler/-innen werden nach Franz Breuer zu *„Konstruktionisten bzw. Konstruktionistinnen"* und zu einer *„leibhaftig-personalen Forscherperson",* die eine *„interventionistische Interaktion"* über die Interviewteilnehmer/-innen mit dem Forschungsgegenstand vollzieht.

Da sich die Sozialwissenschaft mit einem *„gesellschaftlichen Lebenszusammenhang"*[796], Ulrich Oevermann spricht hier von der Lebenspraxis, als ihren Gegenstand befasst, wird dieser Zusammenhang zumindest in der Frankfurter Schule als eine *„Totalität"*[797], also eine dialektische Ganzheit, verstanden. Dialektisch in diesem Sinne bedeutet, *„daß der von Subjekten veranstaltete Forschungsprozeß dem objektiven Zusammenhang, der erkannt werden soll, durch die Akte des Erkennens selber zugehört."*[798]

Da ich als Interviewer selbst Diplom-Sozialpädagoge mit mehrjähriger Praxiserfahrung bin, bin auch ich, vor allem in den nicht-standardisierten

---

[795] Aus der Transkription einer Radiosendung des Kulturradios Deutschland anlässlich des 150. Todestages von Sigmund Freud: Vortrag von Erich Fromm 1975 in Wien.

[796] Seiffert, Helmut: Einführung in die Wissenschaftstheorie 2, 1996, S. 319.

[797] Ebd., S. 319.

[798] Ebd., S. 319.

Erhebungsverfahren, immer in die sozialen Prozesse involviert, so dass ich mein eigenes Normen- und Wertesystem sowie meine Persönlichkeitsstruktur nicht vollständig ausblenden kann. Dadurch kann ich beispielsweise den von Armutslagen betroffenen Kindern sowie den betroffenen Institutionen, aufgrund meiner berufsethischen Haltung, nicht unparteilich und wertfrei gegenüber stehen. Dies wurde jedoch in der Rekonstruktion der Interviews berücksichtigt und die Formulierungen der Fragestellungen sowie die Interaktionssequenzen waren ebenfalls Gegenstand der Auswertung.

Da die Rekonstruktion in dieser Fallstudie gemeinsam in einer Auswertungsgruppe erfolgt ist, bei der die widerspruchfreiste Lesart zur Geltung gelangt, ist es notwendig, den Hintergrund der gesamten Auswertungsgruppe zu beleuchten. Die Rekonstruktion erfolgte mittels einer standardisierten Methodologie mit einem einheitlichen Interpretationsmodus. Bei allen Mitgliedern der Auswertungsgruppe handelt es sich um Praktiker/-innen aus der Sozialen Arbeit / Sozialpädagogik. Dies bleibt meines Erachtens nicht ohne Auswirkung auf die in dieser Arbeit vorgestellte Fallstruktur und vor allem auf die Handlungsempfehlungen. Ich habe im Kapitel 1.4 aufgezeigt, dass sich die Soziale Arbeit / Sozialpädagogik aufgrund ihres Selbstverständnisses an die Fragen der Kinderarmut, in allen ihren Lebensbezügen und Kontexten, nähern muss. Doch die Lebenspraxis der Sozialen Arbeit / Sozialpädagogik zeigt meines Erachtens, dass sie immer weiter in eine gesellschaftlich-soziale „fürsorgliche Randposition" gedrängt wird, die Fälle verwaltet oder versucht, Armutslagen zumindest für die Betroffenen erträglicher zu machen. Die Soziale Arbeit / Sozialpädagogik ist aufgrund ihrer zunehmend schwierigeren eigenen Ressourcenbeschaffung meines Erachtens selbst zum „Klienten"/zur „Klientin" geworden.

Man kann annehmen, dass sich die Mitglieder der Auswertungsgruppe gegen diese Entwicklung und Haltung zumindest latent wehren und die Position der Sozialen Arbeit / Sozialpädagogik aufgrund neuer Erziehungs- und Bildungsdebatten stärken möchten. Fraglich ist, ob aus dieser Randposition heraus die Fallstruktur kritischer formuliert wird. Das kann nicht endgültig geklärt werden.

In der *„Standpunktgebundenheit der Erkenntnis"* wird die Erkenntnis immer aus einer bestimmten Position oder einer Perspektive heraus vorgenommen und in einem bestimmten Bezugssystem als wahr angenommen, so dass man davon ausgehen kann, dass die gewonnene Fallstruktur im Bezugssystem der Sozialen Arbeit / Sozialpädagogik, aber auch der Grundschulpädagogik, aufgrund der Authentizität der Ausdrucksgestalten[799] Gültigkeit besitzt.

---

[799] Vgl.: 10.2.2.

Fallstudien über soziale Prozesse stellen erkenntnistheoretisch immer auch zugleich eine komplexitätsreduzierte Suche nach Gesetzmäßigkeiten dar, die die Aussagekraft begrenzen kann. Durch die Extensivität der Objektiven Hermeneutik sind aufgrund der objektivierbaren Fallstrukturen genauere Schlussfolgerungen möglich. *„Da Sozialpädagogen Theorien in der Praxis anwenden müssen, geht es nicht um wahre Aussagen, sondern wir prüfen ob unsere Theorieansätze auch dem Gegenstand oder der Situation angepasst bzw. adäquat sind."*[800]

Franz Breuer plädiert dafür, folgende *„Bezugspunkte/ -größen"* in der sozialwissenschaftlichen Methodik zu berücksichtigen:

- *„die Person des Forschers, der Forscherin: seine/ihre Charakteristika, Rolle und Handlungsmuster,*
- *die Forscher/innen-Gemeinde (im Mikro- und Makro-Maßstab, d.h. die lokale Forscher/innen-Gruppe, das Projekt und die disziplinäre Wissenschaftler/innen-Gemeinschaft),*
- *das Forschungs-Objekt: den Gegenstand, die Betroffenen, das Feld,*
- *die Interaktionen im Forschungsfeld,*
- *die dortigen Wahrnehmungs-, Denk- und Handlungsmuster,*
- *das wissenschaftliche Arbeitsprodukt: den Text,*
- *die Rezipientinnen und Rezipienten der wissenschaftlichen Texte und deren Verarbeitungen. [32]"*

Für die Rekonstruktion von Ausdrucksgestalten bietet Franz Breuer folgende Fragestellungen an die Forscher an:

„Was finde ich berichtenswert, liegt mir am Herzen? Was kann ich (nicht) verstehen? Was passt (nicht) zu meinen Präkonzepten oder dem erarbeiteten Schlussbild? Wie groß ist meine Ausdauer des Ringens um eine Phänomen-Strukturgebung, mein Vertrauen auf eigene Strukturierung vs. mein Anlehnen an wissenschaftlich-autoritative Vorgaben (Begriffe, Konstrukte, Theorien)? Wie gestalte ich den Dialog und die Rückkopplung der Interpretationen mit den Feldmitgliedern?"[801]

Die Objektive Hermeneutik versucht diesen subjektiven Einstellungen gegenüber dem Forschungsgegenstand mittels sequenzanalytischen Vorgehens zu minimieren. Sequenzen mit widersprüchlichen Inhalten, die eigenen Vorannahmen elementar entgegentreten, sind unbedingt rekonstruktionsbedürftig. Fraglich ist, wie weit die Extensivität über einen längeren Auswertungszeitraum, aufgrund von Zeitdruck, Wiederholungen

---

[800] Ziegler, Karl: Wie wirklich ist die Wirklichkeit das kleine Einmaleins der empirischen Datenerhebung. Skriptum zur Vorlesung.
[801] Breuer, Franz: Subjekthaftigkeit der sozial-/wissenschaftlichen Erkenntnistätigkeit und ihre Reflexion, 2003.

der Fallstrukturen und Ungeduld der Forscherpersonen, durchgehalten wird. Die Gefahr ist dann, dass unreflektiert oder unbewusst subsumtionslogische Vorannahmen in die Fallstruktur integriert werden können.

10.4.8 Verfahrenskritik: Methodenmix aus Experten-/Expertinneninterviews mit einer rekonstruktiven Auswertung

Die Frage ist demnach, ob die Rekonstruktionslogik in der gesamten Feldstudie durchgehalten wurde. So könnte der Unterscheidung des Abfragens von Betriebswissen (in dieser Arbeit Institutionswissen[802]) und Kontextwissen in den Experten-/Expertinneninterviews[803] bereits eine subsumtionslogische Vorannahme unterstellt werden. Doch diese Unterscheidung wurde erst in der Fallstruktur der Interviews deutlich, die Fragestellungen wurden klinisch, d. h. nicht-standardisiert, gewählt und nicht subsumtionslogisch an den Unterscheidungen dieser beiden Wissensbezüge generiert, so dass sich darin möglicherweise die Validität der Experten-/Expertinneninterviews widerspiegelt.

Ähnlich verhält es sich mit dem Heranziehen von Kontextwissen in der Rekonstruktionsleistung.[804] Das Heranziehen von Kontextwissen könnte als kaschierte Subsumtionslogik gewertet werden. Doch auch hier wurde nur das Kontextwissen gewählt, das für die gerade generierte Fallstruktur von Bedeutung ist, mit dem sich die Fallstruktur sozusagen noch verdeutlichen, prägnanter formulieren und sich aus dem Textmaterial erschließen lässt. So wurde meines Erachtens auch hierbei die Rekonstruktionslogik nicht zugunsten einer Subsumtionslogik aufgegeben.

Fraglich ist auch, ob die exemplarischen Rekonstruktionen als Verfahrensdokumentation ausreichen. Der Objektiven Hermeneutik könnte daraus ein Darstellungsproblem unterstellt werden. Philipp Mayring sieht die genaue Dokumentation des Verfahrens als ein „Gütekriterium qualitativer Forschung" an. „*Das schönste Ergebnis ist*" demnach „*wissenschaftlich wertlos, wenn nicht das Verfahren genau dokumentiert ist*"[805]. In der Logik der Objektiven Hermeneutik lässt sich die Fallstruktur bereits in den Eingangssequenzen gut exemplarisch darstellen und die weitere Fallstruktur in den weiteren Sequenzen permanent falsifizieren.[806]

---

[802] Vgl.: 8.2.
[803] Vgl.: 7.1.
[804] Vgl.: beispielhaft 8.2.3.1.
[805] Mayring, Philipp: Einführung in die qualitative Sozialforschung, 1993, S. 110.
[806] Vgl.: 10.2.6.

10.5 Alternative Forschungshaltung in der Sozialen Arbeit: Schwierigkeiten der Luhmann´schen Systemtheorie zur Erforschung der Kinderarmut in der Grundschule

In der Sozialen Arbeit wurden in den letzten 20 Jahren verstärkt systemtheoretische Theorieansätze mit einer Ausgangslage von Niklas Luhmann rezipiert.[807] Die Gemeinsamkeiten von Rekonstruktionslogik und Systemtheorie habe ich bereits im Kapitel 7.6 erläutert. Diese ausgefeilte und plausible Theorie von Gesellschaft kann im Kontext dieser Arbeit nicht in vollem Umfang ausgeführt werden, doch ich möchte auf einige Schwierigkeiten eingehen, die auch Marianne Schmidt-Grunert in einem sehr engagierten Artikel, im Zusammenhang mit der Generierung dieser Handlungstheorie mittels einer lebensweltorientierten rekonstruktionslogischen Sozialarbeitsforschung ausgeführt hat:

„Die Systemtheorie charakterisiert Gesellschaft als das Zusammenspiel unterschiedlicher Systeme und macht es sich zur Aufgabe, das Funktionieren derselben zu erforschen. Grundlegend geht sie dabei davon aus, dass es sich um selbstreferenzielle geschlossene Systeme handelt, die auf der Basis herausgebildeter Strukturen und Mechanismen funktionieren."[808]

Mit dieser Denkweise wäre es ohne Weiteres möglich, das historische Nebeneinander der Grundschule und Kinder- und Jugendhilfe, einhergehend mit mangelndem Kontextwissen der jeweils anderen Konzepte, relativ plausibel mit zu erklären.

Kaspar Geiser beschreibt das Systemtheoretische Denken weiter wie folgt: *„Die komplexeren Systeme sind im Laufe der Evolution aus dem „Zusammenschluss" einfacherer Systeme hervorgegangen; die einfachen Systeme sind zu Komponenten des komplexeren Systems geworden. Komplexere Systeme weisen Eigenschaften auf, die ihre Komponenten nicht aufweisen. Das Ergebnis dieses Vorganges wird Emergenz genannt. (....) Aus dieser Perspektive sind Individuen als biopsychische Systeme aufzufassen (...). Mindestens zwei Individuen können ein soziales System bilden. Die beiden Individuen sind nun Komponenten des sozialen Systems mit je ihren biologischen, psychischen und sozialen und kulturellen Eigenschaften; ihre sozialen Prozesse (Interaktionen) bringen das soziale System in einen bestimmten Zustand, verändern und stabilisieren es wieder (Struktur). Das soziale System weist emergente Eigenschaften auf, die*

---

[807] Schmidt-Grunert, Marianne: Alltags- und Lebensweltorientierung in der Sozialen Arbeit, 2001, S. 71.

[808] Ebd., S. 71.

seinen Komponenten, den Individuen, nicht zukommen, etwa Kommunikation, Güterteilung, Arbeitsteilung."[809]

Mit dieser systemtheoretischen Betrachtung erhält ein soziales System eine *„eigengesetzliche Subjektivität"*, die getrennt von den gesellschaftlichen Subjekten, den *„Komponenten"* agiert. Eine solche Gesellschaft konstituiert sich demnach nicht ausschließlich durch individuelles Handeln, sondern individuelle Handlungsweisen gründen auf systemische Zusammenhänge und Auswirkungen, *„die vom Individuum, wenn überhaupt, dann nur partiell beabsichtigt sind und in ihrer Gesamtheit nicht vorhersehbar sein können"*[810].

Demnach ist nach diesem Verständnis ein Subjekt für das eigene Handeln nur bedingt selbst verantwortlich, da es *„zugleich von den im System weiteren angesiedelten Komponenten und „komplexeren Systemen"* beeinflusst wird. *„Von einem freien Willen"*, Handlungsweisen zugrunde liegenden Absichten und Zwecksetzungen sowie Verantwortung sich selbst und anderen gegenüber geht das systemische Denken folglich auch nur sehr eingeschränkt aus"[811].

Dieser Haltung widerspricht natürlich elementar die Ausgangslage der rekonstruktiven Sozialarbeitsforschung, die in dieser Forschungsarbeit, auf Ulrich Oevermann berufend, von prinzipieller Autonomie jeder Lebenspraxis ausgeht. Für gesellschaftliche Ungleichstrukturen, wie der Kinderarmut in Deutschland, würde das bedeuten, dass politische Machtausübung, wie z. B. die Hartz-IV-Reformen, auf die betroffenen Kinder von den Hilfeeinrichtungen nicht mit einer anwaltschaftlichen, parteilichen Unterstützung begegnet werden könnte, welche sich dadurch überflüssig machen würde.

Ein Verstehensprozess der Ursachen für solche Schieflagen, wie der Kinderarmut, erübrigt sich logischerweise, *„da im systemischen Denken die genannten Phänomene vorübergehende Erscheinungsformen vorstellen, denn die „sozialen Prozesse" (Interaktionen) bringen das soziale System in einen bestimmten Zustand, verändern und stabilisieren ihn wieder (Struktur)"*[812].

So würde ein krisenhafter kindlicher Alltag in Armut oder Armutsgefährdung *„als vorübergehender, gleichsam vom Zustand des Ungleichgewichts stets auf dem Weg zurück zum Gleichgewicht"*[813] gelangen. *„Wodurch sich*

---

[809] Geiser, Kaspar: zit. n.: Schmidt-Grunert, Marianne: Alltags- und Lebensweltorientierung in der Sozialen Arbeit, S. 71.

[810] Schmidt-Grunert, Marianne: Alltags- und Lebensweltorientierung in der Sozialen Arbeit, 2001, S. 71.

[811] Ebd., S. 71.

[812] Geiser, Kaspar: zit. n.: Schmidt-Grunert, Marianne: Alltags- und Lebensweltorientierung in der Sozialen Arbeit, 2001, S. 71.

[813] Schmidt-Grunert, Marianne: Alltags- und Lebensweltorientierung in der Sozialen Arbeit, 2001, S. 71.

dieses Gleichgewicht dann immer wieder herstellen soll, bleibt Geheimnis der Systemtheoretiker."[814]

Dieser Haltung der Sozialen Arbeit kann demnach eine jegliche gesellschaftskritische Haltung hinderlich sein. *„Dieses Denken korrespondiert zwar mit den Strömungen des aktuellen Zeitgeistes, allerdings wird darüber nicht widerlegt, dass gesellschaftliches Dasein noch immer das Resultat von menschlichem Wirken ist, also auch darüber hergestellte Not und Armut sich nicht aus sich selbst heraus verändert – geschweige denn in ein „Gleichgewicht" fallen, es sei denn man charakterisiert all die gesellschaftlichen Gegebenheiten, die wir vorfinden als letztendlich „stabil" in Absehung jeder Besonderheit."*[815]

Die generierten Handlungstheorien innerhalb der Sozialen Arbeit werden unter anderem auch im Studienfach „Handlungslehre" bzw. „Methodenlehre in der Sozialen Arbeit" vermittelt und vor allem eingeübt. Eine Rekonstruktion des Wortes Handlungslehre zeigt auf, dass „Handlung" und „Lehre" untrennbar miteinander verbunden sind. Das bedeutet, dass Theorie und Praxis in der Sozialen Arbeit / Sozialpädagogik als Handlungswissenschaft meines Erachtens nicht zu trennen ist. Dies bestreitet jedoch die Systemtheorie in ihrer inneren Logik, da ein soziales System zustande kommt, wenn ein *„autopoetischer Kommunikationszusammenhang"*[816] entsteht, was bedeutet, dass das System „Theorie" und das System „Praxis" nicht dialektisch in einem ständigen Austausch stehen können, was aber für regelgeleitetes Handeln in der Sozialen Arbeit / Sozialpädagogik meines Erachtens notwendig ist. Ebenso würde es sich mit dem Institutionswissen und Kontextwissen der Experten/Expertinnen verhalten.

Die Systemtheorie unterscheidet meines Erachtens auch nicht zwischen den Kommunikationstypen, welche die Systeme aufrechterhalten. So würde der Lehrer/-in-Schüler/-in-Kommunikation gleiche Funktionen zugeschrieben, wie der Kommunikation zwischen Eltern und ihren Kindern. Dies ist meines Erachtens wiederum ein Kategorienfehler.

Niklas Luhmann selbst bestreitet die Handlungstauglichkeit seiner Theorie, wenn er schreibt: *„Ein durchgehender Zug ist sicher mein Versuch, Distanz zu halten gegenüber solchen Phänomene, bei denen andere sich aufregen oder wo gewöhnlich normatives oder emotionales Engagement gefragt ist. Mein Hauptziel als Wissenschaftler ist die Verbesserung der soziologischen Beschreibung der Gesellschaft und nicht die Verbesserung der Gesellschaft".*[817]

---

[814] Schmidt-Grunert, Marianne: Alltags- und Lebensweltorientierung in der Sozialen Arbeit, 2001., S. 71.
[815] Ebd., S. 71.
[816] Korte, Hermen: Einfürhung in die Geschichte, 1992, S. 34.
[817] Luhmann, Niklas: Soziologische Aufklärung. Bd. 5. Konstruktivistische Perspektiven, 1990.

Ist es nicht Aufgabe der Sozialen Arbeit / Sozialpädagogik, sich normativ und emotional engagiert sowie regelgeleitet in die Lebenswelt der Betroffenen einzumischen?

Ich bestreite keineswegs, dass Niklas Luhmann eine umfassende Theorie von Gesellschaft skizziert hat. Ich bestreite lediglich, dass diese Theorie eine günstige Grundlage für eine Handlungstheorie von Sozialer Arbeit / Sozialpädagogik sein kann. Normatives Engagement ist aufgrund der Einmischungsfunktion einer lebensweltorientierten Sozialen Arbeit und emotionalem Engagement, aufgrund der Herstellung von möglichst günstigen affektiven Ausgangsbedingungen und einer modernen Professionalisierungsdebatte, unbedingte Haltung einer lebensweltorientierten Sozialen Arbeit.

Der/die Sozialpädagoge/-pädagogin hat nicht nur eine Rolle inne, sondern agiert immer auch als Person, die emotional lernt und den Adressaten/die Adressatin zu emotionalem Lernen anregen möchte. Natürlich zeigt diese Forschungsarbeit auch auf, dass ein systemisches, vernetztes diagnostisches Denken eine notwendige und unverzichtbare Haltung der Sozialen Arbeit / Sozialpädagogik ist und sein muss, da alle Problemlagen immer eine ökologische Tragweite haben. Sie ist aber keine neue Erkenntnis und hat innerhalb der Sozialen Arbeit / Sozialpädagogik bereits eine lange Tradition, denn nur offene Systeme sind überlebensfähig.[818]

Ich weiß, dass es unterschiedliche Haltungen und Strömungen innerhalb der Sozialen Arbeit / Sozialpädagogik gibt und möchte deshalb zu gegenseitigem Respekt und immer auch zu Distanz zu den eigenen Konzepten aufrufen – eine lebenslange Bildungsaufgabe, auch für mich.

---

[818] Vgl. hierzu auch: Vester, Frederic: Neuland des Denkens, 1980, S. 29ff.

11 Epilog: Soziale Arbeit als Menschenrechtsprofession und / oder die Rückgewinnung der Sozialpädagogik in den Fragen der Kinderarmut in der Grundschule

Die Förderung der Autonomie der Kinder bedeutet, ihre Freiheit zu sichern, damit sie als Erwachsene die Möglichkeit wahrnehmen können, *„nach selbstgewählten Grundsätzen"*[819] handeln zu können. Dies ist immer eine Frage der Menschenwürde. Julian Nida-Rümelin schreibt in seinem Buch „Über menschliche Freiheit": *„Der Respekt der Menschenwürde verlangt, Menschen keinen Grund zu geben, sich gedemütigt zu fühlen, bzw. ihre Selbstachtung nicht zu verletzen."*[820] Eine so verstandene Menschenwürde geht aber nicht in den Menschenrechten auf, dies wäre eine juristisch verkürzte Sichtweise. Der normative Gehalt des Terminus Menschenwürde ist als ethischer Humanismus[821] eine Kulturuniversale, individualistisch und kritisch, durch normative Implikationen, gegenüber lokalen, kulturellen Routinen.

Die Demütigung kann als Gegenspieler der Selbstachtung, beruhend auf der Menschenwürde, verstanden werden. Julian Nida-Rümelin versteht unter Demütigung, angelehnt an Matitahu Margalit, *„alle Verhaltensformen und Verhältnisse, die einer Person einen rationalen Grund geben, sich in ihrer Selbstachtung verletzt zu fühlen."* Er definiert den Begriff der Demütigung also nicht aus einer psychologischen Sichtweise, sondern als einen objektiven und ethischen Sachverhalt. Kinder im Grundschulalter fühlen sich wo möglich nicht gedemütigt, obwohl man aufgrund empirischer Erkenntnisse sagen kann, dass sie objektiv gedemütigt werden. Die Terminologie einer „demütigenden Kinderarmut" darf jedoch meines Erachtens nicht schlagwortartig in der Lebenspraxis verwendet werden. Sie wäre zu kurz gefasst und ist somit begründungspflichtig. Für die Kinderarmut würde das bedeuten, *„Das Ausmaß der Armut erlaubt nur ein Leben, in dem man demütigenden Handlungen und Situationen ausgesetzt ist."*[822] Dies ist zugegebener Maßen eine individualistische Sichtweise der Kinderarmut, in der voraus-gesetzt wird, dass menschliche Individuen intentional und prinzipiell autonom handeln und Abhängigkeiten inhumane Voraussetzungen der kindlichen Entwicklung schaffen.

---

[819] Nida-Rümelin, Julian: Über menschliche Freiheit, 2005, S. 127.

[820] Ebd., S. 127.

[821] Vgl.: Ebd., S. 127.

[822] Ebd., S. 133.

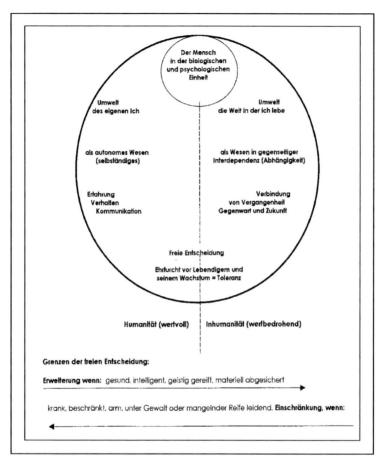

Abbildung 31: Armut als Grenze der freien Entscheidung und gegen eine Autonomieentwicklung des Kindes (TZI: Themenzentrierte Interaktion)[823]

Die Intention des Handelns, das hat diese Fallstudie ebenfalls gezeigt, ist in einer latenten Hilflosigkeit begründet. Doch auch Handlungsweisen, *„die konstitutiv für die betreffenden Institutionen sind (d. h. die den normativen Regeln, die Institutionen tragen, entsprechen)"*[824] können auf Kinder aus Armutssituationen objektiv, also begründet demütigend sein und somit

---

[823] Abbildung entnommen aus: Fiedler, Hans, S.: Jugend und Gewalt, 2003, S. 404.

[824] Nida-Rümelin, Julian: Über menschliche Freiheit, 2005, S. 134.

begründete Urteile (Gefühle)[825] wecken, da grundlegende Werte der Chancengleichheit in Frage gestellt werden und eine Entwicklung der kindlichen Autonomie gefährdet ist, ohne dass es den betroffenen Kindern möglicherweise bewusst ist. *„Schon sehr kleine Kinder fühlen sich gekränkt oder gedemütigt. Sie haben nicht immer Grund für dieses Gefühl, aber oft genug."*[826] Es bedarf somit einer normativen Rekonstruktion, einer stellvertretenden Deutung, ausgehend von der lebensweltlichen moralischen Institution, *„was wir in einer reflexiven und kontemplativen Beurteilungssituation für begründet und für unbegründet halten."*[827] Diese alltäglichen Routinen der Lebenspraxen der Angehörigen einer Institution sind es, die mit Martin Heideggers Worten das Bedenkliche sind, als das, was *„in sich das zu-Bedenkende ist" „in unserer bedenklichen Zeit"*[828], also unserer bedenkenswerten Lebenspraxis ist. Es ist unmöglich für die Soziale Arbeit, Systeme wie das deutsche Schulsystem zu ändern, aber es ist aus einem Lösungsoptimismus meines Erachtens heraus möglich, die Routinen und Krisen der handelnden Personen zu bedenken und eine habituelle Entwicklung anzustoßen, damit die Handelnden in ihrem institutionellen Rahmen und ihren persönlichen Möglichkeiten Demütigungen entgegenwirken können. Dies wäre ein Lösungsoptimismus und eine stille Revolution hin zu autonomen Lebenspraxen, den die Theorien der Sozialen Systeme meines Erachtens nicht in dieser Form formulieren könnten.

Hierbei zeigt sich, dass die Soziale Arbeit im Sinne dieser Fallstudie aus einer philosophischen Haltung[829] heraus zur Profession des stellvertretenden Krisendeutens werden muss, und zwar mit Methodologien, die die begründungspflichtigen Krisen zu rekonstruieren im Stande sind, um institutionelles und individuelles Handeln, welches demütigend auf die Selbstachtung der Kinder wirkt, normativ beurteilen zu können, damit diese zu einem autonomen und menschenwürdigen Leben befähigt werden. Dies bedeutet zunächst, die latenten Mechanismen und behindernden Faktoren von Kinderarmut zu verstehen, die in einer sinnstrukturierten Welt tragend sind.

Hierbei verschmelzen die Haltungen einer Sozialarbeit und einer Sozialpädagogik in der Disziplin der Sozialen Arbeit. Michael Winkler beschreibt die Aufgabe der Sozialpädagogik innerhalb der Bildungsdebatte mit folgender Metapher:

---

[825] Vgl.: 9.7.2.2.1.

[826] Nida-Rümelin, Julian: Über menschliche Freiheit, 2005, S. 140.

[827] Ebd., S. 145.

[828] Heidegger, Martin: Was heißt Denken, 1992, S. 4.

[829] Die Philosophie wird in dieser Forschungsarbeit nicht als Kontextwissen im Sinne eines bezugswissenschaftlichen Wissens verstanden, sondern als metatheoretische Reflexionsmöglichkeit.

„Ohnedies geht es mir um die Grundaussage: Die Aufgabe der Sozialpädagogik liegt darin, ein Schienennetz, Infrastrukturen, sozialökologische Rahmenbedingungen für das Aufwachsen und für die Entwicklung zu sichern; mehr noch: sie hat darauf zu achten, dass die Räder an den Waggons vorhanden sind, rund laufen, vielleicht sogar geschmiert sind. Sie hat also – weniger metaphorisch gesprochen - für soziale und kulturelle Bedingungen zu sorgen, die dann erst Bildung ermöglichen. Innerhalb der Bildungsdebatten selbst gibt es kritische Stellungnahmen, die schlicht auf eines hinauslaufen: spart Euch die großen Schuldebatten, spart Euch Tests, spart Euch didaktische Kniffs, deren Wirkung ohnedies so keiner recht messen kann. Sorgt stattdessen dafür, dass die Familien nicht von Armut belastet sind, von existenzieller Unsicherheit, vielleicht auch von kultureller Verblödung."[830]

Die Soziale Arbeit braucht somit einen, wie in dieser Fallstudie beschriebenen, sozial-ökologischen Erziehungsbegriff, damit günstige Ausgangsbedingungen für das Lernen initiiert werden können. Sie braucht klientenzentrierte und prinzipiell offene Grundhaltungen im Umgang mit Kindern und Familien aus sozial benachteiligten Milieus, und sie braucht vor allem Verfahren eines interdisziplinären Verstehens und Austausches, damit sie mittels Einmischung Gehör findet und ihren Adressaten/ Adressatinnen anwaltschaftlich zur Seite stehen kann.

---

[830] Winkler, Michael: Sozialpädagogik und Bildung, 2005, S. 23.

Abbildungsverzeichnis

Abbildung 1: Soziale Bedingungen von Schulleistungen 25
Abbildung 2: Lebensbereiche und Beurteilungsperspektiven der Psychosozialen Ressourcenorientierten Diagnostik (PREDI).... 40
Abbildung 3: Systemisch-interaktionistisches Modell „Pentagon der Armut" von Peter Tschümperlin 51
Abbildung 4: Vier Dimensionen von Kinderarmut............................... 52
Abbildung 5: Kontextwissen in der Sozialen Arbeit / Sozialpädagogik 55
Abbildung 6: Deutsche Empfänger/-innen laufender Hilfe zum Lebensunterhalt.. 63
Abbildung 7: Historisches Nebeneinander von Schule und Kinder- und Jugendhilfe 71
Abbildung 8: Leistungen der Kinder- und Jugendhilfe....................... 74
Abbildung 9: Kontextwissen und Institutionswissen in der Sozialen Arbeit / Sozialpädagogik 89
Abbildung 10: Von den Experten-/Expertinneninterviews zur Generierung der Fallstruktur zur Fragestellung. 114
Abbildung 11: Kontextwissen und Institutionswissen in der Grundschule 127
Abbildung 12: Bikonvexe Sammellinse mit dem Fokus als Brennpunkt... 136
Abbildung 13: Kaum institutionalisierte Zusammenarbeit zwischen Grundschule und Kinder- und Jugendhilfe 142
Abbildung 14: Gemeinsamer sozialökologischer Erziehungsbegriff von Grundschulpädagogik und Soziale Arbeit / Sozialpädagogik... 171
Abbildung 15: Die Variablen der Klientenzentrierten Gesprächsführung 179
Abbildung 16: Verschiedene Disziplinen aus unterschiedlichen Ecken. 186
Abbildung 17: Ein Kind aus einer „bestimmten Ecke". 187
Abbildung 18: Interdisziplinäres Kreismodell für ein „vernetztes Denken". 188
Abbildung 19: Bikonvexe Sammellinse mit dem Fokus als Brennpunkt... 195
Abbildung 20: Bikonkave Zerstreuungslinse mit einem virtuellen Brennpunkt F. 196
Abbildung 21: Vier Dimensionen von Kinderarmut........................... 199
Abbildung 22: Skala (Stadien) für emotionale Bewusstheit...............203

Abbildung 23: Prozesshafter Erziehungsbegriff zur Förderung des gegenseitigen Verstehens der Kinder...................204
Abbildung 24: Schule und Kinder- und Jugendhilfe – Beteiligte Systeme am Beispiel Berlin....................208
Abbildung 25: Professionelle und institutionelle Gemeinsamkeiten von Schule und Kinder- und Jugendhilfe...................220
Abbildung 26: "Vernetztes Denken" von Grundschule und Kinder- und Jugendhilfe...................230
Abbildung 27: Trias der Bildung, Betreuung und Erziehung...................236
Abbildung 28: Von der günstigen Grundhaltung zur Intervention in den Fragen einer Kinderarmut in der Grundschule...................237
Abbildung 29: Stützen für soziale Identität...................245
Abbildung 30: Frage nach dem kindlichen Selbst im Kontext der Lebenshermeneutik durch die Erwachsenen...................246
Abbildung 31: Armut als Grenze der freien Entscheidung und gegen eine Autonomieentwicklung des Kindes (TZI: Themenzentrierte Interaktion)...................265

Tabellenverzeichnis

Tabelle 1: Formen von „Armuten" in der Problemsoziologie...............37
Tabelle 2: Maximale Kontrastivität der Fallstudie...................251

Abkürzungsverzeichnis

ABD:	AntiDiskriminierungsBüro Köln
ADHS:	Attention-deficit/hyperactivity syndrom
AGJ:	Arbeitsgemeinschaft für Jugendhilfe
Art:	Artikel
ASD:	Allgemeiner Sozialdienst
AWO:	Arbeiterwohlfahrt
BayEUG:	Bayerisches Gesetz über das Erziehungs- und Unterrichtswesen
BJR:	Bayerischer Jugendring
bzw.:	beziehungsweise
ca.:	circa
CDU:	Christlich Demokratische Union
d. h.:	das heißt
ebd.:	ebenda
EDV:	Elektronische Datenverarbeitung
engl.:	englisch
etc.:	ecetera
EU:	Europäische Union
E&W:	Erziehung und Wissenschaft
FH:	Fachhochschule
frz.:	französisch
gleichbed.:	gleichbedeutend
Hrsg.:	Herausgeber
ICD 10:	International Classifikation of Deaseses der WHO in 10er Ausgabe

ICF:	International Classifikation of Functioning, Disability and Health
i.d.R.:	in der Regel
IFT:	Institut für Therapieforschung
IGLU:	Internationale Grundschule-Lese-Untersuchung
ISS:	Institut für Sozialarbeit und Sozialpädagogik
KJHG:	Kinder- und Jugendhilfegesetz
lat.:	lateinisch
LMU:	Ludwig-Maximilians-Universität
LOS:	Lebensraumorientierte Seelsorge
L-Schule:	Lern-Schule
o.ä.:	oder ähnliches
od.	oder
OECD:	Organization for Economy Cooperation and Development
PISA:	Programme für International Student Assessment
PREDI:	Psychosoziale Ressourcenorientierte Diagnostik
S.:	Seite
SGB:	Sozialgesetzbuch
sog.:	so genannte
Soz. Arbeit	Soziale Arbeit
spätlat.:	spätlateinisch
SPD:	Sozialdemokratische Partei Deutschlands
SPFH:	Sozialpädagogische Familienhilfe
SS:	Sommersemester
u.:	und
u. a.:	unter anderem

UNESCO:	United Nations Educational, Scientific and Cultural Organization
UNICEF:	United Nations Children`s Fund
usw.:	und so weiter
v.a.:	vor allem
vgl.:	vergleiche
vs.:	versus
WHO:	World Health Organization
WS:	Wintersemester
z. B.	zum Beispiel
zit. n.:	zitiert nach

Glossar

Bildung: *"Bildung heißt immer sich bilden. Bildung ist stets ein Prozess des sich bildenden Subjekts, zielt immer auf Selbstbildung ab (...). Bildung meint auch Wissenserwerb, geht aber nicht darin auf. Sie ist zu verstehen als Befähigung zu eigenbestimmter Lebensführung, als Empowerment, als Aneignung von Selbstbildungsmöglichkeiten."*[831]

Diagnostik: Das griechische Wort *"diagnosis"* bedeutet *"unterscheiden", "durch und durch erkennen"*. Dieser Erkenntnisprozess der Diagnostiker/ -innen unterscheidet sie als Experten /Expertin vom Laien. Der Begriff *"Diagnose in der Sozialen Arbeit"* hat durch Alice Salomon und Mary Richmond eine lange Tradition.

Emotionen: *"Emotion (lat. emovere hinausschaffen, wegschaffen, entfernen; engl. emotion). Allseits bekannte Emotion oder Gefühlszustände sind Freude, Trauer, Hass, Ärger oder Mitleid. Dabei handelt es sich i.d.R. um Prozesse tief greifender körperlicher und seelischer Veränderungen in Verbindung mit starken Erregungszuständen. Emotionen sind zumeist begleitet von der Erfahrung, dass ein bestimmtes Ziel erreicht bzw. nicht erreicht werden konnte."*[832] Emotionen können aber auch als Ausdrucksgestalten von Gefühlen rekonstruiert werden, die ihrerseits auf unbewusste oder bewusste Urteile einer bestimmten Situation entstammen.

Erzählung: Eine Erzählung vermittelt immer ein vergangenes Ereignis *"in einer spezifischen zeitlichen beziehungsweise kausalen Aufeinanderfolge aus der aktuellen Perspektive"*[833] des erzählenden Kindes, das mit ihrer subjektiven Sicht dabei weitgehend bei sich selbst ist. *"In Geschichten spiegelt sich die subjektive Sicht der erzählenden Person auf vergangenes, von ihm selbst erlebtes, beziehungsweise mitgestaltetes Ereignis wider. Erzählen bedeutet immer Rekonstruieren. Erinnerungen werden erst durch das Weitererzählen zu persönlichen Erfahrungen."*[834] Deshalb kann das Initiieren von Erzählungen bei den betroffenen Kindern als *"sanfte Intervention"*[835] verstanden werden.

Kinderarmut: Kinderarmut ist, im Kontext dieser Arbeit, eine Verknüpfung von objektiven eingeschränkten Lebenslagen mit einer tatsächlichen Versorgungslage in verschiedenen Lebensbereichen, einhergehend mit

---

[831] Knauer, Raingard: Jugendhilfe und Schule in Bewegung, Sozialmagazin 28.Jg., H. 5, Mai 2003.

[832] Vgl.: Wörterbuch: Emotion, S. 1 ff. Digitale Bibliothek Band 65: dtv-Wörterbuch Pädagogik, 2004, S. 680 (vgl. WB Päd., S. 170 ff.).

[833] Völzke, Reinhard: Erzählen als Brückenschlag zwischen Leben und Lernen, 2005, S. 2.

[834] Ebd., S. 2.

[835] Loch, Ulrike/Schulze, Heidrun: Biographische Fallrekonstruktionen im handlungstheoretischen Kontext 2, 2002, S. 573. zit. n. Kötting, Michaela/ Rätz-Heinisch, Regina: „Potentiale unterstützen, Selbstverständnis fördern", 2005.

einem subjektiven Empfinden von Lebensqualität. Diese eingeschränkten Lebenslagen können eine Deprivation von Kindern und einen Mangel an sozialer und kultureller Teilhabe durch Exklusion aus einbindenden Kulturen zur Folge haben und können somit einen behindernden Faktor in der kindlichen Entwicklung darstellen. Dies wird in der erfahrenen Wirklichkeit der Lebenswelt, also im Alltag der Kinder, unterschiedlich erlebt und kann von ihnen und Experten/Expertinnen gedeutet werden.

Lebensweltorientierung: Lebenswelt- oder der synonym verwandte Begriff der Alltagsorientierung kann in der Sozialen Arbeit als eine der zentralen Theorieströmungen verstanden werden, die seit den 70er Jahren und spätestens nach dem Achten Kinder- und Jugendbericht, maßgeblich durch Hans Thiersch, die Theorieentwicklung und Lebenspraxis der Sozialen Arbeit stark beeinflusst haben.[836] Die Lebensweltorientierte Soziale Arbeit agiert in Bezug auf diese Dimensionen der Zeit, des Raums und der sozialen Bezüge, im besonderen auf *„Respekt vor den alltäglichen, eher unauffälligen Bewältigungsaufgaben"*[837], mit ihren verworrenen Problemen im Alltag der Adressaten/Adressatinnen und zielt auf *„Hilfe zur Selbsthilfe, auf Empowerment"* und *„auf Identitätsarbeit"*[838]. Dabei ist das oberste Ziel, den/die Adressaten/Adressatin der Lebensweltorientierten Sozialen Arbeit *„einen gelingenderen Alltag zu ermöglichen"*[839]. Die Lebensweltorientierte Soziale Arbeit setzt auf der Ebene der Lebenspraxis auf konkrete *„Struktur- und Handlungsmaximen ... der Prävention, der Alltagsnähe, der Integration, der Partizipation und der Dezentralisierung/ Regionalisierung bzw. Vernetzung".*[840]

Lebensweltorientierte Forschung: Lebensweltorientierte Forschung ist als subjektorientierte Forschung nach Hans Thiersch immer auch *„Strukturforschung zu Ungleichheiten, zur Fragmentierung von Lebensverhältnissen, zur Vergesellschaftung"*[841].

Objektive Hermeneutik: Die Methodologie der Objektiven Hermeneutik stellt den Forschungsschwerpunkt Ulrich Oevermanns, mit ihren seit langem erprobten Methoden und Techniken der Sozial- und Kulturforschung, bereit. Damit ist es möglich, die typischen, charakteristischen Strukturen von wenig bekannten Entwicklungen und Phänomenen mit ihren hinter diesen Erscheinungen operierenden Gesetzmäßigkeiten zu entschlüsseln und zu rekonstruieren. Dabei wird die Ebene der bloßen Deskriptivität zugunsten einer erschließenden und aufschließenden Gegenstandsanalyse verlassen.

---

[836] Vgl.: Grunwald, Klaus/ Thiersch, Hans: Lebensweltorientierung, 2004, S. 1136.
[837] Ebd., S. 1142.
[838] Ebd., S. 1142.
[839] Engelke, Ernst: Theorien der Sozialen Arbeit: Eine Einführung, 1998, S. 333.
[840] Grunwald, Klaus/ Thiersch, Hans: Lebensweltorientierung, 2004, S. 1143.
[841] Thiersch, Hans: Lebensweltorientierte Soziale Arbeit und Forschung, 1998, S. 86f.

Personenzentrierter Ansatz: Der Personenzentrierte Ansatz wurde von dem amerikanischen Psychologen Carl Rogers (1902 – 1987) aus seiner psychotherapeutischen und pädagogischen Arbeit mit Erwachsenen und Kindern entwickelt: Im Mittelpunkt stehen die betroffenen Personen – nicht die sozialen und ökonomischen Probleme. Menschen erfahren und lernen, in der Beratung ihre verborgenen Fähigkeiten zu entwickeln und eigenständige Lösungen für ihre Probleme zu finden.[842]

Ressourcen: Ressourcen können in der Logik dieser Fallstudie als Möglichkeiten verstanden werden, die das Potential für eine Lebenspraxis aufweisen, eine bestehende Krise zukünftig in eine neue Routine überzuführen und für die Lebenspraxis Autonomisierungstendenzen aufzeigen zu können.

Sozialökologischer Erziehungsbegriff: Ein sozialökologischer Erziehungsbegriff befähigt die Kinder, durch interpersonalen Austausch und generationales Miteinander, ihre konkreten Lebenslagen und Deprivationen zu begreifen, damit sie Unterstützung annehmen und eigene Lösungskonzepte erarbeiten können. Die Pädagogen/Pädagoginnen sorgen hierbei für günstige Ausgangsbedingungen und Schutz und leisten Hilfe (Helfen, Erklären, Beraten, Trösten und Ermutigen), damit Kindern der Zugang zu den Weltverhältnissen und Subkulturen gewährt wird und sie sich personal hin zur Autonomie entwickeln können.

Vernetztes Denken: Vernetztes Denken im Kontext dieser Arbeit bedeutet, bei unterschiedlichem Institutionswissen zweier Lebenspraxen aus unterschiedlichen Disziplinen, extrinsisches Kontextwissen in ihrem historischen Gewachsensein, ihrer inneren Logik und ihrer Relevanz, also ihrer Bedeutung, für die eigene Lebenspraxis innerhalb einer Institution oder Organisation zu erkennen und in der Rekonstruktion und im Verstehen eines Gegenstandes als externes Kontextwissen zu berücksichtigen. Das dabei entstehende „*kulturelle Wissen*"[843] oder „Professionswissen" hat meines Erachtens sowohl für die Grundschulpädagogik als auch für die Soziale Arbeit / Sozialpädagogik das Potential, Sinnzusammenhänge zu stiften und damit einen gemeinsamen Verstehensprozess zu initiieren.

---

[842] Vgl.: Gesellschaft für wissenschaftliche Gesprächspsychotherapie e. V.: www.gwg-ev.org.

[843] Kraimer, Klaus: Schule und Jugendhilfe, S. 1.

Literaturverzeichnis

Albrecht, Günter/Groenemeyer, Axel/Stallberg, Friedrich S. (Hrsg.): Handbuch Soziale Probleme, Westdeutscher Verlag, Wiesbaden 1999.

Andrä, Helgard: Begleiterscheinungen und psychosoziale Folgen von Kinderarmut: Möglichkeiten pädagogischer Intervention. In: Butterwegge, Christoph (Hrsg.): Kinderarmut in Deutschland. Ursachen, Erscheinungsformen und Gegenmaßnahmen, Campus Verlag, Frankfurt am Main 2000.

AntiDiskriminierungsBüro (ADB) Köln: Herkunft prägt Bildungschancen. Gleiche Bildungs- und Arbeitschancen für junge Migranten, Köln 2002. WWW-Dokument, URL http://www.oegg.de/bilder/oegg2004-**bildungschancen.pdf**, entnommen am 28.10.2005.

Arbeitsgemeinschaft für Jugendhilfe (AGJ): Handlungsempfehlungen zur Kooperation von Jugendhilfe und Schule. Stellungnahmen und Positionen. WWW-Dokument, URL http://www.agj.de/pdf/5/2006/Handlungsempfehlungen%20AGJ.pdf, entnommen am 03.06.2006.

Aristoteles: Die Nikomachische Ethik. Übersetzt und mit einer Einführung und Erläuterungen versehen von Olof Gigon. Bibliothek der Antike. Deutscher Taschenbuch Verlag GmbH & Co. KG, München 1991.

Bäuml-Roßnagl, Maria-Anna: Leben mit Sinnen und Sinn in der heutigen Lebenswelt. Wege in eine zeitgerechte pädagogische Soziologie. Regensburg: roderer 1990 (vergriffen) - online-Publikation 2000, WWW-Dokument, URL http://www.paed.uni-muenchen.de/~baeuml-rossnagl/Leben_mit_Sinnen.pdf, entnommen am 28.11.2005.

Bäuml-Roßnagl, Maria-Anna: Wege in eine neue Schulkultur. Was sind eigentlich Lebenswerte? In: Bäuml-Roßnagl, Maria-Anna (Hrsg.): Lebenswerte (in einer neuen) Schulkultur. Westermann Schulbuchverlag, Braunschweig 1992.

Bäuml-Roßnagl, Maria-Anna: Qualitäten des Menschlichen – Faktoren von Schulqualität. Vortrag von Prof. Dr. Maria-Anna Bäuml-Roßnagl/ LMU München an der MLLV Münchner Fachtagung am 27.04.2002.

Bäuml-Roßnagl, Maria-Anna: Bildung für Morgen. In: PROBLEME DER MODERNEN SPRACHBILDUNG. Materialien der internationalen wissenschaftlichen Konferenz vom 27. - 29. März 2003, Band II. Durchgeführt vom: Ministerium für Bildung der Russischen Föderation. Staatliche pädagogische Universität Vladimir. Internationale Wissenschaftsakademie für pädagogische Bildung. Fakultät für Fremdsprachen 2003.

Bäuml-Roßnagl, Maria-Anna: Bildungsparameter aus soziologischer Perspektive, Books on Demand GmbH, Hamburg 2005.

Literaturverzeichnis

Bäuml-Roßnagl, Maria-Anna: Kindheitsforschung und pädagogische Lebenshermeneutik mit christlichem Blick oder „Wenn ihr nicht werdet wie die Kinder ..."(Mt. 18,6). WWW-Dokument, URL http://www.paed.uni-muenchen.de/~baeuml-rossnagl/KindheitsforschungII.pdf, entnommen am 28.11.2005.

Bäuml-Roßnagl, Maria-Anna: Internet-Grundschulforschung 2000. WWW-Dokument, URL http://www.paed.uni-muenchen.de/~baeuml-rossnagl/Grundschulfor.htm, entnommen am 06.06.2006.

Balluseck von, Hilde: Die Beziehung zwischen Sozialpädagogik und Grundschule – David und Goliath oder Romeo und Julia? Ergebnisse einer Evaluationsstudie in Berliner Schulstationen. In: Schulstationen in Berlin – neue Wege in der Kooperation von Jugendhilfe und Schule. Berichte einer Tagung vom 19.11.03. WWW-Dokument, URL http://tandem.de/tagungsbericht-schulstationen_2003.pdf, entnommen am 18.07.2006.

Bayerischer Jugendring: Zusammenarbeit von Jugendhilfe und Schule. Stellungnahme des Bayerischen Jugendrings für eine gemeinsame Bekanntmachung vom Sozial- und Kultusministerium, September 1995. WWW-Dokument, URL http://www.bjr-online.de, entnommen am 13.01.2004.

Bayerischer Jugendring: Kinder- und Jugendprogramm der Bayerischen Staatsregierung von 1998, WWW-Dokument, URL http://www.bjr.de, entnommen am 13.01.2004.

Bayerischer Jugendring: Position - BJR Stellungnahme zur Bekanntmachung von Sozial- und Kultusministerium über die „Zusammenarbeit von Jugendhilfe und Schule" (1995), WWW-Dokument, URL www.bjr.de, entnommen am 25.04.2006.

Bayerisches Staatsministerium für Unterricht und Kultus: Bayerisches Gesetz über das Erziehungs- und Unterrichtswesen (BayEUG) in der Fassung der Bekanntmachung vom 31.Mai 2000.

Beck, Ulrich: Risikogesellschaft. Auf dem Weg in eine andere Moderne. Suhrkamp, Frankfurt am Main 1986.

Beisenherz, Gerhard H.: Kinderarmut in der Wohlfahrtsgesellschaft. Das Kainsmal der Globalisierung, Leske + Budrich, DJI Reihe, Opladen 2002.

Berger, Peter L./Luckmann, Thomas: Die gesellschaftliche Konstruktion der Wirklichkeit. Eine Theorie der Wissenssoziologie, S. Fischer Verlag, Frankfurt am Main 1980.

Bertelsmann: Wörterbuch der Deutschen Sprache, Wissen Media Verlag, Gütersloh/München 2004.

Böge, Alfred/Eichler, Jürgen: Physik. Grundlagen, Versuche, Aufgaben Lösungen, 9. Auflage, Viewegs Fachbücher der Technik, Braunschweig/ Wiesbaden 2002.

Böhnisch, Lothar: Sozialpädagogische Sozialforschung. Grundzüge einer sozialpädagogischen Jugendkunde. In: Rauschenbach, Thomas/ Thole, Werner (Hrsg.): Sozialpädagogische Forschung. Gegenstand und Funktionen, Bereiche und Methoden, Juventa-Verlag, Weinheim und München 1998.

Böllert, Karin: Prävention und Intervention. In: Otto, Hans-Uwe/Thiersch, Hans (Hrsg.): Handbuch Sozialarbeit Sozialpädagogik, 2. völlig überarbeitete Auflage, Luchterhand Verlag GmbH, Neuwied 2001. S. 1394 – 1398.

Bogner, Alexander/Menz, Wolfgang: Expertenwissen und Forschungspraxis: die modernisierungstheoretische Debatte um Experten. Zur Einführung in ein unübersichtliches Problemfeld. In: Bogner, Alexander/ Littig, Beate/ Menz, Wolfgang (Hrsg.): Das Experteninterview. Theorie, Methode, Anwendung. 2. Auflage, VS Verlag für Sozialwissenschaften, Wiesbaden Januar 2005.

Bolay, Eberhard/Otto, Ulrich: Armut von Heranwachsenden als Herausforderung für Soziale Arbeit und Sozialpolitik – eine Skizze. In: Otto, Ulrich (Hrsg.): Aufwachsen in Armut. Erfahrungswelten und soziale Lage von Kindern aus armen Familien, Leske + Budrich, Opladen 1997.

Booth, Tony/ Ainscow, Mel: *Index* für Inklusion. Lernen und Teilhabe in der Schule der Vielfalt entwickeln. Übersetzt, für deutschsprachige Verhältnisse bearbeitet und herausgegeben von Ines Boban & Andreas Hinz. Martin-Luther-Universität Halle-Wittenberg, Halle (Saale) 2003.

Breuer, Franz: Subjekthaftigkeit der sozial-/wissenschaftlichen Erkenntnistätigkeit und ihre Reflexion: Epistemologische Fenster, methodische Umsetzungen. *Forum Qualitative Sozialforschung / Forum: Qualitative Social Research* [On-line Journal], *4*(2), Art. 25, 2003. WWW-Dokument http://www.qualitative-research.net/fqs-texte/2-03/2-03intro-3-d.htm, entnommen am 05.07.2006.

Bundesministerium für Familie, Senioren, Frauen und Jugend (Hrsg.): Achter Jugendbericht. Bericht über die Bestrebungen und Leistungen der Jugendhilfe, Bonner Universitäts-Buchdruckerei, Bonn 1990.

Bundesministerium für Familie, Senioren, Frauen und Jugend (Hrsg.): Zehnter Kinder- und Jugendbericht. Bericht über die Lebenssituation von Kindern und die Leistungen der Kinderhilfe in Deutschland, Berlin 1998.

Bundesministerium für Familie, Senioren, Frauen und Jugend (Hrsg.): Elfter Kinder- und Jugendbericht. Bericht über die Lebenssituation junger Menschen und die Leistungen der Kinder- und Jugendhilfe in Deutschland, Berlin 2002.

Bundesregierung: Lebenslagen in Deutschland, der Erste Armuts- und Reichtumsbericht der Bundesregierung. Bonn 2001.

Bundesregierung: Lebenslagen in Deutschland, der Zweite Armuts- und Reichtumsbericht der Bundesregierung. Berlin 2005.

Bundschuh, Konrad: Lernen unter erschwerten Bedingungen – zukünftige Herausforderungen an die Pädagogik und Didaktik. In: Sonderpädagogik 1/März 2002.

Calvert, Kristina: Können Steine glücklich sein? Philosophieren mit Kindern, Rowohlt Taschenbuch Verlag, Reinbek bei Hamburg 2004.

Deutsches Institut für medizinische Dokumentation und Information (Hrsg.): Entwurf zu Korrekturzwecken – ICF – Internationale Klassifikation der Funktionsfähigkeit, Behinderung und Gesundheit. Köln, 2002 (unveröff. Manuskript).

Deutsches Kinderhilfswerk e. V. (Hrsg.): Kinderreport Deutschland 2004, Kopaed Verlag, München 2004.

Deutsches PISA-Konsortium (Hrsg.): PISA 2000. Basiskompetenzen von Schülerinnen und Schülern im internationalen Vergleich, Leske + Budrich, Opladen 2001.

Deutsches PISA-Konsortium, Baumert, Jürgen u. a.: Soziale Bedingungen von Schulleistungen. Zur Erfassung von Kontextmerkmalen durch Schüler-, Schul-, und Elternfragebögen, Berlin o. a. Z. WWW-Dokument, URL http://www.mpib-berlin.pgd.de/pisa/kontextmerkmale.pdf, entnommen am 08.02.2006.

Dichtl, Johanna: „Vernetztes Denken" im Religionsunterricht. In: Katholische Religionslehre – Lehrstuhl für Religionspädagogik und Didaktik des Religionsunterrichts, Skript zur Vorlesungsreihe: „Vernetztes Denken", Ludwig-Maximilans-Universität-München, Sommersemester 2005, S. 5-8.

Döring, Diether /Hanesch, Walter /Huster, Ernst-Ulrich (Hrsg.): Armut im Wohlstand, edition suhrkamp, Frankfurt 1990.

Dörner, Dietrich: Die Logik des Misslingens. Strategisches Denken in komplexen Situationen, Rowohlt, Reinbek bei Hamburg 1989.

Drosdowski, Günther/ Bibliographisches Institut Mannheim/Wien/Zürich: Duden – Deutsches Universalwörterbuch, Dudenverlag, Mannheim 1983.

Drosdowski, Günther/Scholze-Stubenrecht, Werner/Wermke, Matthias: Duden - Das große Fremdwörterbuch, 3. überarbeitete Auflage, Dudenverlag, Mannheim/Leipzig/Wien/Zürich Januar 2003.

Dtv-Wörterbuch Pädagogik: Von Schaub, Horst/Zenke, Karl, G., Digitale Bibliothek, Band 65, Berlin 2004.

Eberle, Thomas S.: Sinnkonstitution in Alltag und Wissenschaft, Veröffentlichung der Hochschule St. Gallen für Wirtschafts- und Sozialwissenschaften. Schriftenreihe Kulturwissenschaft Band 5, Verlag Paul Haupt, Bern/Stuttgart 1984.

Ebertz, Michael N./ Fuchs, Ottmar/ Sattler, Dorothea (Hrsg.): Lernen, wo die Menschen sind. Wege lebensraumorientierter Seelsorge. Matthias-Grünewald-Verlag, Mainz 2005.

Einsiedler, Wolfgang: Lehr-Lern-Konzepte für die Grundschule. In: Einsiedler, Wolfgang/ Götz, Margarete/ Hacker, Hartmut/ Kahlert Joachim/ Keck, Rudolf, W./ Sandfuchs, Uwe (Hrsg.): Handbuch Grundschulpädagogik und Grundschuldidaktik, 2. Auflage, Klinkhardt, Bad Heilbrunn 2005.

Engelke, Ernst: Theorien der Sozialen Arbeit: Eine Einführung, Lambertus, Freiburg 1998.

Erzbischöfliches Generalvikariat Paderborn im pastoralen Dienst – Thema: Offene Türen, Paderborn 1994.

Erzbischöfliches Jugendamt Bamberg: Offene Treffs- Arbeitshilfen zur Offenen Jugendarbeit, Bamberg 1997.

Fatke, Rheinhard/Valtin, Renate (Hrsg.): Sozialpädagogik in der Grundschule. Aufgaben Handlungsfelder und Modelle, Arbeitskreis

Grundschule – Der Grundschulverband – e. V., Beltz, Hannover 1997.

Feuerstein, Thomas J.: Computerunterstützte Netzwerkanalyse (CANA) und Netzwerkförderung. Ein flexibles Verfahren für die Ausbildung und Praxis Sozialer Arbeit (2005), WWW-Dokument, URL http://fh-web1.informatik.fh-wiesbaden.de/go.cfm/fb/11/lpid/2/sprachid/1/sid/0.html, entnommen am 16.01.2006.

Fiedler, Hans S.: Jugend und Gewalt. Sozialanthropologische Genese – personale Intervention – therapeutische Prävention. Münchner Beiträge zur Psychologie, Herbert Utz Verlag, München 2003.

Fölling-Albers, Maria: Soziales Lernen in der Grundschule. Wie reagiert die Schule auf veränderte Lebenswelten der Kinder, WWW-Dokument, URL http://www.familienhandbuch.de, entnommen am 01.01.2005.

Gabler-Wirtschafts-Lexikon: classic – Taschenbuch-Kassette mit 8. Bd., 13 Auflage L-O, Gabler Verlag, Wiesbaden 1993.

Geertz, Clifford: Dichte Beschreibung. Beiträge zum Verstehen kultureller Systeme, Suhrkamp, Frankfurt am Main, 1983.

Geiser, Kaspar: Ein Rahmenkonzept für die systemische Beratung in der Sozialen Arbeit. In: Standpunkt: sozial, Hamburger Forum für Soziale Arbeit Heft 2/00, S. 5-16.

Geißler, Rainer: Bundeszentrale für politische Bildung: Bildungsexpansion und Bildungschancen, WWW-Dokument, URL http://www.bpb.de, entnommen am 05.01.2005.

Gesellschaft für wissenschaftliche Gesprächspsychotherapie e. V.: WWW-Dokument, URL http://www.gwg-ev.org, entnommen am 20.05.2005.

Giesecke, Hermann: Einführung in die Pädagogik, 4. Auflage, Juventa Verlag, München 1973.

Gläser, Eva: Arbeitslosigkeit – ein Problem auch für Kinder? Grundschule Heft 1 Januar 2001.

Goleman, Daniel: Emotionale Intelligenz. Aus dem Englischen von Friedrich Griese, Deutscher Taschenbuch Verlag, 17. Auflage, Dezember 2004.

Goller, Hans: Emotionspsychologie und Leib-Seele-Problem. Kohlhammer Verlag, Stuttgart, Berlin, Köln 1992.

Greenspan, Stanley I.: Die bedrohte Intelligenz. Die Bedeutung der Emotionen für unsere geistige Entwicklung. Aus dem amerikanischen Englisch von Friedrich Griese, Bertelsmann Verlag, München 1999.

Grunwald, Klaus/Thiersch, Hans: Praxis Lebensweltorientierter Sozialer Arbeit. Handlungszugänge und Methoden in unterschiedlichen Arbeitsfeldern, Juventa Verlag, Weinheim und München 2004.

Gschwendner, Karl: Schulkultur vor 300 Jahren. Die Einführung der allgemeinen Schulpflicht in der ehemaligen Herrschaft Falkenstein. In: Bäuml-Roßnagl, Maria-Anna (Hrsg.): Lebenswerte (in einer neuen) Schulkultur. Westermann Schulbuchverlag, Braunschweig 1992, S. 81 – 88.

Gudjons, Herbert: „Pädagogisches Grundwissen". Klinkhardt, Regensburg 2001.

Hanesch, Walter/ Krause, Peter/ Bäcker, Gerhard: Armut und Ungleichheit in Deutschland. Der neue Armutsbericht der Hans-Böckler-Stiftung, des DGB und des Paritätischen Wohlfahrtsverbandes, Reinbek bei Hamburg 2000.

Harnach-Beck, Viola: Psychosoziale Diagnostik in der Jugendhilfe, Juventa-Verlag, Weinheim, München 2000.

Haupert, Bernhard: Kritische Anmerkungen zum Stellenwert und Gegenstand der Sozialarbeitswissenschaft, in sozialmagazin, 22. Jg., H.1, 1997, S. 38-51.

Hege, Marianne: Kunst oder Handwerk? – Konzeptionelle und methodische Eckpfeiler sozialpädagogischen Fallverstehens. In: Ader, Sabine/ Schrapper, Christian/ Thiesmeier, Monika (Hrsg.): Sozialpädagogisches Fallverstehen und sozialpädagogische Diagnostik in Forschung und Praxis, Münster 2001.

Heidegger, Martin: Was heißt denken? Vorlesung, Wintersemester 1951/1952 von Martin Heidegger, Reclam, Ditzingen, 1992.

Heigl, Josef/ Zöpfl, Helmut: Gesellschaft – Schule – Kind. Grundfragen der Erziehung, Bauer Verlag, Thalhofen, (o. D.)

Heiner, Maja: Diagnostik: psychosoziale. Umstrittene Begrifflichkeit. In: Otto, U.; Thiersch, H. (Hrsg): Handbuch Sozialarbeit Sozialpädagogik, Neuwied 2001.

Hering, Jochen/Lehmann, Peter: Armut: Herausforderung für die Grundschule, Grundschule Heft 1, Januar 2001, S. 23 – 26.

Herringer, Norbert: Empowerment. WWW-Dokument, URL http://www.empowerment.de, entnommen am 26.02.2006.

Höpfner, Norbert/ Jöbgen, Manfred: Fallverstehen statt falschverstehen: Braucht die Jugendhilfe Diagnosen? WWW-Dokument, URL http://www.paedagogische-diagnostik.de/pdf/fallverstehen-statt-falschverstehen.pdf, entnommen am 14.08.2005.

Höpfner, Norbert/ Jöbgen, Manfred: Pädagogische Diagnostik – ein Kurzportrait. WWW-Dokument, URL http://www.paedagogische-diagnostik.de/download/PDF/Kurzportrait.pdf, entnommen am 14.08.2005.

Holz, Gerda In: Hock, Beate/Holz, Gerda/Wüstendorfer, Werner: Armutsstudie der AWO-ISS, 1977 bis 2003, S. 28.

Holz, Gerda/Skoluda, Susanne: Armut im frühen Grundschulalter: Abschlußbericht der vertiefenden Untersuchung zur Lebenssituation, Ressourcen und Bewältigungshandeln von Kindern, im Auftrag des Bundesverbandes der Arbeiterwohlfahrt, WWW-Dokument, URL http://www.awo.de, entnommen am 01.01.2005.

Honig, Michael-Sebastian: Forschung „vom Kinde aus"? Perspektiven in der Kindheitsforschung. In: Honig, Michael-Sebastian/ Lange, Andreas/ Leu, Hans Rudolf (Hrsg.): Aus der Perspektive von Kindern? Zur Methodologie der Kindheitsforschung, Juventa Verlag, Weinheim und München 1999, S. 33-50.

Hurrelmann, Klaus: Gesunde Kinder – Gesunde Lehrer/innen. In: Kinderreport Deutschland 2004. Daten, Fakten, Hintergründe, Deutsches Kinderhilfswerk e. V. (Hrsg.), kopaed, München 2004, S. 93-102.

Iben, Gerd: Armut und Wohnungsnot in der Bundesrepublik Deutschland. In: Aus Politik und Zeitgeschichte. Beilage zur Wochenzeitung Das Parlament, B49/92, 27. November 1992, S. 19-29.

Institut für hermeneutische Sozial- und Kulturforschung e. V. (IHSK): Klinische Soziologie und Sozioanalyse. WWW-Dokument, URL http://www.ihsk.de/abteilung_II.htm, entnommen am 28.09.2006.

Institut für Sozialarbeit und Sozialpädagogik – Gemeinnütziger e.V: WWW-Dokument, URL http://www.iss-ffm.de/downloads/leitlinien.pdf, entnommen am 27.05.2003.

Jugendrecht: Sonderausgabe unter redaktioneller Verantwortung des Verlages C:H: Beck, München 1999.

Kaniak-Urban, Christine: Schwimmwesten für die Stürme des Schullebens. In: Katholische Religionslehre – Lehrstuhl für Religionspädagogik und Didaktik des Religionsunterrichts, Skript zur Vorlesungsreihe: „Vernetztes Denken", Ludwig-Maximilans-Universität-München, Sommersemester 2005, S. 9-11.

Kegan, Robert: Die Entwicklungsstufen des Selbst. Fortschritte und Krisen im menschlichen Leben, 3. Auflage, Kindt Verlag, München 1994.

Kelle, Helga/Breidenstein, Georg: Alltagspraktiken von Kindern in ethnomethodologischer Sicht. In: Honig, Michael-Sebastian/ Lange, Andreas/ Leu, Hans Rudolf (Hrsg.): Aus der Perspektive von Kindern? Zur Methodologie der Kindheitsforschung. Juventa Verlag, Weinheim und München 1999, S. 91-111.

Keupp, Heiner: Soziale Netzwerke. In: Asanger, Roland/ Wenninger, Gerd (Hrsg.): Handwörterbuch der Psychologie, S. 696-703, Beltz Psychologie-VerlagsUnion (PVU), München 1988.

Keupp, Heiner u.a.: Identitätskonstruktionen. Das Patchwork der Identitäten in der Spätmoderne. Rowohlt Taschenbuch Verlag GmbH. 2. Auflage, Reinbek bei Hamburg 2002.

Kiper, Hanna: Kinderarmut und Pädagogik, Grundschule Heft1 Januar 2001, S. 8 - 16.

Klafki, Wolfgang: Erziehungswissenschaft. In: Funkkolleg (Hrsg.): Funk-Kolleg Erziehungswissenschaft. Eine Einführung in 3 Bänden. Vorlesungsreihe der Phillips-Universität Marburg, Fischer, Frankfurt am Main, 1970.

Kleve, Heiko: Systemisches Case Management. Falleinschätzung und Hilfeplanung in der Sozialen Arbeit. WWW-Dokument, URL http://sozialwesen.fh-potsdam.de/uploads/media/ Kleve_Systemisches_Case_Managment_Uebersichten_etc.pdf, entnommen am 05.07.2005.

Klüsche, Wilhelm: Ein Stück weitergedacht... . Beiträge zur Theorie- und Wissenschaftsentwicklung der Sozialen Arbeit, Lambertus Verlag, Freiburg im Breisgau 1999.

Knauer, Raingard: Jugendhilfe und Schule in Bewegung, Sozialmagazin 28.Jg., H. 5, Mai 2003.

Kötting, Michaela/ Rätz-Heinisch, Regina: „Potentiale unterstützen, Selbstverständnis fördern". In: Sozialextra November 2005, Thema 17.

Korte, Hermann: Einführung in die Geschichte der Soziologie. Leske und Budrich, Opladen 1992.

Kozdon, Baldur: Sind die „Lebenswerte" in der Schule gut aufgehoben? Das Leiden unserer Bildungsstätten an ständigem „Ausgebuchtsein"!. In: Bäuml-Roßnagl, Maria-Anna (Hrsg.): Lebenswerte (in einer neuen) Schulkultur. Westermann Schulbuchverlag, Braunschweig 1992, S. 61 – 67.

Krämer, Walter: Statistische Probleme bei der Armutsmessung. Gutachten im Auftrag des Bundesministerium für Gesundheit, Nomos.Verl.Ges., Baden-Baden 1997.

Kraimer, Klaus: Professionalisierung. In: Deutscher Verein für öffentliche und private Fürsorge (Hrsg.), (Red. und Lektorat: Wolf, Manfred): Fachlexikon der Sozialen Arbeit, 5. Auflage, VSTP Verlag Soziale Theorie & Praxis GmbH, Frankfurt am Main 2002.

Kraimer, Klaus: Glossar zum Manuskript für das Grundstudium: Pädagogische Grundsachverhalte: Erziehung als >*Bewegung zur Mündigkeit*< - Bildung als >*Weg zur Freiheit*<, WWW-Dokument URL http://www.klauskraimer.de/studien_07_Glossar_2005.pdf, Osnabrück und Saarbrücken 2004/2005.

Kraimer, Klaus: Schule und Jugendhilfe. Sozialisationsagenturen in der Moderne zwischen Bürokratisierungs- und Bildungsansprüchen. WWW-Dokument URL http://www.klauskraimer.de/studien_13_schule_und_jugendhilfe.pdf, entnommen am 26.05.2006.

Kraimer, Klaus: Form&Stoff der Fallrekonstruktion. Unveröffentlichtes Thesenpapier anlässlich der Tagung zum Thema „Rekonstruktion und Intervention. Interdisziplinäre Beiträge zur rekonstruktiven Sozialarbeitsforschung", die vom 12. bis 14. Januar 2006 an der Evangelische Fachhochschule Darmstadt, stattfand.

Küfner, Heinrich/Vogt, Michaela/Indlekofer, Wolfgang: PREDI, Psychosoziale Ressourcenorientierte Diagnostik, Manual 1.1, IFT, Institut für Therapieforschung München, München 2000.

Küfner, Heinrich/Coenen, Michaela/Indlekofer, Wolfgang: PREDI, Psychosoziale ressourcenorientierte Diagnostik. Ein problem- und lösungsorientierter Ansatz, Version 3.0, Pabst-Verlag, Lengerich 2006.

Kugler, Manfred: Christliche Spiritualität – eine Stütze für den Ansatz einer lebensweltorientierten Sozialen Arbeit? Eine empirische Untersuchung anhand qualitativer Interviews. Diplomarbeit an der Katholischen Stiftungsfachhochschule München, München 2002, bisher unveröffentlicht.

Landschaftsverband Rheinland: www.lvr.de/FachDez/Jugend/Publikationen/Jugensozialarbeit/pisa.pdf, letzter Aufruf vom 13.01.2004.

Lehrstuhl für Religionspädagogik und Didaktik des Religionsunterrichtes der LMU München: „Vernetztes Denken" – Skript zur Vorlesung der Ludwig-Maximilians-Universität-München, Sommersemester 2005.

Lehmann, Rainer H. u. a.: Aspekte der Lernausgangslage von Schülerinnen und Schülern der fünften Klassen an Hamburger Schulen. Bericht über die Untersuchung im September 1996. Behörde für Schule, Jugend und Berufsbildung, Amt für Schule, Hamburg 1997.

Lerch-Wolfrum, Gabriela, Bayerisches Staatsministerium für Arbeit und Sozialordnung, Familien, Frauen und Gesundheit: In: BJR-Jugendnachrichten, Januar/ Februar 2001. WWW-Dokument, URL http://bjr-online.de, entnommen am 13.01.2004.

Loch, Ulrike/Schulze, Heidrun: Biographische Fallrekonstruktionen im handlungstheoretischen Kontext der Sozialen Arbeit. In: Thole, Werner (Hrsg.): Grundriss Soziale Arbeit. Ein einführendes Handbuch. Leske + Budrich, Opladen 2002, S. 558-576.

Loch, Werner: Entkulturation als anthropologischer Grundbegriff der Pädagogik. In: Bildung und Erziehung, 1968. Abgedruckt in: Weber, Erich (Hrsg.): Der Erziehungs- und Bildungsbegriff im 20. Jahrhundert, Klinkhardt, Bad Heilbronn 1969.

Ludwig-Mayerhofer, Wolfgang: ILMES – Internet-Lexikon der Methoden der empirischen Sozialforschung, WWW-Dokument: URL http://www.lrz-muenchen.de/~wlm/ilm_a1.htm, entnommen am 28.07.2005.

Lüssi, Peter: Systemische Sozialarbeit. Praktisches Lehrbuch der Sozialberatung, Haupt, Bern 1998.

Mayring, Philipp: Einführung in die qualitative Sozialforschung. Eine Anleitung zu qualitativem Denken. 2. überarbeitete Auflage. Beltz Psychologie Verlags Union, Weinheim 1993.

Mazouz, Nadia, Univ. Stuttgart: Gerechtigkeit In: Düwell, Marcus/ Hübenthal, Christoph/ Werner, Micha H.(Hrsg.) Handbuch Ethik. Metzler, Stuttgart 2002. WWW-Dokument: URL http://www.uni-stuttgart.de/philo/index.php?id=67&no_cache=1&file=253&uid=760, entnommen am 09.07.2006.

Merten, Roland: Aufwachsen in Armut – Belastungen und Belastungsbewältigung. Einführung in den Thementeil. In: Zeitschrift für Pädagogik, Jahrgang 51 - Heft 2, März/April 2005, Beltz Verlag.

Meuser, Michael/Nagel, Ulrike: ExpetInneninterviews – vielfach erprobt, wenig bedacht. Ein Beitrag zur qualitativen Methodendiskussion. In: Bogner, Alexander/ Littig, Beate/ Menz, Wolfgang (Hrsg.): Das Experteninterview. Theorie, Methode, Anwendung. 2. Auflage, VS Verlag für Sozialwissenschaften, Wiesbaden Januar 2005.

Meyers Lexikonredaktion: Meyers Taschenlexikon, B.II.- Taschenbuchverlag, Mannheim/Leipzig/Wien/Zürich 1992.

Miller, Tilly/Pankofer, Sabine (Hrsg.): Empowerment konkret! Dimensionen Sozialer Arbeit und Pflege. Handlungsentwürfe und Reflexionen aus der psychosozialen Praxis. (Band 4), Lucius & Lucius Verlag, Stuttgart 2000.

Mitteldeutscher Rundfunk: Kinderarmut in Deutschland, Auszüge aus einer Sendung vom 05.10.2004. In: Zeit-Fragen, Genossenschaft Zeit Fragen (Hrsg.): Wochenzeitung für freie Meinungsbildung, Ethik und Verantwortung, Artikel 8: Zeitfragen Nr. 44 vom 15.11.2004. WWW-Dokument, URL http://www.zeit-fragen.ch/ARCHIV/ZF_123b/T08.HTM, entnommen am 23.11.2005.

Mollenhauer, Klaus: „Sozialpädagogische" Forschung. Eine thematisch-theoretische Skizze: In: Rauschenbach, Thomas/ Thole, Werner (Hrsg.): Sozialpädagogische Forschung. Gegenstand und Funktionen, Bereiche und Methoden, Juventa-Verlag, Weinheim und München 1998.

Morin, Edgar: Die sieben Fundamente des Wissens für eine Erziehung der Zukunft. Aus dem Französischen von Ina Brümann. Reinhold Krämer Verlag, Hamburg 2001.

Neuberger, Christa: Auswirkungen elterlicher Arbeitslosigkeit und Armut auf Familien und Kinder. In: Otto, Ulrich (Hrsg.): Aufwachsen in Armut. Erfahrungswelten und soziale Lagen von Kindern armer Familien, Leske + Budrich, Opladen 1997.

Nida-Rümelin, Julian: Über menschliche Freiheit, Reclam, Stuttgart 2005.

Niedermaier, Sabine/ Bieringer, Silvia/ Kesseler: Der Erziehungsbegriff bei H. Giesecke bzw. U. Herman im Diskurs. In: Bäuml-Roßnagl, Maria-Anna: Pädagogik für die Grundschule – Was ist das? Bildungstheoretische Grundlagen – handlungspragmatische Reflexion. WWW-Dokument: URL http://www.paed.uni-muenchen.de/baeumlrossnagl, entnommen am 07.07.2006.

Niedersächsische Landesregierung: Eckpunkte für ein Programm der Niedersächsischen Landesregierung zur Vermeidung von unentschuldigter Abwesenheit vom Unterricht. Beschluss des Kabinetts vom 28.05.2002. WWW-Dokument, URL http://www.mk.niedersachsen.de, entnommen am 13.01.2004.

Niemeyer, Christian: Klassiker der Sozialpädagogik. Einführung in die Theoriegeschichte einer Wissenschaft. Juventa Verlag, Weinheim 1998.

Nykl, Ladislav/Motsching, Renate: Der Personenzentrierte Ansatz nach Carl, R. Rogers. WWW-Dokument URL www.http://members.aon.at/nykl/artikel.htm, letzter Aufruf vom 11.05.2004

Oevermann, Ulrich: Die objektive Hermeneutik als unverzichtbare methodologische Grundlage für die Analyse von Subjektivität. In: Thomas Jung und Stefan Müller-Doohm (Hrsg.): „Wirklichkeit" im Deutungsprozeß. Verstehen und Methoden in den Kultur- und Sozialwissenschaften, Suhrkamp, Frankfurt/Main 1993, S. 106-189.

Oevermann, Ulrich: Klinische Soziologie auf der Basis der Methodologie der objektiven Hermeneutik – Manifest der objektiven Sozialforschung, WWW-Dokument, URL http://www.objektivehermeneutk.de, entnommen am 03.04.2002.

Oevermann, Ulrich: Brauchen wir heute noch eine gesetzliche Schulpflicht und welches wären die Vorzüge ihrer Abschaffung, Manuskript (o. J.)

Olk, Thomas: Kinder in Armut. In: Kinderreport Deutschland 2004. Daten, Fakten, Hintergründe, Deutsches Kinderhilfswerk e. V. (Hrsg.), kopaed, München 2004, S. 21-39.

Ossimitz, Günther: Entwicklung systemischen Denkens, Profil, München 2000.

Palazzi, Mara S.: Paradoxon und Gegenparadoxon, Klett-Cotta, Stuttgart 1999.

Pankofer, Sabine: Das Konzept der Salutogenese (nach Antonovsky). Skript zur Vorlesung im Studienfach Handeln und Verhalten an der Katholischen Stiftungsfachhochschule München, 2002.

Pellegrino Edmund D./ Thomasma, David C.: For the Patients Good, The Restauration of Beneficence in health Care, Oxford Univ. Pr, Oxford 1988

Petillon, Hannes: Soziales Lernen in der Grundschule. Anspruch und Wirklichkeit, Frankfurt am Main 1993.

Pitka, Rudolf/ Bohrmann, Steffen/ Stöcker, Horst/ Terlecki, Georg: Physik. Der Grundkurs. Verlag Harri Deutsch, Frankfurt am Main 2001.

Popper, Karl R.: Bemerkungen eines Realisten über das Leib-Seele-Problem. Vorlesung in Mannheim, gehalten am 08. Mai 1972. In: Ders.: Alles Leben ist Problemlösen. Über Erkenntnis, Geschichte und Politik, Piper Verlag GmbH, München-Zürich 1994.

Precht, Manfred/Meier, Nikolaus/Kleinlein, Joachim: EDV-Grundwissen. Eine Einführung in Theorie und Praxis der modernen EDV. 3. Auflage. Addison-Wesley, Bonn; Paris (u.a.)1996.

Preglau, Max: Phänomenologische Soziologie: Alfred Schütz. In: Korte, Hermann: Einführung in die Geschichte der Soziologie, Opladen 1992.

Presse- und Informationsamt der Landeshauptstadt München (Hrsg.): Landeshauptstadt München: Rathaus Umschau, Ausgabe 237 vom Dienstag, den 13. Dezember 2005. WWW-Dokument, URL: http:www.muenchen.de/rathaus, entnommen am 08.03.2006.

Qvortrup, Jens/Bardy, Marjatta/Sgritta, Giovanni/Wintersberger, Helmut (Hrsg.): Childhood Matters. Social Theory, Practice and Politics. Aldershot/UK, Avebury, 1994.

Rauschenbach, Thomas/Thole, Werner: Sozialpädagogik – ein Fach ohne Forschungskultur. In: Rauschenbach, Thomas/ Thole, Werner (Hrsg.): Sozialpädagogische Forschung. Gegenstand und Funktionen, Bereiche und Methoden, Juventa-Verlag, Weinheim und München 1998.

Rogers, Carl R.: „Therapeut und Klient". Fischer Taschenbuch Verlag, Frankfurt am Main 1985.

Rogers, Carl R.: „Die Kraft des Guten". Fischer Taschenbuch Verlag, Frankfurt am Main 1990.

Rogers, Carl R.: „Eine Theorie der Psychotherapie, der Persönlichkeit und der zwischenmenschlichen Beziehungen". GwG Verlag, Köln, 3. Auflage 1991.

Rogers, Carl R.: „Client-Centered Therapy"; (First printed in 1951), Constable 1995.

Rogers, Carl R.: „Therapeut und Klient". Fischer Taschenbuch Verlag, Frankfurt am Main 1995.

Romaus, Rolf u. a.: Münchner Armutsbericht 2000, Sozialreferat der Landeshauptstadt München, München 2002.

Roth, Leo: Handlexikon zur Erziehungswissenschaft, Ehrenwirth, München 1976.

Pieper, Annemarie (Hrsg.): Aristoteles. Ausgewählt und vorgestellt von Annemarie Pieper. Diedrichs, München 1995.

Schlutz, Erhard: Sprache, Bildung und Verständigung, Klinkhardt, Bad Heilbrunn 1984.

Schmidt-Grunert, Marianne: Alltags- und Lebensweltorientierung in der Sozialen Arbeit. Grundlagen einer rekonstruktiven Handlungstheorie, Anmerkungen S. 71, Standpunkt: sozial, Hamburger Forum für Soziale Arbeit Heft 1/01. WWW-Dokument, URL: http://www.haw-hamburg.de/sp/standpunkt/bioethik/SchmidtGrundert.pdf, entnommen am 02.03.2006.

Schmit, Peter F.: „Personale Begegnung". Echter Verlag, Würzburg 1989.

Schneider, Ulrich: Begleitwort PARITÄTISCHEN Wohlfahrtsverbandes – Gesamtverband. In: Paritätischer Wohlfahrtsverband: „Zu wenig für zu viele". Kinder und Hartz IV: Eine erste Bilanz der Auswirkungen des SGB II (Grundsicherung für Arbeitssuchende). WWW-Dokument, URL: http://www.sozialpolitik-aktuell.de/does/expertisenDPWVsgbIIkinder.pdf, entnommen am 08.03.2006.

Seiffert, Helmut: Einführung in die Wissenschaftstheorie, Bd. 2, Geisteswissenschaftliche Methoden: Phänomenologie – Hermeneutik und historische Methode – Dialektik, Verlag C. H. Beck, 10. durchgesehene Auflage, München 1996.

Sidler, Nikolaus: Problemsoziologie. Eine Einführung, Lambertus-Verlag, Freiburg im Breisgau 1999.

Siebert, Horst: Didaktisches Handeln in der Erwachsenenbildung. Didaktik aus konstruktivistischer Sicht, Luchterhand, München, Unterschleißheim 2003.

Sozialmagazin: Die Zeitschrift für Soziale Arbeit. 5-2003: Vernetzung Jugendhilfe und Schule, S. 4.

Spitzer, Manfred: Wie unser Gehirn lernt. In: Forum Schule, 4, WWW-Dokument, URL: http://www.forum-schule.dearchiv/04/fs/magang.html, entnommen am 04.02.2006.

Staub-Bernasconi, Silvia: Systemtheorie, soziale Probleme und Soziale Arbeit: lokal, national, international oder: vom Ende der Bescheidenheit. Paul Haupt Verlag. Bern 1995. Band 13.

Staub-Bernasconi, Silvia: Soziale Probleme – Soziale Berufe – Soziale Praxis. In: Heiner, Maja/Meinhold, Marianne/Spiegel, Hiltrud von/Staub-Bernasconi, Silvia: Methodisches Handeln in der Sozialen Arbeit, 4. Auflage, Lambertus, Freiburg im Breisgau 1998. S.11 – 137.

Stegemann, Thorsten: Arme Kinder in reichen Ländern, 02.03.2005. WWW-Dokument, URL: http://www.heise.de/bin/tp/issue/r4/dl-artikel2.cgi?artikelnr=19575&mode=print, entnommen am 08.07.2005

Steiner, Claude: Emotionale Kompetenz. Aus dem Amerikanischen von Susanne Hornfeck, Deutscher Taschenbuch Verlag, München 2001.

Stumpf, Hildegard: Handlungslehre der Sozialen Arbeit. Unveröffentlichtes Manuskript zur Lehrveranstaltung im SS 2006, Katholische Stiftungsfachhochschule München, München 2006.

Sutter, Hansjörg: Oevermanns methodologische Grundlegung rekonstruktiver Sozialwissenschaften. Das zentrale Erklärungsproblem und dessen Lösung in den forschungspraktischen Verfahren einer strukturalen Hermeneutik. In: Garz, Detlef; Kraimer, Klaus: Die Welt als Text. Theorie, Kritik und Praxis der objektiven Hermeneutik, Suhrkamp, Frankfurt/Main 1994, S. 23-73.

Thiersch, Hans: Die Erfahrung der Wirklichkeit. Perspektiven einer alltagsorientierten Sozialpädagogik, Juventa-Verlag, Weinheim und München 1986.

Thiersch, Hans: Lebensweltorientierte Soziale Arbeit und Forschung. In: Rauschenbach, Thomas/ Thole, Werner (Hrsg.): Sozialpädagogische Forschung. Gegenstand und Funktionen, Bereiche und Methoden, Juventa-Verlag, Weinheim und München 1998.

Thiersch, Hans: Lebensweltorientierte Soziale Arbeit. Aufgaben der Praxis im sozialen Wandel. 4. Auflage, Juventa Verlag, Weinheim und München 2000.

Tillmann, Klaus-Jürgen: Die doppelte Benachteiligung. E & W-Gespräch mit Prof. Klaus-Jürgen Tillmann. In: Erziehung und Wissenschaft. Zeitschrift der Bildungsgewerkschaft GEW Heft 9/2002, S. 6-10.

Toppe, Sabine: Kinderarmut in Deutschland, Grundschule Heft1 Januar 2001, S.16 - 19.

Toppe, Sabine: Kinderarmut in der Grundschule. Wahrnehmungs- und Umgangsformen von LehrerInnen und SchülerInnen – Erste Ergebnisse eines Forschungsprojektes an Grundschulen in Oldenburg, WWW-Dokument, URL http://www.gesundheitberlin.de/ index.php4?request=search&topic=768&type=infotext, entnommen am 12.12.2005.

Ulbrand, Rosemarie: Armut gibt es bei uns nicht. In: Grundschule Heft1/Januar 2001, S. 26-28.

Ulich, Klaus: Beruf Lehrer/in. Arbeitsbelastungen, Beziehungskonflikte, Zufriedenheit. Weinheim, Basel: Beltz Verlag, 1996.

UNICEF Innocenti Research Centre: Report Card No 6: Child Poverty in Rich Countries, 2005. WWW-Dokument, URL http://www.unicef.de/fileadmin/content_media/presse/fotomaterial/Kind erarmut/Report_Card_Innocenti_Child_Poverty_in_Rich_Nations.2005. pdf, entnommen am 02.11.2005.

Vester, Frederic: Neuland des Denkens. Vom technokratischen zum kybernetischen Zeitalter. Deutsche Verlags-Anstalt, Stuttgart 1980.

Vester, Frederic: Leitmotiv vernetztes Denken. Für einen besseren Umgang mit der Welt. 2. überarbeitete Auflage, Wilhelm Heyne Verlag München, München 1989.

Völzke, Reinhard: Erzählen – Brückenschlag zwischen Leben und Lernen. In: Sozialextra November 2005, Thema 13. WWW-Dokument, URL http://www.sozialextra.de/2005-11/2005se11-voelzke.pdf, entnommen am 23.04.2006.

Wasem, Erich: Helft Kindern leben – Erziehung, die den Alltag sieht, Herder, Freiburg/Basel/Wien 1975.

Weinberger Sabine: „Klientenzentrierte Gesprächsführung". Beltz Verlag, Weinheim und Basel 1988.

Weiß, Hans: Armut – ein Risikofaktor für kindliche Entwicklung. In: Bundschuh, Konrad (Hrsg.): Wahrnehmen Verstehen Handeln. Perspektiven für die Sonder- und Heilpädagogik im 21. Jahrhundert, Julius Klinkhardt, Bad Heilbrunn 2000.

Weltgesundheitsorganisation: Internationale Klassifikation psychischer Störungen. ICD 10 Kapitel V (F). Klinisch-diagnostische Leitlinien/ Weltgesundheitsorganisation. Übers. und hrsg. Von H. Dilling unter Mitarb. Von E. Schulte-Markwort. – 3. Aufl., unveränd. - , Verlag Hans Huber, Bern, Göttingen, Toronto, Seattle 1999.

Wendt, Wolf Rainer: Ökosozial denken und handeln. In: Engelke, Ernst (Hrsg.): Theorien der Sozialen Arbeit. Eine Einführung, Lambertus, Freiburg 1998.

Wiacker-Wolff, Marie-Laure: Mit Kindern philosophieren. Staunen – Fragen – Nachdenken, Verlag Herder, Freiburg im Breisgau 2002.

Wilk, Liselotte: Kindliche Lebenswelten. Eine sozialwissenschaftliche Annäherung, Leske + Budrich, Opladen 1994.

Winkler, Michael: Sozialpädagogik und Bildung – kritische Einwände gegen ein beliebtes Thema, unveröffentlichtes Manuskript auf Grundlage des Vortrages zum Alumnitag an der KSFH München vom August 2005.

Winkler, Michael: Bildung mag zwar die Antwort sein – das Problem aber ist Erziehung. Unveröffentlichtes Manuskript, per E-Mail von Prof. Dr. Winkler am 22.11.2005.

Wollbold, Andreas: Grundvollzüge oder dreifaches Amt? Auf der Suche nach einer praktikablen Einteilung der Pastoral. In: Zeitschrift für praktisch-theologisches Handeln. Lebendige seelsorge. Gemeinde neu verstehen. Heft2/2006, S. 58-63.

Zander, Margherita: (Kinder-) Armut als Handlungsauftrag für die Soziale Arbeit. In: Butterwegge, Christoph (Hrsg.): Kinderarmut in Deutschland. Ursachen, Erscheinungsformen und Gegenmaßnahmen, Campus Verlag, Frankfurt am Main/New York 2000.

Ziegler, Karl: Wie wirklich ist die Wirklichkeit das kleine Einmaleins der empirischen Datenerhebung. Skriptum zur Vorlesung.

Zinnecker, Jürgen: Sorgende Beziehungen zwischen Generationen im Lebensverlauf. Vorschläge zur Novellierung des pädagogischen Codes. In: Lenzen, Dieter /Luhmann, Niklas (Hrsg): Bildung und Weiterbildung im Erziehungssystem. Lebenslauf und Humanontogenese als Medium und Form, Suhrkamp-Taschenbuch Wissenschaft, Frankfurt, 1997, S. 199 - 227

Zöller, Bardo: Leben im Neubaugebiet. Ein Praxisbeispiel lebensraumorientierter Seelsorge bei Neuzugezogenen. In: Zeitschrift für praktisch-theologisches Handeln. Lebendige seelsorge. Gemeinde neu verstehen. Heft2/2006, S. 115-117.

Stichwortverzeichnis

Abbau des Sozialstaates 48
Abbild Gottes 163
Abhängigkeit 141, 206, 264
abweichendes Verhalten 21
Aggressionen 160
Aktionismus 231
Aktualisierungstendenz 175
Akzeptanz 177
Alleinerziehende 57, 141
Alltag 46
Alltagserfahrungen 183
Alltagsorientierung 95
Arbeitskreise 80, 223, 228
Arbeitslosigkeit 46, 131
Armuts- und Reichtumsbericht 36, 57, 65
Armutsdefinition 50, 128
Armutsforschung 35, 85
Armutsphänomene 21
Armutsrisiko 65
Ausdrucksgestalten 112, 118
Aushandlung 194, 222
Aushandlungsprozess 191
Auswertungsgruppe 125, 257
Autonomie 121, 238, 261, 264
Autonomieeinschränkung 212
Autonomisierung 212
Autopoesis 124, 262
Bagatellisierung 32, 233
Bedeutungsstrukturen 164, 240
behindernder Faktor 48
Beobachtungsbogen 197

Berufseinsteiger/-innen 138
besondere Lebensereignisse 66
Betreuung 236
Betriebswissen 126, 259
Bewältigungsmuster 159
Beziehung 176, 180
Bezugssystem 257
Bildung 104, 107, 168, 235, 241, 245, 248
Bildungsanstrengung 110, 164, 200
Bildungsbegriff 107
Bildungschancen 22, 33, 34
Bildungspolitik 165
Bildungsprozesse 117, 241, 247
Bildungsungleichheiten 241
Bildungsziel 213
Brennpunkt 113, 134, 135, 195
Bürokratisierung 221
Chancengleichheit 266
Coping-Strategien 42, 53
Darstellungsproblem 259
Deautonomisierung 149
Definitionen 35
Definitionsmacht 224
Demütigung 264
Denken 201, 255
Deprivation 41
Deutungen 159
Deutungswissen 162
Diagnose 190, 195, 244
Diakonie 224

Dilemma 138, 143, 251
Dimensionen der Kinderarmut 52, 199
Diskriminierung 22, 26
Dramatisierung 32, 233
dualer Armutsbegriffs 30
Echtheit 175
Ehrfurcht 204
einbindende Kultur 49, 198, 206, 210
Einmischung 225, 238
Einschulung 137
Einweisung 147
Einzel- und Gruppenangebote 207
Elternarbeit 143, 184
Emergenz 260
Emotion 104, 173, 202
emotionales Bewusstsein 202
Empathie 140, 178, 200, 201, 231, 255
empirische Sozialforschung 193
Empowerment 95
Erfahrungswissen 111, 250
Erkenntnistheorie 116
Ernährung 205
erste Fallstrukturhypothese 32
Erwachsenenarmut 31
Erzählungen 157, 159, 183, 193, 243
Erzeugungsregeln 252
Erziehung 168, 170, 201, 204, 209, 212, 236, 242
Erziehungs- und Unterrichtsgesetz 72

Erziehungsziele 168, 172
Ethik 201
Evangelium 151, 159, 227
Exklusion 22, 43
Experten 249
Experten-/Expertinneninterview 111, 114
Extensivität 123, 258
Fachjargon 186, 222
Fallrekonstruktion 120
Fallstruktur 125, 164, 219, 231, 251
Folgekosten 83
Förderschule 146
Formen von „Armuten 37
Freiheit 264
Fremdheit 156, 204, 241
Fremdheitshaltung 181, 243
Frustration 144
Gedankenexperiment 152, 255
gedankenexperimentelle Explikation 123, 252
gelingenderen Alltag 240
Gerechtigkeit 212
Gerechtigkeitssinn 164
Gesamtdeutsche Armutsquoten 56
Gesundheitszustand 20
Gewalt 65
Gini-Koeffizient 60
Grundlagenforschung 238
Habitus 215, 222, 227, 234, 238, 242

Haltung 131, 137, 169, 209, 232, 239
Handlungsempfehlung 166, 172, 181, 183, 185, 195, 198, 214, 218, 219, 238, 255
Handlungstheorie 239, 263
Hartz IV 60
Hausaufgabenhilfen 205
häusliche Gewalt 29
Heimatgefühl 135
Helferteams 79
Hilfeetat 211, 213
Hilfeleistung 137, 140, 141, 212
Hilfen zur Erziehung 78, 82, 169
Hilfeplanverfahren 79
Hilflosigkeit 140, 145, 162, 209, 250, 265
historisches Nebeneinander 71
Identifikation 158, 231
Inklusion 206, 210
Institutionssprache 167
Institutionswissen 89, 126, 131, 139, 231, 254, 259
Integration 94, 96, 210
Intelligenz 103
interdisziplinäres Denken 188
Interdisziplinarität 207, 214, 252
Interpersonalität 170
Interpretationsregeln 121
Intersubjektivität 192
Intervention 138, 205, 237, 240, 253
Interventionsfenster 31
Interventionsforschung 194
Interventionsplanung 31
Jugendarbeit 75, 82
Jugendsozialarbeit 76
Kinder- und Jugendbericht 80
Kinder- und Jugendhilfe 31, 190, 192, 208, 216, 218
Kinder- und Jugendhilfegesetz 72
Kinderarmut 19, 52
Kinderarmutsquote 62
Kindergarten 27, 147
Kindheitsforschung 86
Kirche 224, 254
Klientbegriff 148
Kompensation 67
Kongruenz 177
Kontextfreiheit 122
Kontextualisierung 198
Kontextwissen 33, 55, 69, 89, 90, 92, 93, 109, 126, 130, 131, 139, 147, 198, 200, 231, 247, 259
Kooperation 69, 74, 83, 215, 216, 229
Krise 94, 119, 195, 218, 234
Krisenverstehen 249
kritischen Lebenslagen 66
Kultur 100, 223
kulturelle Armut 129
Kulturuniversale 167
Kunstlehre 121
latente Sinnstruktur 117, 124
Lebensauffassung 174
Lebensbedingungen 38
Lebensbereiche 38, 199
Lebensdimensionen 41

Lebenshermeneutik 246

Lebenslagen 36, 38, 66, 185, 196

Lebenspraxis 157, 209, 214

Lebensqualität 38

Lebensraumorientierte Seelsorge 227

Lebenswelt 44, 85, 192, 206, 214, 240

lebensweltorientierte Forschung 88

lebensweltorientierte Grundschule 247

Lebensweltorientierte Soziale Arbeit 92, 95

Lebensweltorientierung 109, 181, 205

Lehrer/-innenbildung 29, 198

Leidensdruck 140

Leitfaden 111

Lernen 102, 235

Lesart 123, 151, 163, 257

Lesekompetenz 128

Lösung 166

Lösungsoptimismus 166, 239, 266

Lösungspessimismus 161

Loyalitätskonflikt 182

mangelnde Teilhabe 22

Märchen 152

maximaler Kontrast 112

Menschenbild 173, 194, 232

Menschenrechte 264

menschenwürdige Bildungskultur 106

menschenwürdiges Leben 266

Methodenmix 259

Mietkosten 60

Migrationshintergrund 26, 128, 130, 146, 233

Modelle 153

Modernisierungstheorien 93

Nächstenliebe 225

Netto-Medianhaushaltseinkommen 63

Netzwerk 29, 191, 215, 217, 248, 249

Netzwerkanalyse 217

neue Armut 35

niederschwellige Angebote 31

Normalitätsfolie 181

objektive Bedeutungsstruktur 117, 118, 255

Objektive Hermeneutik 115, 116, 164, 193, 238, 249, 253, 258

objektive Lebenslagen 244

objektive Sinnstrukturen 164

objektiven Erkenntnis 256

objektiven Lebenslagen 199

Objektivität 118

Offenheit 222

ökosozialen Denkansatz 48

Organisationswissen 126

Ostdeutschland 56

Partizipation 96

Paternalismus 147

permanente Falsifikation 123, 251, 253

Personenzentrierte Gesprächsführung 174, 180

Personenzentrierter Ansatz 173

Persönlichkeitsstruktur 250
Perspektive der Kinder 115
Phänomene 127, 251
Philosophieren 150
PISA-Studie 91
Prävention 95
Praxis 238, 262
Primärprävention 197
Problemsoziologie 35, 36, 50
Profession 227, 234, 254, 266
Professionalisierung 83, 173, 227, 242
Professionalisierungsdebatte 87, 97
Pro-Kopf-Einkommen 63
psychologische Beratung 141
psychosoziale Entwicklung 48
psychosoziale Folgen 28, 66
Psychosoziale Ressourcenorientierte Diagnostik 39
Qualitativer Forschungsstand 65
Quantitativer Forschungsstand 55
Randgruppenerscheinungen 33
Rechtliche Grundlagen 71
Reichtum 224
Rekonstruktion 34, 87, 94, 109, 126, 128, 172, 183, 205, 215, 219, 224, 231, 252, 255, 257, 266
Rekonstruktionslogik 189, 193, 209, 214
relative Armut 55
Religionsunterricht 153, 159, 162
Resignation 165

Respekt 220, 222
Ressourcen 53, 96, 213, 217, 218
Routine 94, 119, 167, 195, 209, 213, 218, 234
Schulabschluss 146
schülerzentrierte Haltung 172, 243
Schulkultur 211
Schulmaterial 127
Schulpflicht 165
Schulsozialarbeit 76, 81, 82
Schulstation 207
Schweigepflicht 138
Sekundärprävention 196
selbstreferenzielle Systeme 260
Selbstreflexion 249
Selektionsprozesse 43
Sequentialität 122
Sequenzanalyse 126, 256
Sicht der Kinder 46
Sonderpädagogik 48
Sonderwissen 250
Sozialarbeitsforschung 82, 167
Sozialarbeitswissenschaft 239
Soziale Begegnungszentren 207
Soziale Teilhabe 42
sozialen Teilhabe 213
soziales Kapital 129
soziales Lernen 223
soziales System 261
Sozialhilfe 59
Sozialhilfequote 58
Sozialpädagogik 97

Sozialpolitik 209
Sozialraum 134, 136, 146
Sozialraumorientierung 207, 216
Sozioanalyse 238
Sparsamkeit 123
Spezialisierung 219
Sprachentwicklung 128
Sprachrohr 227
stellvertretendes Krisendeuten 224, 243, 266
Stigmatisierung 22, 130, 138, 172, 187, 195, 212
Strukturgeneralisierung 253
Subsumtionslogik 34
Subsysteme 43
Synergien 224
Systemtheorie 124, 260, 262
Theorie 35, 209, 238, 262
Thesen 218
Transferleistungen 225
Transkription 112
Transparenz 175

Traumatisierung 165
Ungerechtigkeiten 160
Unterstützung 141
Unterversorgung 205
veränderte Kindheit 27
vernetztes Denken 90, 105, 141, 167, 214, 218, 234, 240, 242, 247, 249, 252, 263
Vernetzung 205, 215, 223
Vernetzungspartner 185
Vernunft 239, 255
Verstehen 174, 201, 214
Vertrautheitshaltung 248
Werte 245, 249
Wertschätzung 175
Wertvorstellungen 153, 225
Westdeutschland 56
Wissenssoziologie 45
Wörtlichkeit 122
Zusammenarbeit 70, 142
Zuwanderung 56

Maria-Anna Bäuml-Roßnagl

BILDUNGSPARAMETER
AUS SOZIOLOGISCHER PERSPEKTIVE

Im Focus der aktuellen Suche nach validen Bildungsparametern aus soziologischer Perspektive legt die Münchner Universitätsprofessorin Prof. Dr. Maria-Anna Bäuml-Roßnagl mit dieser Anthologie wesentliche Ergebnisse ihrer langjährigen Lehre und Forschung für den elementaren Bildungsbereich vor. Die teilweise schwer zugänglichen Originalpublikationen dazu erstrecken sich über drei Jahrzehnte wissenschaftlicher Auseinandersetzung mit bildungstheoretischen Problemstellungen innerhalb der universitären Lehrerbildung und spiegeln den interdisziplinär geführten Diskurs in vielen exemplarischen Streiflichtern wieder.

<u>Aus dem Inhalt</u>
> *Sachverstehen zwischen Naturwissenschaft und Soziologie*
> *Grundlegende Bildung im Spannungsfeld von Anthropologie und gesellschaftlicher Leistungserwartung*
> *Bildungsphilosophische Wegweisungen*
> *Sozialkompetenz und Dialogkultur als bildungspraktische Maximen*
> *Forschungsschwerpunkte*
> *Umfangreiche Bibliographie*

Books on Demand 2005.
232 Seiten, 79 farbige, 10 s/w Abb.8 Tabellen € 26,00
ISBN 3-8334-3314-0 - Bestellmöglichkeit: <u>www.libri.de</u>

Schriften zur Interdisziplinären Bildungsdidaktik

Herausgegeben von

Prof. Dr. Maria-Anna Bäuml-Roßnagl
Ludwig-Maximilians-Universität München

Band 13: Sandro Thomas Bliemetsrieder: **Kinderarmut und krisenhafter Grundschulalltag** · Sozioanalytische Fallrekonstruktionen als Orientierungshilfe für die Grundschulpädagogik und Soziale Arbeit/Sozialpädagogik
2007 · 298 Seiten · ISBN 978-3-8316-0714-3

Band 12: Katja Monika Staudinger: **Erziehungskompetenz als komplexes Gefüge** · Empirische Erhebung zum pädagogischen Kompetenzspektrum und paradigmatische Debatte
2006 · 412 Seiten · ISBN 978-3-8316-0601-6

Band 11: Christine Roswitha Weis: **Trainingskonzepte zur Förderung der Professionalisierung von Englischlehrkräften an Grundschulen in Bayern** · praktisch erprobt und interdisziplinär begründet
2005 · 444 Seiten · ISBN 978-3-8316-0533-0

Band 10: Petra Katharina Maier: **Körpererleben als Parameter der Selbst- und Fremdeinschätzung** · Ergebnisse einer empirischen Erhebung an allgemein bildenden Schulen
2005 · 452 Seiten · ISBN 978-3-8316-0524-8

Band 9: Stephanie Berner: **»Emotionale Intelligenz« als Qualitätskriterium professioneller Grundschularbeit** · Eine Analyse einzelner Faktoren aus dem Konzept »Emotionale Intelligenz« aus der Perspektive von Grundschullehrerinnen und Grundschullehrern
2005 · 420 Seiten · ISBN 978-3-8316-0506-4

Band 8: Christa Hellmeier: **›Wandlung‹ als pädagogisch-didaktisches Handlungsparadigma, aufgezeigt an symboldidaktischen Exempla zum Grundschulunterricht mit besonderer Berücksichtigung musikdidaktischer Aspekte**
2002 · 428 Seiten · ISBN 978-3-8316-0178-3

Band 7: Alexandra Maria Rothkegel: **Rhythmus als anthropologische Bildungsaufgabe in der Grundschule** · Fächerübergreifende Studien mit musikpädagogischem Schwerpunkt
2002 · 584 Seiten · ISBN 978-3-8316-0130-1

Band 5: Klaus-Dieter Hirth: **Notwendigkeit und Möglichkeit der Vernetzung von Schule und Zoo zur Operationalisierung des lifeskills »Aufbau einer Kind-Tier-Beziehung« unter Berücksichtigung der Vorgaben der bayerischen Lehrpläne für die Grundschule**
2001 · 306 Seiten · ISBN 978-3-8316-0003-8

Band 4: Ingeborg Theresia Schuler: **Zur Bedeutung des Theater-Spielens für die Persönlichkeitsentfaltung von Grundschulkindern:** · Eine exemplarische Projektstudie zu Pedro Calderón de la Barca „Das große Welttheater"
1999 · 534 Seiten · ISBN 978-3-89675-671-8

Band 3: Barbara C. Wittmann: **Verknüpfung und Umsetzung der Lehrplanziele Medienerziehung und Selbstfindung in der Hauptschule [Lehrplan für die Hauptschule in Bayern 1997]**
1999 · 302 Seiten · ISBN 978-3-89675-640-4

Band 2: Hubert Krepper: **SEG und Primarstufe** · Eine erfahrungsbezogene Konzeptentwicklung zur integrativen Beschulung hörgerätetragender und Cochlear-implantierter hörsprachgeschädigter Kinder unter besonderer Berücksichtigung einer koordinierten Sonderschul- und Grundschullehrerbildung
1998 · 460 Seiten · ISBN 978-3-89675-463-9

Band 1: Karin Nierlich: **Das Phänomen »Engel« erfahren und verstehen:**
Bezugswissenschaftliche Theoriebestände aus Theologie, Kulturhistorie, Kunstgeschichte und Schöngeistiger Literatur als interpretatorische Basis für Erfahrungsdokumente von Grundschulkindern zur Angelistik
1996 · 430 Seiten · ISBN 978-3-89675-148-5

Erhältlich im Buchhandel oder direkt beim Verlag:
Herbert Utz Verlag GmbH, München
089-277791-00 · info@utz.de

Gesamtverzeichnis mit mehr als 3000 lieferbaren Titeln: www.utz.de